上财文库

应用经济学·高峰建设项目文库

刘元春 主编

现代中央银行制度研究

Exploring the Modern Central Banking System

China and Beyond

刘莉亚 刘 冲 李明辉 著

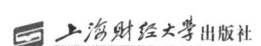

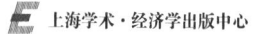

上海财经大学出版社

上海学术·经济学出版中心

图书在版编目(CIP)数据

现代中央银行制度研究 / 刘莉亚，刘冲，李明辉著.
上海：上海财经大学出版社，2025.1. ——（上财文库）（应用经济学·高峰建设项目文库）. —— ISBN 978-7-5642-4508-5

Ⅰ. F830.31
中国国家版本馆 CIP 数据核字第 20240YV514 号

上海财经大学中央高校双一流引导专项资金、中央高校基本科研业务费资助

□ 责任编辑　李嘉毅
□ 封面设计　贺加贝

现代中央银行制度研究

刘莉亚　刘　冲　李明辉　著

上海财经大学出版社出版发行
（上海市中山北一路 369 号　邮编 200083）
网　　址：http://www.sufep.com
电子邮箱：webmaster@sufep.com
全国新华书店经销
上海华业装潢印刷厂有限公司印刷装订
2025 年 1 月第 1 版　2025 年 1 月第 1 次印刷

787mm×1092mm　1/16　21.75 印张（插页:2）　390 千字
定价：108.00 元

总　序

更加自觉推进原创性自主知识体系的建构

中国共产党二十届三中全会是新时代新征程上又一次具有划时代意义的大会。随着三中全会的大幕拉开，中国再次站在了新一轮改革与发展的起点上。大会强调要创新马克思主义理论研究和建设工程，实施哲学社会科学创新工程，构建中国哲学社会科学自主知识体系。深入学习贯彻二十届三中全会精神，就要以更加坚定的信念和更加担当的姿态，锐意进取、勇于创新，不断增强原创性哲学社会科学体系构建服务于中国式现代化建设宏伟目标的自觉性和主动性。

把握中国原创性自主知识体系的建构来源，应该努力处理好四个关系。习近平总书记指出："加快构建中国特色哲学社会科学，归根结底是建构中国自主的知识体系。要以中国为观照、以时代为观照，立足中国实际，解决中国问题，不断推动中华优秀传统文化创造性转化、创新性发展，不断推进知识创新、理论创新、方法创新，使中国特色哲学社会科学真正屹立于世界学术之林。"习近平总书记的重要论述，为建构中国自主知识体系指明了方向。当前，应当厘清四个关系：(1)世界哲学社会科学与中国原创性自主知识体系的关系。我们现有的学科体系就是借鉴西方文明成果而生成的。虽然成功借鉴他者经验也是形成中国特色的源泉，但更应该在主创意识和质疑精神的基础上产生原创性智慧，而质疑的对象就包括借鉴"他者"而形成的思维定式。只有打破定式，才能实现原创。(2)中国式现代化建设过程中遇到的问题与原创性自主知识体系的关系。建构中国原创性自主知识体系，其根本价值在于观察时代、解读时代、引领时代，在研究真正的时代问题中回答"时代之问",这也是推动建构自主知识体系最为重要的动因。只有准确把握中国特色社会主义的历史新方位、时代新变化、实践新要求,才能确保以中国之理指引中国之路、回答人民之问。(3)党的创新理论与自主知识体系的关系。马克思主义是建构中国自主知识体系的"魂脉",坚持以马克思主义为指导,是当代中国哲学社会科学区别于其他哲学社会科学的根本标志,必须旗帜鲜明加以坚持。党的创新理论是中国特色哲学社会科学的主体内容,也是中国特色哲学社会科学发展的最大增量。(4)中华传统文化与原创性自主知识体系的关系。中华优秀传统文化是原创性自主知识体系的"根脉",要加强对优秀传统文化的挖掘和阐发,更有效地推动优秀传统文化创造性转化、创新性发展,创造具有鲜明"自主性"的新的知识生命体。

探索中国原创性自主知识体系的建构路径,应该自觉遵循学术体系的一般发展规律。建构中国原创性自主知识体系,要将实践总结和应对式的策论上升到理论、理论上升到新的学术范式、新的学术范式上升到新的学科体系,必须遵循学术体系的一般发展规律,在新事实、新现象、新规律之中提炼出新概念、新理论和新范式,从而防止哲学社会科学在知识化创新中陷入分解谬误和碎片化困境。当前应当做好以下工作:(1)掌握本原。系统深入研究实践中的典型事实,真正掌握清楚中国模式、中国道路、中国制度和中国文化在实践中的本原。(2)总结规律。在典型事实的提炼基础上,进行特征事实、典型规律和超常规规律的总结。(3)凝练问题。将典型事实、典型规律、新规律与传统理论和传统模式进行对比,提出传统理论和思想难以解释的新现象、新规律,并凝练出新的理论问题。(4)合理解释。以问题为导向,进行相关问题和猜想的解答,从而从逻辑和学理角度对新问题、新现象和新规律给出合理性解释。(5)提炼范畴。在各种合理性解释中寻找到创新思想和创新理论,提炼出新的理论元素、理论概念和理论范畴。(6)形成范式。体系化和学理化各种理论概念、范畴和基本元素,以形成理论体系和新的范式。(7)创建体系。利用新的范式和理论体系在实践中进行检验,在解决新问题中进行丰富,最后形成有既定运用场景、既定分析框架、基本理论内核等要件的学科体系。

推进中国原创性自主知识体系的建构实践,应该务实抓好三个方面。首先,做好总体规划。自主知识体系的学理化和体系化建构是个系统工程,必须下定决心攻坚克难,在各个学科知识图谱编制指南中,推进框定自主知识体系的明确要求。

各类国家级教材建设和评定中,要有自主知识体系相应内容审核;推进设立中国式现代化发展实践典型案例库,作为建构自主知识体系的重要源泉。其次,推动评价引领。科学的评价是促进原创性自主知识体系走深走实的关键。学术评价应该更加强调学术研究的中国问题意识、原创价值贡献、多元成果并重,有力促进哲学社会科学学者用中国理论和学术做大学问、做真学问。高校应该坚决贯彻"破五唯"要求,以学术成果的原创影响力和贡献度作为认定依据,引导教师产出高水平学术成果。要构建分类评价标准,最大限度激发教师创新潜能和创新活力,鼓励教师在不同领域做出特色、追求卓越,推动哲学社会科学界真正产生出一批引领时代发展的社科大家。最后,抓好教研转化。自主知识体系应该转化为有效的教研体系,才能发挥好自主知识体系的育人功能,整体提升学校立德树人的能力和水平。

上海财经大学积极依托学校各类学科优势,以上财文库建设为抓手,以整体学术评价改革为动力,初步探索了一条富有经管学科特色的中国特色哲学社会科学建构道路。学校科研处联合校内有关部门,组织发起上财文库专项工程,该工程旨在遵循学术发展一般规律,更加自觉建构中国原创性自主知识体系,推动产生一批有品牌影响力的学术著作,服务中国式现代化宏伟实践。我相信自主知识体系"上财学派"未来可期。

上海财经大学 校长

2024 年 12 月

目　录

导言　现代中央银行制度研究的内在逻辑　/ 001

第一章　现代中央银行制度的缘起、演变与实践　/ 015
　第一节　现代中央银行制度的缘起　/ 016
　第二节　现代中央银行制度的理论基础　/ 028
　第三节　现代中央银行政策框架的探索与实践　/ 032
　第四节　现代中央银行制度在中国的形成与发展　/ 037
　第五节　小结　/ 043

第二章　现代货币政策框架：目标、工具与传导　/ 044
　第一节　危机前后货币政策框架的特征及其变迁　/ 044
　第二节　中国的货币政策框架　/ 052
　第三节　小结　/ 062

第三章　货币政策传导梗阻的辨识与消除：金融供给侧视角　/ 064
　第一节　梗阻的辨识：银行市场结构与社会融资效率　/ 065
　第二节　梗阻的消除：以利率市场化为抓手，疏通货币政策传导机制　/ 076
　第三节　小结　/ 093

第四章　货币政策传导梗阻的辨识与消除：金融需求侧视角　/ 094
　第一节　梗阻的辨识：僵尸企业与货币政策传导　/ 095

第二节　梗阻的消除：僵尸企业的形成与处置　/ 116

第三节　小结　/ 133

附录：僵尸企业的识别　/ 134

第五章　结构性货币政策的实践与效果　/ 135

第一节　结构性货币政策简介　/ 136

第二节　我国结构性货币政策的实践与效果分析　/ 137

第三节　结构性货币政策如何发挥作用——基于中期借贷便利担保品
　　　　扩容的分析　/ 141

第四节　小结　/ 146

附录：定向降准释放流动性的测算　/ 147

第六章　现代宏观审慎政策及监管框架　/ 148

第一节　宏观审慎政策框架　/ 149

第二节　我国宏观审慎政策的实践　/ 165

第三节　资本监管的微观作用基础：资本计量方法改革的影响　/ 169

第四节　小结　/ 185

第七章　金融安全网的构建　/ 188

第一节　我国金融安全网建设的实践　/ 189

第二节　金融安全网的构建：最后贷款人理论的变革与启示　/ 192

第三节　金融安全网的构建：存款保险制度的影响　/ 203

第四节　小结　/ 219

第八章　货币政策与审慎监管政策的协调研究　/ 221

第一节　问题的提出　/ 222

第二节　文献综述、制度背景与理论假说　/ 223

第三节　研究设计　/ 226

第四节　实证结果分析　/ 230

第五节　异质性分析　/ 236

第六节　结论与政策建议　/ 238

第九章　监管套利、信息透明度与银行的"影子"　/ 240
第一节　监管困境下银行的"影子"　/ 241
第二节　监管套利、信息不对称与影子银行　/ 242
第三节　监管套利、信息不对称对银行理财产品的影响机制　/ 244
第四节　研究设计与实证分析　/ 250
第五节　结论与政策建议　/ 263

第十章　数字金融发展给中央银行制度带来的挑战　/ 265
第一节　数字金融的内涵及特征　/ 266
第二节　数字金融发展与支付体系变革　/ 268
第三节　数字金融与货币政策有效性　/ 271
第四节　数字金融、金融监管与新型金融风险防控　/ 275
第五节　延展讨论　/ 278
第六节　小结　/ 279

第十一章　案例分析：硅谷银行事件给中央银行制度研究带来的启示　/ 281
第一节　硅谷银行破产事件概述　/ 282
第二节　硅谷银行破产成因的学理性分析　/ 290
第三节　硅谷银行破产事件的后续影响　/ 296
第四节　对现代中央银行制度研究的启示　/ 302
第五节　小结　/ 306

参考文献　/ 308

后记　/ 339

导言

现代中央银行制度研究的内在逻辑

中央银行制度是最重要的现代经济制度之一,在国家宏观经济治理和金融制度体系中居于基础地位。党的十九届四中全会、五中全会和党的二十大报告等重大会议或政策文件中多次提出"建设现代中央银行制度",这是我们党领导经济金融工作提出的重大核心命题之一,是深化金融体制改革的顶层重要部署,对于推动经济高质量发展具有重要意义。在此背景下,深化现代中央银行制度的实践与理论研究,厘清现代中央银行制度的理论框架、发展演变、面临的问题及挑战并提出相应的解决方案,对于推进现代中央银行制度建设、促进中国式现代化理论创新具有重要价值。基于此,本书围绕中国的现代中央银行制度研究展开论述和深入探讨。

构建货币政策与宏观审慎"双支柱"政策框架是现代中央银行制度的核心内容。因此,本书以"双支柱"政策框架为基础,分别从货币政策调控机制、金融风险防控机制、政策协调机制以及新挑战四个层面展开递进研究。首先,现代货币政策调控体系是现代中央银行制度最重要的组成部分。畅通的传导渠道是货币政策传导机制有效运转的核心环节,如何提升货币政策的有效性是政策层及学者们需要深入研究和解决的关键问题。其次,建设系统性金融风险防控体系,也是现代中央银行制度的内涵所在。打好防范化解重大金融风险攻坚战,加强和完善现代金融监管,是中央银行面临的重大课题。此外,随着金融危机后中央银行监管理念与宏观治理框架的变革,如何加强货币政策和审慎监管政策的协调配合,更好发挥"双支柱"的政策效果,也越来越受到政策界和学术界的广泛关注。最后,也是较具现实意义的问题,近年来,随着国际环境的日趋复杂化,全球宏观经济金融领域出现了不少新的现象,给包括中国在内的各国中央银行制度框架建设带来诸多新的问题和挑战,相关理论研究和政策实践仍有待深入。本书沿着以上思路,层层递进,综合采用定性和定量研究方法,试图系统、全面、多视角地分析现代中央银行制度建设中可能面临的重要问题,并尝试提出有针对性的政策建议。

一、何为现代中央银行制度

中央银行在一国宏观调控、金融风险防范、金融改革、金融基础服务等关键领域都处于突出地位。近年来,国际环境更趋复杂,全球性问题加剧,同时我国正处于加快转变经济发展方式的关键时期,战略机遇和风险挑战并存,不确定因素增多,新形势新挑战对于中央银行实施宏观调控政策、维护金融稳定和服务实体经济的能力提出了更高的要求,"建设现代中央银行制度"这一核心命题的提出,为做好我国中央银行工作指明了方向。

要深化我国的现代中央银行制度研究,首先需要准确理解现代中央银行制度的内涵与特征,并基于新时代中国经济高质量发展的要求,明确现代中央银行的功能与职责所在。因而本书第一部分(第一章)从中央银行的缘起和制度演变出发,概括梳理现代中央银行的特征及政策功能,在此基础上阐释现代中央银行制度的内涵、运行机制以及中国现代中央银行制度框架的历史演进与鲜明特色,从而为本书后续章节深入分析中国现代中央银行政策实践中的问题和挑战提供基础框架和研究依据。

中央银行是在现代商业银行建立并发展了相当长的时间后才出现的,其形成存在客观必然性。随着早期商业银行的不断发展,银行体制逐渐出现一系列问题,这就要求一家具有权威性的专门机构来管理金融事务,如统一货币发行、解决政府融资需要、保证银行支付和清算、统一金融监管等,以此促进银行业的健康发展,避免银行业危机对经济发展的不利冲击。1668年成立的瑞典国家银行以及1694年成立的英格兰银行,是世界上最早设立的两家中央银行。早期中央银行成立的初衷各不相同,如瑞典国家银行的主要功能是发钞,英格兰银行的主要功能则是为政府提供借款,这些早期职能反映了中央银行在金融体系中的初步定位。在此基础上,中央银行逐渐具备了"政府的银行"和"发行的银行"等重要职能,此时中央银行的货币政策等职能并不突出。随着时间的推进,中央银行逐渐扩展了职能范围,开始在货币政策、金融监管和金融市场稳定等方面发挥更大的作用。1873年,经济学家沃尔特·巴杰特(Walter Bagehot)在其著作《伦巴德街》一书中表示,在金融危机期间,中央银行应该以惩罚性的高利率向市场提供流动性,以避免银行挤兑和金融系统的崩溃。至此,英格兰银行正式发展其作为最后贷款人(LOLR)的角色,以维护金融体系稳定,中央银行开始具备了第三项职能——银行的银行。沃尔特·巴杰特的这一理念后来成为现代中央银行在危机管理中的重要原则,也为中央银行后期履行制定货币政策和宏观审慎政策这些现代职能奠定了基础。

真正代表中央银行职能的现代化和专业化的标志性银行是美国联邦储备委员会。美国历史上曾经几次尝试建立中央银行,如先后成立了第一国民银行、第二国民银行,然而由于面临政治上的争议和公众的反对,因此最终并没有持续下去。直到20世纪初,在经历了数次金融危机和经济衰退后,美国政府认识到建立一个稳定有效的中央银行体系的必要性。1913年,美国联邦储备系统(简称"美联储")正式成立,在美联储政策框架下,强化了中央银行最后贷款人的功能,弱化了政府融资的功能,并建立了信用货币体制,现代中央银行制度逐渐形成。然而,由于此阶段世界还是以金本位的货币制度为主,因此货币政策的作用有限。随着20世纪70年代美元与黄金脱钩,美元开启信用本位制度,货币政策发挥作用的空间增大,随之而来的问题也逐渐增多,现代中央银行的货币政策框架慢慢形成。在此阶段,中央银行的独立性开始变得尤为重要,通过实施独立的货币政策,维持币值稳定和调控宏观经济成为现代中央银行的主要职能。2008年金融危机后,中央银行的职能全面强化,并增加了新的内容,即制定宏观审慎政策以防范系统性金融风险。现代中央银行政策框架从危机前的"单一目标、单一工具"向危机后的货币政策＋宏观审慎"双支柱"转型。中央银行一方面继续完善货币政策框架,转向更加灵活和多元的政策制定方式;另一方面加强了对中央银行金融稳定职责和宏观审慎政策的研究和探索,以此更加全面地应对复杂的经济环境和金融市场变化,更有效地实现其宏观经济和金融稳定目标。

改革开放四十多年来,我国中央银行制度也在逐步走向现代中央银行制度。我国的中央银行制度既有各国中央银行制度的共同特征,也有基于自己国情的鲜明特色。一般认为,我国中央银行的发展脉络经历了五个阶段:1948—1952年中国人民银行初步创立和发展;1953—1977年为计划经济下的国家银行体制,此阶段中国人民银行扮演金融管理机构和经营银行业务的双重角色;1978—2002年我国的中央银行体制正式形成,中国人民银行开始专门行使中央银行的职能,实施宏观调控,中央银行制度的基础框架初步确立;2003—2017年现代中央银行制度进一步强化和完善,中国人民银行在货币政策的制定、执行及金融稳定的维护等核心职能上更加专注和成熟;2018年以后,中国人民银行的发展进入新的历史阶段,提出构建和完善货币政策与宏观审慎政策"双支柱"调控框架,这一政策框架反映了现代中央银行制度的内核,为新时代我国中央银行制度的实践和理论研究指明了方向。本书即以"双支柱"政策框架为基础,对我国的现代中央银行制度建设展开论述和分析。

二、现代中央银行货币政策调控体系

现代中央银行制度最核心的内容就是现代货币政策调控体系,制定和执行货币政策并通过货币政策调控体系调控宏观经济是中央银行的主要职责。本书的第二部分(第二章至第五章)分析现代货币政策框架的特征及转型逻辑,在此基础上,立足于中国国情和现实背景,探讨中国货币政策框架的内在逻辑及面临的问题,努力探寻问题产生的原因,并力争提出有针对性的解决思路。

现代货币政策调控体系主要包括目标体系、工具体系和传导体系三个部分,明确货币政策的目标和工具是货币政策有效发挥调控宏观经济作用的重要前提。本书第二章阐释了现代货币政策的理论框架与实践经验,提炼出中国在建设现代货币政策调控体系中存在的问题,从而为本书后续章节深入研究相关问题提供理论基础。以2008年金融危机为界,现代中央银行的货币政策框架发生了较大转变。自20世纪70年代货币政策操作目标转向政策利率开始至2008年金融危机爆发前,主要发达国家的中央银行采用的是"单一目标、单一工具"的价格型货币政策框架,其中,"单一目标"是通货膨胀目标制,"单一工具"是利率。金融危机爆发后,政策层及学术界普遍意识到单一的政策框架忽视了金融中介和金融监管的重要作用,在面对金融危机或严重的经济衰退时,仅依赖利率调整可能不足以应对多方面的经济挑战,因此,货币政策开始向包含多个目标和多种工具的多元化政策框架转型。此外,金融危机的冲击使得各国传统货币政策的有效性不断减弱。为促进经济复苏,以美联储为代表的各国中央银行开始强调使用包括量化宽松政策、前瞻性指引在内的非常规货币政策工具。近年来,受国际经济低迷及"新冠"疫情冲击等影响,非常规货币政策常态化成为各国货币政策的趋势。

我国"新兴"加"转轨"的基本国情,使得中央银行货币政策框架的发展脉络与主要发达经济体中央银行存在较大差异。中国人民银行自1998年取消信贷规模管理后，在较长一段时间内主要采用数量型的间接调控方式进行货币调控。在金融危机、金融脱媒和金融创新的影响下，传统的数量型调控政策的有效性不断减弱。因此，在2016年基本完成利率市场化的背景下，中国中央银行引入价格型调控工具，货币政策框架逐步从数量型间接调控向价格型直接调控转变。目前，我国中央银行仍处在数量工具和价格工具并重的过渡期；并且，随着经济增长下行压力加大，叠加去杠杆和防风险等结构性问题，创新性的结构性货币政策工具也开始被频繁使用。

如何提升货币政策传导的有效性是政策层及学者们需要深入研究和解决的关键问题，畅通的传导渠道是货币政策传导机制有效运转的核心环节。当前在分析货币政策传导机制方面，已有研究一致认为中国存在货币政策传导机制不通畅的问题。具体表现：流动性和价格传导在信贷层面受阻，传统货币政策对实体经济的支持不明显，经济中的中小微企业面临融资难、融资贵的困境；同时，金融市场利率向存贷款利率传导的效率较低，金融市场的利率传导渠道不畅。如何疏通货币政策传导渠道，提升货币政策传导效率是现代中央银行面临的重大课题。

货币政策的有效传导依赖资金供求双方在平等条件下实现资金的有效定价，而资金供给偏向和定价扭曲会导致资金的错配，削弱货币政策的效果。因此，本书第三章和第四章从资金供需双方入手，聚焦货币政策传导的重要环节——金融机构（特别是商业银行）和实体企业，梳理因银行业结构和实体企业预算约束分化等原因导致的传导堵点，并尝试提出有针对性的政策建议。

第三章从金融供给侧（商业银行）视角探讨货币政策梗阻的辨识与消除。在商业银行居于金融体系主导地位的中国，银行信贷是实体经济融资的主渠道。银行向社会提供流动性的效率直接决定了社会融资的效率，也会深刻影响货币政策传导的有效性。从现实情况来看，虽然我国金融市场规模不断扩大、金融机构数量不断增多、银行存贷款余额不断增长，但银行体系向经济体输送流动性的效率并不高，经济中最具创新性的中小微型企业的发展受到了掣肘。中国的银行市场结构呈现明显的贷款对象"分类集聚"现象，这种现象的存在使中国商业银行之间的市场竞争很难充分，一旦银行形成较强的市场势力，银行的流动性创造效率就必然降低。为了更好地理解上述现象及其影响，本章首先采用中国商业银行的微观数据，对市场竞争、市场势力与银行流动性创造效率的关系展开实证研究。结果表明，银行的市场势力过强是我国商业银行流动性创造效率较低的重要原因，且依靠市场竞争程度的自发调节并不能改善银行市场势力过强对流动性创造效率的侵蚀,说明寄希望于通过增强中国银行业竞争程度来改善银行市场势力过强所导致的流动性创造效率低下,作用可能非常有限。如何从制度层面的顶层设计来解决银行流动性创造效率过低的问题,是未来中国金融市场改革和商业银行体系改革的重要抓手。

针对实体经济融资渠道受阻、流动性难以提高的现象,传统的货币政策措施很难真正发挥作用,根本性的解决方法是通过完善金融市场,打破传统基于数量控制的流动性框架,打通金融体系和实体经济的流动性通道,实行利率市场化,让资金依据市场信号来配置,这也符合我国利率市场化改革的基本逻辑。近年来,我国持续深化利率市场化改革,健全市场化利率形成、调控和传导机制,一定程度上提升了金融机构利率市场化的定价能力和货币政策传导的效率。然而,在利率市场化改革过程中也可能产生一系列新的问题,例如,尽管利率市场化改革使货币政策工具向更加市场化的价格型手段过渡,但是目前融资结构以间接融资为主导,金融管制依然较强,货币政策信贷渠道仍然是主要的货币政策传导渠道。现阶段,利率市场化改革使银行负债领域和资产投资领域的竞争程度发生剧烈变化,给货币政策银行信贷渠道传导效率带来新的挑战。

政策利率向存款利率和贷款利率的传导主要通过商业银行和投资者的资产配置优化行为来实现,因此研究利率市场化改革进程中商业银行的信贷资源配置行为能够为银行业深化改革指明方向,同时对疏通货币政策信贷传导渠道、支持实体经济发展具有重大意义。基于此,第三章进一步结合利率市场化背景,构建理论和实证模型,分析贷款价格竞争对中国银行业信贷结构的影响及其作用机制。结果发现:贷款价格竞争有利于调整银行信贷结构,但会促使银行追求信贷扩张的冒险行为;中小规模、低流动性水平、低资本充足率水平银行的信贷结构调整更积极,并且更易寻求信贷扩张;竞争加剧促使银行进一步增加对长期贷款的信贷资源配置。最后,本章基于相关研究结论,从改善银行业市场环境和银行业监管措施等方面提出了相应建议。

第四章从金融需求侧(实体经济)视角探讨货币政策梗阻的辨识与消除。中央银行是市场流动性的总阀门,当经济过热、投资冲动过强、企业杠杆水平过高的时候,中央银行会通过紧缩性货币政策来平抑经济波动。然而,货币政策并不是完全中性的,货币政策冲击可能在不同类型的企业间产生差异化的影响,其中,实体企业所有制及预算约束的分化是造成我国货币政策传导梗阻的重要因素。除企业所有制差异外,随着我国经济进入新常态,一种特殊的企业形态——"僵尸企业"逐渐浮现于人们的视野,企业结构分层不可避免地对实体经济的货币金融条件产生深刻影响。

近年来,我国非金融企业部门的杠杆率持续攀升,为防止金融风险的不断积累,2015年底的中央经济工作会议将"去杠杆"作为供给侧结构性改革的重要任务之一。此后,决策层采取"紧货币""严监管"的系列措施对金融和实体部门降杠杆,并力图出清僵尸企业,却在一定程度上出现与政策目标相悖的结构性去杠杆:僵尸企业杠杆率显著高于正常企业并居高不下,正常企业中的非国有企业则出现显著的降杠杆现象且其杠杆率大幅下降的时段恰逢货币政策转向紧缩。如何理解这一背景下货币政策传导机制的变化?僵尸企业是否干扰了货币政策传导,进而导致非金融企业降杠杆出现结构分化?这无疑是当下研究货币政策传导所面临的重要问题。因此,第四章基于僵尸企业建立一个理解货币政策传导机制的理论框架并进行实证检验。分析表明,僵尸企业干扰了货币政策传导,并导致非金融企业降杠杆出现结构分化。中央银行通过公开市场操作来调节银行资金成本,以实现货币政策意图,当僵尸企业以优惠利率从银行获得贷款时,为弥补资金成本,银行会提高正常企业的贷款利率,导致正常企业融资被挤出;当货币政策紧缩时,僵尸企业在企业中的比重越大,对正常企业贷款利率的转嫁效应就越强,进而导致正常企业的杠杆率越低,并且这种影响对非国有企业更加强烈。可见,从金融需求侧的实体企业来看,也存在货币政策传导渠道的阻滞因素。疏通货币政策传导渠道,需要强化经济主体特别是僵尸企业、国有企业的预算约束,提高其财务成本敏感性,改善信贷资源的分配效率。

既然僵尸企业的存在会扭曲货币政策传导过程,那么,如何有效处置僵尸企业以消除货币政策传导的阻滞因素?充分理解僵尸企业的内在形成机制,对于从根源上清除滋生僵尸企业的土壤、促进实体经济提质增效具有重要意义。因此,第四章进一步基于我国的特殊制度背景,从地方财政存款影响银行信贷分配的视角,分析僵尸企业形成的内在机理。理论与实证分析发现,财政存款占当地存款的比重越大,企业僵尸化的概率越大,银行竞争会加快企业僵尸化进程。财政存款的信贷分配效应促使企业过度投资,从而恶化经营绩效,最终加速企业僵尸化进程。可见,地方财政存款对银行信贷资源配置的影响是促使我国僵尸企业形成的重要因素。防范与处置僵尸企业,不仅需要减少对低效企业的政府补贴,而且需要改善财政存款配置的经济效率。此外,监管部门还应采取适当措施来引导银行合理竞争,鼓励地方银行拓宽融资渠道,共同推动经济和金融效率的提高。

第三章和第四章均是从总量视角分析货币政策的传导问题。第五章则进一步分析我国结构性货币政策的实践及其效果。自我国经济步入新常态,经济发展中的结构性问题日益凸显,传统的总量货币政策空间受限,具有精准性和针对性的结构性货币政策应运而生。近年来,中国人民银行在结构性货币政策方面做了诸多探索和创新,旨在引导资金支持国民经济重点领域和薄弱环节,发挥货币政策引导经济结构优化的作用。然而,目前针对我国结构性货币政策有效性的理论和实证研究不足。

结构性货币政策工具分为数量型结构性货币政策工具和价格型结构性货币政策工具。根据是否存在担保品,还可以将其分为无担保品的结构性货币政策和基于担保品的结构性货币政策。基于担保品的结构性货币政策可以帮助中央银行更有效地控制信贷风险,其可以通过调节担保品的折扣率来影响市场利率。在金融机构具有融资约束的情况下,调节折扣率比调节利率更加有效,因此在各国的非常规货币政策实践中,普遍利用调节折扣率的结构性货币政策工具来实现政策意图,这也对我国的结构性货币政策实施起到了提示作用。

在我国的货币政策框架中,中期借贷便利(MLF)是具有代表性的基于担保品的结构性货币政策工具,在我国现阶段的货币政策调控中发挥着非常重要的作用。为了对结构性货币政策工具发挥作用的内在逻辑形成更清晰的认识,第五章在总结我国结构性货币政策的实践经验与效果的基础上,选取中期借贷便利担保品扩容政策这一结构性货币政策工具,对调节折扣率的结构性货币政策影响利率传导效率的作用机理进行理论分析。分析发现,中期借贷便利担保品扩容后,被纳入担保范围的债券折扣率明显降低,从而这些债券的利率传导效率得到有效提升。在宽松的货币政策环境下,此类债券市场利率传导不畅的问题借结构性货币政策获得了定向缓和,这体现了调控手段的精准性和主动性。

三、现代中央银行金融风险防控体系

防范化解金融风险、维护金融稳定是中央银行的重要职责,健全系统性金融风险防控体系是现代中央银行制度建设的内在要求。本书第三部分(第六章和第七章)从宏观审慎政策框架和金融安全网的构建视角对现代中央银行的金融风险防控体系建设展开探讨和分析。

2008年金融危机的爆发使得国际监管理念逐步由微观审慎监管转向宏观审慎监管,制定宏观审慎政策以防范系统性风险是危机后深化现代中央银行制度的重要体现。第六章讨论宏观审慎政策的发展历程、内在逻辑及在我国的具体实践。宏观审慎政策的核心在于分析和评估整个金融系统的风险状况,并通过制定、执行和完善相应的政策工具来控制这些风险。宏观审慎政策的内涵表现为,它是一种关注整个金融体系的、逆周期的、内生的、自上而下的综合监管体系,具有时间维度和结构维度双重特征。宏观审慎政策在我国先后经历了早期发展、金融危机后的反思、全面实施、治理债务和泡沫问题、"双支柱"调控框架五个发展阶段并逐渐走向成熟,形成了一套既符合国际标准又适应国内经济特点的监管体系。

在全球金融市场日益融合和复杂的当代,宏观审慎政策必将发挥越来越重要的作用,加强对宏观审慎政策理论框架和实践效果的研究,是现代中央银行制度研究的重点任务和重要内容。考虑到资本监管在宏观审慎政策及监管框架中扮演着至关重要的角色,第六章在梳理我国宏观审慎政策实践的基础上,进一步选取我国资本管理高级办法的实施作为研究切入点,从这样一个具体的监管制度变革来探索审慎监管政策对于金融风险特别是银行风险防范所起到的作用。结果发现,在实施资本管理高级办法后,试点银行的风险加权资产规模显著下降,试点银行在高风险行业中的信贷投放得到有效抑制,且银行的风险偏好呈现非线性变化,这体现了试点银行在风险与收益之间的权衡。研究结果反映了资本监管在维护金融稳定中的关键作用,对于推进未来监管制度变革及金融支持供给侧结构性改革具有重要的启示意义。

宏观审慎政策框架的建立对于防范系统性风险具有重要意义,然而我们还须认识到,守住不发生系统性金融风险底线不仅需要防范,而且需要一张健全而明确的金融安全网。本书第七章深入探讨了金融安全网的概念、构成以及在中国的实践。金融安全网是金融系统中一系列危机防范和管理制度安排的统称,目的在于保持金融体系稳健有序运行,并防止个体风险向整个金融系统扩散。在全球化的金融体系中,金融安全网的作用日益凸显。金融安全网的构成要素多种多样,广义的金融安全网考虑了所有监管当局用于减小金融风险的宏观与微观层面制度安排,狭义的金融安全网则至少包含最后贷款人职责和存款保险制度这两项。为了全面理解金融安全网的运行机制和逻辑,第七章在对金融安全网的内涵进行界定的基础上,深入研究了最后贷款人理论变革及存款保险制度在我国金融体系中发挥的重要作用,并就如何推进我国的金融安全网建设提供相应的政策建议。

最后贷款人救助是金融监管中的关键组成部分,也是守住不发生系统性风险底线的基石。其核心思想为,中央银行接受良好抵押品,采取高利率自由贷款给具有清偿能力但面临流动性缺失的机构。第七章沿着最后贷款人理论的发展脉络,梳理了相关研究进展,发现在 2008 年金融危机前,针对传统理论的救助原则争议不断,但并未取得实质性的理论突破。金融危机后,最后贷款人理论出现了三个显著的转变:其一,传统最后贷款人理论的争议融入当前的金融市场环境;其二,最后贷款人理论的关注焦点由单个问题机构转向对市场的救助,即最后做市商(DOLR)职能;其三,危机管理模式不再局限于最后贷款人的"救"与"不救",而是针对"如何救"出现了突破,即提出自救机制(Bail-in)。总的来看,是否应该救助、救助哪家机构以及如何救助成为危机后最后贷款人理论面临的核心问题。最后贷款人理论变革对我国的金融监管制度具有重要的启示作用。我国的金融环境与监管呈现一些个性化的特征,在最后贷款人机制设计中需要兼顾事前和事后的影响。具体而言,在危机发生前需要明确救助规则、强化自我监管;在危机过程中需要更加重视承担做市商职责,抑制道德风险问题并减轻中央银行与金融机构间的信息不对称。

存款保险制度是金融安全网的另一重要支柱,是避免银行挤兑和保障金融稳定的重要制度。我国存款保险制度的发展实际上是由隐性存款保险转变为显性存款保险的过程,这一制度变革对银行的影响可能存在不同于早期基于发达国家的研究结论。在存款保险制度变革中,限额保险、风险调整保费等措施实际上减弱了对商业银行的保护程度,商业银行需要调整经营行为以适应政策变化。那么,存款保险制度变革如何影响商业银行的资产负债管理进而影响商业银行流动性创造的基本职能?探究这一关键问题对于改进我国存款保险制度、完善金融安全网建设具有重要的参考价值。基于此,第七章进一步利用我国商业银行微观数据展开实证研究,结果发现,实施存款保险制度降低了银行承担的风险,资产流动性、融资成本和非利息业务水平均有所上升,这些变化对银行流动性创造产生了抑制作用,不利于银行中介职能的发挥,但上述抑制作用会随着时间的推移而减弱。因此,对于监管部门而言,应考虑在存款保险制度中针对银行规模和服务对象加入差异化政策,鼓励银行发挥流动性创造的职能以支持实体经济,建立维护金融稳定的长效机制。

四、现代中央银行政策协调机制

健全现代货币政策框架和完善现代金融监管体系均是现代中央银行的职责所

在。然而,中央银行的货币政策与金融稳定政策可能相互作用,甚至产生目标冲突,如何加强货币政策与审慎监管政策的协调,统筹考虑各类政策的溢出效应,从而形成政策合力,成为一个值得探索的重要前沿课题。

为深入考察审慎监管政策与货币政策之间可能的作用机制,本书第四部分(第八章)在第五章内容的基础上,进一步引入资管新规[①]这一典型的审慎监管政策,利用资管新规政策、中期借贷便利担保品扩容政策和债券市场微观数据,通过实证方法分析结构性货币政策和金融监管对货币市场利率传导效率的影响及其交互作用。

疏通中央银行政策利率向市场利率和信贷利率的传导,是完善中央银行政策利率体系引导功能的工作重点(中国人民银行货币政策分析小组,2018)。其中,货币市场短期利率向债券利率的传导是中央银行利率调控体系的重要一环,其效率攸关货币政策的有效性。第八章的实证研究发现,货币市场短期利率向债券利率的传导效率并不稳定,容易受到金融监管和货币政策的共同影响。具体而言,资管新规出台后,货币市场短期利率向债券利率的传导效率显著下降,而中期借贷便利担保品扩容则对目标债券起到反向调节作用,助力其传导效率恢复,这说明通过与监管政策的配合,结构性货币政策工具能有效弥补监管政策收紧带来的利率传导效率损失。为了更好地发挥结构性货币政策的作用,中央银行应该继续全面完善担保品制度以及创新政策,并注重其与监管政策的协调。例如,在监管政策收紧,对货币政策传导形成阻碍时,中央银行可以有针对性地扩大受冲击领域的担保品范围,以提升货币政策的利率传导效率。

五、新时代中央银行面临的新现象和新挑战

近年来,全球宏观经济金融领域出现了不少新的变化,给包括中国在内的各国中央银行的政策应对及制度框架建设带来了新的挑战。本书第五部分(第九章至第十一章)聚焦近年来全球范围内出现的与中央银行制度建设有关的新现象和新挑战,并在此基础上提出未来需要关注和深入研究的新问题。

第九章围绕影子银行问题展开论述。2008 年金融危机爆发以来,影子银行的

[①] 2018 年 4 月 27 日,中国人民银行、中国银保监会、中国证监会与国家外汇管理局联合发布《关于规范金融机构资产管理业务的指导意见》,后文简称"资管新规"。

迅速发展成为全球金融体系的一个突出现象。影子银行具有与银行类似的功能，却游离于银行监管体系外。影子银行的不透明性、高杠杆和缺乏有效监管等特征导致其扩张和收缩会给全社会的信用及风险带来较大扰动，从而给现代中央银行制度建设带来一系列风险隐患和挑战。因此，如何提高监管的全面性和针对性，促使影子银行去掉"影子"至关重要。在我国，影子银行产生于2011—2013年信贷大幅紧缩的背景下，一方面是为了规避"定向式"的行政管制，另一方面则是为了逃避金融监管。我国的影子银行模式根植于商业银行系统，银行表外理财的兴起和发展是其典型表现。本章即以影子银行为切入点，从监管套利的角度研究中国商业银行参与影子银行体系的问题，并重点探讨提高透明度以降低理财产品风险的机理。研究结果表明，监管套利是商业银行大力扩张表外理财业务的动因之一，银行透明度和理财产品透明度的提高能够缓解监管压力导致的影子银行过度风险承担行为，但不必然抑制银行理财产品业务的发展。基于此，本章从监管层的事前干预、信息披露制度的建立等方面提出了相应的政策建议。

第十章聚焦于数字金融蓬勃发展的时代背景，分析现代中央银行制度实践与理论研究面临的挑战，以及由此衍生出的新研究问题。本章首先系统梳理了数字金融的内涵与特征，在此基础上进一步从支付体系变革、货币政策有效性、金融监管这三个方面探讨数字金融发展对于现代中央银行制度建设的影响，最后提出若干有待深入研究的新问题，为数字金融发展背景下的现代中央银行制度研究提供借鉴。

随着数字金融转型步伐的加快，金融新业态和新模式层出不穷，在赋能金融市场趋于完善、高效的同时，货币政策经由金融中介传导至实体经济的链条发生了变化，加大了货币政策的执行难度。目前，学者们就数字金融会对货币政策有效性产生积极还是消极影响尚未达成一致结论。有关数字金融对于货币政策传导影响的既有研究大多将落脚点放在经济增长、物价水平等宏观经济视角，在渠道分析中也多聚焦于信贷传导渠道和利率传导渠道，而较少关注数字金融通过汇率渠道、预期渠道对货币政策有效性产生的影响，这也将成为该领域未来研究的一个难点。总的来看，在数字金融发展背景下，货币政策的实施能否有效发挥预期宏观调控功能以及其中的运行机制发生了怎样的变化仍是一个亟待检验的现实问题。如何推动货币政策改革以适应数字金融发展是新时代交予我们的重要任务之一。

数字化在引领中国金融创新发展的同时，使金融风险的形态、路径和安全边界发生了重大变化，从而对中央银行的金融监管政策实施造成巨大冲击。金融系统的网络化、数字化和智能化引致的新型金融风险比传统金融风险更加复杂,这种新的风险形态可能游离于金融监管框架外,增加了监管任务和监管难度,因此监管手段应推陈出新。另外,数字金融行业已经呈现混业经营模式,分业监管的传统模式难以应对混业经营的数字金融业态,这可能引发监管真空与监管套利等问题,因此需要构建有效的监管政策协调机制,同时完善金融科技行业的技术标准和安全规范,弥补监管漏洞。最后,数字金融的高度渗透影响了货币政策、产业结构、财政税收等多个方面,给监管政策与其他相关政策的协调配合带来较大挑战。在此背景下,政策当局需要及时调整现有的宏观调控政策框架,重构金融监管模式与体系,以维护金融稳定,促进经济高质量发展。

数字化冲击给中央银行制度研究带来的挑战不止于此,随着数字金融业态的不断发展,新问题也将不断出现。例如,如何依托丰富的科技手段,使中央银行更好地进行货币发行与政策调控?在"双支柱"调控框架下,如何挖掘数字技术在降低监管成本、增强风险管控能力等方面的巨大潜能?随着世界各国经济联系的日趋紧密,如何构建多维度的现代中央银行国际协调制度?这些都是需要政策层和学术界深入研究的重要课题。

金融市场瞬息万变,会不断有新的问题产生,现代中央银行制度研究需要伴随着现代经济金融环境的变化而不断发展。本书第十一章选取近期全球金融体系中发生的典型风险事件——硅谷银行破产事件作为研究对象,展开案例分析,通过剖析这一经典案例背后的理论逻辑,反思理论认知与实践之间的偏差,在此基础上总结一般规律,提出一些值得进一步关注和研究的重要问题。

硅谷银行破产事件是在美联储持续加息的宏观背景下、存款保险制度广泛覆盖的制度安排下发生的一次银行挤兑危机,不论是从商业银行经营管理、微观市场主体行为、风险传导特征,还是从宏观政策和金融监管等方面来看,这都是非常经典的研究案例。这一危机事件为我们研究现代中央银行及监管制度提供了丰富的素材。该事件暴露出投贷联动模式下资产负债结构的脆弱性、金融机构风险决策非审慎以及现行监管框架未实现金融监管全覆盖等美国银行业的内在脆弱性。我们从经典的金融理论出发,分析硅谷银行决策行为背后的理论逻辑,发现硅谷银行的决策行为存在其理论合理性,主流观点对硅谷银行危机成因的分析并不充分。硅谷银行的实践与传统研究中对银行运行逻辑的理论认知存在一定的偏离,如银行存款利率敏感性的偏离、资产配置类型的偏离以及零售市场势力的偏离等,上述"个性化"特征才是硅谷银行利率风险暴露的深层次原因。对硅谷银行破产事件理论逻辑的分析,为今后的宏观调控和监管机构改革带去诸多启示。

　　现代中央银行制度研究要求我们立足于新的经济发展阶段进行探索和创新。当前,中央银行面临的内外部环境都发生了巨大变化,在经济转型发展的不同阶段,制约中央银行宏观调控功能的主要因素和表现并不完全相同,中央银行的宏观调控框架、政策传导机制都必须与时俱进。应对新挑战,要求我们从中国金融实践的重点、难点出发,从不同维度加强和深化相关研究,为构建适应我国经济发展阶段需要的现代中央银行制度做出新的贡献。

第一章

现代中央银行制度的缘起、演变与实践

引言：中央银行在现代经济体系中扮演着至关重要的角色，其历史和发展深深植根于经济思想的演进和国家治理的实践。本章旨在从历史的维度分析中央银行的职能如何在不断演变的经济社会环境中发展，并揭示现代中央银行制度的中国特色。本章从中央银行的缘起和制度演变出发，梳理了现代中央银行的特征及其政策功能，在此基础上阐释了现代中央银行制度的内涵、运行机制以及中国现代中央银行制度框架的历史演进与鲜明特色。

中央银行是确保金融体系稳健运行和经济持续发展的关键机构，其产生存在着客观必然性。从17世纪到20世纪，中央银行的职能逐渐由"政府的银行"和"发行的银行"过渡到"银行的银行"，并开始承担最后贷款人责任，维护金融体系稳定，自此，现代中央银行制度逐渐形成。随着信用货币体制的建立，维持币值稳定和调控宏观经济成为现代中央银行最主要的职能。2008年金融危机后，现代中央银行政策框架从危机前的"单一目标、单一工具"向危机后货币政策＋宏观审慎"双支柱"转型，以此更有效地实现了其稳定宏观经济和金融的目标。改革开放四十多年来，中国稳步推进现代中央银行制度的建设。在这一进程中，中国人民银行从一个传统的政府财政部门转型成为一个具备现代中央银行特征的机构，同时系统地构建和完善了以货币政策和宏观审慎政策为核心的"双支柱"调控框架。从中央银行的起源和职能演变出发有助于我们理解中央银行在现代经济社会中的重要地位及其发挥的作用，深化对宏观经济与金融政策的认识。

第一节　现代中央银行制度的缘起

一、中央银行形成的历史条件

早期银行的出现是金融历史上的一个重要转折点,象征着从传统商品货币经济向复杂信用经济的转变。这些银行最初支持商品货币的流通,并随着经济发展逐渐拓展了信用和贷款业务,形成现代银行业务的雏形。中世纪的商业繁荣推动了专门经营货币和信用的银行的发展,银行的主要业务是为贵族和政府提供贷款。随着资本主义的兴起,银行数量大幅增加,银行业开始扩展到更广泛的社会经济领域,成为国家经济和金融体系的重要组成部分。

然而,银行业的快速发展也带来了一系列问题,为中央银行的产生创造了条件。具体而言,随着经济的发展和市场的扩大,银行数量的增加逐渐带来了以下问题:首先,票据交换与清算日益复杂,凸显了统一信用货币发行的需要;其次,在经济或政治危机时期,政府对稳定融资渠道的需求与日俱增,寻求通过稳定的金融体系来管理债务和资金流动;最后,银行体系由于缺乏最后贷款人的支持,难以有效应对流动性危机,从而加剧了整体金融市场的波动,影响了经济的健康运行。中央银行的设立成为确保金融体系稳健运行和经济持续发展的关键举措。总体而言,中央银行产生的原因体现在以下几个方面。

(一)统一信用货币发行的需要

早期中央银行的产生,根本上是为了解决信用货币发行不统一导致的复杂问题。在17世纪和18世纪,随着工业化和商业活动的增加,对高效灵活的货币系统的需求显著增加,传统的金属货币在处理大规模经济交易中的局限性逐渐显现。银行券因其便携性和高效性,在经济转型时期成为流通的主要媒介。银行券作为一种信用货币形式,是对金属货币价值的代表。虽然理论上,银行券可以兑换成相应的金属货币,但在实践中,它们的价值和流通能力主要取决于发行银行的信誉及其兑换能力。

在经济发展的早期阶段,银行券作为流通工具提供了比金属货币更大的灵活性和便利性。在理想状态下,如果所有发行银行都能保证其银行券的及时充足兑换,那么银行券的流通就将极大地促进商品交易,而不会引起重大问题。然而,随着银行业的扩张和竞争的加剧,一些经营不善的银行无法兑现其银行券,这不仅损害了银行的信誉,而且可能引起严重的连锁反应,进而引发社会经济的不稳定。

此外,银行独立发行的银行券存在明显的局限性。不同银行发行的银行券由于实力、信誉和经营状态的不同,在接受程度和流通范围上存在差异。这导致了货币市场的分割,特别是小型银行发行的银行券,其流通范围通常受限于本地或邻近区域,与社会化大生产的需求不符,导致流通上的不便和经济活动的低效。从宏观上看,虽然信用货币的发行提供了比金属货币更为便捷的流通条件,扩大了银行信用,为经济发展提供了推动力,但过度的信用货币发行又可能导致经济波动和社会动荡。

面对这些挑战,货币体系的集中化成为必然趋势。通过集中信用货币的发行权,可以有效控制货币供应,确保经济稳定。这种集中化意味着将发行权限制或转移至少数或单一的大银行,这些银行通常拥有更强的资金实力和更高的信誉。这一措施不仅解决了分散发行带来的问题,而且通过统一的货币政策,有效地支持了经济的稳定和增长,这是中央银行产生的基本经济原因之一。

(二)银行间票据交换与清算的需要

在银行业的早期发展过程中,票据交换与清算问题促成了中央银行这样一个机构的产生。在银行业发展的初期阶段,伴随着银行数量的持续增加和业务范围的不断扩大,银行之间频繁进行票据交换成为一种普遍现象。这些票据,通常是基于信用发行的,被用于完成支付或借款的交易。然而,这一过程也带来了一系列复杂且棘手的清算问题。在多家银行间,用于支付和借款的信用票据频繁流通,使得确定每家银行对其他银行的净债务或债权变得越来越复杂。在这种情况下,银行间的每次交易都需要独立地进行清算,而没有一个统一的、高效的机制来处理这些交易,导致清算过程的低效和风险增大。缺乏有效的清算系统不仅增加了银行操作的成本和复杂性,而且提升了整个金融系统的信用风险和流动性风险。此外,各银行发行的票据在信用等级和价值上的差异进一步加剧了清算过程的复杂性。

正是这种清算问题的存在,凸显了建立一个集中的清算机构即中央银行的必要性。中央银行的设立,旨在提供一个统一的平台用于高效、安全地处理银行间的票据交换和清算工作。通过这种方式,中央银行不仅简化了清算过程,而且增强了整个金融系统的稳定性并提高了效率。银行能够更加专注于其核心业务,如贷款和存款服务,而无须过多担忧交易对手的信用风险和流动性问题。因此,中央银行的建立不仅优化了金融市场的运作,而且为后续金融系统的稳定和发展奠定了坚实的基础。

(三)政府融资与债务管理的需要

政府融资在中央银行形成的历史进程中发挥了重要作用。历史上,政府为了资助战争、公共工程及其他国家事务,常常面临巨额的资金需求。在中央银行体系建立前,政府一般依赖于私人债权人,包括银行家、商人和贵族,来筹措所需资金。这种融资途径成本高昂,且在紧急情况或经济困难时期,融资的不确定性极大。以英格兰银行的成立为例,其与政府融资需求紧密相连。17世纪末,英国政府在与法国的战争中面临严重的财政困难。1694年,英格兰银行成立,通过向公众发行股票来筹集资金,并将这些资金贷给政府,从而解决了政府的融资难题。作为回报,英格兰银行获得了发行纸币的特权,这不仅为政府提供了稳定的融资来源,而且使其成为政府债务管理的关键机构。

随着中央银行在政府融资中的作用日益增强,其承担起管理国家债务和货币发行的职责。中央银行的这些职能,涵盖了向政府直接贷款以及通过调控货币供应和利率影响整体经济的借贷成本。在政府融资方面,中央银行的角色扩展使其在国家经济中的地位愈发重要。中央银行通过有效管理政府债务,帮助政府在财政上保持稳定。中央银行在国家债务管理方面的作用也有助于维护国家的信用和金融市场稳定。随着时间的推进,中央银行在政府融资中的作用已经成为其核心职能之一,对国家经济的健康和稳定发挥着至关重要的作用。

(四)保证银行流动性的需要

在中央银行体系形成前,金融市场上缺乏一个能够在危急时刻为商业银行提供紧急流动性支持的机构。这一缺陷暴露出金融体系的脆弱性,尤其是当单家或多家银行面临流动性短缺或信用危机时,其影响可能迅速蔓延至整个银行体系甚至整个经济。历史上的多次金融危机,如18世纪和19世纪的银行挤兑和倒闭潮,清楚地展示了没有最后贷款人时金融体系的脆弱性。在这些危机中,由于缺乏一个中央机构来提供必要的流动性支持,因此许多银行无法应对大规模客户提款的压力,导致银行的倒闭和经济的混乱。这些事件揭示了一个中心化的、能够作为金融稳定器的机构的必要性。

对这种脆弱性的认识和对金融危机的反思促使了中央银行作为最后贷款人的角色的确立。中央银行的形成为金融体系提供了一张安全网,确保在金融压力增大或危急时刻,银行能够获得必要的资金支持,从而维护整个系统的稳定。通过这种机制,中央银行不仅避免了个别银行问题的蔓延,而且减轻了金融危机对经济的冲击。

历史上对最后贷款人角色的需求与金融体系的脆弱性共同推动了中央银行的产生和发展。中央银行不仅为金融体系提供了稳定性和安全性,而且成为现代金融体系不可或缺的一部分,对维护经济稳定和促进经济健康发展起着至关重要的作用。

(五)统一金融监管的需要

随着商业和经济活动的增多,尤其是在工业革命期间及其后,金融体系的需求和复杂性显著增加。这一时期的经济扩张需要更加有效和稳定的金融环境,以支持商业、贸易、工业发展以及政府的财政需求。在这种背景下,金融运行的稳定成为经济稳定发展的重要条件。金融的稳定运行需要有一套公平、健全的规则和机制。在早期,金融市场由私人银行和其他金融机构主导,这些机构的运作往往受限于自身的商业利益。各银行之间虽然形成了某些约定,但这些约束的效力是有限的,导致金融活动经常出现无序甚至混乱的状况。例如,在美国的"自由银行时代",各州银行几乎可以无限制地发行货币,这不仅导致了货币价值的大幅波动,而且使银行失败的风险大大增加。在1837年和1857年的金融危机中,大量银行的倒闭引发了广泛的经济衰退,暴露了缺乏中央监管和协调机构的严重后果。

为了保证银行和金融业的公平有序竞争,保证各类金融业务和金融市场的健康发展,减少金融运行的风险,政府对金融业进行监督管理是极其必要的。政府对金融业进行监督管理的任务必须依靠专门的机构来实现。由于金融业监督管理的技术性很强,因此这个专门从事金融业管理、监督及协调的职能机构不仅需要具备一定的技术能力和操作手段,而且需要在业务上与银行建立密切联系,以便于制定的各项政策和规定通过业务活动得到贯彻实施。这种对金融市场进行统一管理和监督的需求促使了中央银行概念的形成,从而奠定了现代中央银行体系的基础。

二、早期中央银行的建立与发展

瑞典国家银行作为世界上最早的中央银行,奠定了金融体系现代化的基础。在中央银行发展的初始阶段,其主要任务集中在管理国家债务和发行货币,同时扮演政府的财政代理角色,这些早期职能体现了中央银行在金融体系中的基本定位。随着时间的推移,瑞典国家银行及其他早期中央银行,如英格兰银行和法兰西银行,开始扩展其职能,有效管理货币政策,应对通货膨胀和维护货币价值稳定,同时在金融市场中扮演更加重要的角色。早期中央银行的发展为金融体系的现代化铺平了道路,为现代中央银行制度的建立和演变提供了宝贵经验。

真正意义上的现代中央银行是以美联储的建立为标志的。美国历史上曾多次尝试建立中央银行,如第一银行和第二银行,但这些尝试均未能持久。直至1907年的经济危机,才揭示了一个稳健金融体系对于中央银行的迫切需求。当时,著名的银行家约翰·皮尔庞特·摩根(John Pierpont Morgan)在危机中起到了关键作用,他召集其他金融家,提供资金支持,稳定了遭遇困境的金融机构,事实上扮演了最后贷款人的角色。这一事件促使美国国会认识到,建立一家中央银行对于金融体系的稳定至关重要。因此,美联储的成立成为必然,其旨在确保金融体系的稳定。美联储的建立不仅为美国金融体系的长期稳定和成熟奠定了基础,而且为现代中央银行制度在全球的建立和演进提供了重要参考。

(一)瑞典国家银行

瑞典国家银行(Sveriges Riksbank)是世界上最古老的中央银行,其前身是斯托克霍尔姆银行(Stockholms Banco),由约翰·帕尔姆斯特龙(Johan Palmstruch)于1661年创立。当时,瑞典正经历财政困难,需要新的方法来增加国家的金融资源。斯托克霍尔姆银行的创立标志着瑞典金融体系现代化的开始,但由于管理不善和货币发行过多,其于1668年破产。1668年,瑞典国会接管了斯托克霍尔姆银行,成立了瑞典国家银行。这一举措不仅是为了解决即时的金融危机,而且是对银行业和金融监管的早期实验。在最初的阶段,瑞典国家银行的主要职能是对国家债务进行管理和融资,以及发行和管理货币。这在当时是一项创新,因为它代表了国家对金融体系的直接干预和控制。

在17世纪和18世纪的大部分时间里,瑞典国家银行的运作重点是维护货币的稳定和提供贷款服务。其开始发行纸币,这在当时是一个重要的创新,因为它极大地提高了货币体系的灵活性。然而,纸币的过度发行带来了通货膨胀和有关货币价值稳定性的问题。这些挑战促使瑞典国家银行不断调整其货币政策和管理策略,以求达到更有效的货币供应和价值稳定。

18世纪末至19世纪初,瑞典及其金融市场快速发展,瑞典国家银行的职能和作用也随之扩展,其开始承担更为典型的中央银行职能,如调控货币供应、管理金融市场稳定以及作为政府的财政代理。在此时期,瑞典国家银行还开始关注金融监管,以确保金融市场的健康运作和金融机构的稳定。这一时期不仅是瑞典金融体系现代化的关键阶段,而且是中央银行职能理念逐步形成和发展的时期,特别是在货币政策、金融监管和金融稳定性方面的实践,为后来其他国家中央银行的建立和发展提供了宝贵的参考。

到了19世纪末期,瑞典国家银行已成长为瑞典金融体系中的核心机构,其高效的运营方式和周密的政策制定在稳定和推动瑞典经济发展方面发挥了关键作用,尤其在维持金融稳定、促进经济发展及支持政府财政政策等方面,预示了现代中央银行的职能和角色。

(二)英格兰银行

英格兰银行(Bank of England)成立于1694年,最初的目的是筹集资金以支持威廉三世对法国的战争。英格兰银行成立时,通过公开认购股份的方式筹集了120万英镑,这笔资金即成为政府的债务。作为交换,英格兰银行获得了发行纸币的特权,这也是它最初的主要职能之一。这种安排使得英格兰银行在其早期发展中即具有了商业银行和中央银行的双重性质。

随着英国经济和金融市场的发展,英格兰银行的角色和职能逐渐发生变化。到了18世纪,英格兰银行开始承担更多典型中央银行的职能,如维护货币价值的稳定和作为政府的财政代理。英格兰银行通过控制货币发行和执行政府的货币政策,逐渐成为英国金融体系的中心。

在19世纪初,英格兰银行经历了多次金融危机,这些危机考验了其作为中央银行的能力。最著名的是1797年的信用危机,当时法国革命战争和大量黄金外流使得英格兰银行被迫暂停纸币兑换黄金的业务。这一事件确立了英格兰银行在金融市场稳定方面的重要地位。19世纪的英国经历了工业革命,其金融市场变得更加复杂和重要。在这个时期,英格兰银行在维护金融稳定和调控经济方面发挥了越来越重要的作用。特别是在1844年《英格兰银行条例》(Bank Charter Act)通过后,英格兰银行被正式赋予发行英格兰和威尔士纸币的专营权。这一条例的通过标志着英格兰银行在英国金融体系中的中心地位得到了法律的确认。此外,英格兰银行开始发展其作为最后贷款人角色的职能。这一概念最初由经济学家沃尔特·巴杰特在1873年的著作《伦巴德街》中提出。沃尔特·巴杰特建议,在金融危机期间,英格兰银行应该以惩罚性的高利率向市场提供流动性,以避免银行挤兑和金融系统的崩溃。这一理念后来成为现代中央银行在危机管理中的重要原则。在18世纪至20世纪初,英格兰银行一直是全球最重要也是影响力最大的中央银行,现在,其仍是全球最具影响力的几家中央银行之一。

(三) 法兰西银行

法兰西银行(Banque de France)成立于拿破仑时期,目的是解决法国革命期间的财政困境和金融混乱的问题,提供稳定的货币环境,并协助政府管理国家财政。初期,法兰西银行并非作为一个独立机构运作,而是与政府关系紧密,其主要职能是代理政府财政和管理债务。

在19世纪的大部分时间里,法兰西银行的活动主要集中在货币发行、信贷控制以及对黄金和外汇储备的管理。其对金融市场的影响逐渐增大,特别是在提供流动性和稳定银行系统方面。作为国家的主要货币发行机构,法兰西银行在维护货币稳定和控制通货膨胀方面扮演了重要角色。在这一时期,法兰西银行的运行受到较强的政府指导,尽管在一定程度上保证了政府能够通过银行实施其经济政策,但是这种安排意味着银行在独立性方面受到限制,尤其在金融政策的自主制定上。

19世纪中后期,法兰西银行逐步发展出更加现代化的中央银行特征。其开始关注于调节货币市场,管理国家的金融稳定,以及作为最后贷款人在金融危机中提供支持。此外,其还开始参与对商业银行的监督和管理,以确保金融系统的整体稳健。19世纪的法国见证了多次金融危机,这些危机暴露了金融市场的脆弱性和监管的必要性。法兰西银行开始参与商业银行的监督,以确保金融体系的整体稳健和银行业的健康运作。

法兰西银行的发展历程体现了中央银行从政府财政支持者向全面金融监管者和稳定器的转变。其在维护金融稳定、促进经济增长以及作为政府财政政策的支持者方面发挥了重要作用。这些经验不仅对法国金融体系产生了深远影响,而且为全球中央银行的建设与发展提供了宝贵的借鉴。

(四) 美国的中央银行

美国的第一家中央银行,即第一银行(Bank of the United States),成立于1791年,其创立主要是为了解决美国独立战争后的财政问题和建立一个统一的货币体系。第一银行的职能包括存储政府资金、提供信贷和发行银行票据,这些票据在当时的美国经济中充当了货币的角色。然而,第一银行面临政治上的争议,尤其是关于其宪法性和中央政府与各州之间权力平衡的问题。其20年的宪章在1811年到期时并未得到续签。

第二银行(Second Bank of the United States)于1816年成立,背景是1812年战争后的经济混乱和货币不稳定。第二银行的职能与第一银行类似,包括作为政府的财政代理、贷款给商业银行以及控制货币供应。然而,第二银行同样遭遇了政治挑战和公众的反对。特别是在安德鲁·杰克逊(Andrew Jackson)的任期内,第二银行成为政治争论的焦点。安德鲁·杰克逊认为银行权力过大,并在1836年拒绝更新其宪章。在第二银行宪章到期后的几十年里,美国没有中央银行体系,这个时期被称为"自由银行时代"。其间,各州银行承担起发行货币和提供信贷的职能,这导致了货币政策的不一致和金融市场的不稳定。

直到20世纪初,经历了数次金融危机和经济衰退后,美国政府才认识到建立一个稳定有效的中央银行体系的必要性。1913年,美国国会通过了《联邦储备法》(Federal Reserve Act),正式成立美联储。美联储的建立标志着美国中央银行制度的现代化,其主要职能包括管理货币供应、作为政府的财政代理、监管银行体系以及作为最后贷款人。

随着美联储的成立,一个更加成熟和复杂的中央银行体系在美国形成,这标志着美国金融体系的一个重要转变。与早期中央银行相比,美联储的建立体现了金融稳定性、货币政策的独立性和经济增长三者之间的平衡。其结构设计旨在融合中央化的政策制定和地区性金融需求,从而更有效地响应全国各地的经济变化。美联储的政策决策过程更加强调数据驱动和市场反馈,以提高其政策的适应性和有效性。

美联储的成立不仅对美国经济产生了深远的影响,而且对全球金融体系和其他国家的中央银行制度产生了重要影响。美联储的出现代表了中央银行职能的现代化和专业化,强调了中央银行在维护金融稳定、实施有效货币政策和促进经济增长方面的重要性。美联储的经验和做法为全球中央银行体系提供了宝贵的参考,尤其在危机管理、货币政策制定和金融监管方面。

三、现代中央银行的职能演变

中央银行的职能演变涉及多个阶段的转变与发展。最早建立的中央银行,如17世纪成立的瑞典银行和英格兰银行,其主要职能是作为"政府的银行",其核心任务是组织和管理政府的财政需求。在这一阶段,中央银行主要负责发行货币、管理国家债务以及通过各种金融工具为政府筹集资金等工作。例如,早期的英格兰银行,其成立的初衷就是为战争筹集资金。在这一时期,中央银行的操作与政府的财政需求密切联系,常常直接受政府的影响和控制,不仅包括提供短期的资金支持,而且包括提供长期的债务管理和资金筹措。在此阶段,中央银行还未完全发展为独立的货币当局,其职能与现代意义上的中央银行相比尚显初级,更多的是作为政府在金融领域的执行手臂。作为"政府的银行",中央银行的决策和操作往往与国家的政治和经济目标密切相关,其独立性相对较弱。

随着金融体系的发展和经济结构的变化,中央银行的职能逐渐向"发行的银行"转变。中央银行在这一时期开始独立于政府的日常财政操作,成为垄断货币发行权的机构。英格兰银行于1897年获得英国货币发行权,法兰西银行于1848年在法国实现货币发行垄断,普鲁士银行于1875年成为德国唯一的货币发行机构,美联储在1913年集中了美国的货币发行。这些中央银行通过控制货币供应,不仅稳定了各自国家的金融市场,而且为其后续作为最后贷款人和货币政策制定者的角色奠定了基础(何德旭和苗文龙,2022)。

随着时间的推移,中央银行进一步扩展了职能范围,作为最后贷款人承担"银行的银行"职能,开始在货币政策、金融监管和金融市场稳定等方面发挥更大的作用。19世纪的英国经济学家沃尔特·巴杰特提出中央银行作为最后贷款人的理论。他认为,在金融危机时,中央银行应当通过向市场提供流动性来阻止银行挤兑和金融恐慌的蔓延。沃尔特·巴杰特的这一理念成为现代中央银行在危机管理中的重要原则,并在后来的实践中得到广泛应用。例如,在2008年金融危机期间,许多银行面临严重的流动性短缺,信贷市场几近冻结。在这种情况下,包括美联储、欧洲中央银行(ECB)在内的中央银行采取了前所未有的措施,大规模地向银行系统注入流动性。这些措施包括降低利率、购买政府债券和其他资产,以及直接向银行提供贷款,从而稳定了金融市场,防止了金融系统的全面崩溃。

在20世纪70年代以前,以金本位为主的世界货币制度使中央银行的货币政策职能作用受限。随着20世纪70年代美元与黄金脱钩,美元开启信用本位制度,货币政策发挥作用的空间逐渐增大,现代中央银行的货币政策框架逐渐形成。在此阶段,通过实施独立的货币政策,维持币值稳定和调控宏观经济成为现代中央银行最主要的职能。

除了作为最后贷款人及实施货币政策外,中央银行还负责监管和指导商业银行,以确保金融机构遵循适当的风险管理和资本充足率标准,维持金融系统的平稳运行。2008年金融危机的发生使中央银行进一步将宏观审慎管理纳入其职能范围,开始更加关注金融系统整体的健康状况,评估和减小系统性风险,并实施更为全面的金融监管策略。中央银行不再限于对单一金融机构的监管,而是对整个金融市场的宏观层面进行分析和干预，以防范可能出现的金融不稳定因素。美联储在2008年后实施了一系列宏观审慎措施，包括对重要金融机构开展压力测试，实施更严格的资本和流动性规定。中国人民银行为应对国内外经济环境的变化，确保中国金融市场的稳定和经济的持续增长，实施了差异化的房地产信贷政策，以控制房地产市场的过热和信贷风险。此外，中国人民银行还加强了对银行资本充足率的监管，提高了系统重要性金融机构的风险管理标准，以及通过动态调整存款准备金率来管理流动性。至此，中央银行在不断适应和应对复杂多变的金融环境的过程中，角色和职能变得更加多元。

随着技术水平的快速提高，中央银行正面临一系列新的挑战。例如，数字货币的兴起和区块链技术的应用、金融科技企业的涌现和支付系统的创新都对传统金融体系造成了冲击。这些趋势正在深刻地影响中央银行的传统职能，推动它们探索新的监管框架和货币政策工具。例如，数字货币（加密货币）的发展对中央银行的货币政策和金融稳定构成了重要挑战。加密货币的匿名性、去中心化特性及其对传统金融体系的潜在影响，促使中央银行必须重新思考其货币发行和监管策略。作为回应，中央银行开始研究和试验自己的数字货币，即中央银行数字货币（CBDC）。中国人民银行正在试点数字人民币，欧洲中央银行和瑞典中央银行也在探索相应的数字货币解决方案。中央银行数字货币的引入旨在应对比特币（Bitcoin）等私人加密货币带来的挑战，并在提高货币政策的有效性、加强支付系统的效率和安全性方面发挥作用。除此之外，金融科技公司的崛起对中央银行的监管职能也提出了新的要求。这些公司的创新产品和服务，如移动支付、在线贷款平台等，正在改变传统的银行业务模式，迫使中央银行更新其监管工具和方法，以确保金融市场的稳定和消费者的安全。

中央银行的职能转变不仅体现了其对经济环境和技术进步的适应，而且预示了其未来的发展方向。随着全球经济和金融市场的持续演变，中央银行的角色和职能将不断进化，以有效应对新的挑战和把握新的机遇。

四、现代中央银行的特征

一般认为，现代中央银行至少具有以下四个方面的特征。

（一）保持独立性的公共机构

中央银行作为一个独特且极其重要的公共机构，其独立性是在其历史演变过程中逐渐形成的关键特征。不同于一般政府机构,中央银行的独立性主要体现在四个方面:财务独立性、政策中立性、权力隐形性和工具独立性(缪延亮,2023)。财务上,中央银行拥有发钞权和管理大规模外汇储备的能力,并通过铸币税等方式获得收入。尽管这些收入最终上缴国库,但这是在中央银行扣除经营成本后上缴的,其中经营成本的界定具有一定的灵活性。政策上,中央银行实施的是总量政策,广泛影响经济但不针对特定行业或个体,其政策立场相对超脱。在权力方面,中央银行虽然不直接分配资源,但其对货币价值和金融市场的影响巨大,体现在监管关键金融机构、维护支付系统等方面。此外,中央银行的工具独立性也是其核心特征之一,即使目标由国家法律确定,在实现目标的过程中,中央银行也享有使用政策工具的自主权。值得注意的是,中央银行的决策通常是不可逆的,这增加了其政策的稳定性和连续性。例如,美联储的政策除非遭到国会干预,否则不可逆转,并且美联储需要定期向国会提交货币政策报告,这是美联储受到的主要制衡。在欧洲中央银行的例子中,其独立性通过政府间条约得到保障,使其不需要向任何政府报告,凸显了其在政策独立性方面的特殊地位。这种独立性不仅确保了中央银行根据经济规律和政策决策程序有效运用工具,而且强化了其在经济稳定与发展中的关键作用。

(二)执行货币政策和维持金融稳定

中央银行在货币政策的执行上扮演着复杂且多面的角色,其主要职能包括控制货币供应、调整利率、控制通货膨胀等。每一项职能都对国家的经济稳定与发展起到了决定性的作用。

货币供应管理是中央银行职能的基石。通过调节经济中的货币总量,中央银行能够有效地控制经济增长和通货膨胀水平。例如,在经济增速放缓时,中央银行可能增加货币供应量,以刺激消费和投资,促进经济增长;在经济过热或通货膨胀高企时,通过减少货币供应量,中央银行能够帮助冷却经济,抑制价格上涨。

利率政策是中央银行的另一关键工具。中央银行通过调节基准利率来间接影响市场的借贷利率,进而影响整个经济的资金成本。低利率环境有助于降低融资成本,刺激投资和消费,从而推动经济增长。而在通货膨胀压力下,提高利率有助于抑制过度的消费和投资,控制物价上涨。同时,通过对货币供应和利率政策的调整,中央银行能够有效地控制物价水平,使通货膨胀保持在目标范围内。

维持金融稳定是现代中央银行的另一个重要特征,包括监测和降低金融体系中的系统性风险,确保金融机构的健全性,并在必要时提供紧急流动性支持。为了维护金融稳定，中央银行需要持续关注金融市场的动态，识别并应对可能导致金融市场动荡的风险。例如，中央银行会密切关注银行和非银行金融机构的杠杆率，以及它们对金融市场的影响。中央银行作为最后贷款人，在金融危机时提供流动性支持，是维护金融稳定的关键。在2008年金融危机中，许多中央银行提供了紧急资金支持，以防止金融体系的崩溃。

（三）重视沟通与政策透明度

在现代经济体系中，沟通已成为其核心组成部分，这不仅因为沟通直接关系到货币政策的有效传递，而且因为沟通在引导市场预期和维护经济稳定中扮演着重要角色。中央银行的沟通内容主要包括政策目标的明确披露、经济前景的详细展望、政策会议决策的公布，以及对未来利率路径的预测。

政策目标的披露，特别是关于通货膨胀目标的说明，为市场提供了衡量中央银行政策取向的基准。这种目标的设定通常基于经济数据和市场条件，反映了中央银行对维护宏观经济健康的承诺。同时，中央银行会根据经济状况的变化，调整其目标，以适应不断变化的经济环境。

经济前景的展望则提供了对未来通货膨胀、产出等关键经济指标的预测，这些预测基于对当前经济数据和市场趋势的深入分析。虽然这些预测不免存在误差，但它们为市场参与者提供了重要的参考信息，帮助他们做出更为明智的投资和财务决策。

政策会议决策的公布，尤其是通过记者会议等形式的进一步解释，提高了政策制定的透明度。这种沟通方式使市场能够更清楚地理解中央银行的政策动向和决策背后的逻辑，从而减少市场的不确定性。

对未来利率路径的预测则是中央银行试图影响市场预期的一个关键手段。通过提供对未来利率变化的预测，中央银行能够在一定程度上引导市场对未来货币政策的预期。这种预测虽然具有不确定性，但在市场预期形成中起着不可忽视的作用。

现代中央银行的沟通策略在传递关键政策信息、减少市场不确定性、提高政策有效性方面发挥着关键作用。通过这些多元化的沟通方式，中央银行在保持经济稳定和促进经济增长的同时，与市场保持有效互动。

（四）参与国际金融协调和合作治理

在全球化时代，中央银行参与国际金融协调和合作治理的角色变得至关重要。这种合作不限于危机时期的应急协调，也涵盖了在制定国际金融监管标准、管理跨境资本流动以及应对全球经济挑战等方面的长期合作。例如，国际清算银行（BIS）

作为全球中央银行的协调机构,为中央银行提供了一个交流政策经验、协调监管措施和共同应对全球性金融问题的平台。中央银行通过国际清算银行共同制定了一系列国际金融监管标准,如巴塞尔协议(Basel Accords),这些标准旨在加强全球银行体系的资本充足性和风险管理能力。

中央银行在管理跨境资本流动方面保持着紧密合作。在全球金融市场日益互联的背景下,中央银行通过国际合作来监测和应对资本流动带来的潜在风险,如短期资本流动波动导致的货币价值波动和金融不稳定。面对全球性挑战,如气候变化和数字货币的兴起,中央银行通过共享最佳实践、进行联合研究来探索这些问题的解决方案。此外,许多中央银行正在探索中央银行数字货币的发行,这需要在全球范围内协调监管标准和技术解决方案。国际金融合作也表现在共同应对全球经济的宏观挑战上。中央银行通过国际货币基金组织(IMF)等机构参与全球经济政策的讨论和协调,共同应对如汇率波动、经济衰退等问题。

现代中央银行在国际金融协调和合作治理中的作用是多方面的,不仅涉及危机应对和监管标准的制定,而且包括对新兴领域的研究。这种合作对于维护全球金融稳定、促进经济增长以及应对新兴的全球性挑战至关重要。

第二节　现代中央银行制度的理论基础

中央银行的建立和演化与若干重要的经济理论密切相关。最后贷款人理论强调中央银行在金融危机中提供紧急资金支持的重要性,以防止金融系统崩溃;货币政策理论聚焦于中央银行通过调控货币供应和利率来稳定经济的作用;宏观审慎政策理论扩展了中央银行在监控和减小系统性风险方面的责任;独立性理论则涉及中央银行在其职能执行过程中保持独立于政治干预的重要性。这些理论共同构成了中央银行政策执行的理论框架,为中央银行在全球经济多变环境中的有效运作提供了坚实基础。

一、最后贷款人理论

中央银行作为最后贷款人的理论,是一个内涵深刻的金融稳定概念,其历史根源可以追溯到 19 世纪的银行危机,最早由英国经济学家亨利·桑顿(Henry Thornton)在其 1802 年的著作中提出,并由沃尔特·巴杰特在其 1873 年的著作《伦巴德街》中进一步发展。这一理论的提出是对当时频繁发生的银行危机和金融市场动荡的回应,旨在寻找一种机制来防止金融危机的扩散和加深。亨利·桑顿和沃尔特·巴杰特的思想核心在于,中央银行在金融市场面临重大流动性紧张时,应扮演最后贷款人的角色。这意味着在普通银行无法从市场获取足够资金以应对流动性危机时,中央银行应提供必要的贷款支持。沃尔特·巴杰特强调,这种支持应以充足且有保障的质押品为条件,并且应以高于市场利率的成本提供,以避免道德风险。

在 20 世纪及 21 世纪的金融危机中,最后贷款人理论被广泛应用。中央银行通过为金融机构提供流动性支持,有效地遏制了金融危机的扩散。特别是在 2008 年金融危机期间,多国中央银行不仅提供了传统的贷款支持,而且采用了非传统的货币政策工具,如量化宽松,扩大了流动性支持的范围和规模。这些举措证明了最后贷款人理论在维护金融稳定和防止金融系统性风险中的关键作用。

然而,最后贷款人理论的应用也伴随着风险和挑战。过度依赖中央银行的救助可能导致金融机构的道德风险增加,即金融机构可能因为预期会有救助而采取更多风险行为。因此,中央银行在执行最后贷款人职能时,需要平衡风险管理与金融稳定之间的关系,确保其行动不会引发市场的逆反应或不良激励。

二、货币政策理论

早期的货币政策理论主要基于经典经济学和新古典经济学的思想。这一时期的理论认为,市场在大多数情况下能够有效地分配资源,政府和中央银行的介入应当是有限的。货币供应的变化被认为对价格水平有直接影响,但对实际产出和就业的影响较小。这一观点在 20 世纪 30 年代的大萧条期间受到了挑战。

约翰·梅纳德·凯恩斯(John Magnard Keynes)在其 1936 年的著作《就业、利息和货币通论》中对货币政策提出了新的见解。凯恩斯主义认为,在经济衰退期间,由于总需求不足,市场无法自发实现充分就业,因此,政府和中央银行应通过扩张性货币政策(如降低利率和增加货币供应量)来刺激经济,增加总需求,从而提高就业率。

20 世纪 60 年代,米尔顿·弗里德曼(Milton Friedman)等经济学家提出货币主义理论。货币主义者认为,经济的不稳定主要源自政府和中央银行不适当的政策干预。他们强调对货币供应量的控制,认为货币政策应集中于控制通货膨胀。货币主义对凯恩斯主义的扩张性财政政策和货币政策提出了批评,认为这些政策会导致长期通货膨胀和经济波动。

20世纪70年代,新古典宏观经济学和理性预期理论的兴起对货币政策理论产生了重要影响。这些理论认为,市场参与者会基于所有可用信息做出理性决策,预期政策的变化,并据此调整自己的行为。这意味着,如果市场预期中央银行将采取扩张性货币政策,这些预期本身就可能导致价格水平上升,从而削弱政策的效果。

进入21世纪,货币政策的实践更加注重政策的可预测性和透明度。中央银行开始采用通货膨胀目标制,即设定明确的通货膨胀率目标,并通过调整利率等手段来实现这一目标。此外,2008年金融危机后,许多中央银行采取了非传统的货币政策工具,如量化宽松,以应对流动性陷阱和低利率环境下的挑战。

这些货币政策理论的发展和实践对现代中央银行制度产生了深远影响。中央银行不仅需要关注通货膨胀和经济增长,而且需要考虑如何通过货币政策来维护金融稳定,如何与财政政策协调,以及如何在全球化背景下应对跨境资本流动。货币政策的有效性和适应性成为衡量现代中央银行成功与否的重要标准。

三、宏观审慎政策理论

宏观审慎政策并不是一个新的概念,其于20世纪70年代末即被提出,不少经济体实施过类似的措施。但之前各方面关注微观金融监管比较多,忽视了宏观审慎政策的重要性。2008年金融危机爆发后,情况发生了很大变化。在反思金融危机教训时我们认识到,我们缺乏从宏观的、逆周期的视角采取有效措施,忽视风险的跨机构、跨市场传播,导致金融体系和市场剧烈波动,这成为触发金融危机的重要原因。宏观审慎政策能够弥补原有金融调控体制的重大缺陷。近年来,强化宏观审慎政策已成为全球金融调控制度改革的核心内容,并不断取得进展。20世纪70年代末,库克委员会(Cooke Committee,巴塞尔委员会的前身)的会议纪要和英格兰银行的文件中第一次使用了"宏观审慎"一词,强调金融监管需要系统性的宏观视野。1986年,国际清算银行开始在公开文件中引用"宏观审慎"一词,旨在保障整个金融体系及支付机制的安全性和稳健性。之后,"宏观审慎"一词偶尔出现在一些国际组织的报告中。直到2000年初,时任国际清算银行总经理的安德鲁·克罗克特(Andrew Crockett)在一次演讲中定义了"宏观审慎"的概念,他提出将金融稳定划分为微观审慎和宏观审慎两个层面,微观审慎是以保障单个金融机构稳健为目标,而宏观审慎是以维护整个金融体系稳定为目标。

宏观审慎政策理论的提出与实践源于对传统微观审慎监管(着重于单一金融机构的安全与健康)的局限性的认识。这一理论的发展特别强调金融系统作为一个整体的稳定性,该理论关注金融系统内部因素的相互关联性和互动效应,以及这些因素如何影响经济系统的整体稳健性。

宏观审慎政策理论的核心在于预防和减小系统性风险。系统性风险是指金融体系内的某个问题能够迅速扩散至整个金融系统甚至影响实体经济的风险。这一理论关注的是如何识别、评估、监控以及缓解金融市场、信贷市场和资本市场中的集聚性风险,防止金融危机的发生和扩散。随着全球金融体系的日益复杂化和互联互通,中央银行的职能也发生了显著变化。在此背景下,中央银行不再仅仅关注传统的货币政策和银行监管,而且需要更加重视金融系统的整体稳定性。宏观审慎监管理论的引入使得中央银行的职能扩展到了监控和预防系统性金融风险,以及在必要时采取措施保护整个金融体系的稳定。

2008年金融危机后,宏观审慎监管理论得到了更广泛的认同和实践。危机揭露了金融市场和金融机构之间错综复杂的关系,以及这些关系对整个经济体系的潜在威胁。因此,加强宏观审慎监管,以防范和减小未来可能出现的系统性风险,成为国际金融监管改革的重点。

四、中央银行独立性理论

中央银行独立性理论的核心是,中央银行在制定和实施货币政策时应独立于政府的直接控制和短期政治影响,以促进长期的宏观经济稳定。

在20世纪早期,中央银行通常被视为政府的一个部门,其主要职能是融资和管理政府债务。然而,随着时间的推移,特别是在经历了20世纪30年代的大萧条后,经济学家和政策制定者开始重新考虑中央银行的角色和职能。凯恩斯主义的兴起强调了政府在管理经济中的作用,但随后出现的通货膨胀问题(尤其是在20世纪70年代)使得经济学家开始关注货币政策的长期稳定性。

在这个背景下,中央银行独立性理论开始获得重视。理论上,一家独立的中央银行能够抵抗政府施加的短期政治压力,专注于控制通货膨胀和维护长期经济稳定。20世纪80年代和90年代,随着全球化的加深和金融市场的发展,中央银行独立性理论得到了进一步加强。例如,欧洲中央银行就是在中央银行独立性理论的基础上成立的,其设计旨在保护欧洲中央银行免受各成员国政府的直接干预。

研究表明,中央银行的独立性与低通货膨胀率之间存在正相关关系。独立的中央银行在制定货币政策时更可能专注于长期目标而非短期政治目标。这种独立性不仅有助于实现价格稳定,而且为经济增长提供了可预测的宏观经济环境。此外,中央银行独立性也有助于提高政策的透明度和可信度,从而增强市场参与者对中央银行政策的信心。

然而,中央银行独立性并非没有争议。一方面,批评者认为过度的独立性可能导致缺乏民主问责,尤其在中央银行的决策影响广泛经济利益的情况下。另一方面,2008年金融危机后,对中央银行职能的重新评估提出了新的挑战。例如,中央银行在危机期间采取的非常规货币政策措施,如量化宽松,虽然有助于稳定金融市场,但也引发了关于其独立性与新职能之间平衡的讨论。

中央银行独立性理论的发展极大地影响了现代中央银行的职能定位,不仅改变了中央银行与政府之间的关系,而且对货币政策的制定和执行方式产生了深远的影响。随着经济和金融环境的不断变化,中央银行独立性理论仍将是现代中央银行制度讨论和发展的核心部分。

第三节 现代中央银行政策框架的探索与实践

一、危机前"单一目标、单一工具"的政策框架

在2008年金融危机前,西方国家经历了二十余年的经济稳健增长且低通货膨胀的"大缓和"时代。主流中央银行的政策框架以货币政策为核心,主要关注经济周期与货币政策的相互作用。经济周期一般是指经济活动水平扩张与收缩的交替波动,而货币政策是货币当局为实现特定经济目标而采用的各种控制和调节货币总量及利率等变量的政策措施的总称。这种政策框架的核心是通过逆周期调节来平抑经济周期波动,维护物价稳定。

彼时的各国中央银行主要依据泰勒规则来调整货币政策,即依据通货膨胀水

平和经济增速来调整政策利率。货币政策的主要目标就是通过控制货币供应量和调节利率来维护价格稳定,从而间接影响经济增长和就业。例如,美联储的主要货币政策工具是公开市场操作,即通过在公开市场上买卖国债等资产来影响借款者可用的资金量(货币供应量)和提供这些资金的价格(利率)。

货币政策的操作目标自20世纪70年代起由货币供应量转向政策利率,此后,价格型货币政策工具使用的频率越来越高。欧美国家中央银行的政策实践逐步形成了"单一目标、单一工具"的价格型货币政策框架,"单一目标"是通货膨胀目标制,"单一工具"是利率。

尽管"单一目标、单一工具"政策框架在特定时期为中央银行提供了清晰的政策指导,但随着金融环境的变化和经济理论的发展,这一框架被证明在某些情况下可能过于简化,其局限性逐渐显露。2008年金融危机对单一的货币政策体系造成冲击,以Rogoff(2010)为代表的研究认为单一的货币政策框架忽视了金融中介和金融监管的作用。在面对金融危机或严重的经济衰退时,仅依赖利率调整可能不足以应对多方面的经济挑战。不仅如此,金融危机后各国传统货币政策的有效性也在不断下降。因此,盯住通货膨胀的单一目标不再合理,现代中央银行正趋向于采用更加综合和灵活的政策框架。在此背景下,金融稳定、充分就业等目标重新回归主流货币政策框架体系,以更好地应对多样化的经济挑战。

二、危机后货币政策与宏观审慎"双支柱"的政策框架

2008年金融危机后,中央银行的政策框架经历了根本性的转型。

一方面,货币政策实践从原先的"单一目标、单一工具"模式逐步演变为采纳多元目标和多样工具的复杂框架。这一转变体现了中央银行对于经济增长、充分就业和金融稳定等多重目标的并重考虑。例如,美联储前主席本·伯南克(Ben Shalom Bernanke)提出了灵活的通货膨胀目标制,耶伦时代用失业缺口替代泰勒规则的产出缺口,就业目标纳入货币政策目标体系。与此同时,主要中央银行开始运用多种工具,包括传统的利率政策以及非传统的货币政策工具,如量化宽松、信贷便利措施等,来实现宏观经济目标,非常规的、创新型货币政策日趋常态化。

另一方面,宏观审慎政策的应用日益受到重视,标志着中央银行在维护金融稳定方面的职责拓展。政策目标开始更加关注金融系统的整体稳健性,涵盖了对金融市场监管、银行业资本与流动性要求的监控,以及对潜在金融风险的预警与干

预。在这个框架中,货币政策与宏观审慎政策不再各自独立运作,而是相互融合、相互补充。具体而言,欧洲中央银行和日本银行等采用了"金融稳定＋价格稳定"的双重目标,这种策略不限于控制通货膨胀和维护货币价值的稳定,同时涉及运用宏观审慎政策的工具来防范和减小金融系统的系统性风险。而另一些中央银行如美联储则明确提出货币政策与宏观审慎政策的"双支柱"政策,以强调这两种政策在维护经济稳定中的协同作用。尽管并非所有中央银行都明确地采纳了"双支柱"这一术语,但许多机构已经在其操作中自然地融合了货币政策和宏观审慎政策的要素。以印度储备银行和加拿大银行为例,它们在实施传统的货币政策,通过调节利率来控制通货膨胀的同时,也加大了对银行资本充足性的监督,强化了对信贷市场的监管,并对金融市场的宏观流动性进行了更细致的管理。

中央银行政策框架的演进不仅在理论上具有重要意义,而且在实践中体现了中央银行对复杂金融环境的积极响应。不同国家中央银行的实践展示了如何在不断变化的全球金融环境中寻求平衡和稳定。通过深入分析这些中央银行的策略,可以更加清晰和直观地理解它们在促进经济金融稳定和持续增长方面的重要作用。

(一) 英格兰银行加强货币政策与宏观审慎政策的协调

在英格兰银行的架构中,货币政策、宏观审慎政策和微观审慎监管职能高度集中,这种集中化的体系在货币政策委员会(MPC)和金融政策委员会(FPC)的形式中得以体现(如图1-1所示)。货币政策委员会主要负责制定货币政策,关注的焦点是与通货膨胀压力直接相关的问题,如劳动力市场的工资变化;金融政策委员会则负责宏观审慎政策,着眼于金融系统的尾部风险和内部联系。

为了加强金融政策委员会和货币政策委员会之间的协调,英格兰银行采取了多种措施。

人员交叉任职:英格兰银行行长同时担任金融政策委员会和货币政策委员会的主席,三位副行长(分管货币政策、金融稳定、市场和银行业)均出席两个委员会的会议,确保两个委员会能够理解彼此的核心议题。此外,负责微观审慎监管的审慎监管委员会(PRC)与金融政策委员会、货币政策委员会之间也存在人员交叉任职。

有效的沟通机制:货币政策委员会和金融政策委员会的成员均可获得两个委员会的所有相关简报资料,并参加对方召开的碰头会;此外,双方还会联合举办会议来讨论政策措施。英格兰银行要求两个委员会在决策时充分考虑对方政策的影

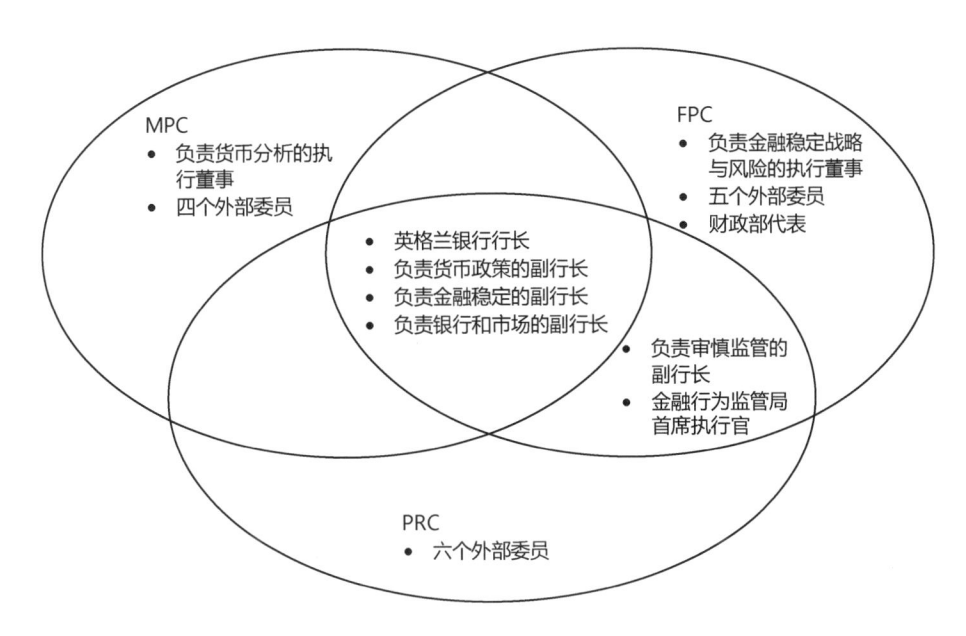

第一章 | 现代中央银行制度的缘起、演变与实践

```
        MPC                              FPC
    • 负责货币分析的执            • 负责金融稳定战略
      行董事                        与风险的执行董事
    • 四个外部委员              • 五个外部委员
                                  • 财政部代表
              • 英格兰银行行长
              • 负责货币政策的副行长
              • 负责金融稳定的副行长
              • 负责银行和市场的副行长
                              • 负责审慎监管的
                                副行长
                              • 金融行为监管局
                                首席执行官
        PRC
    • 六个外部委员
```

图 1-1　FPC、MPC 和 PRC 的成员（李波，2018）

响。例如，提高资本充足率要求可能使信贷条件收紧，若认为由此会增加物价下行压力，则货币政策应相应放松以稳定总需求。

政策透明度的提高：货币政策委员会实行前瞻性指引，明确在何种情况下会考虑加息；金融政策委员会明确提出将监测房地产风险演变情况，并公布在应对这些风险时可能采取的措施。两个委员会分别在通货膨胀报告和金融稳定报告中开辟专栏，讨论对方政策的潜在影响。在评估经济前景导致的潜在金融风险时，金融政策委员会会使用货币政策委员会关于宏观经济的预测作为基准。货币政策委员会在进行经济预测时，也会以金融政策委员会的政策措施为前提。

在实际操作中，这种协调的效果得到了体现。例如，在金融政策委员会实施更高的资本和流动性标准的同时，货币政策委员会推行了旨在加速经济复苏的政策。金融政策委员会在其行动中特别强调，银行应通过增加资本来满足更高的资本要求，而非减少贷款资产。此外，当货币政策委员会首次实施关于维持特殊水平的资产组合和利率的前瞻性指导时，其中包含的一项"淘汰"条款允许金融政策委员会在货币政策对金融稳定构成重大威胁时推翻这一指导。

（二）欧元区宏观审慎政策、微观审慎监管与货币政策的协调配合

在欧元区，欧洲中央银行会同各成员国审慎管理当局制定宏观审慎政策。从欧元区的机构设置看，货币政策、宏观审慎政策、微观审慎监管均由欧洲中央银行

主导。政策决策主体是欧洲中央银行理事会。欧洲中央银行通过不同政策部门之间的信息共享渠道受益,在一个统一框架下实现不同政策之间的协同配合。2008年金融危机后,欧盟委员会成立的欧洲系统性风险委员会(ESRB)负责监测、评估系统性风险并提出警示和建议,其主席由欧洲中央银行行长兼任,秘书处设在欧洲中央银行。

宏观审慎政策和微观审慎监管在中长期内可以互补。虽然两者在一些特定情况下可能发生分歧,但它们拥有共同的目标,即维护金融稳定。两者使用的工具也有明显交叉。宏观审慎政策工具主要用于解决系统性风险,一些针对性较强的工具则用于降低风险传染或系统重要性金融机构的风险累积。微观审慎监管工具主要用于单个机构或有限的机构组织,以增强其稳健性、降低特定的风险。这些都为宏观审慎政策和微观审慎监管之间实现信息共享提供了基础,也要求两者的行动保持一致。

宏观审慎政策和货币政策通过各自的传导渠道相互作用,宏观审慎政策能够为货币政策"减负",从而使货币政策专注于维护价格稳定的目标。它们都会影响信贷供给和需求、金融机构风险冲动和资金状况。两项政策通过互相补充,可以同时实现价格稳定和金融稳定的目标。例如,在通货膨胀相对温和的经济环境下不需要实施紧缩的货币政策,但若此时金融不平衡正在累积,则可以通过宏观审慎政策来控制风险,从而对货币政策形成有力补充。事实上,宏观审慎政策工具可以通过更有选择性和目的性的方式来有效解决可能影响特定部门的局部金融风险,并防止其扩散为系统性风险,在一个货币联盟中,这一点显得尤为重要。

(三)美联储宏观审慎政策与货币政策的协调配合

2008年金融危机暴露了美联储传统监管模式的局限性,促使其重塑政策框架,以更有效地应对金融市场的复杂性和动态变化。美国政府通过《多德-弗兰克华尔街改革与消费者保护法案》(Dodd-Frank Wall Street Reform and Consumer Protection Act),强化了金融稳定监督委员会(FSOC)的角色,并赋予美联储更广泛的宏观审慎管理职责。在此框架内,美联储的货币政策致力于通过调节利率和控制货币供应来维持价格稳定和促进就业。同时,宏观审慎政策专注于通过对金融机构的资本充足率、流动性和风险管理的监督来减小系统性风险。

这两种政策虽有不同的工具和目标,但在实践中是互补的。例如,在经济过热时,货币政策可能通过提高利率来抑制信贷增长,宏观审慎政策则可以提高对金融机构的资本要求,增强其抵御风险的能力。同样,在金融危机期间,美联储的货币政策通过降低利率来刺激经济,同时宏观审慎政策通过加强对金融机构的监管来维护金融系统的稳定。

此外,在美联储策略制定的核心过程中,内部沟通和协调发挥着关键作用。联邦公开市场委员会(FOMC)与各地区联邦储备银行之间的紧密合作,可以确保货币政策和宏观审慎政策的有效结合。这种协作体现在共享政策研究和分析成果,以及在应对金融危机时迅速反应。与此同时,美联储还与其他金融监管机构密切合作,如金融稳定监督委员会和联邦存款保险公司(FDIC),形成统一而有效的监管策略。内部定期的评估和策略调整进一步确保政策能够适应经济和金融环境的变化。

总体而言,美联储的货币政策与宏观审慎政策协同运作,共同确保了经济和金融系统的稳定。

第四节 现代中央银行制度在中国的形成与发展

一般认为,我国中央银行的发展经历了五个阶段:1948—1952年的初创时期,1953—1977年的计划经济体制下运作,1978—2002年中央银行体制的形成与发展,2003—2017年中央银行制度的进一步强化与完善,以及2018年以后新阶段的开启,形成了以货币政策和宏观审慎政策"双支柱"调控框架为核心的现代中央银行制度。

一、中国人民银行的创建(1948—1952年)

1948年11月18日,华北人民政府做出了历史性的决定——成立中国人民银行,并由南汉宸担任总经理。12月1日,中国人民银行在河北省石家庄市正式宣布成立,随即发行了10元、20元和50元三种面值的钞票,这些钞票在华北、华东和西北三区统一流通,所有公私款项收付及一切交易均以人民币为本位货币。这一举措不仅确立了人民币在三大区域的流通,而且标志着中国金融体系的重大转变。

1949年2月,随着解放战争的胜利,中国人民银行迁至北平(北京),标志着中国金融业务的进一步扩展。9月27日,中国人民政治协商会议通过了《中华人民共和国中央人民政府组织法》，把中国人民银行纳入政务院直属单位系列，并赋予其国家银行职能，如发行国家货币、经理国家金库、管理国家金融、稳定金融市场、支持经济恢复和国家重建等。

在此背景下，中国人民银行承担了多重角色。它不仅发行统一货币，而且接管了官僚资本银行，取消了外商银行在华特权，整顿和改造了私营金融业。1950年，中国人民银行发布《中央人民政府中国人民银行组织试行条例》，在总行设立检查处，行使国家对金融业的管理职能。

在国民经济恢复时期，中国人民银行着手建立统一的国家银行体系，包括建立独立统一的货币体系，迅速普建分支机构，形成国家银行体系，实行金融管理，开展存款、放款、汇兑和外汇等业务。至1952年国民经济恢复时期终结时，中国人民银行作为国家银行，建立了国家垂直领导的组织机构体系；统一了人民币发行，清除并限期兑换了国民党政府发行的货币，使人民币成为全国统一货币；对各类金融机构实行了统一管理。

中国人民银行充分运用货币发行和货币政策，实行现金管理，转向"收存款、建金库、灵活调拨"，运用折实储蓄和存放款利率等手段调控市场货币供求，扭转了新中国成立初期金融市场混乱的状况，制止了国民党政府遗留下来的长达二十年之久的恶性通货膨胀。同时，按照"公私兼顾、劳资两利、城乡互助、内外交流"的政策，配合工商业的调整，灵活调度资金，支持了国营经济的快速成长，适度增加了对私营经济和个体经济的贷款；便利了城乡物资交流，为人民币币值的稳定和国民经济的恢复与发展做出了重大贡献。

二、计划经济下的国家银行体制（1953—1977年）

在1953—1977年的计划经济时期，中国人民银行作为国家银行体系的核心，承担了至关重要的角色。这一时期不仅见证了中国金融体制的深刻变革，而且展现了中国人民银行在推动这一变革中的中心地位。在社会主义改造和"一五计划"的推进下，私营金融业被纳入公私合营的发展轨道，中国人民银行成为集中统一的金融体制的枢纽。这一转变标志着中国金融体制由多元化向集中统一的方向发展，中国人民银行在这一过程中扮演了双重角色：既是国家的金融管理机构，又是全面经营银行业务的国家银行，成为全国的信贷中心、现金出纳中心和转账结算中心。

在这一阶段,中国人民银行的发展与当时的计划经济体制紧密相连。20世纪50年代初,随着新民主主义金融建设的推进,国家对货币、储蓄、信贷和外汇实施了集中统一管理。1953年后,中国人民银行的职能进一步拓展,不仅直接管理农村信用合作社,而且将货币管理与银行业务结合起来,负责信贷、结算、工资基金监督和现金管理,中国人民银行真正成为国家银行的代表。

在货币管理方面,中国人民银行承担了新旧人民币的更换工作,这不仅是对货币体系的重塑,而且反映了国家对金融系统的全面控制。尤其在1955年,中国人民银行负责发行新版人民币,同时回收流通中的旧币,这一行动是中国货币历史上的一个重要转折点。中国人民银行还制定了储蓄原则,包括"存款自愿、取款自由、为储户保密"原则,促进了金融市场的健康发展。此外,中国人民银行还在全国范围内开办了外汇存款业务,标志着中国金融市场的初步形成。

信贷管理是中国人民银行的另一项核心职能。自1953年起,中国人民银行建立了集中统一的综合信贷计划管理体系。通过"统存统贷"的管理方法,中国人民银行将信贷资金的来源和使用纳入国家经济建设计划的范畴,使之成为国家计划经济管理的重要工具。这种管理方式确保了信贷资源的合理分配和有效利用,从而支持了国家的经济发展。

在计划经济背景下,中国人民银行形成了自上而下的管理体制。通过对信贷计划的控制和现金管理,中国人民银行在国家资金的吸收、动员、集中和分配方面发挥了至关重要的作用。1958年,国务院对统一的信贷管理制度进行了调整,增强了银行体系的灵活性和适应性。在这一阶段,地方银行在存款和贷款的管理上获得了更大的自主权,有助于更好地满足地方经济的需要。"文化大革命"期间,中国人民银行的信贷计划集中管理体制遭受挑战。财政部和中国人民银行进行了机构整合,尽管面临极大的挑战,但是中国人民银行在这一时期依然保留了对货币和资金进行管理的重要职能。1969年,财政部和中国人民银行合署办公,表明了在极端政治环境下,金融机构的运作也遭受了严重的干扰。

1976年,中国人民银行提出了改革银行信贷管理体制的三项原则,为后续金融体制改革奠定了基础。1977年,国务院决定将中国人民银行作为国务院部委级单位与财政部分设,标志着中国人民银行在国家银行体系中的核心地位得到进一步巩固。这一决策为改革开放后中国金融体系的发展奠定了组织基础,确保了货币发行权的集中统一,保障了中国人民银行在货币发行、信贷管理、工资基金管理、外汇管理等方面的基本制度。

三、中央银行体制正式形成时期(1978—2002年)

1983年9月17日,国务院做出决定,由中国人民银行专门行使中央银行职能,并具体规定了中国人民银行的10项职责。从1984年1月1日起,中国人民银行开始专门行使中央银行的职能,集中力量研究和实施全国金融的宏观决策,加强对信贷总量的控制和金融机构的资金调节,以保持货币稳定。同时,新设中国工商银行,中国人民银行过去承担的工商信贷和储蓄业务由中国工商银行专业经营;中国人民银行分支行的业务实行垂直领导;设立中国人民银行理事会,作为协调决策机构;建立存款准备金制度和中央银行对专业银行的贷款制度,初步确定了中央银行制度的基本框架。

在专门行使中央银行职能的初期,随着全国经济体制改革的深化和经济高速发展,为适应多种金融机构、多种融资渠道和多种信用工具不断涌现的需要,中国人民银行不断改革机制、搞活金融、发展金融市场、促进金融制度创新。中国人民银行努力探索和改进宏观调控的手段和方式,在改进计划调控手段的基础上,逐步运用利率、存款准备金率、中央银行贷款等手段来控制信贷和货币的供给,力求达到"宏观管住、微观搞活、稳中求活"的效果,在制止信贷膨胀、经济过热、促进经济结构调整的过程中,初步培养了运用货币政策调节经济的能力。

国务院于1993年12月25日颁布的《关于金融体制改革的决定》明确把人民银行定位为国家领导、管理金融业的职能部门,人民银行总行掌握货币发行权、基础货币管理权、信用总量调控权和基准利率调节权,保证全国统一货币政策的贯彻执行;人民银行总行一般只对全国性商业银行总行(指专业银行总行)融通资金;要求中国人民银行进一步强化金融调控、金融监管和金融服务职责,划转政策性业务和商业银行业务。

1995年,《中华人民共和国中国人民银行法》的通过和实施为中国人民银行提供了明确的法律地位和职能框架。这部法律不仅标志着中国金融法治化的重要进步,而且为中国人民银行制定和执行货币政策、维护金融稳定和管理金融市场的职能提供了坚实的基础。在此基础上,中国人民银行能够更加有效地管理国家货币供应,通过利率调节、存款准备金率的调整和开放市场操作等手段,稳定货币价值并促进经济增长。特别是在2008年金融危机期间,中国人民银行采取了一系列稳健的货币政策措施,如适时降低利率和实行适度宽松的货币政策,有效缓解了危机对国内经济的冲击。

四、不断强化和完善的现代中央银行制度(2003—2017 年)

2003 年的机构改革使中国人民银行能够更加专注于其核心职能。通过将部分监管职能划归新成立的中国银行业监督管理委员会(简称"银监会"),中国人民银行集中力量在货币政策的制定和执行、金融市场的管理以及金融稳定的维护上。这一改革的实施体现了对国际金融环境变化和金融市场需求深化的积极响应。在金融市场管理方面,中国人民银行积极参与金融市场的建设和完善,如推动利率市场化改革,提高金融市场的效率和透明度;同时,它在维护金融稳定方面发挥了关键作用,如通过对金融机构的宏观审慎管理来防范系统性金融风险。

在货币政策的实施方面,2004 年的利率市场化改革代表了中国人民银行政策执行方式的重大转变。此前,中国人民银行主要通过直接控制货币供应量来调控经济;改革后,中国人民银行开始更多地依赖市场机制,通过调整基准利率来影响经济。这种策略转变不仅提高了货币政策的灵活性和有效性,而且促进了金融市场的发展和完善。

2008 年金融危机期间,中国人民银行采取了积极的货币政策和宏观审慎措施,以应对危机带来的挑战。在这一时期,中国人民银行采取了一系列应急措施,包括降低存款准备金率和基准利率,以及实施 4 万亿元人民币的经济刺激计划。这些政策有效地稳定了金融市场,缓解了危机对中国经济的冲击,并在短期内促进了经济的快速恢复。

在金融监管方面,中国人民银行的地位同样经历了显著的提升。2003 年,中国人民银行成立了金融稳定局,旨在加强对金融市场的监督和风险管理。2011 年实施的宏观审慎评估体系(MPA)体现中国人民银行在金融监管领域的又一重要进步。该体系通过综合考虑金融机构的资本充足率、资产质量、流动性等多个方面,强化了对系统性金融风险的预防和控制。

在推动人民币国际化方面,中国人民银行采取了一系列战略性举措。2009 年启动的跨境贸易人民币结算试点计划是其中的关键一步,这一举措有效推动了人民币在国际贸易中的使用。随后,人民币于 2015 年成功加入国际货币基金组织的特别提款权(SDR)货币篮子,这一举措不仅提升了人民币的国际地位,而且是中国金融体系国际化的重要里程碑。

五、走进新时代的现代中央银行制度(2018年至今)

自2018年起,中国人民银行的发展进入了一个新的历史阶段,这一转变不仅是对过去经验的总结,而且是对未来挑战的主动回应。在党的十九大报告中,中国明确提出了一个关键的发展方向:完善货币政策和宏观审慎政策的"双支柱"调控框架。这一战略决策反映了中国金融体系在新时代的发展需求,体现了对金融危机以来全球金融环境变化的深刻理解和积极回应。

金融危机的爆发使得全球金融监管机构认识到单纯依赖传统的货币政策已难以应对复杂多变的金融市场和系统性风险。在此背景下,中国人民银行积极探索,将宏观审慎政策引入传统的货币政策框架,形成了一个更为全面的政策组合。宏观审慎政策专注于防范和化解系统性金融风险,强调在金融危机前进行风险预防和管理,以减轻潜在危机对宏观经济的负面影响。

与此同时,货币政策继续承担着维护经济稳定和价格水平平衡的重要任务。然而,与宏观审慎政策相结合后,货币政策的作用不再局限于宏观经济调控,还在于为金融稳定提供支持,以减轻宏观审慎政策的压力。这一"双支柱"调控框架的建立,标志着中国金融监管体系朝着更加成熟和全面的方向发展。

2020年10月23日,中国人民银行发布的《中华人民共和国中国人民银行法(修订草案征求意见稿)》进一步明确了"双支柱"调控框架的法律基础。该修订草案中的条款不仅界定了货币政策和宏观审慎政策的目标,而且提出了一系列具体的政策工具,如逆周期资本缓冲和系统重要性附加资本等,这些工具的应用旨在提升金融体系的抗风险能力和灵活性。2021年12月31日,中国人民银行发布的《宏观审慎政策指引(试行)》进一步细化了宏观审慎政策的框架和操作指南。这一指引不仅阐述了宏观审慎政策的基本概念和主要内容,而且明确了实施宏观审慎政策所需的支持保障措施和政策协调机制,表明中国正朝着建立一个更加完善和系统的宏观审慎政策框架迈进。

综上所述,构建货币政策和宏观审慎政策"双支柱"的调控框架是我国现代中央银行制度建设的核心内容。货币政策通过总量调控手段,为宏观经济稳定运行提供良好的货币金融环境,同时对资产价格产生影响,维护金融体系的稳定。宏观审慎政策则专注于缓解金融系统性风险,并保障货币政策传导的顺畅,它通过定向调控手段来解决金融体系中的结构性失衡问题。这种双向的协调作用使得两种政策在实践中相互促进、互相补充,共同提升宏观调控的整体效果。

第五节　小　结

　　本章系统梳理了中央银行的历史演进和职能变迁,在此基础上阐释了现代中央银行制度的内涵、运行机制以及中国现代中央银行制度框架的历史演进与鲜明特色。早期中央银行主要聚焦于处理政府财政需求和统一信用货币的发行。随着工业革命和资本主义经济体系的发展,中央银行的职能逐步拓展,从"政府的银行""发行的银行"转向"银行的银行",开始在危急时刻作为最后贷款人,为金融机构提供流动性支持,以防止危机的扩散。美联储的成立是这一变革的里程碑,标志着现代中央银行制度的初步形成。现代中央银行在实践和探索中展现更为鲜明的特征。作为独立的公共机构,中央银行不仅重视独立性以确保政策制定的客观性,而且注重政策沟通和预期管理,并加强国际合作以应对全球经济中的各种挑战。

　　2008年金融危机后,中央银行的政策框架发生了根本性的改变。货币政策实践从传统以控制通货膨胀为主的货币政策框架向包含宏观审慎管理和更广泛经济目标的"双支柱"框架转变,逐渐形成了以"双支柱"调控框架为核心的现代中央银行制度。在现代中央银行制度中,"双支柱"调控框架的确立和实施使中央银行能够更全面地应对经济和金融环境的多样性和不确定性,增强了其对经济周期波动的应对能力,从而保障经济和金融体系的稳健发展。这种策略上的转变不仅丰富了传统货币政策的理论和实践,而且标志着中央银行应对复杂经济环境的成熟和创新,成为现代中央银行发展历程中的一个重要里程碑。

第二章

现代货币政策框架：
目标、工具与传导

引言：2008年金融危机后，各国对自己的货币政策框架进行了转型和重构。在传统货币政策应对金融危机的有效性下降的背景下，各国中央银行主动推动传统货币政策向新型货币政策转变，应对危机的非常规货币政策日趋常态化。中国经济在金融危机后面临"三期叠加"的困境，增长下行压力增大，金融风险显现。党的十九届五中全会提出建设现代中央银行制度，健全现代货币政策框架。现代货币政策框架涵盖优化的货币政策目标体系、创新的货币政策工具体系和畅通的货币政策传导机制。本章首先梳理金融危机前后主要发达经济体货币政策框架转变的现实，总结货币政策体系演变的特征，随后基于国际经验和健全现代货币政策框架的要求，介绍当前中国货币政策框架转变的内涵，以"货币政策框架演变的内在逻辑→货币政策框架的基本内容→货币政策框架的现实问题"为主线展开，旨在更全面地理解现代货币政策框架。

第一节 危机前后货币政策框架的特征及其变迁

一、现代货币政策框架的特征

中央银行的基本职责在于制定和执行货币政策，通过货币政策调控体系进行宏观调控，以维持金融稳定和防范系统性金融风险。货币政策作为宏观调控的重要工具，在国民经济运行中发挥着重要作用，明确货币政策的目标和工具是货币政策作用有效发挥的重要前提。货币政策框架主要包含政策目标、实现政策目标的工具，以及政策的传导机制等基本内容。

（一）货币政策目标体系

货币政策的目标十分丰富，货币政策目标是与货币政策职责联系在一起的。货币政策的目标包括最终目标、操作目标和中介目标。中央银行通过使用各项政策工具来完成操作目标，经由中介目标的传导实现最终目标。中央银行通过对操作指标、中介指标和最终指标的追踪，可以及时有效地监测货币政策的实施效果。

1. 最终目标

最终目标是指中央银行通过一系列货币政策操作最终想要达到的宏观经济效果，包括稳定物价、充分就业、经济增长和国际收支平衡。四大货币政策目标之间既有统一性，又有矛盾性。宏观经济环境不断变化，以货币政策为主的宏观调控体系也在随时调整，不同阶段呈现不同的侧重点。例如，在2008年金融危机爆发前，各个国家的中央银行政策目标大多是保持物价稳定，从而促进经济增长。但金融危机爆发后，刺激经济复苏成为首要目标，大多数国家的中央银行实行了宽松的货币政策，向市场大量释放流动性。受2020年"新冠"疫情的影响，各国中央银行又把稳定金融市场、保障就业作为货币政策的首要目标。

2. 操作目标

操作目标是与货币政策联系最紧密、最直接的指标。这要求操作变量对货币政策工具变动的反应及时、灵敏，满足相关性、可测性、可控性和抗干扰性。目前，总量型的操作目标包括准备金和基础货币。其中，准备金指标包括法定存款准备金率、再贴现率等，直接决定了银行准备金规模；基础货币包括流通中的现金和准备金，在货币供给量的形成中发挥关键作用，在一定程度上也决定了银行等存款类金融机构的信用创造能力。价格型的操作目标包括各种各样的利率。

3. 中介目标

中介目标是介于最终目标和操作目标之间的指标，中央银行可以通过影响操作目标来进一步引起整个金融体系指标的改善。中介目标与货币政策的最终目标紧密联系起来，对于中央银行货币政策的制定、评估货币政策实施效果具有直接的参照价值。一般来说，货币政策的中介目标可以分为数量型和价格型两类。数量型的中介目标是以影响货币政策目标的各种可以直接控制的数量作为中介指标，如信贷规模、基础货币、货币供应量等;价格型的中介目标是以影响货币政策的价格变量作为中介指标,如长短期利率、公司债利率、汇率等。

货币供应量一般作为数量型的中介目标的代表而被广泛使用,具体指标包括M2、社会融资规模、名义货币量增速等。中央银行若实行扩张的货币政策,货币供应量就会增加;若实行紧缩的货币政策,货币供应量就会减少,直接对经济活动产生影响。货币供应量包括基础货币和货币乘数,中央银行虽可以控制基础货币的投放量,但是货币乘数的大小会受商业银行和企业、居民等微观主体行为的影响。所以,中央银行对货币供应量指标的调节存在一定的滞后性。

(二)货币政策工具

货币政策工具是中央银行为实现货币政策目标所采取的各项策略和手段。货币政策工具种类多样,不同类型的工具具备不同的特点和适用条件。一般来说,货币政策工具可以分为一般性货币政策工具和特殊的货币政策工具。一般性货币政策工具主要针对货币总量进行调节,特殊的货币政策工具如结构性货币政策工具主要针对资金价格进行调节。

1. 一般性货币政策工具

一般性货币政策工具包括法定存款准备金政策、公开市场操作和再贴现政策。

法定存款准备金政策是指中央银行规定商业银行缴存存款准备金的比率,以此来调节商业银行的超额储备,从而影响商业银行创造派生存款和信贷投放的能力,进而实现货币政策目标。一般来说,法定存款准备金政策适用于各类商业银行、信用社、信托投资公司等存款类金融机构,具有强制性,这在一定程度上能保证银行等存款类金融机构资金的流动性和清偿力,便于维护金融稳定;此外,缴存至中央银行的存款准备金能够为中央银行办理再贴现贷款、同业清算业务和履行最后贷款人职责储备部分信贷资金。因此,法定存款准备金政策成为中央银行重要的货币政策工具。

公开市场操作是指中央银行在金融市场上买入和卖出有价证券和外汇,以调节商业银行等金融机构的准备金,从而影响货币供给量和市场利率、汇率,最终达到货币政策目标的一系列政策措施。公开市场操作的交易方式包括回购交易、现券交易和发行中央银行票据等。回购是指交易的一方在卖出证券给另一方时,双方约定,在未来某一时刻按照某一约定的价格,由卖方从买方处买回相同数量的同一品种债券的交易。回购交易分为正回购和逆回购,一般来说,正回购是回笼货币,到期收回流动性;逆回购是投放货币,到期投放流动性。

再贴现政策是中央银行通过适时调整再贴现率、再贴现总额的方式来影响商业银行从中央银行获得的再贴现贷款额度,从而调整货币供应总量的一种政策措施。再贴现按照类型可分为质押式回购和买断式回购。目前,中国中央银行主要采取的是质押式回购。质押式回购是指再贴现申请机构将已贴现的商业汇票出质给中央银行的同时,与中央银行约定,在未来的某一时间按照约定金额向中央银行返还资金,收到返还资金后,中央银行将出质汇票返还给再贴现申请机构的行为。理论上讲,中央银行可以调节再贴现率,通过再贴现率和票据贴现率的相对水平变化来引导商业银行的贴现贷款行为,从而影响商业银行的准备金规模和市场上的货币供应总量。商业银行如果获得充裕的资金支持,就会积极扩张对企业的投资和贷款规模,促进实体企业的发展,反之则相反。

2. 结构性货币政策工具

结构性货币政策工具是指中央银行在制定和实施货币政策过程中选择特定的实施对象,用于结构性调整或者引导资金流向特定部门的各类货币政策工具的总和。货币政策的结构性主要体现为特定的实施对象,一般是指市场上流动性紧缺的主体或政策支持的特定领域。与常规货币政策工具着眼于调控整体的宏观经济不同,结构性货币政策主要是引导资金流向融资需求较高的实体经济部门,执行效果上能更有针对性地解决经济结构性矛盾,以支持实体经济的发展。

3. 其他货币政策工具

直接信用控制是指中央银行利用行政命令等方式对以商业银行为代表的金融机构的信用活动进行直接控制,具体的手段包括利率管制、流动性比率管理和直接干预。间接信用控制一般是指中央银行通过道义劝告和窗口指导等方式对市场信用变动实施指导。间接信用控制的方式较为灵活,发挥作用的大小取决于中央银行在金融体系中的地位和法律权利,在当前我国向社会主义市场经济转型的过程中,道义劝告和窗口指导在明确中央银行政策导向、精准实施货币政策方面发挥着重要作用。

(三)货币政策传导

1. 相关理论

关于货币政策传导的理论研究经历了从货币到信用的转变历程。

(1)传统的货币观点

传统的货币观点强调货币供给的变化会影响利率、汇率和股票等资产的价格,从而影响消费和投资。这一理论并没有考虑市场的信息不对称,也被称为新古典渠道。这一货币政策的传导理论包含了三个货币政策的传导渠道：利率渠道、汇率渠道和其他资产价格渠道(Mishkin,1996)。

关于利率渠道,经典的凯恩斯理论认为,中央银行实行扩张的货币政策会增加货币供给量,促进短期名义利率下降,在预期期限结构理论的作用下,短期利率会影响对未来利率路径的预期,从而影响长期利率;同时,由于价格黏性的存在,实际利率会随着名义利率下降,导致资金成本下降,从而增加企业投资和居民耐用品消费。

关于汇率渠道,根据利率平价理论,当中央银行降息时,货币发生贬值,刺激净出口。如果中央银行是按照泰勒规则对经济的基本面做出反应,那么增长快的经济体货币政策利率高,货币会面临升值压力;增长慢的经济体货币政策利率低,汇率贬值压力大。进一步,汇率会引起本币币值的变动,从而影响本国经常账户下的贸易收支,也会影响资本账户下的投资水平(Gertler et al. , 2007)。

除利率和汇率外的其他资产的价格也会受货币政策的影响。根据托宾 Q 理论,宽松的货币政策会使股票市场和房地产市场价格上升,从而影响居民的财富水平和投资收益,最终推动居民和企业投资的增加,这就是货币政策的资产价格渠道。

(2) 现代的信用观点

金融加速器理论是本·伯南克、马克·格特勒(Mark L. Gertler)和西蒙·吉尔切菲斯特(Simon Gilchfist)于 1994 年将信息不对称引入货币政策传导过程中提出的。该理论强调,由于金融市场存在信息不对称等摩擦,因此企业在开展外部融资时要提供抵押担保,否则企业外部融资的成本会明显高于其内部融资的成本,高出的部分被称为外部融资溢价。这一溢价的大小取决于企业净值和抵押品的价值。金融机构按照企业的资产负债表和抵押品质量放贷,当企业遭受经济波动时,其抵押品的价值会发生改变,从而影响外部融资溢价和融资成本,最终影响该企业的生产和投资决策,这些决策反过来会影响经济的基本面和企业自身的资产负债表,即信贷和实体经济之间形成了正反馈机制——顺周期波动。当经济形势向好时,企业的资产负债表改善,抵押品价值上升,外部融资溢价降低,银行会提供更多信贷资源以支持企业的生产和投资决策,从而影响实体经济。这种通过信贷渠道带来的周期放大效应就被称为金融加速器效应。值得一提的是,金融加速器效应具有非对称性,即金融加速器效应在经济陷入衰退时比在经济繁荣时更显著,更需要货币政策的引导。

金融加速器理论中的信贷渠道包含银行信贷渠道和金融加速器渠道。从信贷供给角度来看，银行信贷渠道是指货币供应量的变化会使银行的可贷资金总量改变，通过银行的信用创造来改变企业和居民的信贷决策。从信贷需求角度来看，金融加速器渠道是指货币政策通过改变家庭和企业部门的资产负债表情况从而改变融资溢价来传导。金融加速器理论并不是独立于利率渠道的全新渠道，它只是强调了货币政策对风险溢价的调节作用，是传统利率渠道的放大器。

2. 传导渠道

货币政策的传导体现为运用货币政策工具→控制操作指标→调节中介目标→影响政策目标。这一传导过程会依次涉及中央银行、商业银行等金融机构、企业和家庭部门。中央银行影响商业银行的可贷资金规模，商业银行等金融机构影响社会融资规模，从而影响实体经济的发展。货币政策的传导会从两个方面引导市场：一方面是利率水平的变化，另一方面是货币供应量的变化。货币供应量的变化会引起资产价格的波动，从而增加或减少居民的财富水平和企业的投资收益，使消费和投资随之变化，这就是货币政策的资产价格渠道。在引起资产价格波动的同时，货币供应量的变化会使银行的可贷资金总量改变，企业和居民也会根据所持有的抵押物价格的多少和预期投资收益的变动做出是否增加信贷的决策，这是货币政策的信贷渠道。

利率水平的变化同样会从两个方面影响市场：一方面，利率的变动可能引起本币币值的变动，从而影响本国经常账户下的贸易收支，也会影响资本账户下的投资水平，这是货币政策的汇率渠道；另一方面，利率的变化会直接影响居民的储蓄和消费水平，以及企业的投资水平，这就是货币政策的利率传导渠道。

二、主要发达经济体货币政策转型逻辑和操作实践

2008年金融危机爆发前，西方国家经历了二十余年经济稳健增长且低通货膨胀的"大缓和"时代。各国中央银行主要依据泰勒规则调整货币政策，即依据通货膨胀水平和经济增速来调整政策利率。自20世纪70年代起，货币政策的操作目标从货币供应量转向政策利率，价格型货币政策工具的使用频率越来越高。欧美国家中央银行的政策实践逐步形成了"单一目标、单一工具"的价格型货币政策框架，"单一目标"是通货膨胀目标制，"单一工具"是利率。

金融危机对单一的货币政策体系造成冲击，以Rogoff(2010)为代表的研究认

为单一的政策框架忽视了金融中介和金融监管的作用,因此盯住通货膨胀的单一目标不再合理,金融稳定、充分就业等目标重新回归主流货币政策框架体系。美联储前主席本·伯南克提出灵活的通货膨胀目标制,耶伦时代用失业缺口替代泰勒规则下的产出缺口,就业目标被纳入货币政策目标体系。在最近的"新冠"疫情冲击下,以美联储为代表的各国中央银行又将货币政策的目标由通货膨胀和产出同等重要的双目标制转变为就业优先的灵活平均通货膨胀目标制。

与此同时,在金融危机的冲击下,各国传统货币政策的有效性不断下降。造成货币政策有效性下降的原因可以归为以下三个方面:一是金融危机导致全球金融市场环境恶化,抵押品市场崩溃,安全资产短缺;二是金融市场出现流动性危机和信贷陷阱,导致传统货币政策传导渠道受阻;三是金融危机恶化了市场主体的预期,导致家庭消费需求不足,厂商投资意愿下降,金融机构风险承担意愿下降。金融市场的崩溃、后续的欧债危机和零利率水平下限,限制了传统货币政策的操作空间。为了促进经济复苏,以美联储为代表的各国中央银行开始强调使用包括量化宽松、前瞻性指引等非常规的货币政策工具。

尽管政策的初衷是暂时使用非常规的货币政策工具以应对短期的金融危机冲击,为市场提供短期的流动性支持,一旦经济体从危机中恢复,非常规的货币政策就及时退出历史舞台,但是由于危机后各经济体疏于结构性改革,致使经济增长缺乏内生动力,非常规的货币政策反而日趋常态化。虽然在 2015 年经济复苏后,各国中央银行转向缩减资产负债表规模和不断加息,但是受国际经济低迷和"新冠"疫情的影响,非常规的货币政策日趋常态化成为目前各国货币政策的趋势,这也给各国经济发展带来负面影响,最突出的是各国中央银行资产负债表大幅扩张、基础货币急剧增加和各类金融资产价格快速上涨,特别是房地产市场和股票市场的繁荣,加剧了经济脱实向虚和金融市场的不稳定,增大了市场风险。

总之,金融危机后,发达经济体的货币政策实践发生转变,即传统的货币政策失效,非常规、创新型的货币政策日趋常态化。接下来以美联储、欧洲中央银行和日本中央银行为代表介绍发达经济体货币政策的实践。

(一) 美联储货币政策实践

2007 年的次级房贷危机和紧随其后的全球金融危机,对美国的金融体系和经济造成重创。为应对危机,美联储迅速启动危机救助计划,使用一系列货币政策工具,及时向金融机构注入大量流动性,希望能快速稳定金融市场,逐步引导经济复苏。从常规的货币政策工具来看,美联储主要采取降息手段。2007 年 8 月至 2008

年12月,美联储连续10次下调联邦基金利率,基准利率从5.25%一直降到0%~0.25%的区间内。美国由此进入了长达7年的"零利率"时代。"零利率"的约束冲击了后续美联储的货币政策框架,使准备金率这一货币政策工具长期失效;同时,冲击了全球金融环境,开启了全球各经济体的降息周期。

在基准利率无法进一步降低以刺激经济的背景下,美联储开启大规模资产购买计划来降低长期利率,以此刺激消费和投资。2008年11月25日,美联储实行第一轮量化宽松货币政策,购买大量抵押贷款支持证券(MBS)及机构债券,这在一定程度上起到了积极的效果。直至2014年,先后实施了三轮超大规模的量化宽松货币政策,特别是在最后一轮量化宽松货币政策期间,美联储没有宣布明确的购买总额和政策实施时间限制,将流动性变为"无限供给",大幅提升了宽松预期,刺激了实体经济的复苏。另外,美联储还实施前瞻性指引政策来管理市场预期,通过中央银行与市场的沟通,有效稳定了市场预期,提高了非常规货币政策的有效性,维持了经济稳定。

(二)欧洲中央银行货币政策实践

2008年金融危机爆发,欧洲的银行体系最先受到影响。银行间市场很快出现流动性危机,欧洲中央银行采取了降低基准利率和定向长期再融资操作①的措施,旨在快速增强银行内部的流动性。随后,欧元区多个国家连续爆发主权债务危机,欧洲中央银行出台一系列货币政策,包括降息、大规模购买资产的量化宽松政策。欧洲中央银行于2011年开启全面的降息周期,直至2014年9月,银行间的隔夜存款利率降为－2%,开启了名副其实的"负利率"时代。以量化宽松为代表的非常规货币政策包括证券市场计划、直接货币交易计划、强化信贷支持计划等。这些政策操作密集、规模巨大,为欧洲金融市场注入了超大规模的流动性。欧洲中央银行甚至在后续债务危机加重的情形下,与国际货币基金组织展开合作,采取了一系列救助计划,直接为各国金融机构注资。直至2018年12月,欧洲中央银行才宣布正式退出为对抗金融危机的量化宽松计划。长达十年的量化宽松货币政策使欧洲中央银行的资产负债表规模扩张了三倍,金融市场利率维持在超低位,导致后续货币政策操作的空间受限,货币政策的有效性被削弱。

(三)日本中央银行货币政策实践

日本中央银行在2008年金融危机爆发前一直采取超宽松的货币政策,金融市

---

① 以向实体经济发放贷款为前提,向商业银行提供大量廉价长期融资,以此推动信贷供给和信贷利率恢复到正常水平。

场的名义利率长期为负。可以说,日本中央银行的货币政策一直处于被动地位,传统的货币政策失效。在2001年互联网经济泡沫破灭后,日本中央银行推出"正常情况下不可能达到的极端宽松措施"。这一非常规货币政策最主要的特征是中央银行大规模购买长期政府债券,直接向市场注入流动性以全面降低利率水平。在2008年金融危机爆发后,日本中央银行为应对经济衰退,继续实施全面的零利率宽松政策。货币政策从全面宽松转化为质量和量化宽松政策(QQE),负利率和无限制的量化宽松是这一时期日本中央银行货币政策框架的主要特征。在超级扩张的货币政策的基础上,日本中央银行采用了非常规的货币政策工具,如公司融资特殊资金便利机制、增长支持信贷工具等。与欧美国家中央银行的货币政策实践相比,日本中央银行的货币政策显得更为激进——日本中央银行2015年的资产负债表规模已经是2008年的4倍。但是日本中央银行的货币政策实践刺激经济复苏的效果并不尽如人意,主要是因为日本的货币政策传导机制存在梗阻,货币政策有效性问题突出,使得日本中央银行释放的流动性不能支持日本实体经济的发展。

2008年金融危机后,主要发达经济体中央银行大规模使用非常规的货币政策工具,实施宽松的货币政策,虽然一定程度上促进了经济的复苏,但是带来的负面影响不容忽视。全球的流动性冲击加剧了资产泡沫的形成,在没有实体经济发展支撑的情况下,资产价格的上涨会加剧金融风险的积累和异化。长期的低利率水平压缩了各国中央银行的货币政策空间,不仅制约了传统货币政策的操作,而且增强了中央银行对非常规货币政策工具的依赖,导致货币政策长期非正常化,从而影响全球经济的持续发展。

第二节 中国的货币政策框架

经历了2008年金融危机后,中国的经济增速放缓,经济转型压力较大,货币政策环境面临更复杂的约束条件,也承担了稳增长和调结构的双重任务。与此同时,中国的经济运行体制和市场化程度与发达经济体存在差异,因此,中国的货币政策框架与西方国家的不同,货币政策目标、工具和传导机制有着不同的转变和内涵。总的来说,在利率市场化改革的背景下,中国的货币政策框架正从数量型间接调控向价格型直接调控转变,并拥有越来越多的创新型货币政策工具,是一个"多目标、多工具"的调控体系。

一、货币政策调控制度的内在逻辑

（一）基础货币投放呈现由"被动"到"主动"的趋势性变化——由依据外汇占款的被动投放到公开市场操作和再贷款的主动投放

改革开放初期至 2013 年,中国对外贸易长期处于顺差,经常账户长期处于逆差。为维持汇率稳定和促进国内经济发展,中央银行根据外汇占款情况来被动地投放货币。但是在中美贸易冲突升级和国际贸易环境恶化的背景下,中国的新增外汇占款出现趋势性下降,资本外流加剧使得内外部均衡目标发生冲突,货币供应机制受到限制。随着经济市场化改革的不断深入,中央银行为提高货币政策的独立性和宏观调控的精准性,选择利用公开市场操作和再贷款渠道来投放货币,基础货币投放结构发生了根本性变化。在强调信贷直达实体经济的背景下,中央银行更依赖大型银行的再贷款操作渠道为经济的重点领域和薄弱领域提供流动性支持。

（二）中国中央银行正逐步建立市场化的调控机制——货币政策框架从数量型间接调控向价格型直接调控转变

1998—2016 年,中国中央银行主要根据经济增速和货币供应量目标调节基础货币投放量。2016 年后,在基本完成利率市场化的背景下,中国中央银行引入价格型调控工具,实行量价并重的政策调控框架。随后每年度的政府工作报告对数量型货币政策目标的强调不断减少[①],由此可见,货币政策框架正不断向价格型调控方向转型。

中国的货币政策调控向市场化价格型调控转变有多重原因：首先,金融危机导致市场微观结构发生变化,如商业银行、家庭和企业部门的缩表行为加快了货币流通速度和需求的变动,削弱了中央银行对货币投放的调控力度。其次,金融脱媒和金融创新冲击传统货币政策,使得货币供应量与通货膨胀、国内生产总值（GDP）等宏观调控变量的相关性下降,以货币供应量为中介目标的数量型调控的有效性减

---

① 2018 年政府的年度工作报告并未给出具体的货币总量或信贷总量（如社会融资总额）的目标/预测值,语言也更加模糊。

弱。再次,虚拟货币的创新增加了货币数量界定和测量的难度,降低了数量型工具调控的效率。最后,利率市场化改革的不断深入使得市场化的利率体系、工具体系逐步建立并发挥作用,数量型调控工具逐步退出历史舞台。

(三) 市场化的利率形成和传导机制正不断完善

经过持续近30年的利率市场化改革,我国已经逐渐形成市场化的利率形成和传导机制。中央银行由之前单一的存贷款利率调控机制转向利率走廊机制。在利率走廊的基准下,价格型货币政策调控框架链条通过政策利率→市场利率→存贷款基准利率传导,使得市场机制在金融资源配置中更好地发挥主导作用。

(四) 结构性货币政策工具高频使用

2008年金融危机后,中国经济增长呈现趋势性下滑,同时面临杠杆和风险方面的结构性问题,货币政策也面临未能解决产出缺口持续扩大和结构性错配问题。在这样的情况下,创新性的结构性货币政策工具应运而生,其在定向引导资金、调节市场流动性、改善信贷结构方面发挥了积极作用。

二、货币政策框架的内涵与现实问题

(一) 货币政策目标

如前文所述,金融危机使得单一通货膨胀目标的货币政策失去有效性,欧美等发达国家中央银行陆续将充分就业、金融稳定等目标纳入主流的货币政策框架。不同于发达经济体的货币政策目标体系的演变,中国的货币政策框架一直是广义的多目标制。周小川(2013)指出,单一目标制下维护价格稳定的框架固然有其优势,但是对于当前中国的现实而言并不适用。中国中央银行应采取多目标制,既包括物价稳定、经济增长、充分就业、维持国际收支平衡四大目标,也包括金融改革开放、发展金融市场这两个动态目标。这种多目标货币政策体系与中国作为一个新兴的市场经济体和超大的转轨经济体的特征密切相关。中国经济从高速发展转向中高速发展,各种新旧问题叠加,为了保持宏观经济的平稳运行和完成市场化改革,价格之外的目标必须纳入中央银行的货币政策。此外,多目标货币政策体系与我国中央银行的运行体制和经济管理体制有关。

随着宏观经济形势和经济结构的变化,不同时期货币政策目标的重点也有变动。当前,中国中央银行货币政策由之前的重视解决"稳增长"和"防通胀"的总量问题逐渐转向解决"去杠杆"和"防风险"的结构问题。

总体来看,在外部干扰持续存在和内部失衡问题加剧的背景下,中央银行在货币政策目标的选择上面临如何赋予不同目标权重、避免目标冲突,甚至从更宏观层面来讲,协调货币政策目标与其他财政政策、产业政策之间关系的问题。如何解决这些问题,无疑是当下构建现代中央银行制度和健全现代货币政策框架的关键。

(二)货币政策工具

多目标的货币政策必然要求有多工具来配合。当前,中国的货币政策工具既有价格型的,也有数量型的,还有更多创新型的和结构型的。与货币政策框架转型逻辑一致,中国中央银行货币政策工具体系也是以价格型调控为主的操作框架,但数量型指标依旧发挥辅助作用。

存款准备金、基准利率等传统的总量型货币政策工具的使用频率在降低,中国中央银行仅在宏观经济下行压力较大等必要时刻才短暂地降息、降准。与前文所述的货币政策框架演变逻辑一致,总量型货币政策工具逐渐成为中国中央银行货币政策调控的辅助工具。这一转变的原因是多方面的:一是准备金政策工具内在的缺陷。法定存款准备金政策适用于各类商业银行等存款类金融机构,具有强制性,其轻微的变动直接会对全社会货币供给总量造成巨大影响,政策调整不当会造成经济的剧烈波动,因此我国中央银行对法定存款准备金政策的调整十分谨慎。二是降准、降息的有效性在不断下降。这类货币政策工具锚定货币供应量这一数量型中介目标,但随着虚拟货币等金融创新的发展,货币供应量等数量型指标与实体经济指标之间的关系不断弱化(具体表现为货币供应量指标与名义经济增速、贷款增速不匹配),这直接导致总量型货币政策工具的调控效果下降。三是考虑金融稳定因素,增加存款准备金率会增加商业银行的资金成本和经营压力,对资金储备不足、综合实力较弱的中小型银行的影响更大,不适当的政策调整会对金融稳定和实体经济发展造成冲击。

公开市场操作作为另一类传统货币政策工具在近年来被更多地使用,中国中央银行基本上每个工作日会开展公开市场操作。除了基础的回购、发行中央银行票据等交易方式,2014年中央银行还创新开设了短期流动性调节工具(SLO)、中期借贷便利、常备借贷便利(SLF)等长期和短期借贷工具,作为公开市场操作工具的补充。货币当局高频运用公开市场操作工具的意图何在?这与货币政策调控向价格型转变的逻辑和利率市场化改革不断深化的背景有关。所谓价格调控,就是指中央银行利用利率对信贷资源进行调控。在利率市场化改革不断深化的背景下,实现政策利率向市场基准利率的传导需要有合适的市场利率目标区间。中国中央银行借鉴美联储和欧洲中央银行的公开市场操作及利率走廊实践模式,构建目标利率和利率走廊机制。公开市场操作的基本原理是通过买卖政府债券来直接影响短期政策利率,进而通过金融中介影响整个金融市场的利率水平。因此,中国中央银行使用常备借贷便利来调节市场短期利率,并逐步将其构建为利率走廊的下限;利用公开市场逆回购操作和中期借贷便利影响市场中期利率,缩小利率走廊的幅度,以提升货币政策的可操作性。可以看出,公开市场操作和利率走廊共同构建价格调控模式是现代货币政策调控的一个新特征(宋鹭和刘元春,2020)。

虽然公开市场操作能够承担流动性调节职能,帮助熨平多种因素对流动性的干扰,发挥稳定金融市场的积极作用,但在货币政策向价格型调控转变的思路下,公开市场操作更多地发挥引导市场利率走势、维护市场利率稳定、调节市场预期和增强政策利率基准性的作用。随着公开市场操作工具的不断完善,未来以公开市场操作利率和中期借贷便利利率为主体的政策利率体系会实现向市场基准利率更有效的传导,实体经济也会得到更高效的流动性支持。

不同于发达国家实施的结构性非常规货币政策,中国的结构性货币政策的定位是解决特定领域实体经济的结构性矛盾。2008年金融危机后,中国的银行体系在宽松的货币政策下出现了惜贷现象,使得体制内外的企业部门面临融资结构和融资成本方面的巨大差异,经济由此出现结构性缺口问题。大水漫灌式的货币政策不能有效拉动经济增长,精准滴灌式的货币政策应运而生。

创新型结构性货币政策肩负着定向调节资金、解决经济结构性矛盾的使命,是一种典型的主动型调控机制。从2013年起,中国中央银行开始推出短期流动性调节工具、抵押补充贷款(PSL)、中期借贷便利、常备借贷便利等一系列非常规的创新型货币政策工具,并将其纳入中央银行货币政策操作框架。目前,结构性货币政策工具的定向操作日趋主流化。

常备借贷便利和中期借贷便利是结构性货币政策框架中比较重要的工具。常备借贷便利是中国人民银行面向政策性银行和全国性商业银行的流动性供给渠道,一般期限为1~3个月,主要功能是满足金融机构期限较长的大额流动性需求。常备借贷便利一般以抵押方式发放,采取"一对一"交易模式,针对性和灵活性较强。2023年10月,中国人民银行对金融机构开展常备借贷便利操作共59.42亿元,其中隔夜期47.42亿元,7天期12.00亿元。常备借贷便利工具较好地满足了金融机构的流动性需求,其利率发挥了利率走廊(如图2-1所示)上限的作用。

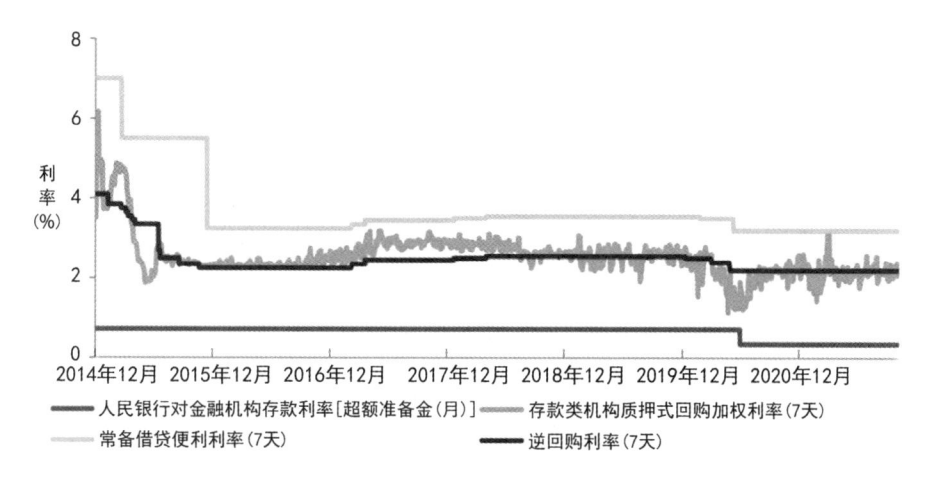

图 2-1　我国货币政策利率走廊

数据来源：易纲（2021）。

中期借贷便利是中国人民银行于 2014 年 9 月设立的提供中期基础货币的货币政策工具，其操作对象为符合宏观审慎管理要求的商业银行、政策性银行，通过招标方式展开。中期借贷便利的发放方式为质押，并需提供国债、中央银行票据、政策性金融债、高等级信用债等优质债券作为合格质押品。目前，我国的中期借贷便利利率已经成为中期的政策利率、调节金融机构中期资金的贷款利率，引导市场预期，在降低符合国家政策引导的实体经济部门的融资成本方面发挥了积极作用。正是由于结构性货币政策工具的实施，我国的政策利率体系得以完善，为基于基准利率体系的货币政策价格调控模式提供了操作基础。

此外，传统的再贷款、再贴现在实际操作中更多发挥调节资金流向和调整信贷结构的功能，具备更多结构性货币政策的特点。例如，2019 年"包商银行"事件后，中央银行针对受波及的中小银行增加再贴现额度 2 000 亿元，加强对特定中小银行流动性的支持；2020 年"新冠"疫情防控期间，为帮助中小微企业渡过难关，我国中央银行相继增加了 5 000 亿元再贷款再贴现额度、面向中小银行的 1 万亿元再贷款再贴现额度，时隔十年下调了再贴现贷款利率 25 个基点，再贴现政策成为中央银行定向支持中小微企业的重要政策工具。这些都印证了再贷款再贴现这一传统货币政策工具向长期性结构化货币政策工具演变的逻辑。

传统货币政策作用于银行体系的信贷供给，发挥总量调控功能；结构性货币政策针对定向部门发力，起到结构调控功能。在经济结构性问题突出、传统货币政策工具有效性下降、货币政策调控向价格调控转型的情况下,结构性、创新型货币政策工具肩负着更重要的责任,在稳定市场流动性、构建利率走廊、支持实体经济重点领域的发展、促进经济结构调整方面扮演着重要角色。此外,现代货币政策工具体系包含了一些创新型的货币工具,如中央银行沟通、前瞻指引等,这些新型工具帮助中央银行在量价工具的基础上更好地影响市场预期和实现货币政策目标。

(三) 货币政策传导机制

1. 货币政策传导渠道

货币政策传导渠道十分丰富,常规性的货币政策主要通过信贷渠道传导。但当前中国的货币政策框架正在从数量型调控为主向价格型调控为主的方向转变,作为价格型调控核心的利率也从管制利率向市场利率转变,因此利率传导渠道是价格调控的主要传导渠道。在市场利率不断深化的背景下,政策利率有效传导至市场利率,再传导至实体部门,这是价格型调控框架能有效发挥作用的重要原因。

在当前利率市场化改革不断深化背景下,中国货币政策的利率传导机制具有独特性。首先,中国尚未完全实现利率市场化,目前仍实行利率双轨制。利率双轨制是指:一方面,同业和市场业务内部资金转移定价(FTP)采用"市场轨",以市场利率为基准;另一方面,人民币存贷款业务遵循"计划轨",即参照存贷款基准利率。为什么在持续近30年的利率市场化改革后,利率双轨制依然存在?因为对于利率市场化改革而言,转型期的中国经济无法承受激进式改革的后果(陈彦斌等,2014)。20世纪80年代以来,为了让数量众多、规模庞大且无自生能力的国有企业维持运营,政府必须对利率进行管制,并促使银行继续向国有企业提供低息贷款。事实上,这一时期,银行与国有企业共同承担了维护国防安全和支持重工业发展的战略性负担,以及吸纳就业、提供养老和医疗等社会保障的社会性负担(林毅夫和刘培林,2001;林毅夫和李永军,2001;林毅夫等,2004)。若在这种情况下贸然实施激进的利率市场化改革,国有企业就将直接面临难以承受的资金成本上升压力,从而导致国有企业大面积破产等一系列连锁反应(林毅夫等,2009)。另外,由于国有企业与银行系统已经深度绑定,激进的利率市场化将加剧银行等金融机构的运行风险,但中国的金融体系缺乏相应保障机制,这也将大幅削弱金融市场的稳定性,因此,利率双轨制是在利率市场化过程中保持金融市场平稳转型的一种过渡机制,在保持"管制轨"利率运行的同时,不断强化市场机制,最终向市场化利率转型。

图2-2对我国利率双轨制下的利率传导体系进行了梳理。实线部分,中央银行通过公开市场操作以及运用中期借贷便利、常备借贷便利等创新型利率工具调

节银行间短期资金借贷成本。以扩张性货币政策为例,当中央银行下调政策利率时,大量资金流入货币市场,引发同业拆借利率、回购利率、逆回购利率等银行间短期资金利率的下降。假设银行的信贷规模不变,由于市场中的资金流动性增强,因此商业银行倾向于将从中央银行处获得的拆借资金用于购买国债,从而导致债券需求增加、收益下降,引起国债收益率乃至其他债券收益率的同步下降。而债券收益的下降会进一步改变居民的投资决策,使其将原本用于购买债券的资金用于储蓄,进而导致商业银行存款数量增加,存款利率下降。除了通过债券利率传导以外,货币市场利率还会直接作用于商业银行的存款利率。银行自身的成本效应和市场中的无套利机制的存在使得商业银行存款利率随着银行间同业拆借利率的下降而下降。存款利率的下降又会进一步导致银行资金成本的降低,再通过银行内部资金转移定价机制传导至银行贷款利率,使得贷款利率也下降。至于虚线部分的"计划轨"方面,利率的传导路径则相对简单,由人民币存贷款基准利率直接决定信贷市场存贷款利率浮动的上下限,绕开了政策利率经由货币市场利率、债券市场利率传导至信贷市场利率的过程。

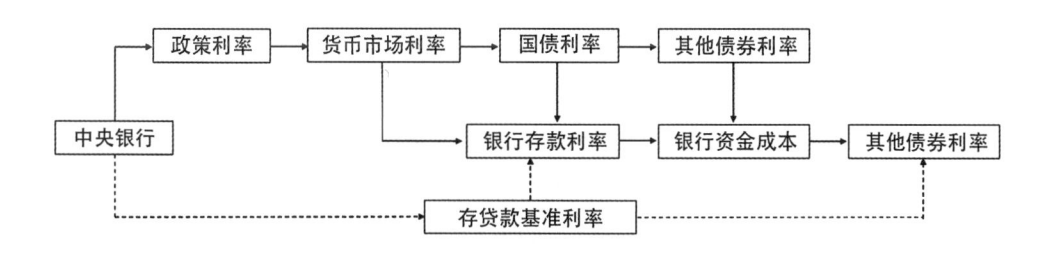

图 2-2　利率双轨制下的货币政策利率传导机制

2019 年 8 月,伴随着贷款市场报价利率(LPR)的推出,贷款利率的隐性下限被打破。贷款市场报价利率已经成为实际贷款成交的基准利率水平,金融机构新发放贷款基本参考贷款市场报价利率定价,存量贷款也已完成定价基准转换,贷款市场报价利率使得利率传导机制的市场化程度明显提升。

图 2-3 给出了贷款市场报价利率改革后,理想状态下的货币政策利率传导机制。贷款市场报价利率改革后的利率传导路线增设了一条由创新型货币政策工具——中期借贷便利出发,经由贷款市场报价利率,直接作用于商业银行贷款利率的传导路径。该路径绕开了利率在货币市场、债券市场以及银行存款利率之间的传导过程,在提高利率传导效率的同时,进一步完善了利率"市场轨"的传导链条。

可见，贷款市场报价利率的改革是顺应当前利率市场化发展的一项重要改革。

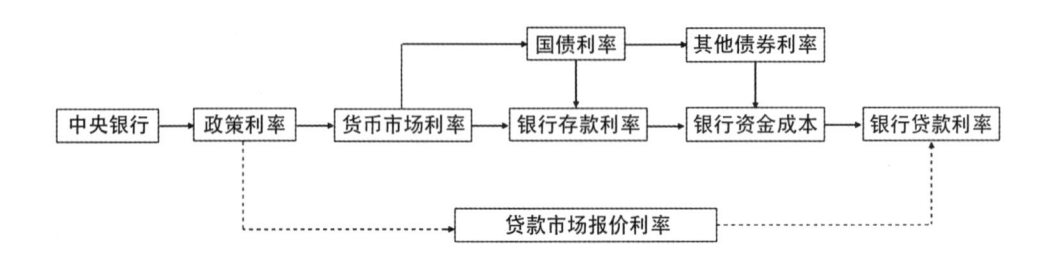

图 2-3　贷款市场报价利率改革后的货币政策利率传导机制

2. 货币政策传导的梗阻与成因

当前，在分析货币政策传导机制方面，已有研究一致认为中国的货币政策传导机制不通畅。具体表现为两方面：一是传统货币政策对实体经济的支持不明显，经济中的中小微企业面临融资难、融资贵困境；二是金融市场利率向存贷款利率传导的效率低，金融市场难以承担利率传导功能。

导致货币政策传导出现梗阻的原因主要如下：

一是隐性利率双轨制限制了货币政策利率的传导。具体而言，当前利率市场化改革进程尚未完成，市场化的政策工具体系也在建设中，但金融市场的发展远超货币政策工具的创新，因而存在一定程度的利率双轨制。在利率双轨制下，管制利率与市场利率存在很大利差，国有企业和大中型企业可以从优惠的银行贷款中得到大量利率租金（刘瑞明，2011），而中小企业却长期面临融资难问题（林毅夫和李永军，2001）。卢峰和姚洋（2004）指出，虽然非国有部门对中国国内生产总值的贡献超过了70%，但是获得的银行正式贷款不到20%。由于融资需求无法通过正规金融渠道得到满足，因此众多民营企业和小微企业不得不转向中小金融机构和民间金融市场。然而，中小金融机构吸储能力有限，民间金融市场则存在一系列合规性难题，其资金供给能力有限。庞大的资金需求和有限的资金供给能力必然造成民间金融市场利率高，使得小微企业融资难、融资贵问题长期难以解决。

二是企业预算约束的异质化和刚性兑付削弱了金融市场配置资源的功能。商业银行的信贷投放存在结构性问题，依靠政府背书的大型国有企业具备预算软约束特征，中小企业盈利能力弱且缺乏合格的抵押品，两者在争取银行信贷方面议价能力不足。最终，中小企业因难以获得低成本的信贷资源而长期深陷融资难、融资贵困境。

三是金融市场分割削弱了金融市场的利率传导功能。监管套利、金融不成熟等因素造成的市场分割严重阻碍了市场化利率的形成和传导(易纲,2021)。关于存贷款市场的分割,罗伟和吕越(2015)认为这种市场分割会使存款利率和贷款利率的形成机制存在差异。该差异性以及"先贷款,后存款"的改革顺序,使得存款利率和贷款利率的市场化改革并非同步,从而进一步加剧了存贷两种市场的分割性,削弱了市场化定价的作用机制(刘明康等,2018)。关于正规金融市场与非正规金融市场的分割,纪洋等(2016)认为分割的正规市场和非正规市场受利率市场化的影响不同,可能影响利率市场化的形成机制。此外,金融市场中货币市场、证券市场和信贷市场相互割裂,使得各类金融产品的定价机制缺乏协调配合,从而影响金融市场的体系化建设,导致"宽货币"和"紧信用"问题同时出现。

四是银行体系的二元结构以及影子银行削弱了市场利率、政策利率和基准利率在银行定价中的作用,导致银行体系的信贷传导出现问题。在利率双轨制下,"管制轨"和"市场轨"之间的利差催生了影子银行和独立于商业银行体系外的非正规金融。首先,影子银行最典型的业务是发行数量庞大、各式各样的理财产品。近年来,银行间存款的竞争越来越激烈(刘伟和黄桂田,2003),但银行存款利率受到管制,银行无法通过提高存款利率来获取更多存款。为获得更多存款,银行需要绕开存款利率管制,发行理财产品成为最有效的手段(汪莉和陈诗一,2019)。理财产品属于银行表外资产,不属于银行存款,其利率也就不受存款利率管制的影响,但风险与存款类似。因此,商业银行可以通过发行高收益、低风险的理财产品来获取资金,同时绕开利率管制。由此可见,发行理财产品的本质是金融机构规避利率管制,利用两轨制的利差进行套利的行为。其次,余额宝等互联网金融产品能够在中国如火如荼地发展,也是因为利率双轨制产生了可以套利的"租金"。影子银行游离于监管体系外,其规模快速增大,不仅使资金在金融体系内空转,导致金融风险不断累积和资金价格不断抬升,加剧实体部门的融资压力,而且会降低整个市场的风险偏好并抬高风险溢价,阻碍货币政策的有效传导,长此以往会危及金融安全和经济稳定(黄益平等,2012;李建军和薛莹,2014;梁琪和涂晓枫,2017;李建军和韩珣,2019;林木西和刘理欧,2020)。

五是银行的流动性分层加剧了货币政策传导链条的不稳定性。具体来看,货币政策的流动性链条是沿着中央银行→大型商业银行→中小商业银行传导。一般而言,大型银行作为一级交易商的金融机构,能够作为中央银行交易对手方,获得中央银行通过公开市场操作、中期借贷便利向市场投放的资金,所以这类机构的流动性盈余,经常作为资金融出方。而非一级交易商的中小型银行等金融机构,不能通过这一渠道获得流动性支持,处于流动性紧缺状态,所以多作为同业拆借市场的资金融入方。流动性链条得以有效运作依赖于大型银行的资产负债表,而大型银行的资产负债表取决于银行的风险偏好、市场流动性和季节因素,从而导致传导链条不稳定。除了大型银行和中小型银行之间的结构性缺口,银行与非银行金融机构之间也存在流动性缺口。流动性分层现象越严重,同业拆借市场业务的开展越困难,中小型银行获取流动性支持的难度上升,同业拆借利率与政策利率之间的利差就会加大,进一步导致货币政策传导不畅。近年来,传统的存贷比、贷款数量限制、存款准备金率等总量型货币政策工具逐渐发挥定向调控职能,可能导致不同金融机构之间的不平等竞争,从而恶化流动性分层现象,也会限制价格型调控框架的传导效率。

第三节　小　结

　　本章简单介绍了现代货币政策调控体系的基本内涵和转型逻辑。首先,从目标体系、工具体系和传导体系方面介绍了现代货币政策框架的基本特征,明确了货币政策的目标和工具是货币政策有效发挥调控宏观经济作用的重要前提。其次,梳理了主要发达经济体货币政策在2008年金融危机前后的转型逻辑和操作实践。最后,立足于我国"新兴＋转轨"的基本国情,梳理了我国中央银行货币政策框架的发展脉络和主要特征,提炼了中国在建设现代货币政策调控体系过程中存在的问题。主要的结论与启示包含以下几点。

　　一是要疏通货币政策的传导机制。货币政策传导机制的梗阻是制约中国货币政策调控框架实现政策目标的关键因素。解决传导机制不畅的长期性问题从而使货币政策更好地服务实体经济,是向价格型政策调控框架转型的关键环节。

　　二是在隐性利率双轨制、市场分割和流动性分层背后有着深层次的财政金融体制和机制约束。未来需加快相关的体制改革,破除机制约束,助力现代货币政策框架作用的发挥。

　　三是未来疏通货币政策传导梗阻的关键是银行。中国的经济体系高度依赖银行等传统金融机构,银行信贷是货币政策传导的主要渠道。中国银行体系的二元结构和影子银行业务的特殊性削弱了市场利率、政策利率和基准利率在银行定价中的作用，破坏了市场利率的传导性和政策利率的引导作用。隐性利率双轨制背后是商业银行的存贷款利率未完全实现市场化，市场分割背后主要是信贷市场与证券市场、货币市场的割裂，流动性分层背后是大型商业银行和中小型商业银行之间的资产质量、负债结构差异。因此，疏通货币政策传导的梗阻，关键是要站在金融中介角度对商业银行的业务结构、市场竞争等问题进行研究和优化。

货币政策的核心目标是服务实体经济的发展，而货币政策传导渠道的不畅直接表现为流动性和价格传导在信贷层面受阻，这严重制约了金融服务实体经济部门尤其是民营中小微企业的规模和效果。发挥和完善现代货币政策框架的作用，站在金融中介角度对商业银行的信贷行为、业务结构和市场竞争进行深入研究是这一领域的重要命题。

第三章

货币政策传导梗阻的辨识与消除：金融供给侧视角

引言：货币政策的有效传导依赖于资金供求双方在平等条件下实现资金的有效定价，而资金供给偏向和定价扭曲导致资金错配。在商业银行居于金融体系主导地位的中国，银行信贷是实体经济融资的主渠道。作为资金的供给方，商业银行依据中央银行的货币政策开展存贷款业务、创造流动性并为实体经济提供信贷支持。可以说，银行体系流动性创造的效率直接决定了社会融资规模的水平，间接金融体系的运行效率也直接影响货币政策服务实体经济的效果（张晓慧等，2020）。因此，为识别影响我国货币政策传导梗阻的因素，提升货币政策传导的有效性，本章从金融供给侧的商业银行入手，基于商业银行依据中央银行货币政策为实体经济提供信贷支持的逻辑，针对商业银行流动性创造效率较低的问题展开讨论。首先，研究市场势力对银行流动性创造效率的影响；然后，加入市场竞争因素，考虑其对市场势力侵蚀流动性创造效率的调节作用；最后，基于当前依靠市场竞争来解决银行流动性创造效率过低问题不可行的结论，从利率市场化改革视角出发，探讨消除货币政策传导梗阻、提升银行信贷资源配置效率的路径，并基于相关研究结论，从改善银行业市场环境和监管措施方面提出相应建议。

第一节　梗阻的辨识：银行市场结构与社会融资效率

一、银行市场竞争、市场势力和流动性创造效率

中国人民银行公布的2023年10月社会融资规模数据显示，以银行信贷为主要代表的间接社会融资规模达263.68万亿元，约占社会融资总规模（374.17万亿元）的70.47%。[①] 结合我国金融体系的现实背景来看，虽然近年来我国直接融资市场显著发展，但由于资本市场建设仍不完善，因此相对于间接融资，我国直接融资规模仍处于较低水平。银行体系流动性创造的效率直接决定了社会融资规模的水平，间接金融体系的运行效率也直接影响货币政策服务实体经济的效果。本节在厘清中国银行市场竞争、市场势力与流动性创造效率之间关系的基础上，试图从商业银行渠道疏通、货币政策的传导、提升金融体系运行效率的角度提供具体建议。

国有大型股份制银行改革，利率市场化开启、推进，《存款保险条例》的出台和《中华人民共和国商业银行法》的修订，似乎都体现了政策制定者希望通过银行体系改革和金融制度完善来增强银行的竞争力、降低银行的市场势力，从而提高银行向经济体提供流动性的效率。然而，从实际效果来看，虽然我国金融市场规模不断扩大、金融机构数量不断增多、银行存贷款余额不断增长，但是银行体系向经济体输送流动性的效率并不高。大量银行资金以同业存款、贷款和其他金融创新的方式在金融体系内部循环而不进入实体经济，使得我国经济中最具创新性的中小微型企业的发展受到了极大掣肘。中国经济缺乏创新能力一直是我国经济的"阿喀琉斯之踵"。如何从制度层面推动占社会融资规模一半以上的银行体系提高流动性创造效率，已成为我国金融体系改革，尤其是银行体系改革的重要抓手。

从理论背景来看，流动性创造效率属于金融中介的核心理论之一——流动性创造的研究范畴，在Bryant(1980)、Diamond and Dybvig(1983)和Kashyap et al. (2002)较早地从期限错配角度给出银行表内和表外流动性创造的定义后，银行流

---

① 中国人民银行.2023年10月社会融资规模存量统计数据报告[EB/OL].（2023-11-13）[2024-09-29]. http://www.pbc.gov.cn/goutongjiaoliu/113456/113469/5132010/index.html.

动性创造的研究得到了蓬勃发展。Berger and Bouwman(2009)通过将银行资产负债表和表外科目按照流动性程度划分,构建了一个绝对值水平的计算公式,创造性地将银行流动性创造水平计算出来,这使银行流动性创造的研究由定性的理论探讨迅速地过渡到定量的数据分析。从近年的相关实证研究来看,已有文献从宏观货币政策和微观银行个体的资本充足率和监管方面展开流动性创造的研究。本节创新性地从中观的银行市场结构和银行市场势力角度研究银行流动性创造效率,弥补了流动性创造效率在中观市场层面研究的不足。

关于银行竞争与银行流动性创造效率的关系,根据"效率结构"假说,市场竞争会通过改善银行效率结构、增加银行透明度来提高银行流动性创造效率,但是也会加剧"赢者诅咒"效应——通过减弱银行贷款发放动机、引导银行减少应承担的风险等行为来降低流动性创造效率。因此,两者之间可能是"先升后降"的关系,即理论上可能存在最优的市场竞争结构。

关于银行市场势力和流动性创造效率之间的关系,基于目前广为接受的"安逸生活"假说,拥有较强市场势力的银行对其自身的经营状态相对满意,会继续通过自身的垄断势力和信息优势锁定客户,从而不会主动冒险转变经营战略或提高贷款发放率(如贷前严格审查、贷后积极监督),将流动性负债转化为非流动性资产,因而可能使银行流动性创造效率降低。

关于银行市场竞争在市场势力对流动性创造效率的侵蚀过程中发挥的作用问题,从银行贷款审核流程来看,贷款一般可以分为关系型借贷和交易型借贷两种。交易型借贷一般发放给资质良好的大企业和个人,贷款审核更多凭借硬性指标(Cole et al.,2004),贷款利率较低。而关系型借贷,特别是区域性银行发放的贷款,审核会更多地依靠软信息(Berger et al.,2005),对抵押品的要求较低(Berger and Udell,1995),信贷员较多依靠对当地企业或个人的了解和长期建立起来的纽带。关系型借贷一般前期利率较低,后期成本较高(Petersen and Rajan,1995),但可在一定程度上缓解中小企业的融资难问题(Petersen and Rajan,1994、1995)。大型银行对交易型借贷具有天然的比较优势(Berger and Black,2011),所以一般贷款给国有企业、上市公司或其他资质良好的企业。而区域性银行一般凭借信贷员对借款人的了解和客户经理与借款人的熟悉程度,贷款给地方客户。

从银行股权结构来看,不同于国外银行,中国商业银行中的国有银行、地方性银行和股份制银行的股权结构差异巨大,上述差异会导致银行在信贷对象的选取上各有侧重。具体来说,国有四大行(中国工商银行、中国农业银行、中国银行、中国建设银行)作为大型央企,其信贷投放更倾向于支持大型央企的技术改造、产业升级、并购重组。地方性的城市商业银行由于地方性色彩较为浓厚,因此其信贷投放较多地支持地方国有企业。股份制银行的股权结构相对分散,缺少有支配能力的大股东,因此其信贷行为的市场化程度较高。

上述贷款审核流程和股权结构差异使中国银行市场结构呈现明显的贷款对象分类集聚现象,即国有大型银行与央企抱团、地方性银行与地方国有企业抱团、股份制银行抱团对象较少。分类集聚效应的存在使中国商业银行之间很难充分竞争。一旦银行形成较强的市场势力,根据"安逸生活"假说,银行流动性创造效率就必然较低。因此,虽然近年来我国通过一系列改革允许更多金融机构进入银行业,以提升银行业市场的竞争程度,但这仅会引发股份制银行之间的竞争,国有大型银行和地方性银行的分类集聚效应并没有得到显著改善。由此,理论分析认为,市场竞争的增强不能改善银行市场势力对流动性创造效率的侵蚀。

二、研究设计

为了验证前文商业银行竞争与流动性创造之间"先升后降"的关系、银行市场势力会削弱流动性创造效率以及增强市场竞争不能有效改善银行市场势力对流动性创造效率的侵蚀的观点,本节采用中国商业银行 2000—2015 年微观数据,采用改良后的银行市场竞争的 Panzar-Rosse 模型、新产业组织理论的勒纳(Lerner)模型以及 Berger and Bouwman(2009)的流动性创造模型,对市场竞争、银行市场势力与流动性创造效率之间的关系进行实证分析。

(一)指标选择与构造

1. 市场竞争

当前,反映银行市场竞争程度的常用指标有以下两种构造方法:结构化方法和非结构化方法。

结构化方法采用结构-行为-绩效(SCP)和有效结构(ES)范式(黄隽和汤珂,2008)。结构化方法通过构建度量市场集中程度的指标来间接反映市场竞争程度,常用指标有赫芬达尔指数(HHI)和行业集中率(CRn)。然而,随着产业组织理论的发展,结构化方法的弊端日益显现。近年来,由于非结构化模型将市场结构内在化,因此该模型得到了广泛应用。

在非结构化方法中,Panzar and Rosse(1987)提出了一种能够用简单回归的方法来描述银行竞争程度的 H 统计量(HI 指标)。其原理如下:根据企业产出对投入要素的弹性系数之和来判定银行所处的市场结构类型,并统一假设企业的生产函数服从柯布-道格拉斯形式。本节参考 Brissimis and Delis(2010)等方法构造 H 统计量,回归方程设置如下:

$$\ln TR_{it} = d_0 + d_1 \ln(w_{1,it}) + d_2 \ln(w_{2,it}) + d_3 \ln(w_{3,it}) + \sum_{j=1}^{2} d_j \ln(k_{j,it}) + \varepsilon_{it}$$

(3-1)

$$HI = d_1 + d_2 + d_3 \quad (3-2)$$

其中,w_1、w_2 和 w_3 分别表示银行的资金成本、固定成本和人力成本;k 为银行层面控制变量的向量,包括贷款水平和银行规模。HI 取值在 -1 和 1 之间,数值为负数时,越接近 0,说明市场垄断程度越高;越接近 1,说明市场竞争越激烈。HI 取值在区间(0,1)时,意味着市场为垄断竞争市场。

Bikker and Haaf(2002)指出,Panzar-Rosse 模型中对要素价格(w)的设定不应将银行总资产作为分母,因此本节采用如表 3-1 所示的计算方法对 Panzar-Rosse 模型的变量重新进行了设定。

表 3-1 变量含义与计算方法

变量名		含义	计算方法
TR		银行单位资产总收益	(银行的利息+分红+非利息收入)÷银行总资产
w_1		银行资金成本	银行利息费用÷(客户存款+短期和同业负债)
w_2		银行固定资本	其他运营和管理费用÷固定资产
w_3		银行人力成本	人事费用÷雇员数
k	k_1	贷款水平	贷款÷总资产
	k_2	银行规模	总资产

考虑到 Panzar-Rosse 模型成立的假设条件是市场处于长期均衡,需要进行如下形式的检验:

$$\ln(ROA_{it}) = d_0 + d_1 \ln(w_{1,it}) + d_2 \ln(w_{2,it}) + d_3 \ln(w_{3,it}) + \sum_{j=1}^{2} d_j \ln(k_{j,it}) + \varepsilon_{it}$$

(3-3)

以银行的总资产收益率(ROA)代替单位资产总收益,估计 HI 值,如果 HI 为

0,就表明市场处于长期均衡,否则为非均衡。

2. 银行市场势力

本节采用新产业组织理论的勒纳指数,该指数一般基于成本函数进行估算。参考(Maudos and Fernández de Guevara,2007;黄隽和汤珂,2008)的设定方法,本节采用以下模型来估计银行市场势力的勒纳指数:

$$\ln TC = \alpha_0 + \alpha_1 \ln y + \frac{1}{2}\alpha_2 (\ln y)^2 + \sum_{j=1}^{3} \beta_j \ln w_j + \sum_{j=1}^{3}\sum_{k=1}^{3} \beta_{jk} \ln w_j \ln w_k \quad (3-4)$$

$$C = \frac{TC}{y}(\hat{\alpha}_1 + \hat{\alpha}_2 \ln y + \sum_{j=1}^{3} \hat{y}_j \ln w_j) \quad (3-5)$$

$$Lerner_{it} = \frac{P_{i,t} - MC_{i,t}}{P_{i,t}} \quad (3-6)$$

3. 流动性创造效率

对于流动性创造指标的构建,国内外学者也做了大量研究。Berger and Bouwman(2009)首次提出了流动性创造指标的构建方法。孙莎等(2014)、李明辉等(2014b)等根据全球银行与金融机构分析库(Bankscope)中我国商业银行的数据特征,对 Berger and Bouwman(2009)的方法做了调整。本节参照孙莎等(2014)对银行资产负债表及表外业务的分类方法,构造商业银行流动性创造计算公式。银行单位资产流动性创造度量了银行将资产转化为流动性的能力,在某种程度上可以看成其流动性创造效率,因此将资产规模调整后的表内、表外和总体流动性创造指标作为银行流动性创造效率的代理指标。

(二) 计量模型设定与估计方法选择

本节采用动态面板数据模型来有效刻画被解释变量的持续性特征,利用工具变量和滞后解释变量来克服逆向因果关系和测量偏误等导致的内生性问题(李明辉等,2014a)。在动态面板数据模型估计中,考虑到样本信息利用的充分性和有效性,本节采用 Windmeijer(2005)纠正两步估计(Two Step GMM)有限样本偏误问题的广义系统矩估计(System GMM)方法。同时,为保证结果的稳健性,本节也给出了最小二乘估计(OLS)结果。

为检验银行竞争与流动性创造效率之间的关系,本节构建的动态面板计量模型如下:

$$Y_{it} = \alpha_0 + \alpha_1 Y_{it-1} + \alpha_2 competition_{it-1} + \alpha_3 competition_{it-1}^2 + \sum_{j=3}^{J} \alpha_j \prod_{jit-1} + u_i + \varepsilon_{it} \tag{3-7}$$

为检验银行市场势力对银行流动性创造效率的影响,本节构建了如下模型:

$$Y_{it} = \beta_0 + \beta_1 Y_{it-1} + \beta_2 Lerner_{it-1} + \sum_{j=3}^{J} \beta_j \prod_{jit-1} + v_i + \eta_{it} \tag{3-8}$$

其中,Y 表示银行单位资产的表内($LCER1$)、表外($LCER2$)和总体($LCER$)流动性创造效率。解释变量 $competition$ 表示银行竞争,$Lerner$ 表示银行市场势力。Π_{jit-1} 为控制变量,u_i 和 v_i 表示银行不随时间变化的个体异质性,ε_{it} 和 η_{it} 为扰动项。我们在实证检验中将着重考察 α_2、α_3 和 β_2 的符号及显著性。若模型(3-7)中的 α_2 和 α_3 显著为正,则表明在控制其他因素的情况下,银行竞争会提升其流动性创造效率;若它们显著为负,则关系相反。若 α_2 与 α_3 相反且 α_3 显著为正,则表明两者存在 U 形关系。若 α_2 与 α_3 相反且 α_3 显著为负,则表明两者存在"先升后降"的倒 U 形关系。模型(3-8)中,若 β_2 显著为正,则说明银行市场势力强会提升其流动性创造效率。若 β_2 显著为负,则说明银行市场势力强会侵蚀其流动性创造效率。

为进一步检验市场竞争对市场势力侵蚀流动性创造效率所发挥的作用,本节采用如下三步法:第一步,估计参数。先将总体、表内、表外流动性创造效率对市场势力和其他控制变量进行逐年回归,得到市场势力的回归系数($\hat{\beta}_{Lerner}$),从而得到 $\hat{\beta}_{Lerner}$ 的时间序列$\hat{\beta}_t$。第二步,做自相关性检验。将市场势力估计系数的时间序列 $\hat{\beta}_t$ 与市场竞争程度历史序列($\widehat{HI}_t$)进行相关性检验,得到两个序列之间的自相关系数 ρ 及 P 值。第三步,判断符号和显著性。若自相关系数 ρ 显著为负,则说明市场竞争能显著减弱市场势力对流动性创造效率的侵蚀作用。为避免内生性问题,控制变量全部采用滞后一期的值。

本节研究涉及的变量定义见表3-1和表3-2。所有财务数据来源于 Bankscope 数据库,宏观经济数据来源于国家统计局。根据研究目的和数据缺失程度,剔除了政策性银行,外资银行,证券、信托等非银行金融机构以及数据缺失严重的观测值,最终选取了 48 家商业银行。

关于描述性统计结果,从流动性创造效率来看,我国商业银行总体流动性创造效率均值为 0.33,最大值为 0.99,略高于 Berger and Bouwman(2009)测算得到的美国商业银行 0.33~0.41 的水平。从商业银行市场竞争程度来看,Pazar-Rosse 指

表 3-2　　　　　　　　　　　　变量定义与描述性统计

变量符号	变量含义	均值	标准差	最小值	最大值	计算方法
$LCER$	总体效率	0.33	0.18	−0.06	0.99	见上文
$LCER1$	表内效率	0.24	0.17	−0.16	0.78	见上文
$LCER2$	表外效率	0.09	0.05	0.00	0.29	见上文
HI	Pazar-Rosse 指数	0.32	0.12	0.14	0.46	见上文
$Lerner$	市场势力	0.40	0.09	0.10	0.63	见上文
$NPLs$	不良贷款率	2.20	3.80	0.00	38.0	不良贷款余额÷贷款总额
$LNTA$	银行规模	8.50	1.70	4.80	13.0	总资产自然对数
T_RWA	资本充足率	12.0	3.00	2.30	41.0	一级和二级核心资本÷风险调整后的资产
$Efficiency$	运营效率	36.00	7.70	18.00	71.00	营运成本÷总收入
$ADZP$	银行稳定性	17.00	10.0	−23.00	63.00	(ROA + ETA) ÷ $SDROA$*
$GGDP$	GDP 增长率	9.70	1.90	7.40	14.00	(当年 GDP−上年 GDP)÷上年 GDP
IL	一年期贷款基准利率	6.05	0.53	5.25	6.93	中央银行公布数据
$M2R$	M2 增长率	16.80	5.03	11.00	28.40	中央银行公布数据,计算增长率
CPI	消费价格指数	102	2.00	99.00	106	国家统计局公布数据

注：ROA 表示资产收益率，ETA 表示权益资产化，$SDROA$ 表示 ROA 的标准差。

数的 HI 均值为 0.32、最小值为 0.14、最大值为 0.46，均小于 1，说明我国商业银行市场为垄断竞争市场。银行市场势力勒纳指数均值为 0.40、最小值和最大值分别为 0.10 和 0.63，与 Berger et al.（2009）基于 23 个发达国家银行数据的测算结果基本一致。

三、实证结果分析

（一）市场竞争与流动性创造效率的关系

1. 非线性关系检验

表 3-3 给出了市场竞争（HI 指数）与流动性创造效率的关系。其中，OLS 表示

最小二乘估计结果,SYSGMM 表示动态面板数据模型的广义矩估计结果。从广义矩估计结果来看,总体和表内流动性创造效率与 HI 指数的一次项(HI)呈现显著的正相关关系,与其二次项(HI_Sq)存在显著的负相关关系,说明市场竞争与银行总体和表内流动性创造效率之间呈现倒 U 形关系。随着市场竞争的增强,银行的流动性创造效率会先上升后下降。可以认为,对中国银行业而言,市场竞争程度在一个合理范围内可以提高银行总体和表内流动性创造效率。根据 SCP 分析范式下的"效率结构"假说,有效率的银行既可以享受低成本,又可以赚取高利润(Berger and Udell,1995),即竞争既能激发金融创新,又能提高银行效率(Boot and Thakor,2000; Black and Strahan,2002),从而改善银行流动性创造效率。此外,竞争会使银行透明度增加(Jiang et al. ,2016),从而改善银行经营环境。在这种环境下,银行经理人将会更加努力地审核和监督贷款,使银行与企业建立良好的关系,增加单位流动性负债转化为非流动性资产的可能性,从而提高银行流动性创造效率。

表 3-3　　　　　　　　　　市场竞争与流动性创造效率

变量	面板 A:总体效率 OLS	面板 A:总体效率 SYSGMM	面板 B:表内效率 OLS	面板 B:表内效率 SYSGMM	面板 C:表外效率 OLS	面板 C:表外效率 SYSGMM
$L.Y$	0.597*** (8.87)	0.405*** (59.09)	0.597*** (8.85)	0.351*** (43.05)	0.652*** (17.22)	0.489*** (12.69)
HI	7.365 (0.82)	11.642*** (3.59)	7.467 (0.82)	13.403*** (3.53)	−0.137 (−0.49)	0.138 (0.76)
HI_Sq	−8.316 (−0.73)	−14.860*** (−3.52)	−8.482 (−0.74)	−17.414*** (−3.51)	0.214 (0.58)	−0.099 (−0.42)
控制变量	控制	控制	控制	控制	控制	控制
个体变量	控制	控制	控制	控制	控制	控制
时间变量	控制	控制	控制	控制	控制	控制
N	472	472	472	472	472	472
Sargan 检验 P 值		0.205 4		0.258 4		0.331 7
AR(1)检验 P 值		0.289 4		0.289 4		0.016 2
AR(2)检验 P 值		0.242 6		0.231 0		0.224 9

注:*** 代表 1%的显著性水平。

但是,在市场竞争程度超过这一范围后,较强的市场竞争反而会降低银行表内流动性创造效率。这主要有两个方面的原因:一是竞争会降低贷款总量从而阻碍银行创造流动性。一方面,银行前期投入一定成本来收集企业信息并对贷款人进行筛选的激励会降低,银行贷款总量下降,导致流动性创造效率降低;另一方面,竞争会加剧"赢者诅咒"效应,降低银行的流动性创造意愿,从而使流动性创造效率降低。二是竞争会降低银行的风险承受能力,导致银行流动性创造效率大幅下滑。一方面,从资产端来看,竞争会使银行的稳定性变差、不良贷款比例上升、贷款损失准备降低,从而系统性风险增加,这些后果会促使银行在信贷上减少风险承担行为(Boyd and De Nicolo,2005);另一方面,从负债端来看,存款是随存随取的流动资金,竞争加剧会迫使银行减少流动性创造的资金以应对储户不确定的取款需求,降低流动性创造风险(Allen and Gale,2004)。

在当前我国商业银行流动性创造以表内形式为主、表外形式为辅的情况下,市场竞争程度与表内流动性创造效率的关系直接决定了市场竞争程度与银行总体流动性创造效率的关系。

2. 关于最优市场竞争程度的检验

本节利用表 3-3 中市场竞争程度一次项和二次项的估计值进一步估算出我国银行业最优的市场竞争程度 $\left(-\dfrac{b[HI\_Sq]}{2b[HI]}\right)$,结果见表 3-4。从表 3-4 中系统广义矩估计结果来看,市场竞争程度(HI 指数)为 0.391 7 和 0.384 8 时,银行的总体和表内流动性创造效率最高;市场竞争程度(HI 指数)为 0.696 5 时,银行的表外流动性创造效率最高。上述分析结果验证了市场竞争与银行流动性创造效率之间呈现非线性关系,存在最优的市场竞争结构。

表 3-4 最优市场竞争程度分析

项 目	最优市场竞争程度(HI 指数)	
	OLS	SYSGMM
总体效率	0.442 8	0.391 7
表内效率	0.440 2	0.384 8
表外效率	0.321 5	0.696 5

(二)银行市场势力与流动性创造效率的关系

表 3-5 给出了银行市场势力与其总体、表内和表外流动性创造效率之间的关系。结果显示,银行市场势力与总体和表内流动性创造效率呈显著的负相关关系,证实了较强的市场势力会通过"安逸生活"假说对银行总体和表内流动性创造效率

的提升起到限制作用,即拥有较强市场势力的银行对经营状态相对满意,会继续通过自身垄断势力和信息优势锁定客户,从而不会主动冒险转变经营战略,或提高贷款发放率(如贷前严格审查、贷后积极监督),将流动性负债转化为非流动性资产,使得银行流动性创造效率降低。

表 3-5　　　　　　　　银行市场势力与流动性创造效率

变量	面板 A：总体效率		面板 B：表内效率		面板 C：表外效率	
	OLS	SYSGMM	OLS	SYSGMM	OLS	SYSGMM
L.Y	0.596*** (9.78)	0.419*** (115.17)	0.594*** (9.66)	0.433*** (213.44)	0.684*** (14.77)	0.548*** (44.17)
Lerner	−0.310 (−0.28)	−7.115*** (−13.66)	−0.347 (−0.31)	−6.233*** (−14.10)	0.038 (0.74)	0.007 (0.47)
控制变量	控制	控制	控制	控制	控制	控制
个体变量	控制	控制	控制	控制	控制	控制
时间变量	控制	控制	控制	控制	控制	控制
N	302	302	302	302	302	302
Sargan 检验 P 值		0.636 1		0.624 4		0.696 0
AR(1)检验 P 值		0.316 5		0.315 2		0.028 6
AR(2)检验 P 值		0.276 8		0.282 4		0.336 8

注：*** 代表 1% 的显著性水平。

(三) 市场竞争能否改善市场势力对流动性创造效率的侵蚀

表 3-6 给出了市场竞争程度与银行流动性创造效率的市场势力系数之间的相关性检验结果。可以看到,两者之间并不存在显著的负相关关系,从而验证了市场竞争的增强不能改善银行市场势力对流动性创造效率的侵蚀这一结论。因此,寄希望于通过增强银行业竞争来改善银行市场势力过强所导致的流动性创造效率过低,作用可能非常有限。

表 3-6　　　市场竞争与流动性创造效率的市场势力相关系数检验

指标		总体	表内	表外
HI	相关系数	−0.157 2	−0.171 7	−0.014 9
	显著性值	0.560 9	0.525 0	0.956 2

四、研究结论与建议

本节从金融供给侧（商业银行）视角探讨了货币政策梗阻的辨识。在商业银行居于金融体系主导地位的中国，银行信贷是实体经济融资的主渠道。可以说，银行体系流动性创造的效率直接决定了社会融资规模的水平，间接金融体系的运行效率也直接影响了货币政策服务实体经济的效果。本节从市场竞争程度和银行市场势力出发，采用中国商业银行的微观数据，研究了市场竞争与流动性创造效率、市场势力与流动性创造效率的关系以及市场竞争是否会改变市场势力对流动性创造效率的侵蚀作用。本节主要得到以下结论：第一，市场竞争与流动性创造效率之间存在倒 U 形关系，即过高与过低的银行市场竞争程度都不利于我国银行流动性创造效率的提升，中国银行业存在最优的市场结构。第二，银行市场势力过强是我国商业银行流动性创造效率较低的重要原因，银行市场势力越强，其流动性创造效率越低。第三，市场竞争程度与市场势力的流动性创造效率系数之间存在不显著的负相关关系。也就是说，寄希望于通过增强中国银行业竞争来改善银行市场势力过强所导致的流动性创造效率过低，作用可能非常有限。

本节的研究结论对理解我国银行业市场竞争、银行市场势力对流动性创造效率的影响，以及中国银行业未来进一步改革的方向具有重要启示。首先，从市场竞争结构的视角来看，既然我国银行业存在最优的市场竞争结构，那么未来应设立目标区间以调节过于垄断和过于竞争的市场，使得市场竞争水平既充分又有效率。其次，从市场势力的角度来看，随着混业经营步伐的加快，未来类似平安集团这样涉及银行、证券、保险、信托等多个金融子行业的金融控股集团必然增多。混业经营将不可避免地带来寡头垄断的局面。如何既鼓励混业经营，又限制大型金融控股集团过强的市场势力，将是摆在学者和政策制定者面前的难题。最后，本节实证结果显示，依靠市场竞争程度的自发调节并不能改善银行市场势力过强对流动性创造效率的侵蚀。如何从制度层面的顶层设计来解决银行市场势力过强造成的货币政策传导梗阻，如何进一步疏通货币政策传导机制来解决银行流动性创造效率过低的问题，是当前金融市场改革和商业银行体系改革的重要现实问题。

在"十四五"规划大力强调金融改革的形势下，利率市场化是从顶层设计层面给出的上述问题的最优解决方案。作为当前金融市场改革的重要举措，利率市化逐步放开利率管制,加强市场利率传导,在增强银行体系的竞争能力和流动性创造效率方面发挥了积极作用。可以说,深入推进利率市场化改革是未来疏通货币政策传导机制以实现服务实体经济目标的重要抓手。

第二节 梗阻的消除:以利率市场化为抓手,疏通货币政策传导机制

货币政策有效实施的关键是保证货币传导渠道的畅通。在经济新常态形势下,实体经济融资渠道受阻、流动性难以提高,中央银行的降息、降准等货币政策措施很难真正发挥作用。解决这一问题的关键在于通过完善金融市场,打破旧的基于数量控制的流动性框架,打通银行间市场与实体经济的流动性通道,实行利率市场化,让资金依据市场信号来配置。

一、利率市场化改革进程与挑战

利率市场化改革的目的是逐步建立由市场供求决定的金融机构存贷款利率形成机制,通过货币政策工具,包括数量工具和价格工具来调控和引导市场利率,使市场机制在金融资源配置中发挥主导作用,并以此促进实体经济的发展。中国的利率市场化改革以稳步推进为原则,采取先放开货币市场利率和债券市场利率,再逐步推进存贷款利率市场化的总体改革思路。自1993年党的十四届三中全会明确提出利率市场化改革的基本设想开始,中国利率市场化的进程先后经历了放开货币市场利率(1993—1999年)、逐步放开存贷区间(1999—2004年)、有序培育基准利率(2005—2007年)、全面放开存贷管制(2008—2015年)和持续深化利率市场化改革(2016年至今)几个阶段。利率市场化改革促进了市场利率的有效传导,在一定程度上提升了金融机构利率市场化的定价能力和货币政策传导的效率。

然而,由于中国特殊的财政金融体制约束,利率市场化改革过程中面临一系列问题。从结构性因素来看,商业银行内部结构的不合理、国有商业银行尚未解决的委托代理问题导致直接推进利率市场化会诱发更为严重的逆向选择和道德风险。

刘明康等(2018)指出,中国银行体系的二元结构与影子银行业务的特殊性,会削弱市场利率、政策利率和基准利率在银行定价中的作用,破坏市场利率的传导性和政策利率的引导性,在一定程度上降低利率市场化改革的成效。郭路等(2015)在区分经济结构的均衡分析基础上,研究得出我国经济结构中私人企业占大多数,利率市场化和结构性货币流入使得私人企业的工资和利率波动相较于国有企业更加频繁,从而可能加剧宏观经济的波动。

从体制层面来看,国有企业的"预算软约束"体制性问题会加大利率市场化的阻力。谢平(1995)认为,预算软约束的存在使得国有企业的资金需求不受利率水平制约,而利率市场化有赖于具有硬约束的企业制度,以确保企业能够敏感地反映利率杠杆的调节作用。所以,尚未完全摆脱软预算约束体制特征的国有企业,会拖累利率市场化的进程甚至整个经济体制改革的步伐。与此同时,信贷数量管制也与国有企业、地方政府联系密切,即使取消信贷补贴,在长期的业务惯性作用下,资金也会流向这些部门,影响利率市场化对国有企业的调控效果(纪洋等,2016)。另外,与资本配置向国有经济部门倾斜以及国有企业"软约束"、低效率相对应的是银行不良资产的积累(许健,2003),国有企业、地方政府融资平台的杠杆风险集中(王红建等,2018)。而激进的利率市场化可能因为大幅提高了国有企业和地方政府投融资平台运营成本而威胁到银行体系的稳定性,从而影响中国经济的增长(陈彦斌等,2014)。

从机制层面来看,一方面,利率传导机制面临内生性挑战。中国人民银行货币政策分析小组(2020)指出,当前利率市场化改革的挑战在于银行内部的利率传导机制不畅。银行内部存在资产负债部和金融市场部两部门的决策机制,而且占据主导地位的资产负债部市场化程度相对较低,市场化程度较高的金融市场部难以对贷款利率产生决定性影响。另一方面,缺乏配套机制,加大了利率市场化难度。钱小安(2003)提出,金融开放条件下中国的企业尚不具备统一的权责激励约束机制,也缺乏较为完善的现代化公司治理结构,使得利率市场化的机构基础不牢固。

从市场层面来看,监管套利、金融不成熟等造成的市场分割严重阻碍了市场化利率的形成和传导(易纲,2021),包括存贷款市场分割、正规市场与非正规市场的差异。此外,我国金融业存在国家垄断和对私人企业的严格限制,各金融机构之间的竞争不充分,银行独大、信贷独大的市场格局不利于市场化利率水平的形成,从而影响价格型货币政策工具作用的发挥(钱小安,2003)。

二、利率市场化背景下的银行市场竞争与信贷结构

尽管利率市场化改革使货币政策工具向更加市场化的价格型手段过渡,但是目前融资结构以间接融资为主导,金融管制依然较强,货币政策信贷渠道仍然是主要的货币政策传导渠道。现阶段,商业银行是利率市场化最直接的承压主体和货币政策的主要传导途径(李涛和刘明宇,2012;Juurikkala et al.,2011),利率市场化改革会直接引起银行负债领域和资产投资领域的竞争程度发生剧烈变化,给货币政策银行信贷渠道传导效率带来新挑战。随着利率市场化改革的深入,商业银行负债领域的竞争性、波动性和不可控性必然加大。那么,加剧商业银行间的市场竞争会对商业银行的信贷结构产生什么影响?加强市场竞争能否疏通货币政策的传导机制?

当前,全球经济一体化和外资银行准入条件放松,使中国银行业面临越来越激烈的竞争环境。利率市场化引致的直接融资工具的快速发展,使得银行业经历"脱媒"的考验,信贷业务竞争性分流压力骤增。同时,在全球经济一体化和外资银行准入条件放松的情况下,中国银行业面临的市场竞争越来越激烈。商业银行的盈利将更多地取决于对资产业务的管理,集中体现为对信贷总量和信贷资源配置结构的管理。在经济新常态形势下,单靠规模扩张的粗放型增长模式难以为继,信贷资源配置结构优化的作用凸显。从机构扩张到价格竞争的行为转变会直接影响商业银行信贷资源的持有部门结构、期限结构和信用结构(易纲和赵先信,2001)。

政策利率向存款利率和贷款利率的传导主要是通过商业银行和投资者的资产配置优化行为来实现的(马骏等,2016)。因此,在利率市场化进程逐步深化的背景下,研究银行业价格竞争行为对银行信贷资源配置的影响十分重要。这不仅有助于增强商业银行的自主定价能力、为商业银行深化改革指明方向,而且对疏通货币政策信贷传导渠道、支持实体经济发展具有重大意义。

三、理论模型

为了研究利率市场化进程中银行的竞争程度变化对银行信贷资源配置结构的影响,本节基于 De Young et al.(2015)提出的贷款供给模型框架,结合中国银行业的特点,对构建商业银行最优新增信贷决策的理论模型进行了拓展式优化。同

时,在垄断竞争市场的背景下,通过引入竞争程度与银行单位资金贷款收益率的关系函数,分析了竞争影响银行信贷资源配置结构的作用机制。

(一)模型设定

1. 模型的假设条件

本节考虑在垄断竞争市场中,代表性银行通过最大化其目标效用函数来最优化经营策略。银行从事贷款的经营行为,t 期末代表性银行部门 i 的贷款存量满足 $L_{t,i} = L_{t-1,i} + NL_{t,i}$,其中,$L_{t-1,i}$ 是 t 期末部门 i 的贷款余额,$NL_{t,i}$ 为 t 期末部门 i 的新增贷款额。考虑到中国银行业自有资金较少,故假定 t 期末代表性银行的可贷资金来源 L_t 全部为客户存款。

竞争会影响银行的可贷资金成本和贷款的风险补偿收益,因此需要定义借款成本下的银行单位资金贷款收益率。由于代表性银行部门 i 在 t 期末的贷款收益包含上期贷款余额和当期新增贷款的共同收益,因此需要分别定义单位资金贷款收益率以区分收益率的实际作用区。定义起始于 $t-1$ 期的 t 时期银行部门 i 的单位资金贷款收益率 $\overline{R}_{t,\frac{i}{t-1}} = 1 + r_t + k_{t-1,i} + \tilde{\eta}_{t,i}$,起始于 t 期的 t 时期银行部门 i 的单位资金贷款收益率 $\overline{R}_{t,\frac{i}{t}} = 1 + r_t + k_{t,i} + \tilde{\eta}_{t,i}$,其中,$1 + r_t$ 为单位外部融资成本,$r_t = r_t(h_{t,i})$ 为银行竞争程度 $h_{t,i}$ 的函数,即融资成本主要由市场竞争程度决定。$k_{t,i} = k_{t,i}(h_{t,i})$ 为 t 时期银行部门 i 的信用利差,衡量部门 i 超出成本之外的风险补偿收益率,$k_{t,i} = k_{t,i}(h_{t,i})$ 表示贷款的风险补偿收益主要由市场竞争程度决定。$\tilde{\eta}_{t,i}$ 是 t 时期部门 i 的单位资金贷款损失,分布为 $\tilde{\eta}_{t,i} \sim N(\mu_{t,i}, \sigma_{t,i})$,其协方差矩阵衡量了部门内及部门间的风险程度。代表性银行部门 i 在 t 时期的单位资金贷款收益率决定了该部门的新增贷款量,即 $NL_{t,i} = NL_{t,i}(\overline{R}_{t,\frac{i}{t}})$,故可得 $\overline{R}_{t,\frac{i}{t}} = \overline{R}^{-1}_{t,\frac{i}{t}}(NL_{t,i})$。定义 $C_{t,i} = C_{t,i}(NL_{t,i})$ 为代表性银行部门 i 的经营管理成本。

根据现有研究,竞争会影响银行的贷款利率弹性,银行间的竞争越激烈,利率弹性就越大(Berger and Hannan,1989)。由经典的垄断银行 Monti-Klein 模型可知,代表性银行垄断程度的指数与银行贷款利率弹性存在反向等式关系。定义新增贷款的利率弹性 $\varepsilon_L(k_{t,i}) = -\dfrac{\partial NL_{t,i}/NL_{t,i}}{\partial k_{t,i}/k_{t,i}} > 0$,则可假设 $\varepsilon_L(k_{t,i}) = A \cdot h_{t,i}$,$A > 0$。

2. 银行的利润构成及最优化目标函数

定义 t 期代表性银行共有 n 个部门,则 t 期末代表性银行的利润函数如下:

$$W_t = \sum_{i=1}^{n} (\overline{R}_{t,\frac{i}{t-1}} \cdot L_{t-1,i} + \overline{R}_{t,\frac{i}{t}} \cdot NL_{t,i}) - (1+r_i) \cdot F_t - \sum_{i=1}^{n} C_{t,i}(NL_{t,i})$$

(3-9)

代表性银行追求最大化期望效用,定义代表性银行 t 期的期望效用函数 $E[U(W_t)]$,其中,W_t 为利润函数,效用函数为凹函数,满足 $U_w > 0$ 并且 $U_{ww} < 0$。

(二) 模型的均衡条件与分析

在第 t 期,代表性银行通过调整新增贷款 $NL_{t,i}$ 来最大化期望效用 $E[U(W_t)]$:$\max_{NL_{t,i}} E[U(W_t)]$。一阶必要条件如下:

$$NL_{t,i} = -L_{t-1,i} - \sum_{j \neq i} \frac{\sigma_{i,j}}{\sigma_{i,i}} \cdot L_{t-1,j} - \sum_{j \neq i} \frac{\sigma_{i,j}}{\sigma_{i,i}} \cdot NL_{t,j}$$
$$\frac{1}{\gamma} \cdot \frac{k_{t,i}(h_{t,i}) - \mu_{t,i} - \partial C_{t,i}/\partial NL_{t,i}}{\sigma_{i,i}} - \frac{1}{A\gamma} \cdot \frac{k_{t,i}(h_{t,i})}{h_{t,i} \cdot \sigma_{i,i}} \quad (3-10)$$

其中,$L_{t-1,i}$ 表示上一期代表性银行部门 i 的贷款,$\sigma_{i,i}$ 表示代表性银行部门 i 的贷款损失的方差,$\sigma_{i,j}$ 表示代表性银行部门 i 和 j 的贷款损失协方差。$\gamma = -\frac{E[V_{ww}]}{E[V_w]}$ 表示 Arrow-Pratt 绝对风险规避系数。

$\frac{k_{t,i}(h_{t,i}) - \mu_{t,i} - \partial C_{t,i}/\partial NL_{t,i}}{\sigma_{i,i}}$ 是经风险调整后的贷款期望收益[也可看成部门 i 贷款的夏普比率(sharpe ratio)]。最优化均衡条件说明,银行不同部门的信贷受一系列因素影响,这些影响因素共同决定了银行的信贷资源配置结构。当上一期贷款余额 $L_{t-1,i}$ 过大时,银行会降低该部门的新增贷款量,即在不完全市场中,存量多的资产一般会产生较多流动性弱的资产,为了防范风险,银行会减少新增贷款量;部门 i 与 j 之间贷款风险负相关时,部门 j 的贷款存量与贷款增量增加会促进部门 i 信贷的增加,体现风险规避原则;风险规避程度与夏普比率共同影响银行部门 i 信贷的增量,夏普比率越高,风险规避程度越小,则银行越会增加该部门的信贷投放量;部门 i 的新增贷款与银行间的竞争程度有关,竞争程度通过影响部门 i 的信用利差,也即影响该部门的单位资金贷款收益率来影响新增贷款量。不同部门的单位资金贷款收益率受竞争程度的影响不同,这就决定了竞争影响银行信贷资源配置的差异性。

四、研究设计

（一）变量定义与描述性统计

本节首先介绍研究涉及的各个变量的含义和计算方法。表3-7给出了本节研究所需变量的含义、计算方法和符号。

表 3-7　　主要变量说明

项目		变量符号	变量含义	变量计算方法
因变量	按贷款对象分类	$R\_NL_{CRL_{t,i}}$	消费零售贷款增长率	$\dfrac{当期消费零售贷款额 - 上期消费零售贷款额}{上期消费零售贷款额}$
		$R\_NL_{RML_{t,i}}$	住房抵押贷款增长率	$\dfrac{当期住房抵押贷款额 - 上期住房抵押贷款额}{上期住房抵押贷款额}$
		$R\_NL_{CCL_{t,i}}$	公司商业贷款增长率	$\dfrac{当期公司商业贷款额 - 上期公司商业贷款额}{上期公司商业贷款额}$
	按期限分类	$R\_NL_{short_{t,i}}$	短期贷款增长率	$\dfrac{当期短期贷款额 - 上期短期贷款额}{上期短期贷款额}$
		$R\_NL_{long_{t,i}}$	长期贷款增长率	$\dfrac{当期长期贷款额 - 上期长期贷款额}{上期长期贷款额}$
	按信用结构分类	$R\_NL_{credit_{t,i}}$	信用贷款增长率	$\dfrac{当期信用贷款额 - 上期信用贷款额}{上期信用贷款额}$
		$R\_NL_{guarantee_{t,i}}$	担保贷款增长率	$\dfrac{当期担保贷款额 - 上期担保贷款额}{上期担保贷款额}$
自变量		$C_{t,i}$	竞争指标	$1 - \dfrac{贷款边际成本}{贷款价格}$
	夏普比率	$ROL_{t,i}$	贷款收益率	$\dfrac{贷款利息收入}{不良贷款调整前的实际贷款余额}$
		$NPLs_{t,i}$	不良贷款率	银行不良贷款率

续表

项目	变量符号		变量含义	变量计算方法
自变量	上期贷款存量	贷款对象 $L_{CRL_{t-1,i}}$	消费零售贷款存量	上期消费零售贷款额
		$L_{RML_{t-1,i}}$	住房抵押贷款存量	上期住房抵押贷款额
		$L_{CCL_{t-1,i}}$	公司商业贷款存量	上期公司商业贷款额
		期限 $L_{short_{t-1,i}}$	短期贷款存量	上期短期贷款额
		$L_{long_{t-1,i}}$	长期贷款存量	上期长期贷款额
		信用结构 $L_{credit_{t-1,i}}$	信用贷款存量	上期信用贷款额
		$L_{guarantee_{t-1,i}}$	担保贷款存量	上期担保贷款额
	其他控制变量	$LN(TA)_{t,i}$	银行规模	总资产的对数
		r_GDP_t	GDP 增长率	GDP 平减指数
		CPI_t	消费价格指数	消费价格指数
		$loan\_spread_t$	利差	一年期短期贷款利率—一年期定期存款利率

1. 关于因变量的选取

因变量旨在测定银行的信贷资源配置结构,这里用不同类型信贷的增速来衡量信贷资源的配置结构。综合中国商业银行年报中披露的贷款分类情况,大致可以按照贷款对象、期限、信用结构进行分类。本节根据理论模型分别建立了三个回归模型:模型一按贷款对象分类考察公司商业贷款(CCL)、消费零售贷款(CRL)和住房抵押贷款(RML)受到的影响;模型二按贷款期限分类考察短期贷款(short loans)和长期贷款(long loans)受到的影响;模型三按信用结构分类考察信用贷款(credit loans)和担保贷款(guarantee loans)受到的影响。

2. 关于自变量的选取

(1) 银行贷款价格竞争指标($C_{t,i}$)

分析竞争程度对银行信贷资源配置结构的影响,竞争指标的选择比较重要。银行竞争度测量方法有传统的产业组织方法和新的实证产业组织方法。传统的产业组织方法基于 SCP 模型,该模型认为日益增加的集中度会削弱银行之间的竞争,从而为银行带来更高的利润。银行竞争度可以用银行集中度(CR4)或者赫芬达尔指数度量,但是有学者论证了集中度或赫芬达尔指数并不能很好地反映银行之间的竞争程度(Bikker et al., 2012)。新的实证产业组织方法基于银行市场行为角度而非银行市场结构角度来解释竞争程度,能从微观角度衡量竞争的影响,衡量银行竞争的指标主要有勒纳指数(Berger et al.，2009)和 H 统计量(Panzar and Rosse，1987)。由于 H 统计量只能用宏观数据分析整个银行业的竞争程度，适用范围有限，因此本节选择用勒纳指数来衡量银行竞争度。

$Lerner\ Index$ (LI)用银行的市场价格背离其边际成本的百分比来度量，计算公式为 $LI_{t,i} = \dfrac{p_{t,i} - MC_{t,i}}{p_{t,i}}$，其中，$p_{t,i}$ 表示银行 i 第 t 年的产出价格，$MC_{t,i}$ 表示边际成本。勒纳指数介于 0 和 1 之间，1 表示市场完全垄断，0 表示市场完全竞争，因此高勒纳指数意味着银行具有更强的垄断竞争能力，反之则意味着银行面临更激烈的市场价格竞争。为了分析方便，回归中用 $C_{t,i} = 1 - LI_{t,i}$ 代表竞争程度正向变化的分析指标，即 $C_{t,i}$ 越大，竞争越激烈。

(2) $sharpe\ ratio$ $\left(\dfrac{k_{t,i,j} - MC_{t,i,j}}{\sigma_{i,jj}}\right)$

夏普比率反映经风险调整后的贷款期望收益率。由于目前银行的贷款细分项目披露数据较少，无法准确计算理论模型的代表性银行部门 i 在 t 期贷款损失的期望估计值 $\mu_{t,i}$ 和方差估计值 $\sigma_{t,i}$，因此本节选择盈利指标和风险指标共同刻画风险调整下的资产收益率。选择贷款利息收入与不良贷款调整前的实际贷款余额之比作为盈利指标。常见的衡量银行风险水平的指标有衡量信用风险的不良贷款额与不良贷款率(NPLs)，衡量破产风险的 Z 值，衡量流动性风险的流动性覆盖率(LCR)、存贷比、法定存款准备金率。考虑盈利指标的选取方式，取不良贷款率来衡量银行风险。

(3) 银行贷款存量($L_{t-1,i,j}$)与银行规模[$LN(TA_{t,i})$]

贷款存量在模型中用上一期贷款余额表示。资产总额用来衡量银行规模的大小，本节用 $LN(TA_{t,i})$ 作为银行的特征变量。

(4) 利息差($loan\_spread$)

利息差反映银行的盈利空间，是影响银行信贷的重要因素。

(5) 其他宏观经济衡量指标(CPI、r_GDP)

本节用消费价格指数(CPI)和国内生产总值平减指数(r_GDP)来衡量宏观经济发展程度。

表 3-8 给出了本节研究所需变量的描述性统计结果。从贷款增速来看，消费零售贷款增长率均值高于公司商业贷款增长率均值和住房抵押贷款增长率均值，长期贷款增长率均值高于短期贷款增长率均值，信用贷款增长率均值高于担保贷

款增长率均值;从贷款存量均值来看,公司商业贷款存量均值、长期贷款存量均值、担保贷款存量均值分别高于其他贷款存量均值。在资产总量上,银行综合考虑资金安全性、流动性和盈利性来配置资产,侧重于对公司商业贷款、担保贷款和长期贷款的资源配置,而这种资源配置结构与当前中国的投融资方式、信用评价体系、贷款主体等有关。目前,以投资拉动为主的经济增长方式决定了企业是投资主体,自然人贷款份额较少。政府主导型投资一般以长期贷款为主,且大规模银行贷款数量要远远多于中小规模银行,而大规模银行这类垄断程度较高的银行一般会与企业建立良好的关系,从而长期贷款中关系型贷款较多(Rajan,1992;Petersen and Rajan,1995),这就决定了贷款期限调整较困难。中国的征信与信用评价体系不完善,因而银行会偏向于担保贷款这一类有抵押或质押品的贷款。从信贷增速这一可以反映信贷结构变化的统计值来看,在信贷期限结构方面,银行还是偏向于长期贷款,在其他类型贷款结构方面,银行逐步偏向于消费零售贷款、信用贷款的资源配置,反映了银行信贷结构的变化。

表 3-8 变量的描述性统计

变量名	变量符号	均值	方差	中位数	最小值	最大值
消费零售贷款增长率	$R\_NL_{CRL_{t,i}}$	0.78	2.61	0.35	−0.9	34.79
住房抵押贷款增长率	$R\_NL_{RML_{t,i}}$	0.27	0.59	0.16	−0.9	5.23
公司商业贷款增长率	$R\_NL_{CCL_{t,i}}$	0.23	0.4	0.17	0.12	6.6
短期贷款增长率	$R\_NL_{short_{t,i}}$	0.21	0.21	0.18	−0.35	1.9
长期贷款增长率	$R\_NL_{long_{t,i}}$	0.36	0.84	0.18	−0.72	7.79
信用贷款增长率	$R\_NL_{credit_{t,i}}$	0.25	0.4	0.21	−0.84	7.44
担保贷款增长率	$R\_NL_{guarantee_{t,i}}$	0.74	4.67	0.14	−0.98	73.63
消费零售贷款存量	$L_{CRL_{t-1,i}}$	63.46	156.4	7.35	0.008	1 007
住房抵押贷款存量	$L_{RML_{t-1,i}}$	142.1	358.2	5.26	0.004	2 273
公司商业贷款存量	$L_{CCL_{t-1,i}}$	526.5	1 258	55	0.38	7 963
短期贷款存量	$L_{short_{t-1,i}}$	601.1	918.2	120.8	2.63	4 281
长期贷款存量	$L_{long_{t-1,i}}$	664.7	1 276	81.29	0.14	6 487
信用贷款存量	$L_{credit_{t-1,i}}$	480.5	1 200	58.34	3.53	7 871
担保贷款存量	$L_{guarantee_{t-1,i}}$	158.8	463.7	7.27	0.002	3 155

续表

变量名	变量符号	均值	方差	中位数	最小值	最大值
资产规模	$LN(TA)_{t,i}$	0.07	0.01	0.06	0.01	0.14
不良贷款率(%)	$NPLs_{t,i}$	5.24	1.75	4.81	0.61	9.93
利差(%)	$loan\_spread_t$	1.27	1.71	0.97	0	23.57
贷款价格竞争	LI	3.15	0.04	3.06	2.85	3.6
消费价格指数(%)	CPI_t	0.41	0.08	0.42	−0.19	0.64
GDP平减指数(%)	r_GDP_t	103.2	2	103	99.3	105.9

注：以上贷款存量单位为十亿元人民币。

详细比较样本期间各银行的信贷存量与增量可以发现：在存量方面，大型国有银行占据绝对优势，且在大型国有银行中，以中国工商银行的业绩表现最佳，可见规模对银行信贷存量起到了至关重要的作用；在增量方面，中小银行的表现优于大型国有银行。近年来，中小银行的机构和规模的发展速度快于国有银行，特别是2015年后贷款向中小银行集中态势明显，体现了中小银行差异化竞争的策略。这是因为：一方面，中小银行受地域、客户、准入条件等限制，更擅长对接中小企业贷款；另一方面，受利率市场化影响，中小银行吸收存款增加、同业拆借增加及定向降准等使中小银行可贷资金增加，提供了新增贷款增长的资金支持。根据规模、流动性、资本充足率水平分类比较可知，小规模、低流动性、低资本充足率水平的银行按信贷结构分类的贷款增长率大部分高于大规模、高流动性、高资本充足率水平的银行，表明小规模、低流动性、低资本充足率水平银行的信贷扩张速度较快，反映出规模、流动性与资本充足率水平之间的一致关联性。

（二）经验方程设定与估计方法

本节实证部分选择了大型国有银行股份制改革基本结束后2007—2014年共8年的中国银行业数据，数据主要来源于Bankscope数据库和Wind资讯。剔除政策性银行、外资银行、邮政储蓄银行、证券公司、信托公司以及80%以上指标数据缺失的银行，并查阅银行年报进行数据补缺和纠正，最终分析的银行共67家，其中大型国有银行5家、股份制银行11家、农村商业银行12家、城市商业银行39家。样本银行资产占全部银行资产的比重在样本期间一直维持在70%以上，具有较强的代表性。

根据前述理论模型分析框架，得到如下一般性经验方程：

$$Ratio\frac{NL_{t,i,j}}{L_{t-1,i,j}} = \alpha + \sum_m (L_{t-1,i,m})\beta_m + \sum_{m\neq j}\left(Ratio\frac{NL_{t,i,m}}{L_{t-1,i,m}}\right)\varphi_m$$

$$+ \frac{k_{t,i,j} - MC_{t,i,j}}{\sigma_{i,jj}} \cdot \delta + c_{t,i} \cdot \pi + z_{t,i} \cdot \rho + x_t \cdot \vartheta + \varepsilon_{t,i,j}$$

(3-11)

其中，$i=1,2,3,\cdots,N$ 表示银行个体；$m=1,2,\cdots,n$ 表示各贷款部门；t 表示数据时间长度；$Ratio\frac{NL_{t,i,j}}{L_{t-1,i,j}} = NL_{t,i,j} \div L_{t-1,i,j}$，$NL_{t,i,j}$ 表示银行 i 第 t 年部门 j 的新增贷款额，$L_{t-1,i,j}$ 表示银行 i 第 t 年部门 j 的上期贷款余额，信贷增速作为因变量能直观地反映信贷资源配置结构的变化；$\frac{k_{t,i,j} - MC_{t,i,j}}{\sigma_{i,jj}}$ 表示银行 i 第 t 年部门 j 经风险调整后的资产收益率，$MC_{t,i,j}$ 表示银行 i 第 t 年部门 j 资产的边际成本；$c_{t,i}$ 表示银行贷款价格竞争程度；$z_{t,i}$ 是包含银行规模的银行特征变量；x_t 是包含 GDP 增长率、CPI、存贷款利率差的衡量宏观经济的变量；残差项 $\varepsilon_{t,i,j}$ 表示随时间改变的不可观测的贷款扰动。

本节因变量为 t 期银行 i 部门 j 的贷款增长率，对应资产负债表为该部门相邻两年贷款额的差值与上一期贷款余额之比，自变量包含上一期的贷款余额，所以模型是一个动态方程。动态方程将因变量的滞后项作为解释变量会导致内生性，因此采用普通最小二乘法或极大似然法等估计结果将有偏。Arellano and Bond (1991)提出的广义矩估计方法可以很好地处理内生变量问题，并通过工具变量过度识别检验和残差序列相关检验来检验估计方法的合理性。Sargan 检验用来检验工具变量的过度识别问题，P 值大于 0.1 说明在 10% 的显著性水平上不能拒绝工具变量有效的零假设，故不存在过度识别的问题。广义矩估计要求不能存在二阶序列相关，AR(2)的 P 值大于 0.1，则模型不存在二阶序列相关问题。以上两个条件都满足，说明广义矩估计方法有效。

五、实证结果分析

本节基于 2007—2014 年中国银行业的微观数据，实证检验了利率市场化进程中竞争对中国银行业信贷结构的影响，并细分银行业微观结构层面以评估利率市场化背景下竞争对不同性质银行信贷结构的动态影响。

（一）竞争对银行信贷结构的影响

表 3-9 给出了利率市场化进程中竞争对银行信贷资源配置结构影响的估计结果：竞争明显促进了银行信贷资源配置结构的改变。模型一考察了按贷款业务对象分类的信贷资源配置结构受到影响的估计结果：竞争对消费零售贷款增长率（R_NL_{CRL}）的影响显著为正，对公司商业贷款增长率（R_NL_{CCL}）和住房抵押贷款增长率（R_NL_{RML}）的影响均显著为负，这说明竞争促进消费零售贷款的增长，表现出信贷资源配置结构从传统的公司商业贷款为主向消费零售贷款方向转移。模型二考察了按期限分类的信贷资源配置结构受到影响的估计结果：银行依然维持以长期贷款为主的期限结构，原因可能在于银行与企业之间建立了融资契约的博弈结果。尽管 Diamond and Dybvig（1983）认为短期贷款有利于增强银行的信息优势和企业的谈判能力，但 Rajan（1992）从关系贷款角度指出，长期贷款有利于企业与银行建立良好的关系，从而有效避免"赢者诅咒"的问题。短期贷款增加银行成本的"代理成本效应"与长期贷款留住客户的"客户争夺效应"的博弈在金融发展程度较高的市场环境下，后者占优，则银行更倾向于发放长期贷款（马君潞等，2013）。模型三考察了按信用分类的信贷资源配置结构受到影响的估计结果：竞争显著促进了信用贷款（R_NL_{credit}）的增长，竞争显著抑制了担保贷款（$R\_NL_{guarantee}$）的增长，即信贷资源配置结构从传统的担保贷款为主向信用贷款方向转移。

表 3-9　　利率市场化进程中竞争对银行信贷结构影响的估计

指标	模型一			模型二		模型三	
	R_NL_{CCL}	R_NL_{RML}	R_NL_{CRL}	R_NL_{short}	R_NL_{long}	$R\_NL_{guarantee}$	R_NL_{credit}
C	−0.212***	−0.523***	7.156***	−0.121	0.892*	−0.377***	3.905***
$L.L_{CCL}$	−0.000***	0.000***	0.000***				
$L.L_{RML}$	0.000***	−0.000***	−0.000**				
$L.L_{CRL}$	0.000***	−0.000***	−0.000***				
$L.L_{short}$				−0.000***	0.000		
$L.L_{long}$				0.000***	−0.000***		
$L.L_{guarantee}$						−0.000***	0.000
$L.L_{credit}$						0.000***	0.000
ROL	0.296	14.521***	−36.975***	−4.273***	12.989***	−3.268***	−23.194***

续表

指标	模型一			模型二		模型三	
	R_NL_{CCL}	R_NL_{RML}	R_NL_{CRL}	R_NL_{short}	R_NL_{long}	$R\_NL_{guarantee}$	R_NL_{credit}
$NPLs$	0.028***	0.076***	−0.418***	−0.005	0.116***	−0.045***	−0.094***
$LN(TA)$	−0.026***	−0.050***	−0.244***	−0.005	−0.121***	−0.006	−0.328***
CPI	−0.028***	−0.081***	0.070	0.014***	−0.021***	−0.019***	−0.128***
r_GDP	0.018***	−0.038**	−0.043	−0.047***	0.065*	0.010***	0.124***
$loan\_spread$	0.292***	0.039	0.417	0.665***	−1.345***	0.223***	−0.114
$\_cons$	2.399***	10.376***	−3.180	−2.395***	8.361***	1.805***	19.395***
N	133	126	135	97	97	144	145
$Sarganp$	1.000 0	1.000 0	1.000 0	1.000 0	1.000 0	1.000 0	1.000 0
$AR(2)$	0.538 1	0.253 2	0.396 5	0.173 8	0.240 3	0.261 0	0.514 7

注：*、**、***分别表示10%、5%、1%的显著性水平。

从竞争对信贷结构的影响程度可知，竞争显著促进了银行总体信贷的增长。此外，分析竞争对表内信贷增长率与表外资产业务增长率、表内其他收益性资产业务增长率的影响，同样表明竞争促进表内信贷的增长，即竞争促进银行信贷扩张。

接下来分析其他因素对银行信贷增速的影响。上期贷款存量的估计系数大部分显著为负，基于风险分散的管理理念，贷款存量过高，流动性水平受抑制时，银行会通过减少该部门信贷投放来降低风险，从而银行信贷结构向消费零售贷款、信用贷款这类贷款存量较少的贷款调整。规模对信贷增长率的影响大部分显著为负，即规模较小的银行更容易寻求信贷扩张，在当前"大而不倒"的经营模式下，扩大经营规模是银行增加利润、寻求隐性担保的经营策略。贷款收益率对贷款的影响等同于贷款利率对贷款的影响，该影响大部分显著为负，符合贷款利率弹性为负的事实。反映风险控制程度和资产质量的不良贷款率水平对信贷增速的影响大部分显著为负，说明银行风险增大时会减少对新增信贷的发放，这与银行风险敞口管理原则一致。利息差显著促进公司商业贷款、担保贷款和短期贷款的增长，即银行在利息差扩大的情况下会显著增加对这几类贷款的资源配置，当利息差缩减时，银行对此类贷款的资源配置相应减少。住房抵押贷款和短期贷款具有明显的逆经济周期特性，其他贷款表现出顺经济周期特性，这与近年来经济增速放缓的情况下，信贷"脱实向虚"、期限错配加剧的事实基本吻合，故在深化经济改革的过程中，亟须关注期限错配风险和系统性风险。消费价格指数对信贷增速的影响显著为负，消费价格指数越小,表明经济增长相对越稳定,银行会增加自身的资产配置以获取更多利润。

进一步分析竞争影响信贷结构的作用机制。由理论模型分析可知,竞争通过影响信贷的单位资金贷款收益率来影响银行信贷结构的调整程度。加入竞争与银行的单位资金贷款收益率(ROL)的交互项来考察竞争影响信贷结构的作用机制,回归结果见表 3-10。单位资金贷款收益率对信贷增长率的影响系数可以近似看成贷款增长率的利率敏感程度,由表 3-10 可以看出,单位资金贷款收益率对消费零售贷款增长率、长期贷款增长率、信用贷款增长率的影响程度强于同类型的其他贷款,竞争与单位资金贷款收益率的交互项对消费零售贷款增长率、长期贷款增长率、信用贷款增长率的影响程度同样强于同类型的其他贷款,这表明竞争促进了此类贷款的利率敏感度,在利率敏感度为负的情况下,降低贷款利率会促进信贷增长率的增加,从而银行信贷结构得到调整,可以从以下几个方面来解释:第一,在利率市场化深化过程中,银行在一定范围内自主决定贷款利率,在竞争的压力下,银行为了抢占市场份额,一般会降低贷款利率(Barajas et al., 2000;隋聪和邢天才,2013),利率敏感度大的贷款会相应获得多的贷款资源配置,公司商业贷款和担保贷款这类面临预算软约束的贷款,利率敏感度相对较低。第二,银行资金成本中有一项很重要的成本是资金占用成本,即自有资金覆盖的贷款风险拨备金。在利率市场化早期,银行的可贷资金来源较为稳定,因而银行能承受较高的资金占用成本,侧重于公司商业贷款和担保贷款这类贷款利率较高但资金占用成本也较高的信贷。随着利率市场化程度的不断深化,利息差缩小,盈利空间缩小,银行则会寻求资金占用成本较低的信贷,通过加快资金周转速度来增加利润。信贷结构的变化正说明了竞争促使银行向低资金占用成本信贷的转移。第三,消费零售贷款、信用贷款等此类贷款的开发维护成本相对较高,需要信用体系、银行监督管理机制健全的较发达金融市场环境,随着金融发展市场化程度的提升,银行需要开拓新的利润来源,表现为信贷结构逐步向消费零售贷款和信用贷款方向转移。

表 3-10   竞争影响银行信贷结构机制分析的估计结果

指标	模型一			模型二		模型三	
	R_NL_{CCL}	R_NL_{RML}	R_NL_{CRL}	R_NL_{short}	R_NL_{long}	$R\_NL_{guarantee}$	R_NL_{credit}
C	−0.217	−1.152***	38.717***	4.353***	14.010***	−0.112	22.242***
ROL	−1.216*	−11.542***	−69.994***	−4.601***	−8.905***	−3.551***	−39.899***

续表

指标	模型一			模型二		模型三	
	R_NL_{CCL}	R_NL_{RML}	R_NL_{CRL}	R_NL_{short}	R_NL_{long}	$R\_NL_{guarantee}$	R_NL_{credit}
$C \times ROL$	0.308	4.371	−492.687***	−72.177**	−214.843***	−3.963	−313.213***
N	133	126	135	97	97	144	145
Sarganp	1.000 0	1.000 0	1.000 0	1.000 0	1.000 0	0.983 9	0.972 4
AR(2)	0.628 7	0.443 4	0.960 7	0.159 5	0.177 0	0.252 9	0.122 8

注：*、***分别表示10%、1%的显著性水平。

(二) 银行异质性微观结构

已有文献认为,规模、流动性水平及资本充足率水平等异质性特征会影响银行的信贷行为(Berger et al,2009;戴金平等,2008;孙莎等,2014),因此,本节对银行进行分组,研究微观特性下信贷结构的调整行为。

表3-11的面板A、面板B、面板C分别考察按银行规模、流动性水平、资本充足率水平异质性微观特征分类的估计结果,可以看出,微观特性不同的银行,其信贷行为受竞争的影响不同:第一,不同类型银行的信贷结构在竞争的压力下实现了转型,即从传统的以公司商业贷款、担保贷款为主向消费零售贷款、信用贷款转移,但信贷期限结构方面依然以长期贷款为主。第二,相比大规模、高流动性水平、高资本充足率水平银行,小规模、低流动性水平、低资本充足率水平银行的信贷结构调整对竞争的影响更敏感。第三,竞争抑制了大规模、高流动性水平、高资本充足率水平银行的信贷增长,但促进了小规模、低流动性水平、低资本充足率水平银行的信贷扩张。小规模、低流动性水平、低资本充足率水平银行的信贷结构对竞争的影响更敏感且更易寻求信贷扩张,反映了大、中、小不同类型银行竞争力的差异。大型银行具有品牌、渠道、技术等优势,使得其存款服务具有较高的附加值,同时融资渠道广泛,能更方便地进入拆借、回购市场甚至国际借贷市场,可贷资金来源的广泛性使得大型银行具有资金成本优势。在贷款业务上,大型银行具有"超级市场"式的综合业务,收入来源更广泛,而中小型银行具有特定市场功能,地域性特点明显,收入来源比较单一,因而相比大型银行,其对竞争的影响更敏感(Paravisini,2008；Kerr and Nanda,2009);中小型银行追求信贷扩张的行为反映了银行寻求规模效应,试图通过扩大规模来降低资金成本、抵抗风险。大中型银行的盈利能力相对较强,在竞争的压力下并不会贸然采取追求信贷扩张的冒险行为。近年来,大中型银行的不良贷款率逐年下降,非利息收入逐年上升,表明大中型银行在开拓新业

务和管理风险方面卓有成效。城商行和农商行这些中小型商业银行的非利息收入并没有明显的增长趋势,且利息收入占总收入的比重超过90%,传统的存贷利差收入构成其主要的收入来源,因而在竞争加剧时,在盈利的压力下,中小型银行会铤而走险,追逐高风险信贷。

表 3-11　银行异质性微观结构分组下信贷结构受竞争的影响估计

指标	模型一 R_NL_{CCL}	模型一 R_NL_{RML}	模型一 R_NL_{CRL}	模型二 R_NL_{short}	模型二 R_NL_{long}	模型三 $R\_NL_{guarantee}$	模型三 R_NL_{credit}
面板 A							
C_{big_size}	−0.350***	−1.049***	2.749***	−0.538***	−0.512***	−0.570***	−0.788
C_{small_size}	0.282**	1.010***	23.751***	0.580	3.344*	0.166**	18.685***
ROL	0.444	−11.861***	−33.352***	−4.979***	−12.266*	−3.027***	11.241
N	133	126	135	97	97	144	145
Sarganp	1.0000	1.0000	1.0000	1.0000	1.0000	0.9750	0.9960
AR(2)	0.8502	0.3363	0.2131	0.1888	0.2190	0.2709	0.1796
面板 B							
C_{high_liqui}	0.000	0.701***	3.760*	−0.519	1.772***	−0.643***	1.485**
C_{low_liqui}	−0.442**	−2.004***	15.350***	0.081	1.013*	−0.304***	9.443***
ROL	0.699***	−15.510***	−40.259***	−5.607	−22.170***	−2.231***	−33.964***
N	133	126	135	97	97	144	145
Sarganp	1.0000	1.0000	1.0000	1.0000	1.0000	0.9737	0.9831
AR(2)	0.8267	0.2593	0.9189	0.2248	0.2641	0.4162	0.9848
面板 C							
C_{high_capi}	−0.264	0.980**	15.228***	−0.959**	−0.855	−0.028	1.350***
C_{low_capi}	−0.173***	−1.198***	3.371***	−0.506**	−0.561	−0.580**	7.277***
ROL	0.576	−14.379***	−48.926***	−4.414**	−10.320*	−2.920***	−41.255***
N	133	126	135	97	97	144	145
Sarganp	1.0000	1.0000	1.0000	1.0000	1.0000	0.9879	0.9713
AR(2)	0.4022	0.2265	0.2323	0.1989	0.7460	0.4754	0.8349

注:按规模、流动性、资本充足率的中位数分类,big_size、$high\_size$、$high\_capi$ 分别代表大规模、高流动性、高资本充足率银行,反之则相反。*、**、*** 分别表示10%、5%、1%的显著性水平。

六、研究结论与建议

（一）研究结论

本节首先对当前的利率市场化进程进行了梳理，总结了利率市场化改革在结构、体制、机制和市场层面面临的问题。然后基于利率市场化背景下银行市场竞争和信贷结构的变化特征，对 De Young et al.（2015）提出的贷款供给模型进行优化，实证分析了利率市场化进程中贷款价格竞争对银行信贷结构影响的作用机制。经过严格的理论推导与实证分析，得到以下三点主要结论。

第一，银行贷款价格竞争对银行信贷结构调整有着"双刃剑"的效果。一方面，竞争通过影响银行的贷款利率弹性来改变银行的信贷结构，促使银行信贷资源配置从传统的以公司商业贷款、担保贷款为主向消费贷款、信用贷款转移，助力银行追求边际利润高的信贷，促进银行效率的提高。另一方面，竞争会促进银行追求信贷扩张，从而加剧银行的经营风险。

第二，贷款价格竞争对微观特性不同的银行信贷结构调整有着"双刃剑"的效果。相比大规模、高流动性水平、高资本充足率水平银行，小规模、低流动性水平、低资本充足率水平银行的信贷结构对竞争的影响更敏感，信贷转型更积极，且更易寻求信贷扩张以追求规模效应带来的边际利润提高的益处，这会增大这类银行的风险。与之相反，竞争会抑制大规模、高流动性水平、高资本充足率水平银行的信贷扩张。

第三，竞争促使银行进一步增加对长期贷款的信贷资源配置。长期贷款有助于提高企业的财务稳健性从而降低贷款的违约概率，但在当前银行短时期的平均负债期限约束下，期限错配风险应为银行风险管理的重要内容之一。

（二）政策建议

本节的研究结果对深化中国银行业改革具有重要的政策意义。

第一，监管机构应该充分利用竞争手段来引导商业银行经营转型。竞争能积极推动银行信贷结构的改变，有助于打破银行垄断，增强市场机制在资金配置中的作用。因此，监管机构可以通过降低银行业准入门槛、减少民间和国外资本投资银行业的限制性条件、降低非国有控股商业银行分支机构设置要求等措施来加大银行之间的竞争，以积极推动银行信贷结构转型。同时，应该继续推进利率市场化改革，以此提高银行间的竞争程度，助力银行深化改革。

第二，监管机构应使用差异化监管手段。小规模、低资本充足率水平、低流动性水平银行有强烈的信贷结构转型意愿，且对竞争的影响更敏感。监管机构可通过适度增加发放该类型银行营业执照的数量、减少市场准入条件来增强此类银行之间的竞争，并通过给予定向可贷资金、专业技术人才培养资金等方式鼓励和扶持该类银行的发展。另外，资本监管与流动性管理对中小型银行更有效，监管机构可以深化资本监管与流动性水平的差异性管理，以提高自身的监管效率。

第三，在宏观审慎管理的框架下，健全银行业风险管理措施。竞争会促进银行特别是小规模、低流动性、低资本充足率水平的银行采取追逐高风险信贷的冒险行为，该行为极易诱发系统性风险。因此，对银行来说，应该建设事前防范、事中控制、事后监督和纠正的银行业风险管理体系，重点防范流动性、利率和期限错配等风险。对监管机构来说，需要建设商业银行市场退出机制，加快建立存款保险制度，完善商业银行破产清算的法律法规。

第三节　小　结

本章从金融供给侧（商业银行）角度对货币政策传导途径的梗阻进行辨识，并提出消除梗阻的可行路径。货币政策传导的梗阻在商业银行的信贷渠道方面表现为银行市场势力加剧导致银行信贷创造效率降低，社会融资出现结构性问题。消除这一货币政策传导梗阻的方式是深入推进利率市场化改革，有效发挥银行市场竞争对银行信贷结构的正向调整作用，从而提高货币政策的传导效率，同时要关注利率市场化改革进程中出现的体制、机制和结构等方面的新问题。

第四章

货币政策传导梗阻的辨识与消除：
金融需求侧视角

引言：第三章从金融供给侧角度对货币政策传导途径的梗阻进行了辨识，并提出了消除梗阻的可行路径。而货币政策的有效传导依赖于资金供求双方共同在平等条件下实现资金的有效定价。因此，本章将从资金需求侧视角继续分析货币政策传导的堵点。

作为市场流动性的总阀门，当经济过热、投资冲动过强、企业杠杆水平过高的时候，中央银行会采取紧缩性货币政策以平抑经济波动。然而，货币政策非中性的特点决定了不同类型的企业面对货币政策冲击的反应可能不同。在我国，实体企业所有制及其预算约束的分化是造成货币政策传导梗阻的重要因素之一。除企业所有制差异外，僵尸企业这种特殊的企业形态也因其明显的负外部性而引起了各方关注。在我国非金融企业杠杆率持续攀升与结构性分化的背景下，僵尸企业杠杆率显著高于正常企业并居高不下，正常企业中的非国有企业则出现显著的降杠杆现象，并且其杠杆率大幅下降的时段恰逢我国货币政策转向紧缩。本章就此现象探讨僵尸企业是否干扰货币政策传导，从而导致非金融企业降杠杆出现结构分化。

研究发现，僵尸企业干扰了货币政策传导。中央银行通过公开市场操作来调节银行资金成本，从而实现货币政策意图。当僵尸企业以优惠利率从银行获得贷款时，为弥补资金成本，银行会提高正常企业的贷款利率（信贷成本转嫁效应），导致正常企业的融资被挤出；货币政策紧缩时，僵尸企业在企业中的比重越大，对正常企业贷款利率的转嫁效应越强。正常企业的融资成本越高，杠杆率越低。因此，我国推进"结构性去杠杆",在聚焦所有制差异的同时,更应注重对僵尸企业的处置,改善信贷资源分配效率,以促进宏观调控政策精准发力。

在上述分析的基础上,充分理解僵尸企业的形成机制,从根源上清除滋生僵尸企业的土壤,对于促进实体经济提质增效具有重要现实意义。关于僵尸企业形成的前因,现有文献多聚焦于银行在经济冲击下的行为。在资本不足的情况下,为掩盖不良贷款而发放"僵尸信贷"(Zombie Lending),可能不是我国银行的主要动机。基于我国的制度背景,地方政府的行政管理对银行行为产生了显著影响(巴曙松等,2005;余明桂和潘红波,2008)。作为地方政府管理市场经济运行的工具,财政存款资源可以影响金融机构贷款投向(黄薇等,2016)以及承销商在债券发行市场上的报价行为(王治国,2018)。基于此,本章从地方财政存款影响银行信贷分配的视角,分析僵尸企业形成的内在机理。

研究发现,财政存款占当地存款的比重越大,企业僵尸化概率越高。银行竞争会推动企业僵尸化进程。财政存款的信贷分配效应促使企业过度投资,恶化经营绩效,加剧企业僵尸化进程。针对这一发现,本章尝试提出有效的政策建议,以清除滋生僵尸企业的环境,从而提高货币政策传导的效率和有效性。通过这些分析,本章旨在为读者理解和优化货币政策传导机制提供更加深入和全面的视角。

第一节　梗阻的辨识:僵尸企业与货币政策传导

一、僵尸企业:需求侧影响货币政策传导的典型因素

本书第二章指出,货币政策传导体现为运用货币政策工具→控制操作指标→调节中介目标→影响政策目标,即中央银行直接影响商业银行的可贷资金规模及资金成本,继而影响社会融资规模与融资成本,最终影响实体经济的发展。在这一过程中,货币政策传导渠道主要分为利率渠道和信贷渠道。由于我国利率尚未完全市场化,因此利率渠道仍存在一定的梗阻。第三章从资金供给侧的银行业特征出发分析货币政策的传导梗阻,并提出以利率市场化改革为抓手,疏通货币政策传导机制。本章进一步从资金需求侧的实体企业视角出发,继续研究货币政策传导的可能梗阻,在此基础上尝试提出消除梗阻的可行路径。

信贷资源可得性属于货币政策传导的关键一环,然而在我国非完备的市场环境中,银行可能以优惠贷款为低质企业"输血",进而造成企业僵尸化,并挤出正常企业融资。由于我国融资结构中银行占主导地位,因此其信贷决策显得尤为重要。在这种情况下,僵尸企业的存在可能严重影响我国货币政策通过金融机构传导至实体企业的效果。

近年来,我国非金融企业杠杆率的持续攀升与结构性分化引起了各界的广泛关注,具体表现为僵尸企业的杠杆率显著高于正常企业且居高不下,正常企业中的非国有企业则出现了显著的降杠杆现象,并且其杠杆率大幅下降的时段恰逢货币政策转向紧缩,如图4-1所示。已有研究指出,货币政策的有效传导依赖于资金供求双方在平等条件下实现资金的有效定价(梁斯,2018),而资金供给偏向和定价扭曲导致资金在僵尸企业与正常企业之间错配。当货币政策紧缩时,资金更稀缺,可能加剧前述错配。由此,近年来紧缩性的货币政策是否正是前述现象中非国有企业降杠杆的重要成因?此外,僵尸企业是否干扰了货币政策向企业端的传导,从而引起非金融企业杠杆率分化?其中的作用机制如何?本节将逐个回答前述问题,厘清货币政策至非金融企业杠杆率的传导机理。

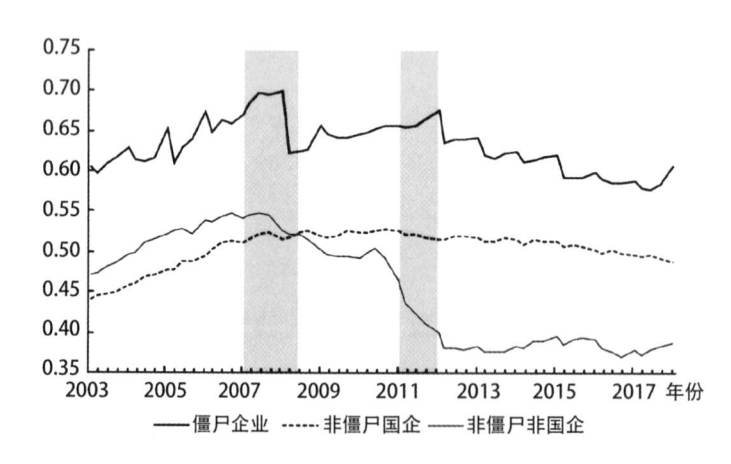

注:图中阴影表示货币政策紧缩时期。
图4-1 上市非金融企业杠杆率分化
数据来源:CSMAR数据库并经作者计算整理。

二、文献回顾

在探讨僵尸企业是否扭曲货币政策传导及其背后的理论机制前,首先回顾相关文献研究进展,并在此基础上进一步展开研究。本节相关的研究涉及僵尸企业、利率传导和微观企业去杠杆三方面文献。

(一)僵尸企业

关于僵尸企业的学术研究始于对日本经济停滞的探讨(Hoshi and Kashyap,2004)。近几年关于僵尸企业的研究主要侧重于两个方面:一是围绕僵尸企业本身,二是关于僵尸企业产生的影响。

僵尸企业指的是那些陷入财务困境,资不抵债,但是依然能够获得债权人的信贷支持或政策补助的企业(Caballero et al.,2008)。对僵尸企业的界定并不唯一,不同的识别方法从不同的角度界定了僵尸企业。Caballero et al.(2008)最早提出了僵尸企业的识别方法(CHK方法),该方法通过目标企业是否获得信贷补贴这一标准来界定其是否为僵尸企业。在此基础上,Fukuda and Nakamura(2011)纳入盈利标准及持续信贷标准,构成FN-CHK方法。此外,一些新的识别方法逐步出现:Storz et al.(2017)采取资产收益率为负、净投资为负以及偿债能力(税息折旧及摊销前利润÷总负债×100%)低于5%作为僵尸企业的判定标准;其他测度方法见Imai(2016)、Schivardi et al.(2017)等文献。中国学者也提出了一些针对中国企业特征的方法,如聂辉华等(2016)为了排除对企业暂时性经营困境的误判,建议将连续两年被FN-CHK方法识别的企业认定为僵尸企业。黄少卿和陈彦(2017)在FN-CHK标准的基础上,增加了政府补贴、企业多年期的盈利状况和净资产连续增长等标准。依据不同的测度方法得到的僵尸企业的水平值可能存在较大差异,但是所测度的僵尸企业分布在很大程度上反映了其整体特征与变化趋势,僵尸企业占比的动态变化更值得关注(Gouveia and Osterhold,2018)。

关于僵尸企业的影响,McGowan et al.(2017)认为僵尸企业会降低企业生产率,加剧资源错配。Gouveia and Osterhold(2018)认为僵尸企业的生产率低于正常企业,其退出门槛也显著低于正常企业,从而扭曲了市场竞争,破坏了行业内部的资源再分配。国内相关领域对此也进行了初步探讨。谭语嫣等(2017)实证检验了僵尸企业因占据资源优势而挤出正常企业的投资,对中国僵尸企业的影响做了较好的探讨。李旭超等(2018)研究发现僵尸企业提高了正常企业的实际税负,在财政压力较大的省份更加显著。王永钦等(2018)研究发现僵尸企业显著降低了正常企业的全要素生产率,并且资源约束、外部融资依赖度以及行业集中度会对这种效应起到加强作用。

本节以紧缩性货币政策产生降杠杆错位这一全新视角为切入点,研究了僵尸企业引发的成本转嫁效应,并进一步拓展了谭语嫣等(2017)提出的投资负外部性的作用机制。

(二) 利率传导

宏观上,姜再勇和钟正生(2010)运用马尔可夫区制转移向量自回归(MS-VAR)模型研究了中国管制利率与市场利率的体制转换问题。管制利率体制转换后,贷款基本利率对宏观产出及物价的作用减弱;而市场利率转换后,同业拆借利率对产出和物价波动的平滑效应增强。郭豫媚等(2018)检验中国货币政策利率对银行贷款利率的传导效率,发现基准利率是影响金融机构贷款加权平均利率的主要因素。微观上,钱雪松等(2015)运用上市公司的委托贷款微观数据检验了中国的利率传导机制有效性,结果表明货币政策对企业借款利率影响显著,上海银行间同业拆借利率(SHIBOR)在其中起到了中介作用,其中国有企业的借款利率对货币政策的变动十分敏感,而非国有企业并不敏感且长期处在高位。马骏等(2016)构建了动态随机一般均衡(DSGE)模型,研究了政策利率传导的有效性,发现数量管制、存贷比、利率管制等制度限制会扭曲货币政策传导,弱化政策效果。

综上所述,国内有关货币政策利率传导的研究匮乏,大部分研究从宏观角度分析利率与宏观经济变量的关系,缺少微观基础。本节根据上市公司财务报表计算公司层面的债务成本以及逐笔贷款利率数据,利用这两个维度的数据,检验了中国货币政策利率传导渠道的存在性。本节进一步发现,这一传导渠道受到僵尸企业的影响。

(三) 去杠杆

汪勇等(2018)研究了中国纵向产业结构对紧缩性货币政策去杠杆的影响。中央银行提高政策利率会降低国有企业杠杆率,但是会导致非国有企业杠杆率上升。进一步研究发现,纵向产业联结度下降会增大国有企业与非金融企业整体杠杆率下降的幅度,并减小非国有企业杠杆率上升的幅度。蒋灵多和陆毅(2018)借助以外资管制放松政策为准自然实验的双重差分(DID)模型发现,银行对国有企业实行软预算约束,导致外资管制放松后国有企业杠杆率显著提高。纪洋等(2018)运用上市公司数据分析了政策不确定性与企业杠杆率分化的关系,发现经济政策不确定性的增加会导致国有企业杠杆率的提高,而非国有企业的杠杆率会下降,从而使杠杆率分化加剧。

本节研究了僵尸企业造成的信贷资源配置扭曲与这一降杠杆错位现象的关系及其中的作用机制,以此填补相应研究的空白。

三、理论模型与研究假说

（一）僵尸企业的信贷成本转嫁效应——一个简单的两部门模型

为了验证僵尸企业引发的成本转嫁效应，本节基于 Frexias and Rochet（2008）的银行完全竞争模型，构建了存在僵尸企业、正常企业两个部门的代表性银行的借贷分配模型。该模型假设银行针对两个部门分别设定贷款利率，针对僵尸企业部门采取非市场化的决策机制，给予僵尸企业优惠贷款利率，并定量分配贷款额度；针对正常企业部门，按照市场化原则设定贷款利率，正常企业基于自身最优化决策信贷需求，实现供求均衡。

1. 银行部门

假设银行吸收储户存款，发放贷款，并通过银行间市场进行头寸管理。银行的目标函数是最大化其经营利润 Π：

$$\Pi = \underset{D,L}{Max} \{r_z \cdot \theta \cdot L + r_N \cdot (1-\theta) \cdot L - r_p \cdot MB - r_d \cdot D\} \quad (4-1)$$

$$\text{s.t. } L \leqslant D + MB$$

4-1 式中，存款利率为 r_d；僵尸企业及正常企业的贷款利率分别为 r_z（假定为外生变量）、r_N；MB 表示银行从银行间市场拆借的资金；拆借利率 r_p 由中央银行货币政策决定，对于银行而言属于外生变量；θ 为僵尸企业占比；银行的总贷款额为 L，来源于存款（D）和银行间市场拆借（MB）。代表性银行面临约束：$L \leqslant D + MB$。

对 4-1 式在约束条件下分别对贷款和存款求导，得到银行利益最大化需满足的条件：

$$r_p = r_d \quad (4-2)$$

$$r_N = r_z + \frac{r_p - r_z}{1-\theta} \quad (4-3)$$

2. 正常企业部门

假设正常企业根据银行设定的贷款利率，决策贷款需求，从而最大化其自身的利润，其目标函数设定如下：

$$\Pi = \underset{L_N}{Max} \left\{ \Phi_f \cdot (L_N + A_N) - r_N \cdot L_N - \frac{1}{2}\delta \cdot L_N^2 \right\} \quad (4\text{-}4)$$

其中，L_N 为正常企业的贷款额；Φ_f 为企业的资金回报率；A_N 为企业的自有资本，假设为外生；δ 为企业贷款的成本系数，且 $\delta > 0$。

对 4-4 式关于贷款求导，得到：

$$r_N = \Phi_f - \delta \cdot L_N \quad (4\text{-}5)$$

根据 4-3 式可得，正常企业的贷款利率与银行间市场利率及僵尸企业占比均相关。假设僵尸企业的优惠贷款利率低于银行间市场利率①，即 $r_p - r_z > 0$，4-3 式右边第二项为正，僵尸企业的存在会使正常企业的融资成本增大，本节将此称为僵尸企业对正常企业的信贷成本转嫁效应。僵尸企业因非市场因素（王万珺和刘小玄，2018）而可以低成本获得融资，这部分成本被转移至正常企业，使得正常企业的贷款利率提高。将正常企业的贷款利率对银行间市场利率、僵尸企业占比相继求一阶和二阶偏导，可得：

$$\frac{\partial r_N}{\partial r_p} = \frac{1}{1-\theta} \quad (4\text{-}6)$$

$$\frac{\partial r_N^2}{\partial r_p \partial \theta} = \frac{1}{(1-\theta)^2} \quad (4\text{-}7)$$

因为 $\theta \in (0,1)$，所以可以得到上述两项偏导数均大于 0。4-6 式表明正常企业贷款利率与银行间市场利率呈现正相关关系，4-7 式则说明当银行间市场利率上升时，正常企业的贷款利率会因僵尸企业的信贷成本转嫁效应而上升得更多，僵尸企业在利率传导过程中施加的这种影响会随着市场中僵尸企业占比的增加而更显著。

基于以上模型分析，本章提出如下假说：

假说1：银行间市场利率引导企业贷款利率，即银行间市场利率提高，正常企业贷款利率随之提高。

---

① 谭语嫣等（2017）计算得出非僵尸企业的平均融资成本为 5.1%，而僵尸企业的平均融资成本为 0.8%，可见僵尸企业的融资成本显著低于银行间公开市场利率，因此在本模型中假设代表性僵尸企业的贷款利率低于银行间公开市场利率，即 $r_p - r_z > 0$。

假说 2：僵尸企业引发的信贷成本转嫁效应随货币政策紧缩而加强，即随着僵尸企业占比的增加，市场利率对正常企业贷款成本的边际作用增大。

（二）僵尸企业对政策传导效果的扭曲——企业杠杆角度

中央银行是市场流动性的总阀门，承担着调节货币供应量的重任。当经济过热、投资冲动过强、企业杠杆水平过高的时候，中央银行会通过紧缩性货币政策来平抑经济波动。货币政策并不是完全中性的，喻坤等（2014）发现货币政策冲击会加大企业间融资约束的差异，非国有企业的信贷资源会被相应挤出。饶品贵和姜国华（2013）也发现了类似的货币政策的微观传导机制，在货币政策紧缩时期，非国有企业在银行信贷方面受到的冲击更大。所以，在紧缩的货币政策这一负向冲击下，僵尸企业的存在会造成市场拥挤，破坏自发更新换代的机制（Caballero et al.，2008），而僵尸企业本身却因为政企合谋、信贷歧视等一系列因素，依旧生命力顽强，相较于一些盈利稳定的非国有企业更容易获得贷款（聂辉华等，2016）。当未来融资可获得性小、融资成本高时，对现在和未来的投资权衡将会减弱，出现政策不确定性显著减少企业债权融资的现象（才国伟等，2018）。

基于上述分析，本节研究了僵尸企业造成的信贷资源配置扭曲与这一降杠杆错位现象的关系，对上述 4-3 式、4-5 式进行联立：

$$\begin{cases} r_N = r_z + \dfrac{r_p - r_z}{1-\theta} \\ r_N = \Phi_f - \delta \cdot L_N \end{cases}$$

对联立方程求解得到：

$$L_N = \frac{r_p - r_z \cdot \theta + \Phi_f \cdot (\theta - 1)}{\delta \cdot (\theta - 1)}$$

正常企业的杠杆率如下：

$$leverage_N = \frac{L_N}{A_N + L_N}$$

$$= \frac{r_p - r_z \cdot \theta + \Phi_f \cdot (\theta - 1)}{A_N \delta \cdot (\theta - 1)} \div \left[A_N + \frac{r_p - r_z \cdot \theta + \Phi_f \cdot (\theta - 1)}{A_N \delta \cdot (\theta - 1)} \right]$$

$$(4-8)$$

将 4-8 式对银行间市场利率、僵尸企业占比分别求一阶和二阶偏导，得到：

$$\frac{\partial leverage_N}{\partial r_p} = \frac{1}{\left(1+\frac{A_N}{L_N}\right)^2} \cdot \frac{A_N}{L_N^2} \cdot \frac{1}{\delta \cdot (\theta-1)} < 0 \qquad (4-9)$$

$$\frac{\partial leverage_N^2}{\partial r_p \partial \theta} = -\frac{2A_N}{(A_N+L_N)^3} \cdot \frac{\partial L_N}{\partial \theta} \cdot \frac{1}{\delta(\theta-1)} - \frac{A_N}{(A_N+L_N)^2 \delta(\theta-1)^2} < 0 \qquad (4-10)$$

根据前文假设,银行在正常企业与僵尸企业之间分配资源,随着僵尸企业占比的增加,对正常企业的贷款量减少,因此 $\frac{\partial L_N}{\partial \theta}<0$,正常企业的自有资本 $A_N>0$,经过运算,4-10 式成立。

4-9 式表明,银行间市场利率的上升对正常企业的杠杆水平产生抑制作用。4-10 式表明,僵尸企业的存在会放大市场利率对正常企业杠杆的抑制作用,即僵尸企业占比越大,紧缩性货币政策对企业杠杆的抑制作用越强。① 因此,本节继续提出假说。

假说 3:僵尸企业强化了货币紧缩对正常企业杠杆率的抑制,即随着僵尸企业占比的提高,紧缩性货币政策促使企业杠杆率下降得更快。

四、数据来源和僵尸企业测度

(一) 数据来源

为验证假说 1 至假说 3,本节使用的样本数据主要包括:全国工业企业数据、上市公司贷款及财务数据和省层面宏观经济特征数据。全国工业企业数据来自中国工业企业数据库,本节样本选取其中的制造业企业,并对该数据做如下处理。

首先,参照 Brandt et al. (2014)和杨汝岱(2015)的处理方法进行样本匹配,并参照谢千里等(2008)和谭语嫣等(2017)的做法进行样本清洗:一是剔除从业人数缺失或者小于 10 的样本,二是剔除与公认会计准则不一致的样本(如利润率大于1、固定资产净值为负等),三是剔除重要财务指标缺失的样本(如工业总产值缺失、工业销售产值缺失等)。

---

① 据钟宁桦等(2016),中国工业企业的负债率总体不断下降,但下降幅度因企业的产权属性、企业特征而存在显著差异,资金配置存在越来越强的偏向性——国有企业、僵尸企业较容易获得贷款,从而出现"好杠杆"减少,"坏杠杆"增加的现象。

其次,鉴于本节的僵尸企业测算方法需要使用各企业应付账款指标,而该指标数据在1998—2003年缺失,因此本节选取的时间段为2004—2013年。

最后,由于2010年的数据受到广泛质疑,因此本节参考聂辉华等(2016),剔除2010年的研究样本,将2009年和2011年作为连续年份处理。

研究所用的上市公司银行贷款数据和上市公司财务数据来源于国泰安数据库,时间跨度为2005年第一季度至2013年第四季度。银行贷款数据去除金额、期限、抵押情况等指标存在缺失的样本后,剩余691个,其中工业门类的非僵尸企业贷款数据共301个。上市公司财务数据采用季度频率,包括总资产、总负债、长短期负债、销售额、营业利润、财务费用等指标,将以上财务数据与Wind资讯获取的公司上市、所有制等信息合并。对于连续型解释变量,本节对其分布的第一和第九十九百分位上的观察值进行了缩尾调整处理,并删除了上市一年内的样本。由于本节研究的是僵尸企业的存在对非僵尸企业的影响,因此剔除了当期被识别为僵尸企业的样本,删除缺失值后,总计22 651个季度财务数据样本(其中17 139个有债务成本数据)。此外,季度人均GDP同比增长率、省份人均GDP同比增长率等宏观数据以及其他控制变量数据来自国泰安数据库和各省统计年鉴。

(二) 僵尸企业的测度[①]

国内的僵尸企业识别文献主要以FN-CHK测算方法为基础,本章参照Fukuda and Nakamura(2011)、谭语嫣等(2017)对工业企业中的僵尸企业进行识别。[②]

为排除企业异质性,进一步区分上市公司中的僵尸企业与非僵尸企业。相较于工业企业数据在完整度上的缺陷,上市公司数据较为全面。本章参考聂辉华等(2016)、黄少卿和陈彦(2017)的方法,在工业企业识别方法的基础上进行了改进,计算出上市公司当年正常经营下的应付最小利息支出后,直接通过比较应付最小利息支出和实际财务费用就能进行初步的僵尸企业判定。[③] 在此基础上,参考

[①] 测度僵尸企业的具体过程见本章附录。

[②] 在利用企业利润信息对僵尸企业进行校正时,因为息税前利润中已经包含了利息收入,与谭语嫣等(2017)不同,本章采用息税前利润与最小利息支出的差值进行辨别,即 $gapadj_{i,t} = \dfrac{EBIT_{i,t} - RA_{i,t}}{B_{i,t-1}}$,如果 $gapadj_{i,t} > 0$,则将僵尸企业被纠正为正常企业。

[③] 会计准则并没有区分来自不同主体的借款,且利息支出也不只是支付银行贷款的利息,所以很难得出企业实际从银行获得的借款和实际支付银行的利息。本章参照聂辉华等(2016)、黄少卿和陈彦(2017),结合企业运营的现实特点,提出了折中的计算方法——分别用短期借款、长期负债来代表。

Fukuda and Nakamura(2011),当年息税前利润①超过最小利息支出的企业不会被识别为僵尸企业;而不符合盈利标准、资产负债率超过50%且当年借贷有所增加的企业,应被识别为僵尸企业。此外,参考聂辉华等(2016),对识别出的僵尸企业进行一次性纠正,所有只在某一年份被识别为僵尸企业,而在前后年份没有被识别为僵尸企业的企业,将被视为正常企业遇到暂时性经营冲击,从僵尸企业样本中剔除。

五、研究设计与变量说明

(一)模型设计

为了更好地验证本节观点,基准实证检验从企业逐笔贷款和债务成本两个角度展开,被解释变量分别是上市公司的逐笔贷款利率和季度债务成本。为了更直观地说明僵尸企业的存在对于非僵尸企业的影响,本节后续实证分析中只保留非僵尸企业的上市公司样本。上市公司作为我国优质企业的代表,如果它们的融资成本也受到地方僵尸企业的影响,那么中小企业受到信贷成本转嫁效应的影响将会更大,融资成本将会更高。

1. 利率传导渠道的存在性

本节首先检验企业的债务成本、贷款利率与银行间公开市场利率的关系,以检验利率传导渠道的存在性,模型设定如下:

$$debtcost_{i,t} = \alpha_0 + \alpha_1 repo_t + \alpha_2 X_{i,t} + \sum \delta_k + \sum \lambda_j + \sum \gamma_t + \mu_{i,t} \quad (4-11)$$

$$interest_{i,t} = \beta_0 + \beta_1 repo_t + \beta_2 Z_{i,t} + \sum \delta_k + v_{i,t} \quad (4-12)$$

其中,i 表示上市公司,t 表示时间,$\sum \delta_k$、$\sum \lambda_j$、$\sum \gamma_t$ 分别为行业固定效应、省份固定效应和季度固定效应,由于逐笔贷款利率样本量较少,因此这里只控制了行业效应。所有样本企业的行业门类均为制造业,行业固定效应控制的是二级行业大类。$X_{i,t}$、$Z_{i,t}$ 为控制变量,$\mu_{i,t}$、$v_{i,t}$ 为扰动项。$debtcost_{i,t}$ 为公司 i 的季度债务成本衡量指标,设定为财务费用除以长短期债务总额的平均值(周楷唐等,2017);$interest_{i,t}$ 是上市公司 i 在 t 年度公告的逐笔贷款利率。自变量 $repo_t$ 是 t 期银行间公开市场利

---

① 此处用的息税前利润并不是会计上利润总额和利息费用的加总(EBIT),而是营业利润和利息费用的加总,两者的区别在于营业外利润。由于营业外收入中包括政府补助等需扣除项,因此扣除。

率,选取当期银行间质押式逆回购利率,采用日度、周度、月度频率利率的季度平均值三种指标分别验证。本节选取银行间质押式逆回购利率,因为相较上海银行间同业拆借利率,质押式逆回购利率能更好地反映银行间市场的真实利率。

如果两个模型的估计系数 α_1、β_1 都显著为正,就表明企业的贷款利率与银行间公开市场利率正相关,公开市场利率越高,企业的贷款利率也越高,假说 1 得到证实。当然,贷款利率的可能影响因素有很多,本节参考周楷唐等(2017)以及纪洋等(2018)设定控制变量。$X_{i,t}$ 包括省份层面和企业层面的控制变量,包括 GDP 同比增速、人均 GDP(对数)、产权性质虚拟变量、企业规模、销售成长率和有形资产占总资产比重等;$Z_{i,t}$ 是逐笔贷款利率回归的控制变量,在 $X_{i,t}$ 基础上还对企业贷款金额(对数)、贷款期限、是否有抵押(虚拟变量)加以控制。

2. 货币紧缩下僵尸企业对正常企业贷款利率的影响

在基准模型基础上,本节通过引入交互项来检验僵尸企业的存在是否在利率传导过程中产生影响,起到信贷成本转嫁的作用,具体模型设定如下:

$$debtcost_{ijkt} = \alpha_0 + \alpha_1 repo_t + \alpha_2 repo_t \cdot zombie_{jkt} + \alpha_3 zombie_{jkt} \\ + \alpha_4 X_{i,t} + \sum \delta_k + \sum \lambda_j + \sum \gamma_t + \mu_{i,t} \quad (4-13)$$

$$interest_{ijkt} = \beta_0 + \beta_1 repo_t + \beta_2 repo_t \cdot zombie_{jt} + \beta_3 zombie_{jkt} \\ + \beta_4 Z_{i,t} + \sum \delta_k + v_{i,t} \quad (4-14)$$

上述模型在基准模型基础上添加了僵尸企业占比 $zombie$ 和该项与 $repo_t$ 的交互项。$zombie_{jkt}$ 是 j 省份 k 行业在 t 期的僵尸企业占比,本节参考聂辉华等(2016),用数量占比作为省份僵尸企业的占比。由于逐笔贷款利率回归样本量较少,单个行业的样本量不多,因此在模型 4-14 中,所用的僵尸企业占比 $zombie_{jt}$ 仅为省级层面,没有按行业再进行划分。如果两个模型的估计系数 α_2、β_2 都显著大于 0,则表明随着省份僵尸企业占比的增加,市场利率对正常企业的逐笔贷款成本和整体融资成本的边际作用增强,即僵尸企业在利率传导过程中产生对正常企业的信贷成本转嫁效应,假说 2 得到证实。

接下来,本节运用上市公司季度样本,进一步研究僵尸企业引发的信贷成本转嫁效应对企业融资决策的影响。

3. 货币紧缩下僵尸企业对正常企业杠杆率的影响

在前文分析僵尸企业对利率传导的影响后,下文继续分析僵尸企业的存在是

否影响企业的融资意愿(杠杆率),使得正常企业面临更严厉的降杠杆,具体模型设定如下:

$$lev_{ijkt} = \varphi_0 + \varphi_1 repo_t + \varphi_2 X_{ijt} + \sum \delta_k + \sum \lambda_j + \sum \gamma_t + \mu_{i,t} \quad (4-15)$$

$$lev_{ijkt} = \Phi_0 + \Phi_1 repo_t + \Phi_2 repo_t \cdot zombie_{jkt} + \Phi_3 zombie_{jkt} \\ + \Phi_4 X_{ijt} + \sum \delta_k + \sum \lambda_j + \sum \gamma_t + v_{it} \quad (4-16)$$

其中,i代表企业,j代表省份,t代表时间,k代表行业,$\sum \delta_k$、$\sum \lambda_j$、$\sum \gamma_t$分别为行业固定效应、省份固定效应和季度固定效应,$\mu_{i,t}$、$v_{i,t}$为扰动项,$repo_t$和$zombie_{jkt}$与前述模型一致。X_{ijt}为控制变量,与模型4-13一致。模型4-15检验上市公司的杠杆水平与银行间公开市场利率的关系,模型4-16引入僵尸企业占比变量,检验僵尸企业在借贷市场上引发的成本转嫁效应是否对企业的杠杆水平产生影响。如果模型4-15的估计系数φ_1,模型4-16的估计系数Φ_1、Φ_2均显著小于0,就表明货币政策对于企业杠杆有显著影响,在紧缩性政策下,企业杠杆率会下降,僵尸企业的比率越高,紧缩货币政策促使企业降杠杆的作用就越大,假说3得到验证。

(二) 变量说明及描述性统计

表4-1给出了上述模型中涉及的各变量的名称、符号和描述性统计。除人均GDP、贷款金额、贷款期限、企业规模外,其他变量都是百分数(贷款是否有抵押品、企业产权性质为虚拟变量)。

表 4-1　　　　　　　　　变量名称、符号和定义

变量	变量名称	变量符号	样本	均值	标准差	最小值	最大值
因变量	上市公司逐笔贷款利率	$interest$	301	6.776	2.168	2.3	15
因变量	上市公司债务成本(季度)	$debtcost$	17 139	0.094	0.095	0.038	0.644
因变量	上市公司杠杆率	lev	22 651	0.444	0.120	0.008	0.996
自变量	隔夜回购利率(季度)	$repo1\_d$	36	2.188	0.856	0.833	3.922
自变量	7天回购利率(季度)	$repo1\_w$	36	2.676	1.093	0.953	4.739
自变量	1月回购利率(季度)	$repo1\_m$	36	3.180	1.391	0.995	5.909
自变量	僵尸企业比例	$zombie$	8 098	26.3	15.7	0.4	88.9

续表

变量	变量名称	变量符号	样本	均值	标准差	最小值	最大值
控制变量	贷款金额（对数）	$lnamount$	301	18.156	1.347	15.425	20.819
	贷款期限	$term$	301	1.609	1.483	0.08	12
	抵押	$collateral$	301	0.372	0.484	0	1
	国有企业	soe	22 651	0.444	0.497	0	1
	销售额同比增长	$sale\_growth$	22 651	0.210	0.433	−0.575	2.682
	企业规模（对数）	$lnasset$	22 651	21.649	1.106	18.633	26.647
	固定资产比率	$fixed$	22 651	0.267	0.150	0.001	0.882
	人均GDP（对数）	$lnpgdp$	275	23.726	10.425	4.840	48.802
	GDP同比增速	gdp_growth	36	0.158	0.049	0.065	0.231

从表4-1可以看出，各企业从金融机构融资的整体平均成本约为6.78%，上市公司平均债务成本约为9.4%，平均杠杆率为44.4%。从统计性描述中可以看出，各解释变量、控制变量都覆盖了较高和较低的数值区间，表明本样本集合能够充分反映不同省份、不同上市公司、不同工业企业的特征。

六、实证结果与分析

（一）利率传导与僵尸企业信贷成本转嫁效应

1. 利率传导渠道的存在性

模型4-11、4-12检验企业贷款利率与银行间公开市场利率之间的关系。表4-2中，第(1)~(3)列检验上市公司债务成本与银行间公开市场利率的关系，第(4)~(6)列检验上市公司逐笔贷款利率与银行间公开市场利率的关系。前三列被解释变量是根据上市公司财务报告计算得出的债务成本，采用了固定效应模型，控制了行业、省份和季度效应。结果显示，这三列回归中银行间市场利率均在1%显著性水平上为正，银行间公开市场利率的上升会导致上市公司债务成本的提高，公开市场日度回购利率上升1%，会导致上市公司整体债务成本上升0.007 3%。后三列研究逐笔贷款利率与公开市场利率的关系，结果显示，银行间市场利率均在1%显著性水平上为正，这说明银行间公开市场利率的上升会导致企业贷款利率上升，即货币政策的利率传导渠道存在，假说1成立。

表 4-2 银行间市场利率引导企业贷款利率

项目	上市公司债务成本			上市公司逐笔贷款利率		
	(1)	(2)	(3)	(4)	(5)	(6)
隔夜回购利率	0.007 3*** (0.001 1)			0.473 8*** (0.120 8)		
7天回购利率		0.007 0*** (0.001 0)			0.416 3*** (0.101 8)	
1月回购利率			0.003 9*** (0.000 8)			0.331 9*** (0.082 2)
贷款金额				0.331 5*** (0.112 1)	0.326 4*** (0.111 9)	0.341 1*** (0.111 2)
贷款期限				−0.011 9 (0.082 3)	−0.009 7 (0.082 1)	−0.005 0 (0.082 2)
是否有抵押				1.074 0*** (0.294 9)	1.076 9*** (0.294 2)	1.054 0*** (0.294 5)
其他控制变量	控制	控制	控制	控制	控制	控制
省份、季度固定效应	控制	控制	控制			
行业固定效应	控制	控制	控制	控制	控制	控制
N	17 139	17 139	17 139	301	301	301
R^2	0.220 4	0.220 9	0.219 7	0.317 8	0.321 2	0.320 2

注：*** 代表1%的显著性水平，括号中是稳健标准误。

控制变量的结果也符合预期。在以逐笔贷款利率作为因变量的回归中，单笔贷款金额越大，意味着违约风险越大，成本也越高。是否有抵押品变量的系数显著为正，可能与企业的特性有关，银企关系一般或潜在违约可能性相对较大的企业，银行会要求其提供贷款担保，所以，有抵押品的贷款，利率会偏高。从上市公司债务成本的角度，除了企业规模、销售增长率和是否为国有企业外，其他变量与成本正相关。

2. 僵尸企业的信贷成本转嫁效应

本节进一步研究在利率传导的过程中僵尸企业的影响，模型4-13、4-14的实证结果如表4-3所示。正文中的僵尸企业比例均采用数量加权，为了更好地理解存在交互项时市场利率的一次项，本节对僵尸企业比例进行了去中心化处理。

表 4-3 僵尸企业对正常企业贷款利率的影响

项目	上市公司债务成本			上市公司逐笔贷款利率		
	(1)	(2)	(3)	(4)	(5)	(6)
隔夜回购利率	0.009 1*** (0.001 1)			0.675 4*** (0.162 3)		
7天回购利率		0.008 3*** (0.001 0)			0.532 1*** (0.127 1)	
1月回购利率			0.005 2*** (0.000 9)			0.406 0*** (0.102 0)
交互项(隔夜)	0.060 8*** (0.013 2)			3.686 3** (1.535 3)		
交互项(7天)		0.052 3*** (0.010 7)			2.663 2** (1.215 9)	
交互项(1月)			0.042 7*** (0.010 7)			1.894 0 (0.978 1)
僵尸企业占比	−0.092 5*** (0.035 0)	−0.102 9*** (0.034 9)	−0.097 9*** (0.032 3)	−9.168 1*** (3.449 2)	−8.491 0** (3.494 4)	−7.514 1** (3.458 8)
其他控制变量	控制	控制	控制	控制	控制	控制
省份、季度固定效应	控制	控制	控制	控制	控制	控制
行业固定效应	控制	控制	控制	控制	控制	控制
N	17 139	17 139	17 139	301	301	301
R^2	0.222 1	0.222 7	0.221 6	0.331 2	0.331 6	0.327 4

注：***、**分别代表1%、5%的显著性水平，括号中是稳健标准误。

分析发现，银行间市场利率依旧在1%的显著性水平上为正，交互项的系数也都显著为正，且各列结论一致，表明结果稳健。这说明在利率由银行间市场传导至银行借贷市场的过程中，僵尸企业使其产生了扭曲。当执行紧缩性货币政策，通过利率市场影响企业借贷成本时，僵尸企业的存在会放大政策对正常企业的影响。僵尸企业依旧可以获得成本较低的信贷，使得正常企业的融资成本比预期高，可获得的信贷资源比预期少。我们将这种影响称作"信贷成本转嫁效应"，这种效应会随着地区僵尸企业占比的增加而加强，即地区僵尸企业越多，当地企业的融资成本在预期基础上的涨幅越大，故假说2成立。

(二) 僵尸企业与货币政策降杠杆

1. 基准回归

前文发现，在货币政策的利率传导渠道中，僵尸企业会引发信贷成本转嫁效应。紧缩性货币政策很多时候被用来去产能、去杠杆,而僵尸企业在利率传导过程中产生的影响很可能扭曲政策的执行效果。

通过模型4-15、4-16来对此假说进行验证,实证结果如表4-4所示。表4-4回归样本取上市公司非僵尸企业季度数据,被解释变量为企业杠杆率。实证结果显示,银行间市场利率的系数显著为负,表明利率提高,企业的融资意愿被迫降低,企业杠杆率下降,紧缩性货币政策可以起到降低企业杠杆的作用。值得关注的是,市场利率与僵尸企业比例的交互项也在1%的显著性水平下为负,表明在紧缩性货币政策下,僵尸企业占比越高,正常企业的去杠杆化越严重,故假说3得证。该结果在不同市场利率指标下都成立,说明结论是稳健的。

表4-4　　　　　　　　　僵尸企业对正常企业杠杆率的影响

项目	上市公司的杠杆率(季度)					
	(1)	(2)	(3)	(4)	(5)	(6)
隔夜回购利率	−0.027 3** (0.001 9)			−0.029 0*** (0.002 0)		
7天回购利率		−0.024 2*** (0.001 7)			−0.025 1*** (0.001 7)	
1月回购利率			−0.018 9*** (0.001 3)			−0.020 0*** (0.001 4)
交互项(隔夜)				−0.084 0*** (0.023 3)		
交互项(7天)					−0.053 1*** (0.018 9)	
交互项(1月)						−0.050 5*** (0.014 4)
僵尸企业占比				0.219 3*** (0.063 0)	0.178 0*** (0.063 1)	0.190 7*** (0.058 4)
其他控制变量	控制	控制	控制	控制	控制	控制
省份、季度固定效应	控制	控制	控制	控制	控制	控制
行业固定效应	控制	控制	控制	控制	控制	控制
N	22 651	22 651	22 651	22 651	22 651	22 651
R^2	0.288 7	0.289 0	0.288 9	0.289 0	0.289 2	0.289 2

注:***、**分别代表1%、5%的显著性水平,括号中是稳健标准误。

2. 分样本检验

（1）该企业是否为国有企业

在货币政策紧缩期,相对于国有企业,非国有企业的杠杆率出现明显下降。为厘清此现象背后的机制,此处对国有企业、非国有企业分别加以分析,结果如表4-5所示。无论是国有企业还是非国有企业,银行间市场利率的系数以及交互项系数均显著为负,这表明市场利率的提升对不同所有制企业的杠杆率均有抑制作用,并且僵尸企业会强化这种作用。但值得关注的是,非国有企业回归中市场利率以及各交互项的系数绝对值均显著大于国有企业样本,这证实了在紧缩性货币政策降杠杆中,非国有企业受到的影响更大,降杠杆的幅度也更大。

表4-5　　　　　　　　　僵尸企业对正常企业杠杆率的影响(分样本)

项目	上市公司的杠杆率(季度)					
	非国有企业			国有企业		
	(1)	(2)	(3)	(4)	(5)	(6)
隔夜回购利率	−0.029 2*** (0.002 7)			−0.014 1*** (0.002 9)		
7天回购利率		−0.025 4*** (0.002 3)			−0.012 3*** (0.002 4)	
1月回购利率			−0.020 1*** (0.001 9)			−0.010 1*** (0.001 9)
交互项(隔夜)	−0.066 8** (0.033 3)			−0.051 1* (0.030 8)		
交互项(7天)		−0.042 4 (0.027 2)			−0.033 7 (0.024 8)	
交互项(1月)			−0.042 2** (0.020 9)			−0.031 2* (0.019 0)
僵尸企业占比	0.317 0*** (0.091 9)	0.285 6*** (0.092 7)	0.301 3*** (0.085 9)	0.093 4 (0.081 9)	0.071 9 (0.081 5)	0.077 8 (0.075 1)
其他控制变量	控制	控制	控制	控制	控制	控制
省份、季度固定效应	控制	控制	控制	控制	控制	控制
行业固定效应	控制	控制	控制	控制	控制	控制
N	12 590	12 590	12 590	10 061	10 061	10 061
R^2	0.289 5	0.289 6	0.289 5	0.302 2	0.302 3	0.302 4

注：***、**、*分别代表1%、5%、10%的显著性水平,括号内为稳健标准误。

(2) 该企业是否为僵尸企业

前文的研究对象都是非僵尸企业,下面我们加入僵尸企业样本,进一步检验在货币紧缩环境下僵尸企业对不同性质企业杠杆率的异质性影响,结果如表 4-6 所示。僵尸企业样本回归的交互项系数为正,但是并不显著,与非僵尸企业样本回归中显著为负的交互项形成鲜明对比,这表明银行间市场利率的提高不会降低僵尸企业的杠杆率,僵尸企业依旧可以拿到充足的信贷资源,导致非僵尸企业的杠杆率进一步受到抑制,从而使得在僵尸企业占比较高的环境中,非僵尸企业被迫减少融资(降杠杆)的程度更深。

表 4-6　　僵尸企业对企业杠杆率的影响(分样本)

项目	上市公司的杠杆率(季度)					
	非僵尸企业			僵尸企业		
	(1)	(2)	(3)	(4)	(5)	(6)
隔夜回购利率	−0.029 0*** (0.002 0)			0.011 9* (0.006 2)		
7 天回购利率		−0.025 1*** (0.001 7)			0.009 4* (0.005 4)	
1 月回购利率			−0.020 0*** (0.001 4)			0.010 0** (0.004 4)
交互项(隔夜)	−0.084 0*** (0.023 3)			0.055 8 (0.066 4)		
交互项(7 天)		−0.053 1*** (0.018 9)			0.037 9 (0.054 5)	
交互项(1 月)			−0.050 5*** (0.014 4)			0.031 2 (0.042 3)
僵尸企业占比	0.219 3*** (0.063 0)	0.178 0*** (0.063 1)	0.190 7*** (0.058 4)	−0.176 4 (0.167 1)	−0.157 9 (0.169 4)	−0.146 2 (0.155 5)
其他控制变量	控制	控制	控制	控制	控制	控制
省份、季度固定效应	控制	控制	控制	控制	控制	控制
行业固定效应	控制	控制	控制	控制	控制	控制
N	22 651	22 651	22 651	1 569	1 569	1 569
R^2	0.289 0	0.289 2	0.289 2	0.392 1	0.391 9	0.392 7

注: ***、**、* 分别代表 1%、5%、10% 的显著性水平,括号内是稳健标准误。

（三）边际效应分析

为进一步论证，此处根据回归模型画出边际效应图进行直观分析。图 4-2 反映的是在僵尸企业占比不同的情境下，银行间市场利率对企业债务成本的影响。从图中可以看出，市场利率对企业债务成本的边际效应始终为正，且随着僵尸企业占比的增大，市场利率的边际效应逐步增大，表明市场利率对正常企业融资成本的传导随着僵尸企业占比的增大而增强。图 4-3 反映的是在僵尸企业占比不同的市场，银行间回购利率对非僵尸企业杠杆率的影响。可以发现，市场利率的升高对企业杠杆率表现出抑制效应，且随着僵尸企业占比的增大，市场利率的抑制效应逐步增大，这表明存在大量僵尸企业会放大市场利率对企业杠杆率的抑制效应。

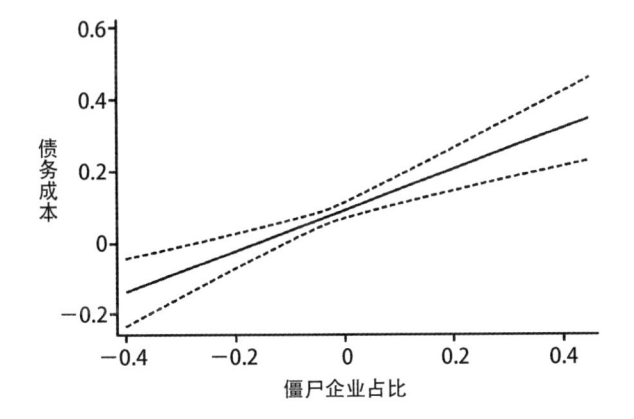

注：实线为僵尸企业概率，虚线为上下95%置信区间。

图 4-2　银行间市场利率对于债务成本的边际效应

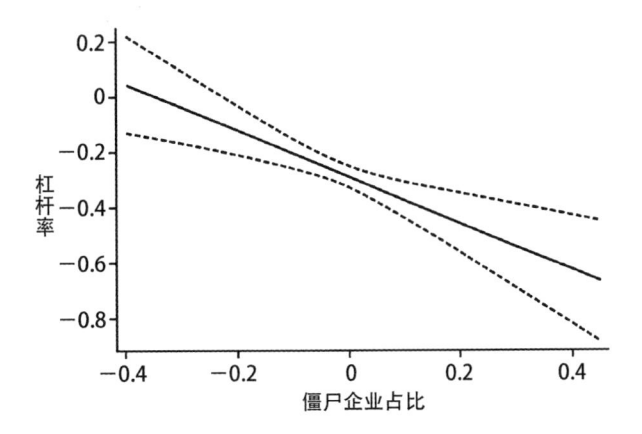

注：实线为僵尸企业概率，虚线为上下95%置信区间。

图 4-3　银行间市场利率对于杠杆率的边际效应

(四) 内生性处理、干扰因素排除与稳健性检验

1. 内生性处理

僵尸企业是政府、银行和企业等多部门综合作用的结果,虽然之前的基准回归纳入了不同层面的控制变量和固定效应,且去除僵尸企业样本以尽量消除反向关系的干扰,但仍可能存在遗漏变量和反向因果等内生性问题。针对这些问题,本节通过引入工具变量来处理。市场利率的工具变量选取该变量的滞后项,僵尸企业占比的工具变量则参考谭语嫣等(2017)和王永钦等(2018),选择企业所在省份所在行业样本初期的国有企业占比乘以上年全国国有企业资产负债率,并进行去中心化处理。不同利率和僵尸企业交互项的代理变量选取交互项对应的单个代理变量的乘积。经检验,工具变量强有效,实证结果支持假说2和假说3。[①]

2. 干扰因素排除

为排除可能的其他因素的干扰,此处参考 Nunn(2017),在主要回归模型中控制更多因素。国有企业相对于非国有企业更容易取得信贷资源,所以国有企业占比较大的地区和行业,企业的债务成本和杠杆率可能发生趋势性变化。货币政策和财政政策是调控宏观经济常用的两大手段,政府支出占比的变化也可能对债务成本和杠杆率造成影响。所以,在模型4-13和4-16的基础上,添加了经去中心化处理后的各地区分行业的国有企业占比和政府支出占地区 GDP 的比重,以及它们与对应利率变量的交互项。回归结果进一步证实了假说2和假说3。

3. 稳健性检验

此处分别用日度、周度和月度上海银行间同业拆借利率的平均值作为银行间市场利率的替代指标进行稳健性分析,按照模型4-11～模型4-14对假说1和假说2进行了再次检验,结果显示,关键变量的系数和显著性与作为代理变量时一致。

僵尸企业比例是本章的核心解释变量,为避免识别方法的不同影响结果的稳健性,此处参照谭语嫣等(2017)的方法对僵尸企业占比指标进行了重新测算,然后按照模型4-13、4-14再次检验僵尸企业在利率传导过程中的信贷成本转嫁效应。其系数及显著性水平与前文基本一致。

不同地区之间的金融市场可能存在一定的联系,造成模型误差项的空间相关性,本节参照 Conley(1999)、Hsiang(2010)以及 Monteiro and Rocha(2017),对基准模型4-13、4-16进行检验,同时进行空间误差修正,结果显示,主要解释变量的

[①] 限于篇幅,内生性处理与稳健性检验结果未在正文列示,如需要,可向作者索取。

系数并未发生变化,标准误出现较小的变化,显著性依旧。可见,本节的结果在考虑空间误差修正的情况下仍然是稳健的。

七、研究结论与建议

（一）主要结论

第一,降杠杆过程存在多重结构性错位现象。与现有研究大多论述所有制分化不同,本节发现非僵尸企业与正常企业之间的结构性分化更值得重视,具体表现为僵尸企业的杠杆率明显高于正常企业,且长期居高不下。

第二,本节发现僵尸企业与正常企业之间杠杆率的结构性分化和货币政策转向紧缩的时期叠加。实证检验了货币政策利率传导渠道的存在性,当银行间市场利率提高时,企业贷款利率会随之增加。进一步研究表明,僵尸企业干扰了货币政策传导,中央银行通过公开市场操作来调节银行资金成本,实现货币政策意图,当僵尸企业以优惠利率从银行获得贷款后,为弥补资金成本,银行会提高正常企业的贷款利率（信贷成本转嫁效应）,导致正常企业融资被挤出;货币政策紧缩时,僵尸企业在企业中的比重越大,对正常企业贷款利率的转嫁效应越强。

第三,紧缩性货币政策强化了僵尸企业的成本转嫁效应,使得有效率的正常企业面临更严厉的降杠杆。正常企业中的国有企业由于融资渠道较多,因此缺乏对资金成本的敏感性,货币政策紧缩时其杠杆率受到僵尸企业挤出的影响较小;非国有企业则往往融资渠道单一,对资金成本更加敏感,从而成为货币政策紧缩时剧烈降杠杆的承担者。

（二）政策建议

在稳增长与防风险的背景下,要实现"稳中降杠杆",就需要厘清宏观调控政策与企业杠杆率之间的逻辑关系,这有助于决策部门精准施策,推动经济由高速增长转向高质量发展。本节研究结论对于稳步推进供给侧结构性改革具有重要的借鉴意义:

第一,加快处置僵尸企业,释放存量资金。僵尸企业或是通过政治关联,或是仰仗其对当地就业或增长的贡献等,以低融资成本占用大量信贷资源,导致银行采取成本转嫁策略来保证自身的收益。在对低效率僵尸企业的处置过程中,一方面存量资金会得到释放,另一方面会减弱信贷成本转嫁效应,从而降低正常企业的融资成本。

第二,注重多重结构特征,差异化施策。在执行降杠杆政策时,除了考虑国有企业与非国有企业的所有制差异,还要考虑僵尸企业与正常企业的结构性差异。这种差异的根源可能是地方政府对僵尸企业的隐性担保,也可能是银行的理性选择。针对前者,减少政府的行政干涉,发挥市场在资源配置中的决定性作用;针对后者,则需要着力完善对银行管理者的激励与约束机制。

第三,疏通货币政策传导渠道,需要硬化经济主体预算约束,推进多部门协调。中国货币政策传导渠道仍存在一定的阻滞因素,一方面需要硬化经济主体特别是僵尸企业、国有企业的预算约束,提高其财务成本的敏感性,另一方面需要多部门协调共进,形成政策合力,逐步消除阻滞因素。

第二节 梗阻的消除:僵尸企业的形成与处置

从上一节的分析可知,要从需求侧疏通货币政策传导机制,加快僵尸企业处置进程起到至关重要的作用,这也是我国近年来深化供给侧结构性改革的重点话题。2018年初,我国发改委等六部委明确要求将处置僵尸企业作为化解过剩产能的重要抓手。2019年中央经济工作会议再次强调,要稳步推进企业优胜劣汰,加快处置僵尸企业。如今中国特色社会主义进入新时代,经济高质量发展,在此背景下,充分理解僵尸企业的内在形成机制,从根源上清除滋生僵尸企业的土壤,对于促进实体经济提质增效具有重要现实意义。因此,本节进一步探讨我国僵尸企业的形成原因,并在此基础上提出妥善处置僵尸企业的可行措施。

一、问题的提出

关于僵尸企业的形成,现有文献多以1990年经济泡沫破裂后的日本或2008年金融危机后的欧元区为研究对象,指出由于受到经济冲击,银行出现资本短缺,在严格的资本监管下,银行倾向于发放僵尸信贷以减少不良贷款损失确认对资本的侵蚀,或迫于政府施压而救助处于危机中的企业(Peek and Rosengren,2005;Andrews and Petroulakis,2019)。资本不足促使银行发放僵尸信贷以掩盖不良贷款,这可能不是我国银行的主要动机。1998年东南亚金融危机过后,中央政府多次通过注入资本和剥离不良贷款的方式来改善银行资本状况和资产质量。[①] 那么,商业银行是否迫于压力,或经济动机驱使,推动我国僵尸信贷的发放,从而导致僵尸企业的形成?背后可能的作用机制是什么?本节就此展开研究,以弥补现有研究的不足。

在我国的制度背景下,地方政府迫于政绩压力,往往从投资、就业和税收等方面对辖区内的企业加强管理(聂辉华等,2016),推动企业产能扩张以致产能过剩(徐业坤和马光源,2019)。现有文献谈论较多的政府管理方式包括财政补贴和行政管理,研究发现,两种方式均对企业行为产生显著影响(申广军,2016;孙铮等,2005;王文甫等,2014),而对银行来说,主要面临后一种方式(巴曙松等,2005;余明桂和潘红波,2008)。近年来,财政存款成为地方政府管理市场经济运行的工具,财政存款资源可以影响金融机构贷款投向(黄薇等,2016)以及承销商在债券发行市场上的报价行为(王治国,2018)。基于此,本节从地方财政存款影响银行信贷分配视角切入,分析僵尸企业形成的内在机理。

二、文献回顾

本节从政府对银行信贷决策的影响以及僵尸企业的成因两个方面进行综述,为后文展开具体研究提供理论基础。

(一)政府与银行信贷决策

在我国,地方政府承担着促进经济发展和增加社会就业的责任,并通过广泛的经济活动和资源配置管理来履行这一职责(巴曙松等,2005)。政府通常会对银行的借贷行为产生影响,尤其是出于维护就业稳定等目的,鼓励银行对国有企业增加信贷发放(谭劲松等,2012),并对银行的长期和短期贷款发放产生一定程度的影响(孙铮等,2005)。例如,地方政府的行政管理行为使得银行更倾向于将贷款,特别是长期贷款,发放给国有企业(余明桂和潘红波,2008)。此外,地方政府还能够利

[①] 1998 年财政部发行特别国债筹集 2 700 亿元作为资本金注入四大国有银行。1999 年成立信达、华融、长城和东方四大资产管理公司分别处置国有银行的不良贷款。1999—2000 年剥离四大国有银行不良贷款 1 680 亿美元,按账面价值转给四大资产管理公司。2003 年 12 月 30 日,国家又启动对国有银行注资。通过中央汇金公司向中国银行、中国建设银行分别注资 225 亿美元以冲抵不良贷款。2004 年 6 月,四家资产管理公司收购了 12 447 亿元国有银行不良资产。2005 年 4 月,中央汇金公司又以 150 亿美元外汇注资中国工商银行,并将中国工商银行原有资本金 90 亿美元冲抵不良贷款。2005 年 5 月,中国工商银行完成了 2 460 亿元损失类资产的剥离工作等。

用财政存款资源来引导银行的贷款投向(黄薇等,2016)。

随着银行市场化改革的不断推进,政府监管模式逐渐宽松,这使得政府更加鼓励银行提供僵尸信贷以提高短期收益;同时,政府为银行提供资金支持以避免大规模破产(Calderon and Schaeck,2016)。然而,政府隐性担保和显性担保的存在会影响银行的信贷发放,增加银行道德风险,导致不良资产的积累。研究表明,由于政府担保的存在,银行通常不会清算濒临破产的企业,而会继续向其提供贷款(廖国民和刘巍,2005)。此外,当经济不确定性增加时,政府对银行的兜底隐性担保会影响银行的贷款动机,从而影响银行对不同企业的贷款决策(纪洋等,2018)。

银行迫于政府要求而增加信贷发放的理由已足够充分,但在政府显性担保和隐性担保的背景下,探讨银行在政府激励下主动增加信贷的行为也十分必要。

(二) 僵尸企业成因

僵尸企业之所以能持续存在,主要是因为银行或政府不断为其提供资金支持,但是银行和政府提供资金的动机不同。

在银行层面,以1990年经济泡沫破裂后的日本或2008年金融危机后的欧元区为例,在企业普遍经营困难、存在较大破产风险的情形下,银行可能为了掩盖不良贷款而将贷款更多地分配给经营效益差或陷入财务困境且濒临破产的企业(Peek and Rosengren,2005;Kwon et al.,2015;Blattner et al.,2019)。银行出于增强资本充足率和掩盖不良贷款(Peek and Rosengren,2005;Hoshi and Kashyap,2010;Bruche and Llobet,2014)的动机,或在政府施压下,会继续向财务状况不佳的企业放贷(Peek and Rosengren,2005)。特别地,如果企业倒闭给银行带来难以承担的损失,那么无论是否存在政府施压,银行都会选择救助这些企业(Jaskowski,2015)。

在政府层面,考虑就业和社会稳定因素,僵尸企业比正常企业更愿意增加员工数量(Tanaka,2006),并且僵尸企业的破产会在短期内造成大量劳动力失业,给地方政府带来巨大的就业安置压力和严重的社会稳定问题。考虑地区投资和发展因素,地方政府激励企业投资,僵尸企业在政府激励下不断增加投资,但是投资效率往往低于正常企业(Imai,2016),从而促使地方政府对僵尸企业进行管理。因此,对于一些业绩较差、生产效率低下的企业,政府会通过财政补贴和行政管理的方式对其进行救助,从而进一步促使企业过度投资,如此循环往复便容易形成僵尸企业(申广军,2016;王文甫等,2014)。一方面,政府会对银行注资,增加其资本充足率以维持其僵尸信贷的发放(Hoshi and Kshayap,2010),从而维持僵尸企业的生存;

另一方面,政府的财政补贴[主要体现为过度补贴(李霄阳和瞿强,2017)和无效补贴(范子英和王倩,2019)]会导致企业过度投资,阻碍市场出清,从而提高企业沦为僵尸企业的概率(饶静和万良勇,2018)。

诸多学者研究发现,银行为掩盖不良贷款而导致企业僵尸化,但是掩盖不良贷款可能不是我国银行发放僵尸信贷的主要动机。政府财政存款管理是否推动了我国僵尸信贷的发放,从而导致僵尸企业的形成?背后可能的机制是什么?本节有必要对前述问题做出清晰的解释。

三、理论模型与研究假说

为了梳理政府财政存款、银行竞争对僵尸企业形成的影响机制,本节参考 Meza and Webb(1987)的模型,构建了信息对称下代表性银行在政府财政存款管理下的信贷分配行为。

(一)企业部门

假设所有企业拥有相同的初始财富 w,企业投资项目的初始资金为 I。项目成功的概率为 $p(R)$,对应的收益为 R。项目失败的概率为 $[1-p(R)]$,对应的收益为 0。代表性企业向银行贷款 $b(I-w)$,其项目成功的概率为 $p(R)$,投资收益 R 越高,项目投资成功的概率 $p(R)$ 越低,且 $p(R)$ 为关于 R 的凹函数。代表性企业的预期收益如下:

$$E\Pi_{firm} = p(R) \cdot [R-(1+r)b] \tag{4-17}$$

企业投资的前提在于其预期收益高于企业初始财富的无风险收入,即满足下式:

$$E\Pi_{firm} \geqslant (1+\rho)w \tag{4-18}$$

4-18 式取等号可得到项目的边际成功率。边际成功率下对应的企业贷款利率如下:

$$r = \frac{\bar{R}-(1+\rho) \cdot w \div \bar{p}(\bar{R})}{b} - 1 \tag{4-19}$$

(二)银行部门

在地方财政存款的分配中,如果金融机构将贷款投放到地方政府所希望的地方,就可以获得更多财政存款资源(黄薇等,2016)。本节假设,如果金融机构发放的贷款量增加,就可以获得更多财政存款资源,地方财政存款相当于地方政府对银行的补贴。假设银行部门是竞争的、风险中性的,在信息对称的情况下,银行知道企业投资项目成功的概率 $p(R)$,银行获得存款的成本系数为 ρ。代表性银行获得的财政存款为 $d(H,b)$,H 是地方财政存款总额,b 是代表性银行的贷款量。那么,银行的预期利润满足下式:

$$E\Pi_{bank} = b(1+r) \cdot p(R) - b(1+\rho) + d(H,b) \qquad (4\text{-}20)$$

银行决定贷款量以实现最优化决策,4-20 式对贷款量 b 求偏导可得一阶条件,经整理可得:

$$r = \frac{(1+\rho) - d_b(H,b)}{\bar{p}(\bar{R})} - 1 \qquad (4\text{-}21)$$

联立 4-19、4-21 式,得到:

$$b(1+\rho) - b \cdot d_b(H,b) = \bar{p}(\bar{R}) \cdot \left[\bar{R} - \frac{(1+\rho) \cdot w}{\bar{p}(\bar{R})}\right] \qquad (4\text{-}22)$$

为了探究贷款量随地方财政存款总额 H 变动的情况,将 4-22 式对 H 求偏导,得到:

$$\frac{\partial b}{\partial H} = \frac{d_{bH}(H,b) \cdot \bar{p}(\bar{R}) \cdot [\bar{R} - (1+\rho) \cdot w \div \bar{p}(\bar{R})]}{[(1+\rho) - d_b(H,b)]^2} > 0 \qquad (4\text{-}23)$$

也就是说,地方财政存款总量的增加,增加了银行对企业的贷款供给。

以下说明企业是否存在过度投资。如果不存在地方财政存款,则全信息竞争均衡中所有满足投资项目的预期收益高于无风险收益的,都应该被实施,即满足下式:

$$p(R) \cdot R \geqslant (1+\rho) \cdot I \qquad (4\text{-}24)$$

在均衡时,不存在财政存款下的项目投资成功的临界成功率满足下式:

$$\bar{p}_{eq}(\bar{R}_{eq}) = \frac{I_{eq}(1+\rho)}{\bar{R}_{eq}} \qquad (4\text{-}25)$$

而在政府财政存款激励下的项目临界成功率可由 4-22 式得到,满足下式:

$$\bar{p}(\bar{R}) = \frac{I(1+\rho) - bd_b(H,b)}{\bar{R}} \tag{4-26}$$

4-25 式和 4-26 式表明,政府财政存款对银行放贷的影响使得企业增加投资,但其投资项目的临界收益降低,即企业进行了高风险的投资行为。没有地方财政存款影响下的企业均衡预期收益满足 4-27 式,有地方财政存款影响下的企业均衡预期收益满足 4-28 式。

$$\overline{E\Pi}_{firm,eq} = \bar{p}_{eq}(\bar{R}_{eq}) \cdot [\bar{R}_{eq} - (1+r_{eq})\bar{b}_{eq}] = w(1+\rho) \tag{4-27}$$

$$\overline{E\Pi}_{firm} = \bar{p}(\bar{R}) \cdot [\bar{R} - (1+r)b] = w(1+\rho) \tag{4-28}$$

银行为竞争政府财政存款而改变信贷资源配置,得到更多贷款的企业投资更多高风险项目,但预期收益并没有增加,这说明企业进行了过度投资。与没有财政存款相比,政府财政存款影响下的企业贷款量显著增加,说明企业均衡时的投资决策受政府财政存款的影响。银行为了获得地方财政存款,会倾向于增加企业贷款量,企业获得了大量贷款进行项目投资,往往投资效率低下,投资失败的概率加大。一旦投资失败,政府或银行就可能考虑为投资规模较大的企业续贷,从而使这些企业逐渐僵尸化。据此提出如下假说。

假说 4:财政存款占当地存款的比重越大,企业僵尸化的概率越高。

最后,考虑银行竞争的调节作用。银行竞争加剧,贷款利率会降低(Rice and Strahan,2010)。由上文推导可得,贷款利率的降低使得企业投资成功的概率增加。将 4-23 式对临界成功率偏导,得到下式:

$$\frac{\partial^2 b}{\partial H \partial \bar{p}(\bar{R})} = d_{bH}(H,b) \cdot \bar{R} \cdot \frac{1 + \dfrac{1}{\dfrac{\partial \bar{p}(\bar{R})}{\bar{p}(\bar{R})} \cdot \dfrac{\bar{R}}{\partial \bar{R}}}}{[(1+\rho) - d_b(H,b)]^2} > 0 \tag{4-29}$$

企业投资项目临界成功率增加,加大了财政存款对银行信贷配置的影响,因此银行竞争强化了财政存款的信贷分配效应,将 4-23 式对银行竞争 h 求偏导,得到:

$$\frac{\partial^2 b}{\partial H \partial h} = \frac{\partial^2 b}{\partial H \partial \bar{p}(\bar{R})} \cdot \frac{\partial \bar{p}(\bar{R})}{\partial r} \cdot \frac{\partial r}{\partial h} > 0 \tag{4-30}$$

4-30 式表明,银行竞争通过影响银行的贷款利率,降低了银行对企业贷款的成本,提高了企业项目临界成功的概率,从而使企业进一步加大投资规模。

以上结果表明,银行竞争加剧了财政存款影响下的资金分配效应,导致企业投资规模增大的同时,企业预期收益并没有增加,银行竞争进一步加剧了企业的过度投资。据此提出如下假说:

假说5:银行竞争会加剧财政存款对企业僵尸化的助长效应。

四、研究设计与变量说明

(一)样本选取与数据来源

本节以1998—2013年中国工业企业数据库的制造业企业作为研究样本。与上一节相同,在样本匹配方面,本节参照Brandt et al.(2012)和杨汝岱(2015),利用法人代码信息(或企业名称)来识别企业,如果企业名称无法匹配或者名称重复,则使用"地区(县)+法人代表姓名"或"地区代码(县)+电话号码+成立年份"匹配。对于样本清洗,本节参照谢千里等(2008)和谭语嫣等(2017),剔除:(1)从业人数缺失或者小于10的样本;(2)与公认会计准则不一致的样本(如利润率大于1、固定资产净值为负等);(3)重要财务指标缺失的样本(如工业总产值缺失、工业销售产值缺失等)。鉴于僵尸企业测算方法需要使用各企业应付账款指标,而该指标数据在1998—2003年缺失,因此本节选取的时间段为2005—2013年[①]。财政存款数据来源于EPS数据库[②],银行竞争数据来源于中国银监会发布的商业银行分支机构的金融许可证信息(方芳和蔡卫星,2016)。此外,本节对所有连续型解释变量在其分布的第一和第九十九百分位上的观察值进行缩尾调整处理。

(二)僵尸企业识别

本节参照上一节的方法识别僵尸企业,具体步骤见本章附录。

(三)模型设定

本节构建两组经验模型进行分析,用下式来检验财政存款对僵尸企业形成的影响:

$$IsZombie_{i,t} = \alpha_0 + \alpha_1 \cdot rate\_govdep_{i,t} + \alpha_x \cdot X \\ + \sum \gamma_{year} + \sum \gamma_{ind} + \sum \gamma_{prov} + \varepsilon_{i,t} \quad (4\text{-}31)$$

[①] 由于2010年的数据受到广泛质疑,因此参考聂辉华等(2016),剔除2010年研究样本,将2009年和2011年作为连续年份处理。

[②] 重庆缺失2006年、2007年的财政存款数据,黑龙江缺失2006年财政存款数据,用插值法予以补充。

其中，$IsZombie_{i,t}$ 为企业 i 在 t 年是否为僵尸企业的虚拟变量，$rate\_govdep_{i,t}$ 为企业 i 所在省份 t 年的财政存款指标，X 为企业层面控制变量（企业年龄、企业规模、劳动生产率、成长能力、杠杆率和所有制类型）、行业层面控制变量（行业集中度和盈利水平）和省份层面控制变量（人均 GDP、第一产业 GDP 份额和第二产业 GDP 份额）。本章控制年份固定效应、行业固定效应和省份固定效应。使用下式验证银行竞争在其中的作用机制：

$$IsZombie_{i,t} = \beta_0 + \beta_1 \cdot rate_{govdep\, i,t} + \beta_2 \cdot rate_{govdep\, i,t} \cdot thhi_{i,t} + \beta_3 \cdot thhi_{i,t} \\ + \beta_x \cdot X + \sum \gamma_{year} + \sum \gamma_{ind} + \sum \gamma_{prov} + \varepsilon_{i,t}$$

(4-32)

其中，$thhi_{i,t}$ 为企业 i 所在省份 t 年银行竞争程度的代理指标，用省份层面银行业的赫芬达尔指数的倒数表示。$thhi_{i,t}$ 值越大，表明银行业的竞争越激烈。

（四）变量说明及描述性统计

关于银行竞争的代理变量，本节使用商业银行在区域内的分支行数量份额来构建赫芬达尔指数。各地区银行的赫芬达尔指数计算如下：

$$HHI = \sum_{r=1}^{N_m} (branch_{rm} \div \sum_{r=1}^{N_m} branch_{rm})^2$$

(4-33)

其中，$branch_{rm}$ 表示 r 银行在省份 m 内的分支行数量，N_m 表示省份 m 各类型银行数量的总和。财政存款指标采用各省财政存款占银行业金融机构存款的比值作为代理变量。具体的变量说明和描述性统计如表 4-7 所示。$IsZombie$ 的均值为 20.11%，表明从整体来说，中国工业企业中僵尸企业的占比在 20% 左右。财政存款指标取值为 0.86%～5.32%，均值为 2.27%，虽然比值较小，但是其绝对数额对单家银行来说是非常有吸引力的。

表 4-7　　　　　　　　　　变量说明与描述性统计

变量名称	变量定义	均值	标准差	最小值	最大值
$IsZombie$	企业为僵尸企业则取 1，否则取 0	0.201 1	0.4	0	1
$rate\_govdep$	省份层面：财政存款÷银行金融机构存款	0.022 7	0.009 2	0.008 6	0.053 2
$thhi$	1÷赫芬达尔指数	12.753 3	4.140 5	5.074 8	21.824 3

续表

变量名称	变量定义	均值	标准差	最小值	最大值
$\ln effici\_labor$	每单位劳动工业总产值的对数值	10.291 9	1.447 5	7.549 6	14.621 2
$\ln size$	企业总资产的对数值	11.305 9	8.852 4	2	52
age	当年—企业成立年份+1	0.277 6	0.447 8	0	1
$debtrate$	总负债÷总资产	5.716 7	1.029 5	0	16.232 7
$growth\_ability$	主营业务收入增长率	0.219 5	0.556 3	−0.721 9	3.082 8
$state$	国有企业取1,否则取0	0.549 8	0.272 2	0.019 2	1.252 6
$meanprofit$	利润总额÷销售收入平均值	0.026 9	0.065 8	−0.507 2	0.115 6
$copor\_hhi$	企业所在四位数行业的赫芬达尔指数	0.002 9	0.001 5	0	0.129 9
$\ln pergdp$	省份人均GDP的对数值	8.737 8	4.793 1	0.6	33.6
$first\_ind$	省份层面第一产业产值÷GDP	50.861 5	5.762 1	22.3	61.5
sec_ind	省份层面第二产业产值÷GDP	10.339	0.535 4	8.527 5	11.514

五、实证结果与分析

(一) 基准回归模型

本节使用混合 Probit 模型进行回归,同时使用面板线性概率模型(LPM)进行稳健性对照。表 4-8 中的财政存款变量系数均显著为正,表明财政存款占当地存款的比重越高,企业僵尸化的概率越大。企业规模变量系数显著为正,证实了规模较大的企业更容易沦为僵尸企业。企业年龄、杠杆率、类型变量系数显著为正,表明年龄较大、负债过高以及国有企业更易沦为僵尸企业。劳动生产率、成长能力变量系数显著为负,表明经营效率高的企业不易成为僵尸企业。

表 4-8　　　　　　　财政存款占比对企业僵尸化的影响

变量	混合截面 Probit			面板数据 LPM		
	(1)	(2)	(3)	(4)	(5)	(6)
财政存款	1.177 5*	1.150 0*	1.166 5*	0.373 8**	0.362 9**	0.409 1***
	(0.648 7)	(0.649 4)	(0.651 1)	(0.149 6)	(0.149 5)	(0.150 0)

续表

变量	混合截面 Probit			面板数据 LPM		
	(1)	(2)	(3)	(4)	(5)	(6)
企业规模	0.087 2*** (0.001 5)	0.098 7*** (0.001 6)	0.098 5*** (0.001 6)	0.015 3*** (0.000 4)	0.017 5*** (0.000 4)	0.017 5*** (0.000 4)
企业年龄	0.005 1*** (0.000 2)	0.005 3*** (0.000 2)	0.005 3*** (0.000 2)	0.001 7*** (0.000 1)	0.001 7*** (0.000 1)	0.001 7*** (0.000 1)
劳动生产率	−0.275 5*** (0.002 3)	−0.269 6*** (0.002 3)	−0.269 0*** (0.002 3)	−0.061 1*** (0.000 5)	−0.059 7*** (0.000 5)	−0.059 6*** (0.000 5)
成长能力	−0.198 3*** (0.003 9)	−0.196 9*** (0.003 9)	−0.196 2*** (0.003 9)	−0.040 0*** (0.000 8)	−0.039 7*** (0.000 8)	−0.039 5*** (0.000 8)
杠杆率	1.990 6*** (0.008 0)	1.989 8*** (0.008 0)	1.990 3*** (0.008 0)	0.454 9*** (0.001 7)	0.454 2*** (0.001 7)	0.454 3*** (0.001 7)
企业类型	0.074 8*** (0.004 6)	0.075 2*** (0.004 6)	0.075 5*** (0.004 6)	0.018 1*** (0.001 1)	0.018 1*** (0.001 1)	0.018 1*** (0.001 1)
行业控制变量	—	控制	控制	—	控制	控制
省份控制变量	—	—	控制	—	—	控制
年份效应	控制	控制	控制	控制	控制	控制
行业效应	控制	控制	控制	控制	控制	控制
省份效应	控制	控制	控制	控制	控制	控制
N	707 485	707 485	707 485	707 485	707 485	707 485
R^2	0.194 4	0.195 9	0.196 1	0.176 7	0.177 7	0.177 8

注：***、**、*分别代表1%、5%、10%的显著性水平,括号中是稳健标准误。

（二）银行竞争的放大作用

表4-9实证检验了银行竞争的作用,结果显示财政存款占比、银行竞争以及两者的交互项系数均显著为正,这表明银行竞争强化了财政存款的信贷分配效应。表4-8的LPM回归结果表明财政存款每增加一个标准差,企业僵尸化概率约增加0.35%,仅等于是否僵尸企业单个标准差的0.88%。在考虑银行竞争标准差变动后,财政存款与企业僵尸化概率影响的经济含义提高了近4倍,表明银行竞争会加剧财政存款对企业僵尸化的助长效应。Gao et al.（2019）也认为银行竞争加剧会导致信贷资金更多地流向无效率企业,从而加剧信贷资源错配。

表 4-9　　　　　　　　　银行竞争对企业僵尸化的助长效应

变量	混合截面 Probit			面板数据 LPM		
	(1)	(2)	(3)	(4)	(5)	(6)
财政存款	2.783 6*** (0.666 9)	2.763 3*** (0.667 6)	2.964 3*** (0.668 1)	0.658 1*** (0.155 2)	0.649 1*** (0.155 1)	0.738 2*** (0.155 3)
财政存款× 银行竞争	1.024 4*** (0.112 1)	1.031 5*** (0.112 2)	1.156 7*** (0.114 4)	0.197 8*** (0.026 4)	0.200 3*** (0.026 4)	0.222 9*** (0.026 8)
银行竞争	0.009 8*** (0.001 7)	0.009 8*** (0.001 7)	0.014 2*** (0.001 8)	0.000 6 (0.000 4)	0.000 6 (0.000 4)	0.001 2*** (0.000 4)
企业控制变量	控制	控制	控制	控制	控制	控制
行业控制变量	—	控制	控制	—	控制	控制
省份控制变量	—	—	控制	—	—	控制
年份效应	控制	控制	控制	控制	控制	控制
行业效应	控制	控制	控制	控制	控制	控制
省份效应	控制	控制	控制	控制	控制	控制
N	707 485	707 485	707 485	707 485	707 485	707 485
R^2	0.194 6	0.196 0	0.196 3	0.176 7	0.177 6	0.177 9

注：*** 代表 1% 的显著性水平，括号中是稳健标准误。

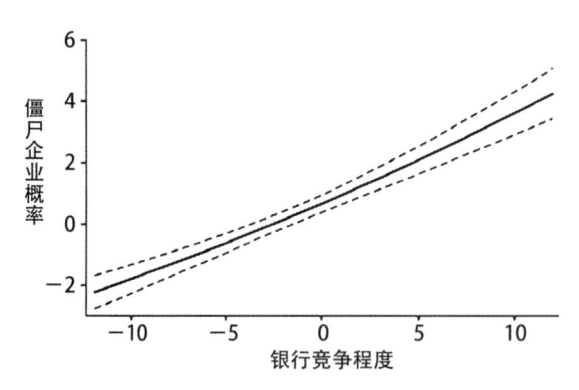

注：实线为僵尸企业概率，虚线为上下 95% 的置信区间。

图 4-4　财政存款占比的平均边际效应

为直观分析财政存款和银行竞争对僵尸企业形成的影响，画出边际效应图（如图 4-4 所示）。当银行竞争程度很低时，财政存款的作用并不明显。随着银行竞争程度的提高，财政存款的作用持续增强。这表明，银行竞争强化了财政存款的信贷分配效应，增大了企业僵尸化的概率。

（三）异质性分析

1. 分企业样本检验

此处检验主体回归在不同类型、不同地区的企业样本中的差异，企业规模、市场化程度采用均值作为界限来划分样本,分企业规模与分所有制类型的结果相似,表明银行竞争对于大企业、国有企业沦为僵尸企业的概率的影响不显著,对于小企业、非国有企业沦为僵尸企业的概率则十分显著。分市场化程度的回归结果显示,市场化程度高的地区,财政存款与银行竞争的交互作用不显著,这表明在该类地区,地方政府通过财政存款影响银行信贷分配的效力较弱。市场化程度低的地区,交互项系数显著,这说明该地区地方财政存款对银行信贷分配效应的影响更大。为验证分样本系数组间差异的显著性,本节采用自助法(Bootstrap)计算组间差异的经验 P 值,设定随机抽样 300 次,结果如表 4-10 所示,核心解释变量组间系数基本呈现显著性差异。

表 4-10 分企业样本检验

变量	分企业规模 (1) 大型	分企业规模 (2) 小型	分所有制类型 (3) 国有	分所有制类型 (4) 非国有	分市场化程度 (5) 高	分市场化程度 (6) 低
财政存款	0.497 0** (0.218 1)	1.136 3*** (0.221 0)	0.720 1*** (0.272 3)	0.702 9*** (0.191 0)	3.831 0*** (0.500 5)	0.452 7** (0.184 6)
银行竞争	−0.000 3 (0.000 6)	0.003 0*** (0.000 6)	0.000 8 (0.000 8)	0.001 4*** (0.000 5)	0.006 5*** (0.000 6)	−0.000 5 (0.000 6)
财政存款×银行竞争	0.201 4** (0.037 7)	0.268 2*** (0.038 2)	0.285 5*** (0.048 7)	0.168 6*** (0.032 4)	−0.057 0 (0.055 4)	0.200 3*** (0.036 9)
企业控制变量	控制	控制	控制	控制	控制	控制
行业控制变量	控制	控制	控制	控制	控制	控制
省份控制变量	控制	控制	控制	控制	控制	控制
年份效应	控制	控制	控制	控制	控制	控制
行业效应	控制	控制	控制	控制	控制	控制
省份效应	控制	控制	控制	控制	控制	控制
N	331 639	375 846	193 847	513 638	407 172	300 313
R^2	0.182 0	0.184 0	0.216 7	0.153 6	0.157 9	0.211 2
经验 P 值						
财政存款	0.007		0.490		0.000	
银行竞争	0.000		0.035		0.000	
财政存款×银行竞争	0.090		0.000		0.000	

注:***、** 分别代表 1%、5% 的显著性水平,括号中是稳健标准误。

2. 分银行样本检验

此处检验银行竞争内部异质性对僵尸企业形成的影响,参考蔡竞和董艳(2016),计算了大型国有银行(中国邮政储蓄银行、交通银行、中国工商银行、中国农业银行、中国银行、中国建设银行)、股份制商业银行以及城市商业银行对银行竞争($1/HHI$)的贡献,在主回归中纳入银行竞争及其与不同类型银行竞争贡献的交互项,剥离出不同银行的作用,在回归中各交互项均进行相应的中心化处理。

回归结果如表 4-11 所示,财政存款、银行竞争以及两者的交互项系数符号均与上文回归一致。大型国有银行的三次交互项系数显著为负,表明如果一个地区的大型国有银行的竞争相对更为激烈,就会显著抑制财政存款对银行信贷发放的影响效应。如果股份制商业银行相对其他银行竞争更加激烈,对于财政存款信贷分配效应的抑制就会减弱。如果一个地区的银行竞争主要是城市商业银行贡献的,城市商业银行竞争加剧就会强化财政存款对银行信贷的分配效应,从而增加企业僵尸化概率。

表 4-11　　　　　　　　　　分银行样本检验

变量	大型国有银行 (1)	股份制商业银行 (2)	城市商业银行 (3)
财政存款	1.086 1*** (0.169 1)	0.754 7*** (0.159 0)	2.853 6*** (0.353 5)
银行竞争	0.004 5*** (0.000 5)	0.001 7*** (0.000 4)	0.003 0*** (0.000 9)
竞争贡献	0.023 1*** (0.002 8)	0.000 0** (0.000 0)	0.000 0 (0.000 0)
银行竞争×竞争贡献	0.002 4*** (0.000 3)	0.000 0*** (0.000 0)	0.000 0** (0.000 0)
财政存款×竞争贡献	−1.238 7*** (0.138 7)	−0.000 4*** (0.000 1)	0.003 4*** (0.000 5)
财政存款×银行竞争	0.161 7*** (0.030 9)	0.255 0*** (0.027 8)	0.453 9*** (0.069 9)
财政存款×银行竞争×竞争贡献	−0.140 4*** (0.016 0)	−0.000 1*** (0.000 0)	0.000 3*** (0.000 1)
企业控制变量	控制	控制	控制
行业控制变量	控制	控制	控制

续表

变量	大型国有银行 (1)	股份制商业银行 (2)	城市商业银行 (3)
省份控制变量	控制	控制	控制
年份效应	控制	控制	控制
行业效应	控制	控制	控制
省份效应	控制	控制	控制
N	707 485	706 557	698 888
R^2	0.178 0	0.177 8	0.177 5

注：***、** 分别代表1%、5%的显著性水平,括号中是稳健标准误。

六、内生性处理与稳健性检验

（一）内生性处理

此处使用其余省份财政存款指数的均值作为财政存款指数的工具变量。本省份财政存款指数和其余省份财政存款指数的均值存在很强的相关性,满足工具变量的相关性条件；本省份僵尸企业的形成与其余省份财政存款之间不存在直接的相关关系,满足工具变量的外生性条件。同理,此处使用其余省份银行竞争指数的均值作为银行竞争指数的工具变量。工具变量第一阶段的回归值均超过10,第二阶段回归结果与正文中前述主体的回归结果一致。

（二）稳健性检验

首先,虽然所测度的僵尸企业分布在很大程度上反映了整体特征与变化趋势,但不同测度方法得到的僵尸企业指标可能存在较大差异,参考上一节替换僵尸企业测度方法。其次,为检验结果是否依赖于模型设定,改为控制个体和年份效应。再次,参考方芳和蔡卫星(2016),用 $(1-HHI)$ 测度银行竞争。除此之外,政府补贴可能增加企业僵尸化概率,本节在回归中加入政府补贴作为控制变量进行稳健性检验。[①] 最后,政府分别于2006年和2009年大幅放宽了分支机构设立管制,为排

[①] 中国工业企业数据库中的政府补贴指标数据在2008年及之后年份缺失,因此本文选择2005—2007年的样本数据进行回归。财政补贴指标参考饶静和万良勇(2018),为消除企业规模因素影响,采用政府补贴占当年企业总资产的比值作为政府补贴的代理变量。

除政策冲击的影响,本节依次去除对应年份的样本进行回归。以上均得到与正文结果一致的结论。

七、机制讨论

本节尝试从企业的投资和经营效率角度对具体机制展开分析。① 参考 Richardson(2006)以及范子英和王倩(2019)计算企业的非效率投资部分:

$$invest_{i,t} = \gamma_0 + \gamma_1 \cdot growth_{ability\,i,t-1} + \gamma_2 \cdot size_{i,t-1} + \gamma_3 \cdot age_{i,t-1} \\ + \gamma_4 \cdot roa_{i,t-1} + \gamma_5 \cdot debtrate_{i,t-1} + \sum \gamma_{year} + \varepsilon_{i,t} \quad (4-34)$$

其中,$invest_{i,t}$ 是企业当期净投资,$growth_{ability\,i,t-1}$ 表示企业的成长能力(期初主营业务收入的增长率),$size_{i,t-1}$、$age_{i,t-1}$ 和 $debtrate_{i,t-1}$ 分别控制期初的企业规模、企业年龄、企业资产报酬率以及杠杆率,最后控制时间固定效应。回归得到的残差 e_{hat} 表示企业非效率投资,残差为正表示企业过度投资,残差为负表示企业投资不足。

使用 4-35 式分样本检验财政存款对过度投资和投资不足的影响,4-36 式检验过度投资对企业经营效率的影响,4-37 式检验财政存款及经营效率对僵尸企业形成的影响。

$$e_{hat\,i,t} = \eta_0 + \eta_1 \cdot rate_{govdep\,i,t-1} + \eta_x \cdot X + \sum \gamma_{year} + \sum \gamma_{ind} + \sum \gamma_{prov} + \mu_{i,t} \quad (4-35)$$

$$ROA_{i,t} = \lambda_0 + \lambda_1 \cdot e_{hat\,i,t-1} + \lambda_x \cdot X + \sum \gamma_{year} + \sum \gamma_{ind} + \sum \gamma_{prov} + \nu_{i,t} \quad (4-36)$$

$$IsZombie_{i,t} = \varphi_0 + \varphi_1 \cdot rate_{govdep\,i,t} + \varphi_2 \cdot ROA_{i,t-1} \\ + \varphi_x \cdot X + \sum \gamma_{year} + \sum \gamma_{ind} + \sum \gamma_{prov} + \omega_{i,t} \quad (4-37)$$

回归结果如表 4-12 所示。第(1)列财政存款的系数显著为正,表明财政存款占存款的比重增加会抑制企业的投资不足。第(2)列表明地方财政存款占存款的比重增加会促进企业过度投资。第(4)列中过度投资的系数显著为负,表明

---

① 实证分析发现,地方财政存款对企业获取银行信贷有促进作用,限于篇幅,相关实证结果未汇报。

过度投资增加 1%，使得企业资产回报率下降约 0.02%。第(5)列加入了资产报酬率和财政存款，验证了资产报酬率对僵尸企业形成的抑制作用。表 4-12 的结果表明，财政存款促使企业过度投资，降低企业的经营效率，进而增大企业僵尸化的概率。

表 4-12　　　　　　　　　　　机制检验

变量	$e\_hat<0$ (1)	$e\_hat>0$ (2)	$ROA(e\_hat<0)$ (3)	$ROA(e\_hat>0)$ (4)	$IsZombie$ (5)
财政存款	0.210 7*** (0.066 2)	5.545 4*** (1.401 3)	—	—	0.300 0** (0.148 7)
过度投资	—	—	−0.004 8*** (0.000 4)	−0.019 3*** (0.000 9)	—
资产报酬率	—	—	—	—	−0.291 0*** (0.002 6)
企业控制变量	控制	控制	控制	控制	控制
行业控制变量	控制	控制	控制	控制	控制
省份控制变量	控制	控制	控制	控制	控制
年份效应	控制	控制	控制	控制	控制
行业效应	控制	控制	控制	控制	控制
省份效应	控制	控制	控制	控制	控制
N	510 328	197 146	273 014	110 954	707 485
R^2	0.153 9	0.022 8	0.165 2	0.186 8	0.150 6

注：***、**分别代表 1%、5%的显著性水平，括号中是稳健标准误。

为了验证银行竞争在财政存款与僵尸企业形成中的作用机制，此处在 4-35 式和 4-37 式中同时加入"银行竞争"指标、"财政存款×银行竞争"指标进行回归分析。回归结果如表 4-13 所示，第(1)、(2)列结果与现实逻辑相符，表明地方政府出于政绩考虑，会对银行和企业施压，使企业扩大投资。第(3)、(4)列投资残差的差距反映企业过度投资的负面影响明显。第(5)列验证了资产报酬率对僵尸企业形成的抑制作用。表 4-13 的结果表明，银行竞争强化了财政存款的信贷分配效应，进一步促使企业过度投资，降低企业的经营效率，加剧企业僵尸化。

表 4-13　机制检验(银行竞争)

变量	e_hat<0 (1)	e_hat>0 (2)	ROA(e_hat<0) (3)	ROA(e_hat>0) (4)	IsZombie (5)
财政存款	0.339 0*** (0.068 3)	6.467 2*** (1.462 3)	—	—	0.617 2*** (0.154 0)
银行竞争	0.000 6*** (0.000 2)	0.004 8 (0.004 0)	—	—	0.001 2*** (0.000 4)
财政存款×银行竞争	0.088 3*** (0.011 8)	0.509 3** (0.254 0)	—	—	0.210 1*** (0.026 6)
投资残差	—	—	−0.004 8*** (0.000 4)	−0.019 3*** (0.000 9)	—
资产报酬率	—	—	—	—	−0.290 9*** (0.002 6)
企业控制变量	控制	控制	控制	控制	控制
行业控制变量	控制	控制	控制	控制	控制
省份控制变量	控制	控制	控制	控制	控制
年份效应	控制	控制	控制	控制	控制
行业效应	控制	控制	控制	控制	控制
省份效应	控制	控制	控制	控制	控制
N	510 328	197 146	273 014	110 954	707 485
R^2	0.239 1	0.036 2	0.307 2	0.298 7	0.191 9

注：***、** 分别代表1%、5%的显著性水平，括号中是稳健标准误。

八、研究结论与建议

(一) 研究结论

为探析中国僵尸企业的形成原因，本节基于Meza and Webb(1987)的模型框架，构建理论模型，对银行为竞争财政存款而改变信贷资源配置进而导致企业僵尸化的逻辑进行刻画，并提出本文的核心假说。随后，本节利用丰富的样本数据构建相应指标，对理论假说加以验证，并得出以下结论。

首先，地方财政存款会影响银行的信贷决策，地方政府所掌控的财政存款占存款的比重越大，银行越有动力为竞争财政存款而改变信贷资源配置，导致企业过度投资，经营效率下降，增大其沦为僵尸企业的概率。

其次，尽管财政存款资源对银行有巨大的吸引力，但是地区银行竞争是地方财政存款影响银行信贷配置的重要条件，银行竞争还会强化财政存款的信贷分配效应，加剧对企业僵尸化的助长效应。

再次，分企业样本的异质性分析结果表明，在市场化程度高的地区，地方财政存款对银行信贷分配的影响较小；在市场化程度低的地区，地方政府更倾向于通过财政存款来影响银行的信贷决策。大企业与国有企业是否成为僵尸企业与银行竞争程度的关系微弱，而对于经常面临信贷歧视的小企业和非国有企业，随着银行竞争加剧，银行开始争取这类企业客户，增大了这类企业僵尸化的概率。

最后，分银行的异质性分析结果表明，国有大型银行、股份制银行的竞争贡献对财政存款信贷分配效应的抑制逐渐减弱，而城市商业银行更依赖于地方政府，银行竞争强化了财政存款的信贷分配效应，加剧了企业僵尸化的程度。

(二) 研究建议

地方财政存款对银行信贷资源配置的影响是我国僵尸企业形成的重要因素，本节认为防范与处置僵尸企业，不仅需要减少对低效企业的政府补贴，而且需要规范管理地方财政存款，完善财政存款招投标体系，改善财政存款配置的经济效率。此外，研究发现，地区银行竞争尤其是地方银行之间的竞争，显著增强了财政存款的经济效应，监管部门应采取适当措施，引导银行合理竞争，鼓励地方银行拓宽融资渠道，共同推动经济效率提高与经济高质量发展。

第三节　小　结

本章旨在从需求侧深入理解货币政策传导机制的梗阻，指出僵尸企业的存在严重干扰了货币政策传导，并针对这一梗阻提出了相应的政策建议。在我国，银行竞争地方政府财政存款的行为影响了其信贷决策，进而促进僵尸企业的形成。僵尸企业的信贷成本转嫁效应在挤出正常企业融资之余，还会在货币政策收紧时进一步恶化正常企业的融资环境，严重影响货币政策的有效传导。因此，监管部门应加快对僵尸企业的处置，一方面规范地方财政存款的管理，另一方面引导银行合理竞争，清除滋生僵尸企业的环境，从而提高货币政策传导的效率和有效性。

附录：僵尸企业的识别

第一步，计算企业 i 在 t 年正常经营状态下的最小利息支出 $RA_{i,t}$：

$$RA_{i,t} = rs_{t-1} \cdot BS_{i,t-1} + \left(\frac{1}{5}\sum_{j=1}^{5} rl_{t-j}\right) \cdot BL_{i,t-1}$$

其中，$BS_{i,t}$ 为企业短期银行贷款，$BL_{i,t}$ 为企业长期银行贷款，参考谭语嫣等(2017)计算。rs_t 为银行一年期基准贷款利率，rl_t 为银行 1～3 年和 3～5 年的时间加权平均的长期基准贷款利率，并按照基准利率下浮 10% 进行处理。

第二步，估计企业利息收入 $RB_{i,t}$：

$$RB_{i,t} = (AT_{i,t-1} - AR_{i,t-1} - AI_{i,t-1}) \cdot rd_t$$

其中，$AT_{i,t}$、$AR_{i,t}$、$AI_{i,t}$ 分别表示流动资产、应收账款和存货，r_d 为银行一年期基准存款利率。

第三步，将企业的实际净利息支出与最小净利息支出对比，并用前期借债进行标准化，得到利息差：

$$gap_{i,t} = \frac{RC_{i,t} - (RA_{i,t} - RB_{i,t})}{B_{i,t-1}}$$

参考 Caballero 等(2008)，如果 $gap_{i,t}$ 为负，则表明企业获得了补贴，该企业将被识别为僵尸企业；否则为正常企业。

第四步，考虑上述方法可能将经营良好、融资成本低的企业认定为僵尸企业，参照 Fukuda 和 Nakamura(2011)，利用企业利润信息进一步校正僵尸企业：

$$gapadj_{i,t} = \frac{EBIT_{i,t} - RA_{i,t}}{B_{i,t-1}}$$

如果企业息税前利润大于最小利息支出[1]，则将其纠正为正常企业，得到 2005—2013 年僵尸企业比重的走势情况。[2]

---

[1] 因为息税前利润中已经包含了利息收入，所以本部分与谭语嫣等(2017)不同，采用息税前利润与最小利息支出的差值进行辨别。

[2] 由于当年的僵尸企业识别需要利用上一年数据，因此僵尸企业识别结果始于 2005 年。此外，2010 年僵尸企业占比采用 2009 年与 2011 年僵尸企业占比的平均值替代。

第五章

结构性货币政策的实践与效果

引言： 建设现代中央银行制度需要健全现代货币政策框架，除了疏通货币政策传导机制外，还需要创新货币政策工具体系。在2008年金融危机期间，传统货币政策濒临失效，市场信心崩溃，结构性货币政策应运而生。与作用于银行体系信贷供给、发挥总量调控功能的传统货币政策不同，结构性货币政策针对定向部门发力，起到结构调控功能。自此，结构性货币政策因其定向施策、精准有力的特点而得到了广泛应用。然而，我国结构性货币政策实践先行后，相应的理论研究却远远落后于实践，无法及时反哺和指导实践。党的二十大报告强调了"六个坚持"，作为"六个坚持"的重要方面，"坚持守正创新"对我们提出了新的要求。在此背景下，及时总结我国结构性货币政策发展现状，并对其中的重点环节深入研究有其必要性。因此，本章首先简要介绍了我国的结构性货币政策，并对其实践和发展现状进行了梳理。

根据是否存在担保品，结构性货币政策分为无担保品的结构性货币政策和基于担保品的结构性货币政策。后者通过调节担保品的折扣率来影响市场利率，具体表现为随着担保品被纳入相关结构性货币政策的担保品范围，其被赋予了相应的折扣率（王永钦和吴娴，2019）。基于担保品的货币政策可以帮助中央银行更有效地控制信贷风险，在金融机构具有融资约束的情况下，调节折扣率比调节利率更有效，因此在各国的非常规货币政策实践中，普遍利用调节折扣率的结构性货币政策工具来实现政策意图，这也对我国的结构性货币政策实施起到了借鉴作用。

中期借贷便利是中国中央银行于2014年9月设立的提供中期基础货币的货币政策工具，其以质押方式发放，并需提供优质债券作为合格担保品。自成为我国货币政策工具后,中期借贷便利持续发挥重要作用。为进一步支持国民经济重点领域和改进薄弱环节,中央银行于2018年扩容其担保品。基于此,本章以中期借贷便利担保品扩容政策为代表性政策,对调节折扣率的结构性货币政策影响利率传导效率的作用机理进行理论分析。分析表明,中期借贷便利担保品扩容后,被纳入担保范围的债券,其折扣率明显降低。而随着无风险利率的降低,此类债券的利率传导效率得以提升。分析展现了结构性货币政策在促进市场效率、支持经济增长方面的关键作用,有助于读者深入体会结构性货币政策在当前经济环境中的重要性和有效性。

第一节 结构性货币政策简介

结构性货币政策起源于2008年金融危机。在金融危机期间,传统货币政策濒临失效,市场信心崩溃,货币传导机制失效,短期利率向长期利率传导的过程受阻。各国都推出了创新的非常规货币政策,如美联储推出了大规模资产购买计划(LSAPs)、一级交易商信贷便利(PDCF)、期限拍卖融资便利(TAF)、定期资产抵押证券贷款工具(TALF)等,欧洲中央银行推出了长期再融资计划(TLTROs)、直接货币交易计划(OMT)等,英国中央银行推出了融资换贷款计划(FLS)。

我国有关结构性货币政策的实践可以追溯到1999年为降低"三农"融资成本,中国人民银行向地方法人金融机构发放支农再贷款。2008年金融危机过后,中国借鉴欧美等国家的实践,从2013年开始陆续推出了一系列非常规的创新型货币政策工具,并将其纳入中央银行货币政策操作框架。这些创新的非常规货币政策都具有结构性的特点,因此它们都被称为结构性货币政策。

根据中国人民银行的定义,我国的结构性货币政策工具是中央银行引导金融机构信贷投向,发挥精准滴灌、杠杆撬动作用的工具。中央银行通过提供再贷款或资金激励的方式,支持金融机构加大对特定领域和行业的信贷投放,降低企业融资成本。结构性货币政策工具兼具总量和结构双重功能:一方面,其可以投放基础货币,保障银行体系流动性充裕,从而支持信贷平稳增长;另一方面,这类工具将中央银行资金定向投放至特定领域和行业,发挥其对实体经济精准滴灌的特色优势。

在当前经济高质量发展的背景下,为更好地服务实体经济,逐一解决各分支领域的难题,我国围绕国民经济重点领域和薄弱环节,已逐步构建了适合我国国情的结构性货币政策工具体系,下一节对此展开具体介绍。

第二节 我国结构性货币政策的实践与效果分析

一、实践现状

我国的结构性货币政策工具种类繁多,具体如表 5-1 所示。其中,长期性工具分为支农再贷款、支小再贷款和再贴现,涵盖涉农领域、小微企业和民营企业重点领域;阶段性工具则更加丰富,覆盖了普惠金融、绿色发展和科技创新等国民经济重点领域及薄弱环节,从不同领域对实体经济进行精准滴灌。截至 2023 年 9 月末,我国结构性货币政策工具余额约为 7.0 万亿元,与上一季度末基本持平。为进一步说明结构性货币政策的实践现状,本节依据结构性货币政策工具分别占基础货币和贷款余额的比重来测算其相对份额。①

表 5-1　　　　　　　　我国的结构性货币政策工具

(截至 2023 年 9 月末)

	工具名称	支持领域	发放对象	余额(亿元)
长期性工具	支农再贷款	涉农领域	农商行、农合行、农信社、村镇银行	5 991
	支小再贷款	小微企业、民营企业	城商行、农商行、农合行、村镇银行、民营银行	15 655
	再贴现	涉农领域、小微企业和民营企业	具有贴现资格的银行业金融机构	5 289
阶段性工具	普惠小微贷款支持工具	普惠小微企业	地方法人金融机构	498
	抵押补充贷款	棚户区改造、地下管廊建设、重大水利工程、"走出去"等重点领域	开发银行、农发行、进出口银行	29 022

---

① 中国人民银行目前已不再将定向降准列为结构性货币政策,但考虑到定向降准的结构性效应,此处的统计将在官方口径的基础上加上定向降准释放的流动性。定向降准释放流动性的具体测算见本章附录。

续表

	工具名称	支持领域	发放对象	余额（亿元）
阶段性工具	碳减排支持工具	清洁能源、节能环保、碳减排技术三个重点减碳领域	21家全国性金融机构、部分外资金融机构和地方法人金融机构	5 098
	支持煤炭清洁高效利用专项再贷款	煤炭清洁高效利用、煤炭开发利用和储备	开发银行、进出口银行、工行、农行、中行、建行和交行	2 624
	科技创新再贷款	科技创新企业	21家全国性金融机构	3 456
	普惠养老专项再贷款	普惠养老机构项目（初期选择浙江、江苏、河南、河北、江西五省试点）	开发银行、进出口银行、工行、农行、中行、建行和交行	16
	交通物流专项再贷款	道路货物运输经营者和中小微物流仓储配送（含快递）等企业	农发行、工行、农行、中行、建行、交行和邮储银行	451
	设备更新改造专项再贷款	制造业、社会服务领域和中小微企业、个体工商户等设备更新改造	21家全国性金融机构	1 672
	普惠小微贷款减息支持工具	普惠小微企业	16家全国性金融机构、地方法人金融机构	269
	收费公路贷款支持工具	收费公路	21家全国性金融机构	83
	民营企业债券融资支持工具（第二期）	民营企业债券融资	专业机构	0
	保交楼贷款支持计划	已售逾期难交付住宅项目	工行、农行、中行、建行、交行和邮储银行（可扩展至18家全国性金融机构）	56
	房企纾困专项再贷款	受困房地产企业项目	华融、长城、东方、信达、银河5家全国性金融资产管理公司	0
	租赁住房贷款支持计划	市场化批量收购存量住房、扩大租赁住房供给（重庆市、济南市、郑州市、长春市、成都市、福州市、青岛市、天津市试点）	开发银行、工行、农行、中行、建行、交行和邮储银行	0
合计				70 180

图 5-1 显示,创设之初,结构性货币政策工具占基础货币的比重不足 2%,而后在 2015 年和 2018 年有两次明显跃升,第一次跃升后整体平稳增长,自 2020 年"新冠"疫情暴发至 2023 年在 20%的水平波动。总体而言,我国结构性货币政策工具在基础货币中的比重增长较快,且其份额相对较高。与前者的迅猛增势相比,结构性货币政策工具占贷款余额的比重增长缓慢,尽管近几年我国创新推出多种结构性货币政策工具以支持不同领域实体经济的发展,但该比重仍然保持在 3%左右的水平。

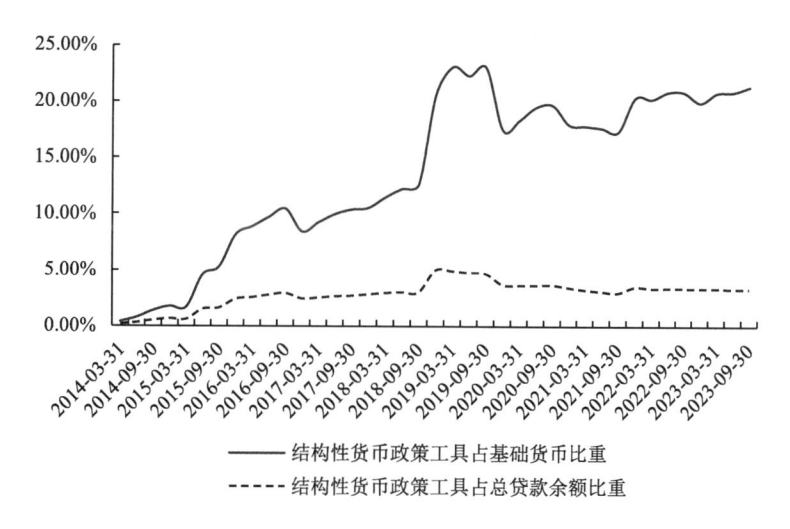

图 5-1　结构性货币政策工具分别占基础货币和贷款余额的比重

数据来源:《2014—2023 年中国货币政策执行报告》。

除了结构性货币政策工具占基础货币和贷款余额相对份额的变化,本节还测算了各结构性货币政策工具之间相对份额的变化。图 5-2 显示,2015 年前,我国结构性货币政策工具以支农再贷款和支小再贷款为主,自推出抵押补充贷款后,其持续保持高份额,在结构性货币政策工具中占主导地位。近年来,支小再贷款份额稳步增长,反映了自"新冠"疫情暴发以来我国支持小微企业与民营企业的决心。此外,自 2021 年以来,为支持普惠金融和绿色发展的目标,我国推出了如科技创新再贷款和碳减排支持工具等多种创新的结构性货币政策工具,其相对份额也在不断增长。

综上所述,我国结构性货币政策工具支持实体经济的力度整体保持增长态势。面对"新冠"疫情冲击下的经济下行压力,我国通过创新结构性货币政策工具,切实服务重点领域实体经济,为其发展提供了重要保障和支撑。针对近几年暴露出的薄弱环节,我国定向推出设备更新改造专项再贷款和保交楼贷款支持计划等精准服务于相关领域的政策工具,志在激发微观主体活力,以有效提振市场信心。

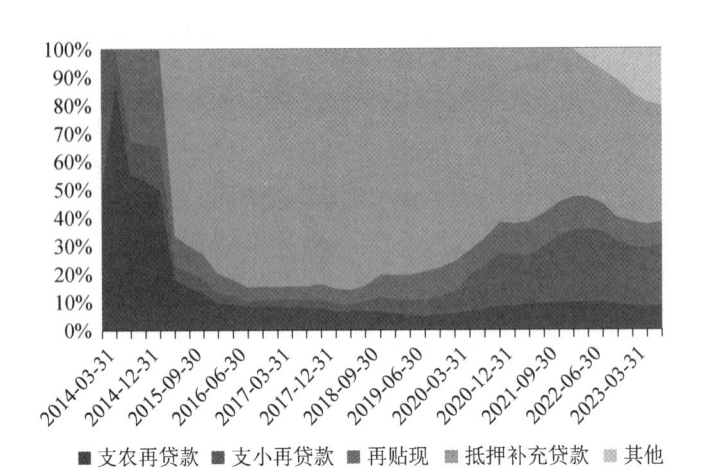

图 5-2　结构性货币政策工具的相对份额

数据来源:《2014—2023 年中国货币政策执行报告》。

二、理论评估

从前文数据可以看出,结构性货币政策在实践中已经得到了广泛应用,为各重点行业和薄弱环节提供了金融支持。那么学理上,研究者们对于结构性货币政策实施效果的评价又如何呢？本节将基于现有研究成果,尝试对结构性货币政策的实施效果做出理论评估。

部分学者研究认为,结构性货币政策存在积极影响。结构性货币政策工具可以通过降低市场利率、缩小信用利差来稳定金融市场,避免经济大幅下滑,防止通货紧缩恶化和刺激信贷复苏(McAndrews et al.,2017；Baumeister and Benati,2010；Lenza et al.,2010；Ashcraft et al.,2010；Benetton and Fantino,2018；Chen et al.,2018)。Ashcraft et al.(2010)发现在金融危机期间下调担保品折扣率可以有效降低市场利率。彭俞超和方意(2016)指出中国结构性货币政策通过定向影响金融机构运营成本起到信贷结构调整和产业结构升级的作用。王永钦和吴娴(2019)发现中期借贷便利担保品扩容可以降低企业发债成本。

然而,也有研究发现,结构性货币政策存在负面影响。Nyborg(2017)指出欧洲中央银行降低合格担保品评级要求的结构性货币政策产生负向激励,致使低质量资产充斥市场。van Bekkum et al.(2017)发现欧洲中央银行降低住房抵押贷款支持证券(RMBS)用作担保品的评级要求后,银行发行了更多低利率住房抵押贷款支持证券,其不良率反而更高。

总之,学界尚未对结构性货币政策做出一致评价。基于此,本章选取代表性视角,分析相应结构性货币政策发挥作用的内在机理,并对其效果做出理论评估,为读者深入了解结构性货币政策提供参考。

第三节 结构性货币政策如何发挥作用——基于中期借贷便利担保品扩容的分析

在我国众多的结构性货币政策中,中期借贷便利十分具有代表性,在现阶段的货币政策调控中发挥着重要作用。这一政策工具设立于2014年9月,中央银行于2018年6月对其担保品范围进行扩容,这为研究结构性货币政策工具的效果提供了良好的政策环境。因此,本节选取中期借贷便利担保品扩容政策为代表性视角,对其发挥作用的内在机理进行研究。

一、基于担保品的结构性货币政策

在正式引入中期借贷便利担保品扩容政策前,本节首先介绍中期借贷便利所代表的基于担保品的结构性货币政策。根据是否存在担保品的分类标准,我国结构性货币政策可以分为无担保品的结构性货币政策和基于担保品的结构性货币政策。其中,无担保品担保下的货币政策操作包括定向降准、定向再贷款(信用贷款)、大规模资产购买计划、直接货币交易计划等,需要持续评估和监控交易对手的信誉,导致了较高的交易成本和风险定价成本;而基于担保品的货币政策包括期限拍卖融资便利、一级交易商信贷便利、长期再融资计划、中期借贷便利、常备借贷便利等,则可以帮助中央银行有效控制信贷风险(Chailloux et al.,2008)。需要注意的是,大规模资产购买计划、直接货币交易计划这类具有量化宽松性质的结构性货币政策,虽然不直接基于担保品进行操作,但会影响市场担保品的供给,从而影响担保品的价格(Araújo et al.,2015;王永钦和吴娴,2019),因此也与担保品有着直接关系。

就基于担保品的结构性货币政策而言,其可以通过调节担保品的折扣率来影响市场利率。在金融机构具有融资约束的情况下,调节折扣率比调节利率更有效(Ashcraft et al.,2010)。在各国的非常规货币政策实践中,普遍利用调节折扣率的结构性货币政策工具来实现政策意图。欧洲中央银行的长期再融资计划、英国中央银行的融资换贷款计划、日本中央银行的贷款支持计划,都对疏通货币政策传导、加大对实体企业的信贷支持力度发挥了积极作用(中国人民银行货币政策分析小组,2018),这也对我国结构性货币政策的实施起到了指导作用。

基于担保品的结构性货币政策调节折扣率的方法主要有两种:(1)设立各种具有不同参与机构和不同担保品范围的结构性货币政策工具。例如,一级交易商信贷便利的面向对象为一级交易商,担保品包括公开市场操作(OMO)的担保品、投资级债券、商业票据、市政债券、抵押贷款支持证券、证券化资产(ABS)、股票等;期限拍卖融资便利的面向对象为存款类机构,担保品为标准贴现窗口担保品;定期资产抵押证券贷款工具的面向对象为合格的资产证券化产品持有者,其担保品在2008年11月25被设定为最近由家庭和小企业贷款支持的AAA评级资产证券化产品。(2)在已有的结构性货币政策工具上扩大或缩小担保品范围。例如,2008年9月14日,美联储将一级交易商信贷便利担保品的范围扩大至三方回购市场中两大清算银行下所有可接受的担保品;2008年12月19日,美联储对定期资产抵押证券贷款工具规则进行更改,将定期资产抵押证券贷款工具的贷款期限由1年扩展至3年,并拓宽了担保品的范围;2012年2月,欧洲中央银行将长期再融资计划的担保品范围扩大至贷款和A级证券化资产。以上两种方法本质上都是赋予不同的担保品折扣率,即随着担保品被纳入相关结构性货币政策的担保品范围,其就被赋予了相应的折扣率(王永钦和吴娴,2019)。

近年来,中央银行通过创新货币政策工具,以质押的方式向商业银行提供不同期限的资金,旨在满足不同水平的流动性需求以稳定市场、支持经济增长。随着中期借贷便利等结构性货币政策工具的广泛应用,中国中央银行调节折扣率的手段主要着眼于在其基础上的担保品范围的变化。在此背景下,以中期借贷便利担保品扩容为例展开具体分析,有利于读者对结构性货币政策形成清晰直观的认识。

二、中期借贷便利担保品扩容视角下的货币政策传导

(一)中期借贷便利担保品扩容影响货币政策传导效率的内在逻辑

中期借贷便利是中国中央银行于2014年9月设立的提供中期基础货币的货币

政策工具，其操作对象为符合宏观审慎管理要求的商业银行、政策性银行，并通过招标方式实施。中期借贷便利的发放方式为质押方式，并需提供国债、中央银行票据、政策性金融债、高等级信用债等优质债券作为合格担保品。2018年6月1日中国人民银行扩大了在银行间市场的中期借贷便利的担保品范围，除国债、中央银行票据、政策性金融债、高等级信用债等优质债券外，不低于AA级的小微、绿色和"三农"金融债券，AA+、AA级公司信用类债券（包括企业债、中期票据、短期融资券等），优质的小微企业贷款和绿色贷款也被纳入担保范围。

梳理该政策影响货币政策传导效率的内在逻辑，首先需要深入了解"折扣率"这一概念。具体而言，银行以质押方式获得中期借贷便利时，需要将其担保品乘以相应的折扣率，继而获得经过扣减数额的融资支持。因此，银行在持有资产时会同时受到折扣率和自有资金的影响。郭晔和房芳（2021）指出，担保品框架不仅作用于银行的资产负债表，而且影响特征企业的资产负债表，从而发挥定向调整作用。

在传统理论下，担保品范围与货币政策传导效率无关，依靠传统货币政策即可实现总量调整和结构调整。随着传统货币政策的失灵以及结构性货币政策的盛行，担保品范围开始发挥不可忽视的调节作用。从商业银行的角度出发，中央银行利用中期借贷便利等工具为其提供流动性，同时要求其提供相应的担保品。出于对流动性的需求，商业银行在提供信贷时也会倾向于配置担保品范围内的资产，这种配置偏好最终直接体现在了银行的资产端。从企业的角度出发，中央银行的担保品范围起到了为范围内资产提供政府担保的作用，企业在配置资产时也会优先考虑相应资产。在"中央银行→商业银行→企业"的传导链条中，企业通过担保品范围内资产进行融资时，也会因为隐性的"政府担保"而获得融资优势，极大地提高了资金的可得性。而由于"金融加速器"（Bernanke and Gertler, 1995）的存在，担保品扩容会通过企业端进一步影响货币政策的传导效果。因此，中期借贷便利担保品扩容在货币政策对实体经济进行精准滴灌方面具有重要意义。

（二）理论模型

Ashcraft et al.（2010）在一个世代交叠（OLG）模型中考察投资者证券组合最优化问题。假设证券 j 的折扣率或保证金比例为 m_t^j，即拿1元证券 j 作担保可获得 $(1-m_t^j)$ 元融资，剩余 m_t^j 元则由投资者自有资本承担。因而，投资者持有证券 j 的额度受到折扣率和自有资本的约束。该模型可以在中期借贷便利担保品扩容的政策背景下被重新解读，此处的折扣率 j 指的是资产在质押时所需的折扣率。担保品扩容可能意味着相应资产类别的折扣率的降低，这使得银行能以更低的成本获得资金。

据此,Ashcraft et al.(2010)推导出保证金(折扣率)约束下的资本资产定价模型(CAPM):

$$E_t(r_{t+1}^j) - r^f = \lambda_t \beta_t^j + m_t^j \psi_t x \tag{5-1}$$

其中,$E_t(r_{t+1}^j)$为证券j的期望收益率,r^f为无风险利率,λ_t为市场风险溢价,ψ_t是投资者自有资本的影子成本,x代表投资者的风险厌恶程度。

通过数值分析,Ashcraft et al.(2010)模拟出利率对不同证券折扣率的影响以及证券期望收益与不同折扣率之间的关系线,分别如图5-3和图5-4所示。对于足够风险厌恶的代理投资者而言,当前利率降低,资本的影子成本会增加。这里的影子成本是指资本的实际使用成本,包括资本的机会成本等。图5-3显示,随着影子成本的增加,高折扣率资产(抵押要求较高的资产)所需的回报率会增加,这导致了代理人对这些资产的实际投资减少。原因在于,高折扣率资产通常是流动性较弱的资产,对于这类资产,较高的抵押品要求意味着更高的融资成本和风险。与此同时,利率降低对低折扣率资产(抵押要求较低的资产)的影响则相反。降低利率会降低这些资产的所需回报率,从而可能增加对这些资产的投资。总体而言,对于高折扣率资产,降低利率可能不会带来预期的刺激效果,反而可能增加其所需回报

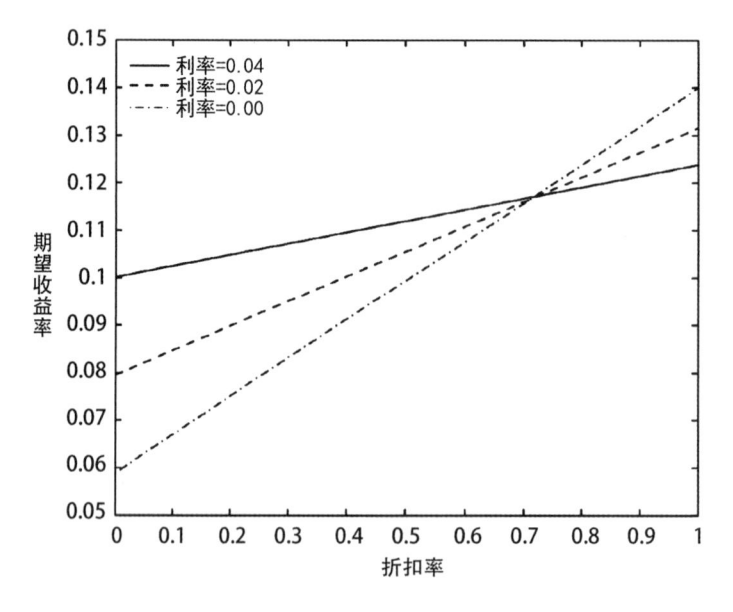

图5-3 利率对不同证券折扣率的影响

率并减少代理投资者对其的投资。因此,在通过利率政策影响金融市场和经济活动时,同样需要考虑市场参与者风险偏好和资产特性的影响。

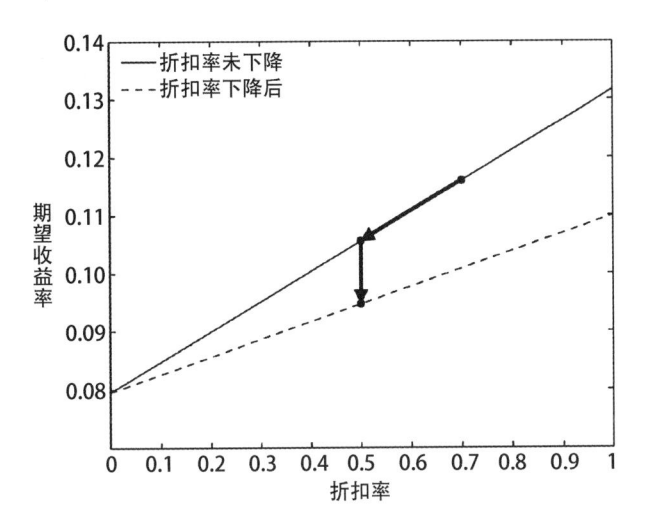

图 5-4 证券期望收益与不同折扣率之间的关系

如果降低证券 j 的折扣率,模型中代理人的边际约束就将变得松弛。折扣率的减少降低了代理人资本的影子成本,这反过来使得整个折扣率-回报率曲线变得平缓,如图 5-4 所示。这种效应进一步降低了证券 j 所需的回报率。作为模型的核心结论,这一效应在实证测试时得到了验证。因此,资产的收益率对于中央银行提供的折扣率变化有反应,中央银行能够通过调整折扣率来影响资产的回报率和市场的整体流动性,从而对金融市场产生重要影响。

该模型为分析中国中期借贷便利担保品扩容的潜在影响提供了一个框架,特别是在理解担保品扩容对金融市场和实体经济的影响方面。图 5-5 绘制了两条关系线 AC 和 BD;纵轴是证券期望收益率,截距项 A 和 B 代表低折扣证券或低资本影子成本状态,其收益率分别对应无风险利率 r_A^f 和 r_B^f;横轴为折扣率或资本影子成本,C 和 D 代表高折扣证券或高资本影子成本状态,其收益率分别为 r_C 和 r_D。

假定货币政策宽松(紧缩),无风险利率由 $r_A^f(r_B^f)$ 降至(升至) $r_B^f(r_A^f)$,若资本影子成本处于较低状态且没有变化,则证券收益率从 A(B)点移至 B(A)点,利率传导效率为 $r_A^f - r_B^f$;若资本影子成本升高,则证券收益率从 A(B)点移至 D(C)点,利率传导效率为 $r_A^f - r_D(r_C - r_B^f)$ 小于(大于) $r_A^f - r_B^f$。2018 年我国货币政策环境呈宽松态势,中国人民银行降准 4 次释放长期流动性,同时引导货币市场利率

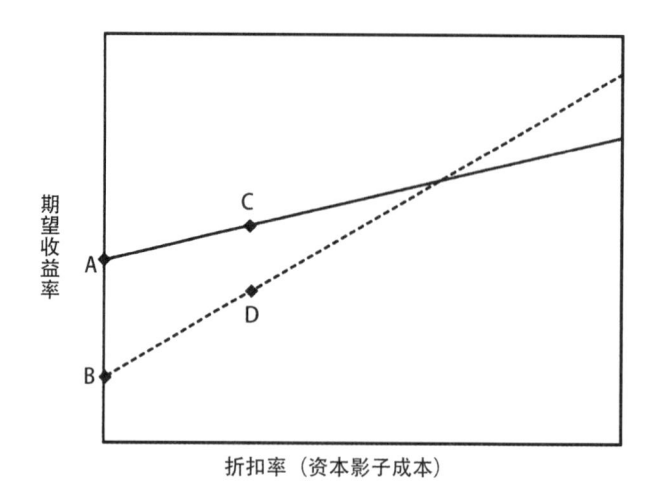

图 5-5　证券期望收益与折扣率(资本影子成本)关系线

中枢下行,DR007 中枢从年初的 2.9% 左右下降至 2.6% 左右(中国人民银行货币政策分析小组,2018)。中期借贷便利担保品扩容后,被纳入担保范围的债券的折扣率明显降低。资本影子成本(折扣率)的降低使得资产收益率与当前的无风险利率同向变动,利率传导效率由此提升。在宽松的货币政策环境下,此类债券市场利率传导不畅的问题借由结构性货币政策获得了定向缓和。

第四节　小　结

本章首先对我国的结构性货币政策进行了简要介绍,接着梳理了其实践现状。我国的结构性货币政策在实践中已得到广泛应用,针对多领域和多环节精准施策。然而,我国对结构性货币政策的理论评估尚未得出一致结论。为了达到"知行合一",在理论的指导下更好地推进我国结构性货币政策的实践,本章以中期借贷便利担保品扩容作为代表性视角,详细探讨了其在提高货币政策传导效率方面的作用。研究结论显示,中期借贷便利担保品扩容后,被纳入担保范围的债券折扣率显著下降。随着无风险利率的降低,这些债券的利率传导效率得到了有效提升。因此,中央银行可以考虑适当下调经济重点领域和薄弱环节相关债券的折扣率。这一策略反映了中央银行在货币政策操作上的灵活性和创新性,通过这种精准调控,有助于我国应对当前的经济挑战,推动经济转型升级,为经济的高质量发展提供重要保障。

附录:定向降准释放流动性的测算

参考主流做法,本章计算定向降准释放流动性的步骤如下:

第一步,从官方公告中收集每次降准的信息,并记录估算数据。

第二步,如果人民银行未宣布提高金融机构的存款准备金率,目标金融机构就可以继续享受定向降准政策,因此假定后续年份也释放了当次定向降准对应的流动性,直到下一次定向降准为止。

第三步,鉴于定向降准主要关注的是中小微企业融资难问题,此处以流向中小微企业的贷款作为结构性货币政策最终释放的流动性。根据官方数据,中小微企业贷款约占企业贷款总额的71%。因此,定向降准释放流动性的最终数据为估算数据的71%。

第六章

现代宏观审慎政策及监管框架

引言: 随着2008年金融危机的爆发和演变,宏观审慎政策已经成为全球中央银行和金融监管机构的核心关注点。这一转变反映了对常规货币政策在维护金融稳定方面局限性的认识,也揭示了经济政策之间相互作用及其影响的复杂性。为了应对这些挑战,全球金融监管框架经历了重大的改革和创新,其中,宏观审慎政策成为维护金融体系稳定的关键工具。本章将深入探讨宏观审慎政策的发展历程、核心原理及其在不同国家中的应用情况。

从20世纪90年代末至21世纪初,以控制通货膨胀为目标的货币政策虽促进了经济的稳定增长,但在控制信贷扩张和资产价格上升方面显示出明显的不足。2008年金融危机进一步暴露了这些政策的局限性,显示了单个机构的稳健并不能保证整个金融系统的稳定。在此背景下,宏观审慎政策被提升至一个前所未有的重要地位,以更全面地应对金融市场的顺周期性特征和全球化背景下金融风险的多样性。

本章详细探讨了宏观审慎政策在现代金融体系中的角色和重要性,介绍了现代宏观审慎政策及监管框架。本章首先解析宏观审慎政策的现实背景。这一部分将着重强调宏观审慎政策在预防和减轻系统性金融风险方面的重要作用,尤其在全球金融市场日益融合和复杂的当前。接下来,本章将介绍宏观审慎政策的总体框架,包括其政策目标、工具和实施机制。本部分内容将探讨如何通过宏观审慎政策来监测和控制金融市场的顺周期性风险,以及如何在不同经济环境中灵活调整政策工具。随后,本章将深入分析宏观审慎政策在中国和其他国家的实践情况,梳理宏观审慎政策的发展历史,分析不同国家在实施宏观审慎政策时的策略和成效,特别是在 2008 年金融危机后,不同国家如何调整和完善宏观审慎政策,以及这些调整对于保持金融稳定和促进经济发展的影响。最后,本章会以资本监管为具体案例,探讨资本监管改革的成效及其对宏观审慎监管发展的影响。这部分内容将分析资本监管在维护金融稳定中的关键作用,以及如何通过资本监管来有效应对金融市场的不断变化。本章想要探讨资本监管在当前金融体系中的重要性,以及为何在全球范围内推动更有效的资本监管体系是当务之急。

第一节　宏观审慎政策框架

一、宏观审慎的现实背景

2008 年金融危机前三十多年的全球经济和金融发展具有四个显著特征:第一,通货膨胀率及其波动率日趋下降。第二,全球实体经济的增长速度加快,且增长的不确定性减少。第三,资产价格、信贷和投资出现了更加明显的繁荣与萧条周期,导致金融危机频发。第四,全球贸易失衡问题日益严重。这四个现象共同塑造了自 20 世纪 70 年代以来的全球经济格局。在这些现象中,前两个趋势对全球经济有积极影响,导致了所谓的"大缓和"时代的到来,具体表现为全球主要经济体的经济稳定和持续增长。然而后两个趋势产生了消极影响,从拉美到东亚,再到美国,导致了表面上欣欣向荣的经济体在短时间内陷入危机。

如果不是 2008 年金融危机给予我们的当头棒喝,经济学家们还在不断寻找理由解释和修补上述消极影响。他们不断主张:资产价格的泡沫似乎未能显著传递到实体经济,影响通货膨胀率;即使全球贸易不断失衡,全球经济稳定增长的趋势没有变化,贸易失衡的小问题也似乎不足挂齿。但问题远比我们想象的严重,信贷扩张和资产泡沫极具破坏力,并且能够不断自我强化,而全球贸易问题加剧了这一影响,并将危机的影响扩散到了全球一体化经济的每一个角落。

自 20 世纪 70 年代以来,随着金融市场越来越发达,金融工具和金融创新越来越复杂,金融失衡开始周期规律性地出现,并且与宏观经济的交互强化现象凸显。这种交互强化现象使得经济和金融长期互相影响,偏离了它们的长期趋势。因此,

2008年由美国次级房贷危机触发的全球金融危机并非新现象。实际上,它是信贷过度扩张、资产价格泡沫,以及监管不当所导致的宏观经济失衡的必然后果,这种危机机制在过去几十年的金融危机中已经被反复证实。回顾历史可以看到,在20世纪70年代现代金融体系形成时,工业化国家就已经经历了信贷的快速增长和资产(特别是股票和房产)价格的剧烈上升。到了20世纪80年代中后期和90年代初,北欧国家和日本也遭遇了类似的情形。当20世纪末亚洲金融危机爆发时,全球的低成本信贷不仅推高了这些国家的资产价格,而且导致了这些经济体的投机性繁荣,为之后的经济崩溃埋下了伏笔。在21世纪的第一个十年,起源于美国的次级房贷危机波及全球,形成了自1929年至1933年大萧条以来最具破坏性的金融危机。在这次危机中,过度的信贷扩张和以房地产市场为代表的资产价格非理性上涨再次成为关键因素。

20世纪90年代末至21世纪初,以通货膨胀为目标的货币政策通过改变短期利率维持了稳定的低通货膨胀,促进了经济合理增长。但是,这一时期的货币政策不能管控信贷扩张、风险承担增加以及同时发生的资产价格急剧上涨。当经济欣欣向荣时,这样的风险被持续增长的经济所掩饰,但它的平均水平的确客观存在且在暗中酝酿。一个观察到的客观事实是,尽管美国联邦基金利率从2004年的1.35%大幅上升到2006年的4.96%,但是信用利差持续收窄,市场波动进一步下降(如图6-1所示)。这意味着更高的政策利率未能阻止全球金融市场的风险累积,而这些金融市场的风险累计正是导致2008年金融危机的诱因之一。

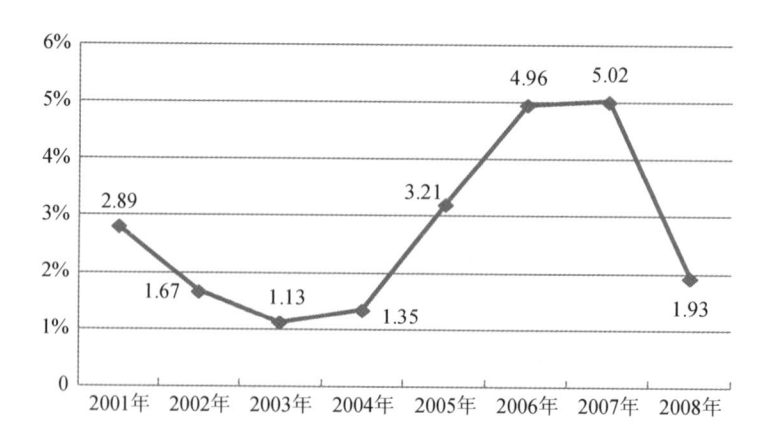

图6-1 金融危机前的美国联邦基金利率

从过去四十多年的实践我们可以看到,仅依赖于微观层面的审慎监管难以保证金融系统的稳定,也难以实现宏观经济的长期均衡和持续增长。这一点不仅在频繁爆发的金融危机中得到了验证,而且与更深层次的宏观经济因素密切相关。具体来说,自 20 世纪 70 年代起,随着全球性的金融"繁荣-衰退"周期的增强,金融系统的过度周期性加剧了,从而改变了传统的通货膨胀动态。这种变化表现在大量资金和信贷持续涌入并固定在金融体系中,不仅加剧了金融体系与实体经济的脱节,而且导致金融领域的扭曲往往在实体经济扭曲前出现。大多数情况下,在过多的货币和信贷转化为实体经济中的广泛通货膨胀前,资产价格和信贷的崩溃就已经引发了金融危机。在现代金融体系中,危机的发生更多是通过资产价格和信贷途径,而不是传统的通货膨胀渠道,这使得基于通货膨胀目标制的货币政策在维持宏观稳定方面变得不再有效,也暴露了传统微观审慎监管的局限性。

面对周期性爆发的金融危机,传统货币政策和微观审慎监管显示出其局限性。这些政策不仅未能有效阻止金融危机的发生,而且在危机的预测和事后处理方面表现不佳。实际上,只要金融监管仍然只关注微观层面的个体而忽视金融机构、市场与宏观经济间的互动,系统性风险引发的金融危机就会持续出现。英格兰银行在 2009 年指出,传统的金融监管框架在面对重大金融危机时往往无法做出恰当反应,这主要由两方面因素造成:一方面,现行微观审慎政策工具,尤其是资本要求,难以调整到银行资产负债表可以承受的水平,而其他工具,如流动性要求,则被低估;另一方面,当监管仅聚焦于单个金融机构时,可能忽视整体的杠杆水平和期限错配问题。

对于保持宏观层面的金融和经济稳定,如果忽视了经济活动与金融行为之间的联系,确定资本和流动性的最佳水平就非常困难。虽然传统金融监管框架确实对金融系统与经济活动之间的关系进行了一定程度的评估,但相对于维稳经济和金融体系的实际需求而言,这些措施还不够充分。到目前为止,大部分微观审慎政策工具未能有效控制整体的信贷扩张或资产价格泡沫。金融机构间的相互联系和与金融市场的互动机制也未得到适当的重视。特别是考虑到金融体系中风险表现的多样化,传统微观审慎监管难以有效识别不同风险之间的相互作用,也缺乏及时应对跨机构和跨行业风险传播的能力。因此,迫切需要引入新的政策工具,专门用于维护整个金融体系的稳定。

为此,宏观审慎政策孕育而生。作为一种对微观审慎和传统货币政策的良好补充,宏观审慎政策为解决金融体系稳定性问题提供了一系列政策工具,于 2008 年金融危机后在各国得到了快速发展。

二、宏观审慎政策的定义与发展

宏观审慎政策被定义为一种金融监管框架,其目的是维护整个金融系统的稳定。它不仅关注单个金融机构的健康状况,而且重视整个金融体系内部的相互作用和集体行为对经济稳定性的影响。

宏观审慎政策发展的大体脉络如表6-1所示。

表6-1　　　　　　　　　　宏观审慎政策发展大事记

年份	事　件
1970	国际清算银行开始使用"宏观审慎"这一术语
1986	国际清算银行报告中提到宏观审慎监管
1987	巴塞尔银行监管委员会首任主席强调系统性风险监管的重要性
2000	国际清算银行总经理在金融稳定论坛(FSF)的演讲中详细阐述了宏观审慎监管
2008	金融危机爆发,宏观审慎政策概念得到广泛关注和认可
2009	国际清算银行重新定义宏观审慎政策,在二十国集团(G20)峰会上,各国代表强调其重要性
2010	美国签署的《多德-弗兰克华尔街改革与消费者保护法案》是自大萧条以来最严格的金融改革法案,《巴塞尔协议》达成要进行宏观审慎监管的共识
2011	英国成立金融政策委员会,金融稳定委员会(FSB)发布针对系统重要性金融机构的政策措施
2016	国际货币基金组织、金融稳定委员会和国际清算银行联合发布了关于宏观审慎政策的报告
2017	国际货币基金组织讨论了宏观审慎政策在应对大额不稳定资本流动中的作用

宏观审慎政策是一个历史悠久的概念。它最早出现在20世纪70年代,当时国际清算银行开始使用"宏观审慎"这一术语。到了1986年,国际清算银行在其《近期国际银行业的创新活动》报告中提到了宏观审慎监管,并将其定义为一种促进整个金融系统和支付机制安全稳健的政策。1987年,巴塞尔银行监管委员会的首任主席布伦登(Blunden)在一次演讲中强调了对金融体系系统性风险的审慎监管的重要性,即使这可能限制个别银行的某些审慎行为。2000年9月,时任国际清算银行总经理安德鲁·克罗克特在金融稳定论坛的演讲中详细阐述了宏观审慎监管的目标和政策含义。此后,巴塞尔银行监管委员会的博利奥(Borio)等研究人员进一

步探讨了宏观审慎监管的含义及其与微观审慎监管的不同。然而,"宏观审慎"这一概念在 2008 年金融危机后才真正得到国际社会的广泛关注和认可。

在 2008 年金融危机后,国际社会开始重新审视传统金融监管方法的局限性,并加深了对宏观审慎监管的重视。2009 年初,国际清算银行对宏观审慎进行了界定,强调了其在解决诸如"大而不能倒"、顺周期性、监管缺失和标准不足等危机中问题的重要作用。2009 年 4 月,二十国集团在伦敦峰会中发表声明,强调将宏观审慎监管作为微观审慎监管和市场综合监管的关键补充,并提出了旨在降低系统性风险和完善金融监管框架的新措施。会议同时宣布成立金融稳定委员会,该机构负责全球金融稳定的宏观审慎监管,其职责包括评估各国金融体系的脆弱性,促进不同监管机构间的合作和信息共享,监控市场动态及其对监管政策的影响并提出相应建议,对国际监管标准的制定进行联合战略评估,为具备系统重要性的大型跨国金融机构提供指导和支持,支持跨国危机管理的应急预案,与国际货币基金组织共同开发金融体系的早期预警系统。金融稳定委员会的成立旨在加强全球层面的宏观审慎监管合作与协调。在 2009 年 6 月,欧盟理事会通过了关于改革欧盟金融监管体系的决议,并在同年 9 月通过了金融监管改革的法案草案。这一法案的核心提议是建立一个既重视宏观审慎,又强调微观审慎的综合监管体系。

在 2010 年 7 月,时任美国总统贝拉克·侯赛因·奥巴马(Barack Hussein Obama)签署了《多德-弗兰克华尔街改革与消费者保护法案》,这是自"大萧条"以来美国实施的最为严格的金融改革法案。同年 9 月,巴塞尔银行监管委员会的管理层会议在瑞士举办,来自 27 个成员国的中央银行代表就《巴塞尔协议Ⅲ》达成共识,其中包括对金融机构的新资本要求、流动性规则、杠杆率以及动态拨备等多项重要议题。在 2010 年 11 月举行的二十国集团首尔峰会上,成员国通过了巴塞尔银行监管委员会早前制定的《巴塞尔协议Ⅲ》。该协议包括了一系列加强宏观审慎监管的关键进展:首先,除了最低监管资本要求之外,增设了基于宏观审慎的额外资本要求,以使银行体系能更好地抵御信贷快速增长所带来的风险,同时要求系统重要性银行在满足最低资本要求的基础上增加额外资本,以提升其对抗风险的能力;其次,对流动性和杠杆率的监管得到加强,引入了流动性覆盖率和净稳定资金比率(NSFR)两个标准,以提高金融机构对流动性风险的管理水平;最后,作为对最低资本要求的补充,新的杠杆率计算方式也包括了表外风险,杠杆率是通过比较一级资本与表内资产、表外风险敞口及衍生品的总风险暴露来确定的。

2011 年 6 月,英国政府公布了旨在降低整体金融体系风险的监管框架改革计划，其中的一个重要措施是在英格兰银行内成立一个新的金融政策委员会。该委员会的两大核心职责包括：一是向金融系统传达并确保遵循宏观审慎监管当局的指导，二是协助宏观审慎监管当局调整由财政部启动的二级立法程序所设定的宏观审慎工具。同年9月，韩国也通过了新修订的《韩国银行法》，该法进一步增强了韩国银行的宏观审慎职能，赋予其维护金融稳定所需的工具和手段。与此同时，日本银行开始以多种方式执行宏观审慎职责，如结合宏观审慎管理与微观层面的实地检查和非现场监测，担任最后贷款人角色，以为金融机构提供必要的流动性支持，并从宏观审慎的角度制定货币政策和监控支付结算体系。2011年11月，金融稳定委员会发布了《针对系统重要性金融机构的政策措施》，其在同月举办的二十国集团戛纳峰会上得到了认可。同月，金融稳定委员会公布了首份包含全球29家系统重要性金融机构的名单，其中包括中国银行。自那以后，这份名单每年更新。到了2015年11月，中国的四大国有商业银行都被纳入该名单。

2016年8月，国际货币基金组织、金融稳定委员会和国际清算银行共同发布了《有效宏观审慎政策要素：国际经验与教训》，对宏观审慎政策进行了界定：利用审慎工具来预防系统性风险，旨在减少金融危机的发生频率并降低其影响。2017年6月，国际货币基金组织执董会讨论了《发挥宏观审慎政策作用，增强对大额及不稳定资本流动冲击的抵御能力》，强调大额和不稳定的资本流动可能导致系统性金融风险。该文件指出，当前的金融监管应更加注重增强金融体系的韧性，并进一步拓展宏观审慎政策的应用。该文件还提到，鉴于国际货币基金组织成员普遍对大额和不稳定资本流动冲击的抵御能力较弱，国际货币基金组织执董会采纳了一套基于资本流动管理和自由化的政策建议以及宏观审慎政策框架，旨在根据各成员的金融发展状况和体制问题，使这两者在应对系统性金融风险方面发挥互补作用。此外，该文件还讨论了跨境资本流动对系统性金融风险的传播机制，阐述了宏观审慎措施（MPM）的作用范围和资本流动管理措施（CFM）的不同之处，以及在资本外逃情况下宏观审慎政策需要考虑的因素。

三、宏观审慎政策的内涵与目标

宏观审慎政策从宏观层面和逆周期视角出发，实施一系列措施，其目标在于防范金融体系内部周期性波动及不同部门间风险传播引发的系统性风险。这种政策的核心在于分析和评估整个金融系统的风险状况，并通过制定、执行和完善相应的政策工具来控制这些风险。它的显著特点在于逆经济周期性。下面,我们主要介绍宏观审慎政策的目标——金融稳定,并将其与传统货币政策和微观审慎政策相比较,从而得出其内涵。

(一)宏观审慎的目标——金融稳定

要更好地理解宏观审慎政策的内涵,就必须理解宏观审慎政策目标中"金融稳定"一词的含义。金融稳定被定义为由金融中介、市场和市场基础设施组成的金融体系处于能够经受住冲击和金融失衡影响的状态,在发生严重金融扰动时,可以正常发挥金融媒介作用,降低储蓄无法配置到可盈利投资机会的可能性。这涉及确保金融市场的有效运作,保持金融机构的稳定,以及预防金融市场的过度波动,从而维护整个经济的平稳发展。通过这种方式,宏观审慎政策旨在创造既稳健又有弹性的金融环境,使其能够支撑并促进经济的持续增长。

(二)宏观审慎政策的内涵——与货币政策的比较

与宏观审慎政策密不可分的一个概念是货币政策。货币政策在某种程度上承担着维护金融体系稳定的角色,但它不能完全替代宏观审慎政策。这是因为货币政策在追求金融稳定性时面临着一些固有的限制和挑战。首先,货币政策的主要目标是宏观经济稳定,尤其是通过控制通货膨胀和促进就业来实现。在某些情况下,这可能要求与金融稳定性目标进行权衡。例如,为了抑制通货膨胀,中央银行需要提高利率,但这样的举措可能对金融市场产生不利影响。其次,如果货币政策专注于金融稳定,就可能削弱中央银行将通货膨胀率及其预期作为主要调控目标的信誉。这是因为金融稳定和通货膨胀控制之间可能存在冲突,特别是在短期内。最后,货币政策的不确定性和滞后效应意味着它可能无法及时有效地应对金融体系的风险。货币政策的调整通常需要时间才能在经济中产生影响,而金融市场往往需要更迅速的反应。因此,虽然货币政策对于金融稳定性有一定的影响,但它不能完全替代专门针对金融稳定性而设计的宏观审慎监管措施。这些监管措施专注于金融系统的健康和稳定,可以更直接和有效地应对金融市场的特定风险。

(三)宏观审慎政策的内涵——与微观审慎政策的比较

微观审慎监管是一个与宏观审慎监管密切联系的概念。宏观审慎政策的内涵可以从其与微观审慎政策的对比中得出。表 6-2 总结了宏观审慎政策与微观审慎政策的主要区别。

表 6-2 宏观审慎政策与微观审慎政策的对比

项目	宏观审慎政策	微观审慎政策
监管对象	整个金融体系	金融机构个体
监管目标	防范和化解系统性风险,维护金融稳定	保护投资者合法利益
风险特征	内生性	外生性
系统重要性程度	重要	不重要
监管方式	自上而下	自下而上
机构设置	综合监管	分业监管

第一,从监管对象和目标的角度来看,宏观审慎政策的主要目标是减少经济中的财务困境成本。这种政策重点放在防范金融体系或其主要成员的财务困境上,即集中于控制所谓的"系统性风险"。系统性风险是全球各国中央银行和政策制定机构用来评估金融稳定性的关键指标。系统性金融风险的概念起源于20世纪90年代。其早期定义主要关注银行部门及其相关金融机构间信任和信息流通的显著中断。具体来说,它通常指在突发和非预期事件的影响下,银行部门或整个金融体系遭受广泛的信任崩溃,对实体经济产生显著负面影响。随着研究的深入,金融机构之间的财务困境和损失的传播(传染)也逐渐被纳入系统性风险的定义。因此,系统性危机可以被视为由金融事件引发的金融机构间的相互传染,最终导致广泛违约的情况。

系统性风险一般被分为两类:周期性风险和结构性风险。周期性风险特指那些随着时间的推进而累积的风险。这类风险来源于金融机构、企业和家庭在金融和信贷周期的繁荣阶段过度承担风险,而在衰退阶段变得极端避险的特征。周期性风险凸显了系统性风险是如何在经济和金融的扩张阶段积聚的,这一阶段通常伴随着金融创新、信贷增长、过度乐观和资产估值偏低等现象。当房地产和证券市场的泡沫破灭时,通常会引发金融资产的大量抛售、价格下跌和信贷收紧,从而触发金融危机并对实体经济造成影响。结构性风险主要关注的是金融体系内风险集中度以及不同部分间的相互依存关系对系统性风险的影响。这种风险涉及金融体系在特定时间点上的总体风险分布或集中情况。金融机构通过与交易对手之间的风险敞口形成紧密的网络,在整个金融体系中创造了彼此之间直接和间接的联系。不利的宏观经济冲击可能通过金融机构、市场和产品之间的互动、溢出、传染而使金融机构之间的道德风险、不透明性和复杂性被放大。如果金融体系中的大部分功能由少数几个紧密相连的机构承担,这些机构不仅面临相同的风险,而且依赖于相似的融资渠道,那么金融体系的系统性风险就会显著增加。这是因为这些核心机构的问题可能迅速传播到整个系统,导致更广泛的不稳定和风险。所以,结构性风险强调了金融体系内部各部分之间的相互连接和依赖程度,以及这些连接如何导致金融不稳定和系统性危机。

由此,宏观审慎政策的内涵也可以从时间周期性维度和结构维度来看待。

从周期性维度来看待宏观审慎政策,关键在于理解和管理金融市场和经济活动中的周期性变化及其对金融稳定的影响。周期性风险强调了金融周期(如信贷周期和资产价格波动)对金融体系稳定性的潜在威胁。宏观审慎政策在应对周期性风险方面主要涉及以下几点:(1)识别和监测周期性风险。宏观审慎政策需要监测和评估信贷扩张、资产价格泡沫以及其他可能导致金融不稳定的宏观经济和金融指标。(2)逆周期性措施。实施逆周期性措施以平衡经济繁荣和衰退期间的风险。例如,通过在经济繁荣期间增加资本和流动性缓冲来限制信贷的过度增长,以及在衰退期间放松这些要求来支持经济。(3)调节金融杠杆。制定政策来调节金融市场的杠杆率,避免过度借贷和投机行为。(4)宏观经济政策协调。与货币政策和财政政策相协调,共同作用于经济周期,以维持宏观经济和金融市场的稳定。(5)建立缓冲和资本要求。建立适当的资本和流动性缓冲,以增强金融机构在面对周期性压力时的韧性。(6)风险管理和应对策略。提供指导和框架,帮助金融机构更好地管理周期性风险,并准备应对潜在的市场调整或冲击。通过这些措施,宏观审慎政策的目的在于减少金融市场和信贷活动的过度波动,防止过度扩张和急剧萎缩导致的系统性风险,从而维护整个金融体系的稳定。

从结构性维度来看,宏观审慎政策意味着重点关注金融体系内部风险集中和相互依赖对整个系统稳定性的影响。宏观审慎政策在这个方面的主要任务是识别和缓解由金融机构之间的相互关联和依赖导致的系统性风险。这涉及以下几个关键方面:(1)识别核心机构和市场。宏观审慎政策需要识别那些对整个金融系统至关重要的机构(如系统重要性金融机构)和市场,因为它们的问题可能导致整个系统的不稳定。(2)监控风险集中。需要监控金融机构、市场或资产类别的风险集中度。过度集中的风险可能在金融体系中引起连锁反应,特别是在危机时期。(3)减少相互依赖。采取措施来减少金融机构之间的相互依赖,如鼓励风险分散。(4)增加透明度和复杂性管理。提高金融产品和市场的透明度,管理金融产品和活动的复杂性,以降低不透明和复杂性导致的误解和风险评估错误。(5)增强金融机构的抗风险能力。提高金融机构的资本和流动性要求,确保它们能够承受潜在的市场冲击。(6)应对和缓解冲击。准备好应急计划和工具,以便在金融体系受到重大冲击时迅速响应,减小影响。通过这些措施,宏观审慎政策旨在减少金融体系内部的相互依赖和风险集中,从而降低系统性风险并提高整个金融体系的稳定性。

第二,从风险特性的角度来看,微观审慎监管主要认为金融风险源于市场本身,而非特定金融机构的单独决策,认为金融资产价格的波动是外在因素驱动的。相比之下,宏观审慎监管观点认为整体的金融风险产生于金融机构的集体行为,显示出一种内生性质。这种关于金融风险内生性的理论在早期的海曼·P. 明斯基(Hyman P. Minslcy)和查尔斯·金德尔伯格(Charles Kindleberger)的金融不稳定理论中已有论述。从这个视角出发,金融不稳定并不只是由于金融机构间的相互传染,也会产生于金融体系内部的系统性风险动态变化。根据这一理论,风险的根源在于金融体系与实体经济的互动,这种互动在经济繁荣期可能导致过度扩张,而在随后的经济低迷期则可能面临金融紧缩的压力。这种现象是具有内生性的,简言之,它强调金融风险是由金融体系内部过程和实体经济之间的相互作用共同驱动的。

第三,从对系统重要性金融机构(SIFI)的监管来看,在宏观审慎监管框架下,对系统重要性金融机构的监管特别重视从金融危机中吸取教训。宏观审慎监管要求针对这类机构实施比一般金融机构更严格的附加资本要求和杠杆率监控。系统重要性金融机构指的是那些因其规模巨大、业务结构和运营复杂性强、与其他金融机构的联系紧密而在金融系统中扮演着无可替代角色的机构。这些机构一旦发生重大风险事件,无法继续运营,就会对整个金融系统和实体经济造成严重的负面影响,进而触发系统性风险。以美国次级房贷危机为例,雷曼兄弟、贝尔斯登、房地美和房利美等系统重要性金融机构在监管松懈的环境中大幅提高了杠杆比率。同时,这些机构资产端的同质性强、风险高度集中,而在负债端则严重依赖于同业市场和商业票据市场的短期融资。这种情况在金融危机爆发时导致了"大而不倒"的困境,即因这些机构对系统的重要性而不能简单地让其破产或清算。因此,宏观审慎政策在监管系统重要性金融机构时更注重提高它们的抗风险能力,以防止它们的问题扩散到整个金融体系,并最终损害经济的稳定性。这包括更高的资本和流动性要求,以及更为严格的杠杆和风险管理规定。相比之下,微观审慎监管对个体金融机构没有针对性差异,这也是其明显的不足之处。

第四，从监管方式和机构设置上来看，宏观审慎政策采用自上而下的统一监管，而微观审慎政策采用自下而上的分业监管。宏观审慎监管和微观审慎监管的区别可以通过它们对风险的不同理解来解释。以证券投资为例，宏观审慎监管类似于对整个证券投资组合的关注，而微观审慎监管则相当于关注单一证券，其中，金融体系可以被视为一个投资组合，各个金融机构则是组合中的个别证券。宏观审慎监管更多地关注整个金融体系（证券组合）的整体风险状态，而不是单独关注组合中每个金融机构（每个证券）的风险。这种方法类似于设定整个投资组合的可接受尾部损失水平，并据此衡量各个金融机构对整体风险的边际贡献。这种方法体现了自上而下的监管逻辑，即从整体到个体。相比之下，微观审慎监管更像是对单一证券进行审慎的风险控制，在很大程度上忽略了整个投资组合的风险以及证券之间的相关性。这种方法符合自下而上的监管逻辑，即从个体到整体，并通常采用分业监管模式。一般来说，宏观审慎监管聚焦于整个金融系统的稳定性，微观审慎监管则专注于单个金融机构的健康和安全。两者虽有不同，但都是金融监管体系中不可或缺的部分。

四、宏观审慎政策的工具

宏观审慎监管工具是为了应对系统性金融风险而设计的，旨在维护金融系统的稳定。这些工具可以根据系统性风险的性质分为两大类：时间维度工具和空间维度工具。时间维度工具主要针对周期性风险，如信贷周期和市场波动。空间维度工具则关注结构性风险，如金融机构的规模和复杂性所带来的潜在威胁。简言之，宏观审慎监管工具的目的是通过对不同类型风险的分类和管理来减少金融系统可能面临的整体风险。整体宏观审慎政策工具的分类如表6-3所示。

表 6-3　　　　　　　　　　　宏观政策工具箱

项目	时间维度工具		空间维度工具
资产类工具	信贷价值比	事前工具	窗口指导
	债务收入比		系统重要性机构监管
资本类工具	逆周期性资本缓冲		
	动态拨备		
	资本充足率要求		

续表

项目	时间维度工具		空间维度工具
流动类工具	流动性覆盖率	事后工具	资产购买模式
	净稳定资金比率		信贷政策
	准备金要求		直接向金融机构注资
	存贷比要求		合并或拆分金融机构

(一) 时间维度工具

时间维度的宏观审慎政策致力于平衡金融部门和实体经济的相互影响，以减轻它们的同步波动(顺周期性效应)。这类政策通过及时的干预手段，旨在实现两个主要目标：第一，通过平抑金融周期的波动，防止信贷和资产价格的过度增长，从而避免因金融泡沫破裂而引起的重大外部冲击，减少给实体经济带来的共振效应；第二，通过在经济增长期间增加金融机构的资本储备来应对经济衰退期间可能出现的资本短缺。这样可以增强金融部门抵御风险的能力，减少对实体经济的负面外部影响，从而降低金融部门引发的共振效应。简言之，时间维度宏观审慎政策的核心在于调节金融周期，以确保金融稳定和经济健康发展。

时间维度的资产类政策工具主要包括信贷价值比(LTV)、债务收入比(DTI)等，其目的是限制信贷市场的过热和过冷。信贷价值比是一种重要的金融指标，用于衡量贷款金额与抵押品价值的比例。具体来说，信贷价值比是通过将贷款金额除以抵押资产的市场价值或评估价值来计算的。在宏观审慎政策中，调控信贷价值比是一种有效的方式。通过设置和调整信贷价值比限制，监管机构可以控制信贷市场的过热和过冷。例如，在房地产市场过热时，降低信贷价值比上限可以减少过度借贷，从而帮助防止资产泡沫的形成；在经济衰退期间，适当放宽信贷价值比限制可以帮助刺激房地产市场和经济活动。因此，信贷价值比可以起到很好的"逆周期"效果。债务收入比是一个衡量个人或家庭财务健康程度的关键指标，特别是在评估贷款申请和信贷风险时。债务收入比计算了一个人或家庭的月度总债务(如按揭贷款、汽车贷款、信用卡最低还款额等)占其月度总收入的比例。在宏观审慎政策中，债务收入比的应用对于监控信贷风险至关重要。高债务收入比通常表明借款人的偿债能力较弱，如果经济或金融条件发生变化，这些借款人就很有可能违约。因此，监管机构可以通过设定债务收入比的上限来限制贷款额度，尤其是在高风险信贷市场，如住房贷款市场。在房地产市场过热或信贷增长过快的情况下，通过降低债务收入比的上限,可以减少过度借贷的可能性,从而预防可能的信贷泡沫;相反,在经济增速放缓时,适当放宽债务收入比限制可以帮助刺激经济增长。

资本类政策主要包括逆周期性资本缓冲(CCB)、动态拨备(DP)、资本充足率要求等工具。逆周期性资本缓冲是宏观审慎政策工具箱中的一个关键组成部分,旨在增强银行体系在经济周期性波动中的稳定性。逆周期性资本缓冲的核心思想是在经济增长期间要求银行增加资本储备,以便在经济下行时使用这些额外的资本来吸收损失、支持信贷活动,从而减轻经济衰退的影响。周期性资本缓冲是一种预防性工具,旨在在经济好转时积累资源,并在需要时提供支持,从而平滑整个金融系统的周期性波动。动态拨备也是宏观审慎政策中的一个重要工具,旨在增强银行体系的稳健性,特别是在应对经济周期性波动方面。动态拨备的核心思想是让银行在经济好转、信贷增长快速的时期积累额外的损失准备金,以便在经济衰退或信贷环境恶化时使用这些准备金来应对潜在的信贷损失。资本充足率要求是对银行及其他金融机构设置的一项规定,要求它们持有一定比例的资本(相对于其风险加权资产)。这一要求是为了确保银行在面临损失时有足够的资本来吸收这些损失,从而保护存款人和维护金融系统的稳定。

流动类政策主要包括流动性覆盖率、净稳定资金比率、准备金要求、存贷比要求等工具,其目的是提升金融机构稳定资金供给的能力,从而增强其抵抗流动性冲击的能力。流动性覆盖率是一项监管标准,用于确保银行具有足够的高质量流动性资产,以抵御潜在的短期流动性压力。流动性覆盖率要求银行持有足够的易于快速变现的高质量资产,这些资产的价值在 30 天的压力情景下应足以覆盖其净现金流出量。流动性覆盖率作为宏观审慎政策的重要工具,通过确保银行有足够的高质量流动性资产来应对短期资金压力。净稳定资金比率是一项旨在确保金融机构具有足够的长期稳定资金来支持其资产和业务活动的国际监管标准。这一比率是《巴塞尔协议Ⅲ》的关键组成部分,目的是促进银行采取更稳健的资金结构,减少对短期市场资金的依赖,并增强其抗风险能力。以上多种流动性政策共同保证了宏观审慎政策的逆周期性,是很好的时间维度的宏观审慎政策工具。

(二)空间维度工具

空间维度的宏观审慎政策致力于应对由金融机构之间的复杂相互关系和活动所带来的系统性风险。在经济上升周期中,为了扩大利润和分散风险,金融机构可能投资于多种非流动性资产或从事高风险业务,这导致金融部门内部形成错综复杂的网络关系,或被称为过度关联。这种过度关联增加了风险传播的可能性。因此,空间维度宏观审慎政策的关键在于对系统重要性金融机构或特定业务实施有针对性的措施,以控制金融机构间的横向关联性,减少内部冲击导致的损失,即防范和化解第一层次的负外部性。当金融部门内部损失减少时,其对实体经济的负面影响也会相应减少,第二层次的负外部性降低。空间维度宏观审慎政策可以分为事前和事后两类。事前政策旨在预防性地减少系统性风险的积累,事后政策则关注在风险发生后的应对和缓解。总体来说,空间维度宏观审慎政策通过减轻金融机构间过度关联带来的风险,增强了整个金融系统的稳健性和抵御危机的能力。

1. 事前政策

事前的空间维度宏观审慎政策是指在金融危机发生前用于防范和化解系统性风险的政策,其着重关注系统性风险的放大机制。具体而言,该类政策主要有两种模式:窗口指导政策与系统重要性机构监管政策。

窗口指导政策又称道德劝说或行政指导,是一种非正式的、非强制性的金融监管手段。在这种政策下,监管机构通过与金融机构的直接沟通来传达对某些金融活动的关切和预期,引导金融机构采取或避免特定行为。这种沟通通常发生在"窗口",即非公开的、非正式的会谈或交流中,因此得名"窗口指导"。窗口指导政策在宏观审慎政策的空间维度事前政策中发挥重要作用,它在引导风险管理、缓解市场过热、预防系统性风险、提供灵活性和及时性、弥补监管缺位等方面起着重要作用。窗口指导政策作为宏观审慎政策的一部分,通过非正式的沟通和劝导,有效地引导金融机构的行为,减少金融市场的过热和风险积聚。

系统重要性机构监管政策是针对那些对整个金融系统稳定性具有重大影响的金融机构即系统重要性金融机构的一系列监管措施。这类机构由于其规模、市场影响力、业务复杂性和在金融系统中的核心地位,其问题可能对整个金融系统甚至经济产生重大负面影响,因此,对它们的监管比对普通金融机构更为严格和复杂。系统重要性机构监管政策的核心作用和主要措施包括更高的资本要求、更严格的流动性和杠杆要求、风险管理和内部控制的加强。这些政策在宏观审慎政策工具箱中的作用是防止"太大而不能倒"的情况发生。通过对系统重要性机构实施更为严格的监管,可以减弱它们出现问题时对整个金融系统和经济的冲击,增强金融系统的整体稳健性。

2. 事后政策

事后的空间维度宏观审慎政策主要用于应对金融危机发生后的影响,其目的是减轻负面外部效应并保持金融市场的稳定。在这些政策中,流动性注入策略扮演着核心角色。流动性注入主要通过两种方式实施：一是通过资产购买模式，二是通过信贷政策。

资产购买模式是一种金融政策工具，它通过购买流动性较弱的资产来提升市场流动性。这种模式的主要作用是减少金融机构之间的相互依赖，并帮助它们更容易地维持或达到监管所要求的杠杆水平。这一过程通过限制资产价格大幅下跌来避免因杠杆和资产价格之间的负面循环而导致的系统性风险。实际上，许多国家在金融危机期间采用了这种政策，如美国的长期资产购买计划、欧洲中央银行的证券市场计划，以及日本的资产购买计划等。这些措施有效阻止了金融机构资产负债表的进一步恶化，并减少了系统性风险在金融部门内部的扩散。信贷政策是一种金融策略，旨在通过提供信贷来增强市场的流动性。它通过引导金融机构调整资产结构来减弱机构之间的依赖关系。在这种机制下，当金融部门遭遇重大冲击时，宏观审慎当局会接受流动性较弱或风险较大的资产作为抵押品，从而向金融机构提供流动性支持。这样做既增强了金融机构应对冲击的能力，又有助于调整其资产负债结构，从而减少金融部门的横向关联性。例如，美联储在国际金融危机期间推出的商业票据融资工具和定期资产支持证券贷款工具都是这种政策的实例。

五、现代中央银行承担宏观审慎职责的逻辑

传统意义上中央银行的主要职能集中在制定和实施货币政策上，以控制通货膨胀和稳定货币价值。然而，近年来，中央银行的角色已经扩展到包括宏观审慎监管，即监控和管理整个金融系统的稳定性和风险。换言之，现代中央银行的职能演变主要体现在中央银行承担宏观审慎职能的转变上。从世界上主流国家宏观审慎的主要负责部门可以清晰地看到这一转变。

美国是最早一批开始宏观审慎实践的发达国家。在美国，宏观审慎监管主要由联邦储备系统负责，其中特别是联邦储备委员会，在宏观审慎监管中扮演着关键角色。它负责实施货币政策、监控和稳定金融市场、监管和指导银行系统。联邦储备系统使用各种工具和措施，如调整联邦基金利率、准备金要求和压力测试，来控制系统性风险并保持金融稳定。此外，金融稳定监督委员会也扮演着重要角色，该委员会由财政部长领导，汇集了各主要金融监管机构的代表，负责识别和应对整个金融系统的风险。除了联邦储备系统和金融稳定监督委员会外，还有其他独立的

金融监管机构参与宏观审慎监管，主要包括联邦存款保险公司、联邦住房金融局（FHFA）、证券交易委员会（SEC）和商品期货交易委员会（CFTC）。美国的宏观审慎框架是中央银行（美联储）领头的监管机构（以金融稳定监督委员会为代表）合作的模式。这一模式在其他发达国家也十分常见。

在欧洲，欧洲中央银行负责欧元区宏观审慎监管。此外，欧洲银行业管理局（EBA）和欧洲系统性风险委员会也参与相关监管工作，监控并评估整个欧盟的金融系统稳定性。除此之外，各个欧盟成员国也由其中央银行实施符合本国国情的宏观审慎监管。例如，英国的宏观审慎监管主要由英格兰银行的宏观审慎监管委员会负责，该委员会负责识别和消除英国金融系统中的系统性风险；在德国，德国联邦金融监管局和德意志联邦银行（Deutsche Bundesbank）共同负责宏观审慎监管。可以看到，由于欧元区体制的特殊性，宏观审慎政策总体上由欧洲中央银行和欧盟各成员国中央银行领头，各国监管机构参与。

日本的宏观审慎政策主要由日本银行（Bank of Japan）负责。作为日本的中央银行，日本银行在宏观审慎监管方面扮演着核心角色。它负责实施货币政策，并监控金融系统的稳定性。日本银行通过各种政策工具，如调整利率、操作市场流动性等手段来维护经济和金融稳定。金融厅（FSA）作为日本的主要金融监管机构，同样参与宏观审慎监管。它主要负责监管银行、证券公司、保险公司等金融机构。金融厅通过制定和执行监管政策来确保金融机构的稳健运营，并监控整体金融市场的健康状况。

在我国，宏观审慎体系同样采用由中央银行牵头，各金融监管单位协作的模式。作为我国的中央银行，中国人民银行在宏观审慎监管中扮演着核心角色。它负责制定和实施货币政策，监控金融市场和金融机构的稳定性，防范和管理金融风险。中国人民银行通过各种政策工具，如调整利率、控制货币供应量等手段来维护金融稳定。国家金融监督管理总局和中国证券监督管理委员会（简称"证监会"）则专注于对具体金融机构的监管。这种多层次、多机构的合作模式确保了我国金融市场的稳定和健康发展，同时防范和减小了金融风险。

可以看到，主流经济体的宏观审慎框架是在中央银行的领导下构建的，这也进一步说明了现代中央银行职能转变的最大特点就是兼顾宏观审慎监管职责。那么，究竟是何种原因导致各国不约而同地由中央银行担任宏观审慎责任呢？

首先，承担宏观审慎职责是中央银行兼顾金融稳定的内在要求。中央银行通常被视为最后贷款人，在金融危机或银行流动性紧张时提供资金支持。这一角色使得中央银行自然成为维护金融稳定的关键机构。宏观审慎监管正是确保金融系统稳定的关键手段。通过监管银行和其他金融机构的资本充足率、流动性和风险，中央银行可以减少金融系统的脆弱性。从这方面来说，承担宏观审慎职责是中央银行不可推卸的责任。

其次，中央银行与其他机构不同，其具有先天的信息优势。作为货币政策的制定者和金融市场的主要参与者，中央银行通常拥有关于金融市场和经济活动的丰富信息。这使得它们能够有效地执行宏观审慎监管职责。此外，中央银行在执行货币政策和日常运作中积累的专业知识和经验，使其成为监管金融稳定的合适机构。

最后也是最重要的，中央银行作为货币政策的执行者，由其承担宏观审慎职责能够更好地促进货币政策与宏观审慎政策的协调。前文提及，能否加强货币政策与宏观审慎政策的协同，是"双支柱"调控框架能否事半功倍的重中之重。对于中央银行来说，只有同时成为两个政策的承担者才能更好地协调两者之间的矛盾，使得"双支柱"调控框架真正"两条腿"协调发展，在处理货币政策与宏观审慎政策的相互影响、如何互补、政策工具协同、信息共享、政策一致性和面对不确定性的策略等方面有机结合、有效协调。因此，需要让货币政策执行者——中央银行承担宏观审慎政策的职责。

第二节　我国宏观审慎政策的实践

一、宏观审慎政策在我国的发展

我国的宏观审慎政策虽然是在2008年金融危机后逐渐建立起来的，但对它的探索远远早于这个时间。按照不同阶段来划分，可以大致把我国的宏观审慎实践划分为五个阶段：早期发展、金融危机后的反思、全面实施宏观审慎政策、治理债务和泡沫问题，以及"双支柱"调控框架时期。经过这五个阶段，中国的宏观审慎政策逐渐成熟，形成了一套既符合国际标准又适应国内经济特点的监管体系。

早期发展阶段大致始于21世纪初期。在21世纪初，随着中国加入世界贸易组织（WTO），经济快速增长，中国政府开始意识到快速的经济和金融市场发展可能带来的系统性风险,遂开始探索宏观审慎政策框架。早期发展阶段,宏观审慎政策重点关注银行业的资本充足性、资产质量和信贷政策,逐步推行与国际接轨的银行监管标准。例如,对银行提出新的资本充足率要求,以增强银行的风险抵御能力。调整信贷政策,控制信贷总量,尤其是对房地产和其他高风险行业的贷款。在宏观审慎工具方面,2003年,中央银行在房地产金融领域引入贷款价值比要求;同时,中央银行采取的窗口指导,包括信贷政策等操作,或多或少含有宏观审慎的含义,但是宏观审慎政策作为单独的概念并未被明确提出。

2008年金融危机爆发,我国的宏观审慎政策进入危机后的反思阶段。监管当局加大了对金融市场的宏观审慎管理,认识到需要在追求经济增长的同时保持金融系统的稳定,并且进一步提高对银行业的资本充足率和流动性要求。带来的直接结果就是,我国开始构建更为系统和全面的宏观审慎监管架构,以增强金融体系的抗风险能力。这一阶段同样推出了很多新的宏观审慎政策工具。例如,对银行进行压力测试,评估其在极端经济情况下的风险承受能力;强化银行的流动性管理,确保在市场波动时银行能够维持足够的现金流。可以说,正是金融危机将宏观审慎这一政策带入监管当局的视野。

2010年,我国的宏观审慎政策进入全面实施阶段。这一时期的主要举措包括:引入多层次的监管体系,如宏观审慎评估体系;加强对影子银行系统的监管,尤其是针对非标准信贷活动的风险;实施一系列房地产市场调控措施,如限购、限贷政策,以防范房地产泡沫。这一时期的工具创新也有很多,例如:引入和构建宏观审慎评估体系,对银行业进行综合评估,包括资本充足率、资产质量、流动性等;差别化住房贷款政策,即针对不同城市的房地产市场情况,实施差别化的住房贷款政策;针对影子银行的一系列监管措施。

2015年前后,宏观审慎政策的实践主要集中在债务和泡沫问题上。这段时间的改革重心主要集中在企业和地方政府债务,调控房地产市场和发展资本市场等方面。宏观审慎监管要求关注日益增长的企业和地方政府债务,推行债务风险控制措施,继续加强对房地产市场的调控,以稳定房价和遏制投机行为,推动资本市场的发展,提升直接融资比重,优化企业融资结构。

2017年党的十九大报告提出要完善货币政策与宏观审慎政策的"双支柱"调节框架,并将其纳入中央政府的文件,这表明我国的宏观审慎政策迈入了新阶段,上升到了与货币政策同等重要的位置。这一举措意味着,在未来一段时间内,"双支柱"调控策略将作为中国金融改革和发展的核心策略之一。其核心目标是确保金融领域与实体经济领域的协调稳定,以及促进它们的长期持续发展。"双支柱"包含货币政策和宏观审慎政策。其中:货币政策主要是"总量"政策,主要用于调节总需求,侧重于维护物价稳定、平抑经济周期波动;宏观审慎政策主要是"结构性"政策,更多针对加杠杆行为,侧重于防范和化解系统性风险,维护金融体系稳定,逆周期调节金融周期。

从"双支柱"调控框架的内涵来理解,"双支柱"调控框架至少包含以下三个基本内涵:一是对传统的货币政策进行改革和创新,以提升货币政策效果,构建符合时代发展的新型货币政策框架——货币政策支柱。二是扩充和发展现有金融监管制度,建立一个能够密切监控风险、科学防范风险的现代宏观审慎监管框架——宏观审慎政策支柱。三是在发展和完善上述两大框架的基础上,强调货币政策和宏观审慎政策的协调,使两大支柱配合起来起到"1+1>2"的效果。传统的观点集中于"双支柱"调控框架的前两个内涵,而忽略了第三个内涵,明显低估了"双支柱"调控框架的先进性和其中蕴含的政策创新。本章在接下来的部分将对货币政策与宏观审慎政策之间的协同进行着重说明。

加强货币政策与宏观审慎政策之间的协同是"双支柱"调控框架事半功倍的重中之重。现代金融体系错综复杂,金融市场之间、金融与宏观经济之间的交互影响普遍存在,在这样的背景下,彼此独立的货币政策和宏观审慎政策可能无法很好地解决现代金融体系所面对的一系列问题。举例来说,行之有效的宏观审慎政策能够很好地防控系统性风险的生成,这样良好的市场可以使货币政策的传导渠道通畅,从而提高货币政策的有效性。有效的货币政策会带来更加可调控的金融市场和资产价格,从而稳定金融体系,缓解宏观审慎政策的压力。

在实际操作中,宏观审慎政策的主要优势体现在其对特定金融领域(如信贷、证券和房地产市场)的针对性调整上,这种定向调控能有效应对这些领域的不平衡现象。货币政策则主要专注于总量调控,旨在为经济和金融的长期稳定运行营造稳定和有序的金融环境。在面临日益加剧的金融不平衡时,货币政策的总量调节变得尤为重要。如果在经济过热的迹象出现时,货币政策没有适当控制信贷扩张,那么宏观审慎政策的任何工具就都难以有效运作。简言之,宏观审慎政策的针对性调节优势需要基于恰当的货币总量调控。实际上,只有在利用货币政策防止金融过度扩张的基础上,宏观审慎政策才能更加有效地施行定向调控和结构性调控。当货币政策已经有效实施,即金融环境总体良好时,若金融领域仍存在风险或不平衡,宏观审慎政策就应及时介入以纠正这些偏差,避免局部不平衡演变成系统性风险,进而影响宏观经济和金融的稳定。因此,在有效运用"双支柱"政策时,货币政策和宏观审慎政策应相辅相成,共同增强对经济的稳定作用。

二、我国宏观审慎政策实例——外汇市场的逆周期因子

本部分提供了一个宏观审慎政策运用于外汇市场的例子。逆周期因子是中央银行对汇率市场中间价报价模型的一种创新。2017年5月26日,中央银行正式宣布在上述模型中引入逆周期因子。根据中央银行说明,报价行在计算逆周期因子时,可先从上一日收盘价较中间价的波幅中剔除篮子货币变动的影响,由此得到主要反映市场供求的汇率变化,再通过逆周期系数调整得到逆周期因子,逆周期系数由各报价行根据经济基本面变化、外汇市场顺周期程度等自行设定。用公式表示如下:

$$
\begin{aligned}
逆周期因子 &= 市场供求因素 \div 逆周期系数 \\
&= \frac{上日收盘价 - 上日中间价 - 一篮子货币日间汇率变化}{逆周期系数} \times 调整系数
\end{aligned}
$$

从本质上来说,汇率通常由宏观经济的基本因素决定,市场供求的变化则反映在汇率的波动上。然而,外汇本身具有资产属性,它很容易受市场主体非理性预期的影响。这种影响可能导致市场参与者忽略经济基本面,进而形成对市场单边走势的强烈预期,从而增加外汇市场的超调风险。因此,汇率的变动往往显示一定的顺周期性特征。以人民币为例,当市场普遍预期人民币会贬值时,由于汇率变动的这种顺周期性,因此可能出现人民币的过度贬值或不如预期般升值的情况。例如,2016年12月美元的强劲升值和中国企业加速兑换美元以偿还外债,使得市场对人民币贬值的预期增强,引发个人和机构的恐慌情绪,导致大量抛售人民币以购买美元,造成人民币的巨大贬值压力。在这种情况下,根据上一交易日收盘价加上一篮子货币汇率变化机制计算出的人民币对美元的中间价,将倾向于朝贬值的方向超调。在这样的背景下,中国人民银行为应对市场情绪的波动和缓解可能出现的羊群效应,对人民币汇率中间价的报价模型进行调整。2017年5月26日,中国人民银行正式引入了逆周期因子,以适当过滤市场供求的影响。从那时起,人民币汇率中间价的计算包含三个部分:前一交易日的收盘价、一篮子货币的汇率变化,以及新引入的逆周期因子。据彭博报道,2018年1月9日,中国人民银行通知报价银行调整逆周期因子的参数,实际上相当于撤销了逆周期调节。到了2018年8月24日,中国外汇交易中心宣布,自8月份起,报价银行开始主动调整逆周期系数,以缓

和人民币对美元汇率贬值的顺周期情绪。这些政策调整在不同阶段对人民币汇率走势产生了显著影响。

逆周期因子的引入是典型的时间维度的宏观审慎政策。从形式上来看，逆周期因子的引入是为了解决在市场情绪控制下的外汇市场的顺周期现象。外汇是一种资产，维持外汇市场的稳定是维持金融稳定的重要任务之一。逆周期因子刚引入外汇市场，便显示了它对外汇市场稳定的调节作用。其原因在于引入逆周期因子可以校正汇率的非对称性，弱化汇率收盘价格对中间价的影响，减少未来可能发生的盘间交易惯性产生的扰动，有助于合理引导市场预期，遏制外汇市场上的羊群效应，从而增强我国宏观经济等基本面因素和国际汇率市场在人民币汇率形成中的作用，提升中间价报价机制的规则性、透明度和市场化水平。然而2018年1月，中国人民银行却主动撤销了逆周期调节的机制，逆周期因子这一政策虽然在之后数次重启，但并未引起广泛的关注，说明作为一种独特的外汇市场宏观审慎政策，逆周期因子并未起到预期的效果。

彭红枫等(2020)认为，虽然在人民币汇率中间价的计算中引入逆周期因子在一定程度上减少了市场中的羊群行为，但其在维持中间价基准地位方面并未达到预期效果。具体来说，报价银行仅依据前一日的市场供求关系来确定逆周期因子，这可能导致汇率走势在还未完全形成前就被干预，从而干扰了中间价的价格走势。这种做法最终降低了中间价作为一个参考基准的地位。因而从长期来看，逆周期因子会使外汇市场逐渐与中间价脱钩，汇率波动幅度增大从而影响外汇市场的有效性。

当然，逆周期因子在平抑市场情绪、调节外汇市场顺周期方面起到的作用是有目共睹的。但由于我国还未实现全面的汇率市场化，因此汇率中间价的基准地位不能轻易撼动，这就导致了逆周期因子这一宏观审慎政策未能持续有效地实施。然而在特殊时期，这一政策的有效性大大丰富了外汇市场的宏观审慎政策工具箱，从这个角度来看，未来逆周期因子也有可能被重新运用于外汇市场。

第三节　资本监管的微观作用基础：资本计量方法改革的影响

本章前面两节介绍了宏观审慎政策框架及其在我国的实践。本节拟从一个具体监管制度来探索宏观审慎政策对于金融风险特别是银行风险防范所起的作用。具体来说,本节主要介绍宏观审慎监管中资本监管的例子。

资本监管在宏观审慎监管中扮演着至关重要的角色。资本监管主要指对银行及其他金融机构资本充足性的监管,以确保这些机构拥有足够的资本来吸收损失,从而在面对金融压力时保持稳定。资本监管在增强金融机构抵御风险能力、防止过度杠杆、增进市场信心、促进宏观经济稳定、响应和管理系统性风险等方面起着关键作用。在当前宏观审慎评估与微观审慎评估"双调控"的背景下,探讨资本监管的微观作用基础对提高监管水平具有重要的借鉴意义,也对金融支持供给侧结构性改革具有启示意义。鉴于资本监管在宏观审慎和微观审慎监管中的重要作用,本节特别选取我国资本管理高级办法的实施作为研究切入点,探讨资本监管改革的微观效应。

一、资本监管的历史沿革与制度背景

2008年金融危机过后,人们针对商业银行和金融监管做了大量反思。被广泛接受的观点是,此次金融危机的一个重要诱因是商业银行过度的风险承担行为(Harris and Raviv,2014),批评者认为问题的源头在于金融监管不力,未能及时纠正商业银行的过度冒险行为(Agarwal et al.,2015)。因此,各国纷纷展开金融监管领域的理论探讨与改革实践,希冀改进监管政策中的不足之处,有效防范和化解金融风险。2010年12月,巴塞尔银行监管委员会正式发布《巴塞尔协议Ⅲ》,该协议侧重于提高商业银行资本质量和资本数量,其风险加权资产的计量框架基本沿用《巴塞尔协议Ⅱ》的模式,并提出了流动性风险定量监管的国际统一标准(杨凯生等,2018)。

回顾我国银行业监管的历史,2003年成立银监会,逐步借鉴国际规则进行银行监管,并于2009年加入巴塞尔委员会,全面参与银行监管国际标准的制定。2004年,银监会借鉴《巴塞尔协议Ⅰ》,发布了《商业银行资本充足率管理办法》,对资本充足率的计量采用监管部门统一规定风险资产风险权重的标准法,但该方法对风险权重的计量较简单,难以适应日渐复杂的金融市场环境。巴塞尔委员会随后发布了《巴塞尔协议Ⅱ》,提出了全新的信用风险内部评级法(IRB),以修正标准法的缺陷。银监会在监管实践中沿用标准法的同时,着手实施内部评级法的准备工作,直至2014年4月,银监会核准六家试点银行实施资本管理高级方法,对信用风险的计量采取内部评级法,使用内部模型取代监管部门的统一规定来计量风险资产的风险权重。

以往关于资本监管框架效应的研究表明,资本监管会对银行的风险识别和定价产生影响,从而影响银行的风险承担行为(方意等,2012)。由此,一个值得深入研究的问题是,资本管理高级办法是否会影响商业银行的资本监管效果,改变商业银行的风险偏好,从而导致信贷配置的结构性调整?然而目前鲜有文献对此进行实证探讨,为尝试弥补上述不足,本节基于国内上市银行2010年至2016年发布的中报和年报,整理了各银行分行业的信贷数据,并与银监会公布的各行业信贷风险(不良贷款率)信息进行匹配,利用双重差分和三重差分方法进行实证分析,研究此次资本计量方法改革如何影响试点银行的风险偏好,并在此基础上重点分析了试点银行在行业之间的信贷调配,进一步回答改革究竟是鼓励信贷"脱虚向实"以支持供给侧结构性改革,还是加剧"脱实向虚",并据此提出政策建议。在宏观审慎评估与微观审慎评估"双调控"的背景下,探讨资本监管的微观作用基础对提高监管水平具有重要的借鉴意义,也对金融支持供给侧结构性改革具有启示意义。

从资本监管的制度背景来看,2008年金融危机暴露出《巴塞尔协议Ⅱ》的诸多不足。2010年9月巴塞尔委员会正式颁布《巴塞尔协议Ⅲ》,通过引入杠杆率的资本监管新框架和改革宏观审慎监管来修正《巴塞尔协议Ⅱ》的缺陷。我国银监会结合国际经验,发布了《商业银行资本管理办法(试行)》,并于2013年1月1日起正式实施,《商业银行资本管理办法(试行)》整合了《巴塞尔资本协议Ⅱ》和《巴塞尔协议Ⅲ》,形成了中国版的巴塞尔协议。除了参照国际标准提高监管要求外,《商业银行资本管理办法(试行)》将巴塞尔协议的第二支柱(内部资本充足评估程序)与第一支柱(资本计量高级方法)统称为资本管理高级方法,并对资本管理高级方法的内涵做了规范:鉴于商业银行新风险特征,需要针对性的测量模型来准确评估风险,具体包括信用风险内部评级法、市场风险内部模型法和操作风险高级计量法。

2014年4月24日,银监会根据《商业银行资本管理办法(试行)》,核准了六家试点银行实施资本管理高级方法。此轮核准的具体范围为第一支柱(信用风险初级内部评级法、部分风险类别的市场风险内部模型法、操作风险标准法)。核准实施后,六家银行将按照高级方法的要求计算风险加权资产和资本充足率。本轮以初级内部评级法为主的高级方法核准标志着中国银行业风险治理能力建设开始迈上新台阶。

过去,中国商业银行资本充足率的计量均采取由监管部门统一规定的标准方法,这种方法强调对风险资产统一分配权重。而资本管理高级方法中则使用内部评级法来精确计量银行的信用风险,以提高监管资本对风险的敏感程度。内部评级法又分为初级内部评级法和高级内部评级法,差别在于银行业自身评估风险资产权重的自主权大小。内部评级法改变了单一资产权重计算风险加权资产的方法,采用具有敏感性的连续函数权重的测算方法(巴曙松等,2010),即通过计算违约概率、违约损失率、违约风险暴露和有效期限,对债务人、债项进行评级,从而确定风险权重。内部评级法将监管资本与风险动态匹配,推行内部评级法有助于准确识别风险以提取监管资本,推动银行业风险管理从定性为主转变为定性与定量相结合,以提升精细化管理水平,为商业银行业务经营和管理提供更加有效的决策支持。

改革后,六家试点银行对风险加权资产的计量方法进行了调整,信用风险加权资产计量由权重法调整为内部评级法,市场风险加权资产计量由标准法调整为内部模型法,操作风险加权资产计量由基本指标法调整为标准法。在商业银行风险加权资产的构成中,信用风险加权资产占了绝大部分,以某试点银行为例,试点资本管理高级方法前,2013年年报数据显示,风险加权资产总计119 821亿元,其中,信用风险加权资产109 234亿元,占比91.16%;试点后,2014年年报数据显示,风险加权资产总计124 759亿元,其中,信用风险加权资产110 917亿元,占比88.91%。因此,相关的学术研究较多关注信用风险加权资产计量的内部评级法,对市场风险、操作风险计量的关注较少。我们在下一部分梳理文献时,以内部评级法的相关研究为主,而在后文实证分析中,为了充分考虑三种风险资产计量方法调整的总体影响,首先以风险加权资产总额作为研究对象,而后聚焦于试点银行的信贷调配行为。

二、文献综述

现有文献对信用风险计量的内部评级法关注较多,与本节研究主体相关的主要有两大类:一类研究内部评级法对商业银行风险管理的影响,另一类研究内部评级法是否加剧了商业银行信贷投放的亲周期性。

(一) 内部评级法与商业银行风险管理

内部评级法对商业银行风险管理的影响,现有研究尚未得到一致结论。多数学者认为,内部评级法能够优化商业银行资产配置、提高风险识别能力、减轻风险承担量。Repullo and Suarez(2004)认为内部评级法有助于商业银行识别风险。Carey(2001)研究发现内部评级法有助于银行提前预测贷款人的违约风险。Machauer and Weber(1998)研究发现高风险借款者对银行贷款的依赖性更强,在内部评级法下银行会减少对此类借款人的贷款,或收取更高的利息。Furfine(2001)基于美国数据研究发现,内部评级法促使银行减少对高风险资产的投资。Rime(2001)同样认为运用内部评级法的银行更加偏好低风险投资,运用标准法的银行倾向于投资高风险资产。Jacques(2008)的理论研究表明,当银行资本面临冲击时,实施内部评级法的银行会减少高风险贷款,并且该信贷转移效应显著强于其他银行。Cucinelli et al.(2018)研究了金融危机爆发后商业银行的风险管理行为,发现使用内部评级法的银行的信用风险更低,能够更好地应对经济下行带来的风险攀升。

也有学者发现,内部评级法对商业银行风险管理的影响没有达到预期效果。Liebig et al.(2005)发现,在某些情况下,内部评级法未能约束商业银行投放高风险信贷。Arroyo et al.(2012)认为监管当局在审核内部评级模型的时候尺度难以统一,导致不同银行的信用风险度量体系存在差异。Mariathasan and Merrouche(2014)也认为内部评级法可能导致银行之间对贷款对象违约概率的计量结果不一致。Behn et al.(2014)基于德国银行业的数据研究发现,实施内部评级法的银行会低估贷款的违约概率,其贷款的违约损失率也较其他银行更高。Montes et al.(2016)发现使用内部评级法将促使银行采取策略性操纵行为,低估资产风险,导致监管资本要求低于应有的资本水平,从而抬升银行的实际风险。Berg and Koziol(2017)认为低资本银行为了规避资本监管压力,倾向于低估风险加权资产的违约概率。

(二)内部评级法与商业银行信贷亲周期效应

关于内部评级法是否加剧信贷亲周期效应的研究结论较为一致。当经济周期处于下行期时,随着信用风险的上升,使用内部评级法计算的风险加权资产增加,导致资本充足水平下降。此时,银行必须补充更多资本。为了满足资本监管的要求,没有能力或不愿增加股本的银行,不得不通过信贷紧缩来减少风险资产,而信贷收缩将进一步加剧经济的衰退(Behn et al.,2016)。另有实证研究表明,巴塞尔委员会提供的三种计算信用风险权重的方法,都可能在经济衰退时期引起资本要求的提高,从而削弱银行的信贷供给能力(Kashyap and Stein,2004)。内部评级法的亲周期效应主要来源于两个方面:一方面,内部评级法着眼于对当前和未来一年的风险预测,较少考虑经济的周期性波动带来的信用风险变化;另一方面,贷款抵押品的价值会随着经济周期而波动,导致监管资本、准备金计提的亲周期性被放大(Borio et al., 2001; Allen and Saunders, 2002; Mulder and Monfort, 2000; Peura and Jokivuolle, 2004)。目前,克服内部评级法顺周期效应的途径主要有跨周期平滑风险权重、改变置信水平(Kashyap and Stein, 2004)、加入逆周期乘数等。

信用风险度量体系发展得较晚,国内学者对于内部评级法的定量研究较少,已有研究大多是对内部评级法框架的介绍和在国内制度背景下实施内部评级法的讨论。沈沛龙和任若恩(2002)对内部评级法的基本理念及现代信用风险管理模型的运用进行了详细阐述。陈建华和唐立波(2002)指出我国商业银行与国外银行相比在建立内部评级体系上的差距,并对如何构建符合新巴塞尔协议要求的内部评级体系提出了多项建议。章彰(2011)研究了内部评级法下,违约概率、违约损失率、违约暴露、期限这4个重要参数的变化对资本充足率的影响。

总体来看,国内外的相关研究可以归纳为如下特征:一是内部评级法的实施效果存在较大争议,目前没有较为一致的结论;二是对内部评级法影响商业银行信贷行为的研究,大多通过商业银行风险管理、经济周期等进行侧面反映,直接研究较少;三是国内关于内部评级法的研究仍停留在定性研究阶段,缺乏定量研究。由于银行业发展程度、政治监管环境等的差异,国外的研究结果不能简单套用到我国,因此对于如何推广和优化资本管理高级方法,目前缺少明确的方向和实证支持。

三、数据、变量与研究设计

(一) 数据来源

资本管理高级方法实施于2014年4月,采用双重差分方法进行政策效果评估则需要政策实施前后的样本,以及受到政策影响的样本(称为"处理组")和不受政策影响的样本(称为"对照组")。因此,我们依据上市商业银行2010—2016年半年报和年报,整理了16家银行[1](包括6家处理组银行和10家对照组银行)的特征数据作为控制变量,包括资产规模、资本充足率、流动性水平、盈利状况等,以及风险加权资产和分行业贷款余额占贷款总额的比例作为被解释变量。

---

[1] 16家银行分别是工商银行、农业银行、中国银行、建设银行、交通银行、招商银行、民生银行、兴业银行、光大银行、浦发银行、中信银行、平安银行、宁波银行、南京银行、华夏银行、北京银行。

我们采用 2009—2015 年银监会年报公布的银行贷款不良率分行业统计信息，作为行业贷款风险的度量，在后续实证分析中取一阶滞后值。我们将银监会年报公布的行业名称与银行报表中的行业名称进行匹配，并按照该行业至少有 1 家处理组银行、3 家对照组银行在政策前后均有观测值的原则进行筛选，剔除仅在政策前或政策后有观测值的样本，最终筛选出 13 个行业：交通运输业，仓储和邮政业，住宿和餐饮业，信息传输、计算机服务和软件业，制造业，建筑业，房地产业，批发和零售业，教育，水利、环境和公共设施管理业，电力、热力、燃气及水的生产和供应业，租赁和商务服务业，采矿业，金融业。

（二）变量说明

基于考查资本管理高级方法能否影响试点银行风险偏好的角度，我们选取商业银行风险加权资产规模作为因变量和对银行整体风险承担的度量。更进一步，内部评级法作为资本管理高级方法中信用风险的度量方法，有可能对银行的信贷偏好产生影响，因此本节检验行业信贷配置的变动，考查资本管理高级方法以内部评级法度量信用风险的效果。

本节主要变量的说明及计算方式见表 6-4。

表 6-4　　　　　　　　　主要变量说明及计算方式

类型	变量名	变量含义	变量计量方法
因变量	$Loan\_ration_{ibt}$	银行 b 在行业 i 的贷款金额占贷款总额的百分比	行业贷款余额÷贷款总额
	$Risk\_asset_{ibt}$	银行 b 风险加权资产	风险加权资产规模的对数
自变量	$Treat_b$	资本管理高级方法试点银行	6 家试点银行取值为 1，否则取值为 0
	$Post_t$	资本管理高级方法实施时间	2014 年第二季度及以后取值为 1，否则取值为 0
	$Size_{bt}$	银行规模	总资产的对数
自变量	Liq_{bt}	流动性水平	库存现金及存放中央银行款项÷总资产
	Cap_{bt}	资本充足率	资本÷风险加权资产
	ROA_{bt}	资产收益率	净利润÷资产总额
	$NPLs_{bt}$	不良贷款率	不良贷款余额÷贷款总额
	$NPLs_{it}$	行业不良贷款率	行业不良贷款余额÷行业贷款总额

(三) 计量模型设定

本节应用双重差分方法进行政策效果评估，基本思路是将调查样本分为两组：一组是政策作用对象即处理组，另一组是非政策作用对象即对照组。先计算处理组在政策实施前后关注变量的变化情况、对照组在政策实施前后关注变量的变化情况，随后计算上述两个变化量的差值，就可以反映政策对处理组的影响。

为了充分考虑三种风险资产计量方法调整的总体影响，首先以风险加权资产总额作为研究对象，检验资本管理高级方法试点后，是否对试点银行的风险加权资产规模产生显著影响，设定如下经验方程：

$$Risk\_asset_{bt} = a_0 + a_1 Treat_b \cdot Post_t + X_{bt} + \mu_b + \tau_t + \varepsilon_{bt} \quad (6-1)$$

其中，$b=1,\cdots,N$ 表示银行个体；t 表示时间；$Risk\_asset_{bt}$ 代表 b 银行在 t 时期的风险加权资产，取对数值；$Treat_b$ 用来衡量在 t 期银行是否执行资本管理高级方法，若执行则 1 代表处理组，否则取值为 0 代表对照组；$Post_t$ 代表时间的虚拟变量，如果在这一年资本管理高级方法实施并持续生效，则取 1，否则取 0；$Treat_b \cdot Post_t$ 是 $Treat_b$ 和 $Post_t$ 的交互项，其估计系数 a_1 反映了资本管理高级方法的政策效果，是我们关注的核心变量；X_{bt} 是所有用到的控制变量，我们使用控制变量一阶滞后项以减轻联立内生性；μ_b 为不随时间变化的银行固定效应；τ_t 代表仅随时间变化而不随银行个体变化的时间固定效应；残差项 ε_{bt} 表示随时间改变的不可观测的影响贷款变化的因素。

为了检验试点银行与其他银行在政策实施前是否满足平行趋势的假定，借助事件研究法（Event-Study），我们构建了以下回归模型：

$$Risk\_asset_{bt} = a_0 + \sum_{t \leqslant -6, t \neq 1}^{t \geqslant 3} a_\tau Treat_b \cdot Post_t + X_{bt} + \mu_b + \tau_t + \varepsilon_b t \quad (6-2)$$

我们将模型 6-1 的交互项 $Treat_b \cdot Post_t$ 分解为一组二值虚拟变量 $\sum_{t \leqslant -6, t \neq 1}^{t \geqslant 3} a_\tau Treat_b \cdot Post_t$，该组变量仅在银行 b 实施了资本管理高级方法（前）后第 $(-t)t$ 期时取值为 1，反之为 0，以政策实施前 1 期（-1 期）作为对照组，估计系数为试点银行相对其他银行的风险加权资产变动，若估计系数在政策实施前不显著异于 0，就说明试点银行在资本管理高级方法实施前的风险加权资产变化与其他银行的风险加权资产变化没有显著差异，满足平行趋势。

资本管理高级方法实施后,试点银行对信用风险加权资产的计量采用内部评级法,使得信贷资源配置对风险的敏感性产生差异,这种差异一方面来自同一家银行在政策实施前后的变化,另一方面来自同一时点不同银行之间的变化。在考虑这种双向差异的基础上,为了检验政策实施后,实施内部评级法的试点银行如何在不同风险的行业之间调整信贷配置,我们尝试在模型中加入衡量行业风险的变量,与是否使用内部评级法、实施内部评级法的前后这两个指标变量共同构成一个三变量的交互项,采用三重差分方法进行实证分析。我们选取行业不良贷款率来衡量行业风险,构建交互项。

$$Loan\_ratio_{ibt} = a_0 + \beta_1 Treat_b \cdot Post_t + \beta_2 Treat_b \cdot Post_t \cdot NPLs_{it} + X_{bt} + \mu_b + \tau_t + \varepsilon_{bt} \tag{6-3}$$

其中,$i=1,\cdots,N$ 表示行业;$b=1,\cdots,N$ 表示银行个体;t 表示时间;$Loan\_ratio_{ibt}$ 代表银行 b 在行业 i 的贷款占贷款总额的比例;$NPLs_{it}$ 为行业不良贷款率。如果三变量交互项的系数为负,则说明在实施内部评级法后,试点银行削减了高风险行业的信贷配置。

四、实证结果与分析

(一)影响资本管理高级方法试点的因素

由于资本管理高级方法对试点银行的选择并非随机,这就带来了样本选择性问题。为了处理该问题,首先对影响试点银行选择的因素进行分析。表6-5呈现了相关的实证结果,被解释变量为是否试点银行的虚拟变量,解释变量为银行的一组特征变量。由于政策上选取的试点时间是2014年第二季度,因此第(1)~(3)列中的解释变量选取2013年末的观测值,第(1)列仅控制了银行规模,第(2)列加入了资本充足率,第(3)列进一步控制了流动性、资产利润率和不良贷款率。研究发现,银行规模的估计系数均显著为正,表明银行规模越大越可能被选为试点银行,资本充足率在控制更多变量后统计不显著,其他变量统计上也不显著。仅控制银行规模的拟合优度达到0.57,增加控制变量对拟合优度的提升有限,说明银行规模是选取试点银行的主要决定因素。第(4)列将控制变量的取值选取为2012年末的观测值,第(5)列取2011年末的观测值,估计结果较一致。

表 6-5　　　　　　　　　　　影响资本管理高级方法试点的因素

变量	$Treat_b$				
	(1)	(2)	(3)	(4)	(5)
$Size_{bt}$	0.339 2***	0.288 0***	0.201 7**	0.222 2*	0.228 3**
	(0.056 3)	(0.033 3)	(0.067 9)	(0.115 6)	(0.092 0)
Cap_{bt}		0.144 1***	0.111 4	0.075 0	0.052 9
		(0.043 0)	(0.132 0)	(0.073 4)	(0.083 7)
Liq_{bt}			0.039 1	0.034 2	0.024 6
			(0.064 4)	(0.071 1)	(0.037 1)
ROA_{bt}			0.227 1	0.696 5	0.449 5
			(1.256 8)	(0.794 8)	(0.654 0)
$NPLs_{bt}$			0.567 9	0.430 2	0.349 7
			(0.844 7)	(0.528 7)	(0.296 0)
Control	−9.419 8***	−9.612 7***	−8.076 3***	−8.674 4**	−7.977 6**
	(1.641 2)	(0.817 6)	(1.618 4)	(2.793 2)	(2.614 8)
N	16	16	16	16	16
R^2	0.575 3	0.642 9	0.596 3	0.682 7	0.631 7

注：*、**、*** 分别代表10%、5%、1%的显著性水平，括号内为稳健标准误。

（二）资本管理高级方法与商业银行风险加权资产

表 6-6 实证检验了资本管理高级方法的实施对商业银行风险加权资产的影响。第(1)列仅保留了双重差分的基本模型设定，第(2)列进一步控制了银行特征变量、个体效应与时间效应。实证结果中 $Treat_b \cdot Post_t$ 估计系数均显著为负，表明资本管理高级方法实施后，试点银行的风险加权资产规模显著降低。

表 6-6　　　　　　　　　资本管理高级方法对商业银行风险加权资产的影响

变量	$Risk\_asset_{bt}$		
	(1)	(2)	(3)
$Treat_b \cdot Post_t$	−0.330 9*	−0.126 1***	−0.093 7**
	(0.193 9)	(0.024 3)	(0.032 0)
$Treat_b$	1.881 8***		
	(0.128 1)		

续表

变量	Risk_asset$_{bt}$		
	(1)	(2)	(3)
$Post_t$	0.746 1***		
	(0.143 0)		
控制变量	未控制	控制	控制
个体效应	未控制	控制	控制
时间效应	未控制	控制	控制
$X \cdot F(t)$	未控制	未控制	控制
N	220	218	218
R^2	0.590 1	0.985 4	0.986 7

注：*、**、*** 分别代表10%、5%、1%的显著性水平，括号内为稳健标准误。$X \cdot F(t)$ 为政策实施前一期银行资产规模与时间趋势 (t) 三次多项式的交互项。控制变量包括银行规模、流动性水平、资本充足率、资产利润率和不良贷款率，并取一阶滞后。

由表6-5可知，银行试点带有选择性，资产规模是主要的决定因素，因此表6-6第(3)列尝试处理该选择效应。借鉴Chen et al. (2018)、王永进和冯笑(2018)等的做法，在回归模型中加入政策实施前一期银行资产规模与时间趋势 (t) 的三次多项式 $F(t)$ 的交互项，发现 $Treat_b \cdot Post_t$ 估计系数仍然显著为负，表明在处理了选择效应后，前述结果仍然是稳健的。试点银行在实施资本管理高级方法的过程中，显著缩小了风险加权资产规模，说明资本管理高级方法在降低银行风险偏好上取得了初步成效。

图6-2呈现了平行趋势检验的估计系数，以资本管理高级方法试点前一期(前半年)为基准组，从图中可以看出，试点前，试点银行与未试点银行的风险加权资产变动趋势在多数时期没有明显差异，表现为估计系数统计上并不显著异于0。资本管理高级方法影响商业银行风险加权资产的效果在试点出台半年后表现出统计上的显著性，并且随着时间的推移，效果逐渐增强。

(三) 资本管理高级方法与商业银行信贷配置

表6-7给出了资本管理高级方法使用内部评级法计量信用风险加权资产对试点银行公司类贷款行业间配置的影响结果。第(1)列仅控制了核心解释变量，$Treat_b \cdot Post_t \cdot L.NPLs_{it}$ 的估计系数显著为负，表明试点银行削减了高不良率行业的信贷配置。第(2)列是加入银行特征因素后的估计结果，前述估计结果仍显著为

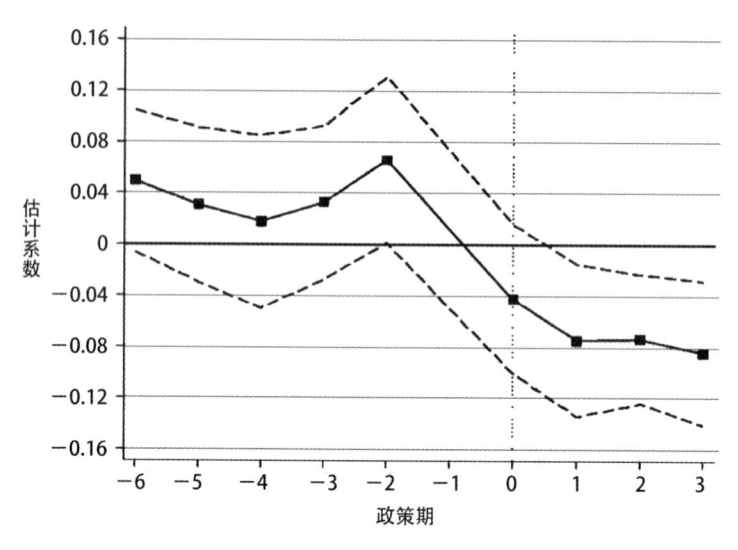

注：实线为估计系数，虚线为上下95％置信区间。

图 6-2　平行趋势检验

负。第(3)列控制了银行个体效应与时间效应，以及银行资产规模与时间趋势三次多项式的交互项来控制试点的选择效应，估计结果仍然稳健。研究表明，资本管理高级方法会抑制银行对高风险行业的信贷资源配置。$Treat_b \cdot L.NPLs_{it}$、$Post_t \cdot L.NPLs_{it}$ 在大部分回归中不显著，表明处理组银行相比对照组银行在政策实施前对行业风险的敏感性没有显著差异，而对照组银行在政策实施前后对行业风险的敏感性没有显著差异。资本管理高级方法的基石是银行的绝对风险量化管理，资本管理高级方法中引入内部评级法的目的也正是激励银行主动进行风险管理。表 6-7 的回归结果显示，资本管理高级方法实施后会抑制银行对高风险行业的信贷资源配置，这正是试点银行以内部评级法计量信用风险的结果。

表 6-7　资本管理高级方法对行业信贷配置的影响

变量	$Loan\_ratio_{ibt}$		
	(1)	(2)	(3)
$Treat_b \cdot Post_t \cdot L.NPLs_{it}$	−0.670 0***	−1.161 2***	−1.136 9***
	(0.282 9)	(0.415 4)	(0.396 0)
$Treat_b \cdot Post_t$	0.681 3*	1.126 4**	1.026 1**
	(0.357 9)	(0.440 6)	(0.477 4)
$Treat_b$	−0.370 9	−0.284 1	
	(0.241 6)	(0.311 9)	

续表

变量	$Loan\_ratio_{ibt}$		
	(1)	(2)	(3)
$Post_t$	0.045 1	−0.632 8*	
	(0.256 8)	(0.366 5)	
$Treat_b \cdot L.NPLs_{it}$	−0.217 5	−0.232 9	−0.191 9
	(0.207 1)	(0.199 8)	(0.207 6)
$Post_t \cdot L.NPLs_{it}$	−0.689 1***	0.090 8	0.116 9
	(0.213 9)	(0.355 8)	(0.344 4)
$L.NPLs_{it}$	0.249 7	−0.149 0	−0.363 6
	(0.167 9)	(0.179 2)	(0.221 2)
控制变量	未控制	控制	控制
个体效应	未控制	未控制	控制
时间效应	未控制	未控制	控制
行业效应	控制	控制	控制
$X \cdot F(t)$	未控制	未控制	控制
N	2 060	1 668	1 669
R^2	0.776 5	0.791 9	0.806 2

注：*、**、***分别代表10％、5％、1％的显著性水平，括号内为稳健标准误。$X \cdot F(t)$为政策实施前一期银行资产规模与时间趋势（t）三次多项式的交互项。控制变量包括银行规模、流动性水平、资本充足率、资产利润率和不良贷款率，并取一阶滞后。

为了对试点银行的信贷调配随行业风险的变动做进一步研究，我们依照行业的不良贷款率进行分组，检验结果如表6-8所示。第（1）列基于前一年行业不良贷款率的分布，按照50％分位数划分为两组，研究发现试点银行削减了不良率高于50％分位数行业的信贷投放，相应增加了不良率低于50％分位数行业的信贷投放。第（2）列则基于前一年行业不良贷款率的分布，按照25％、75％分位数划分为三组，研究发现试点银行削减了不良率高于75％分位数行业的信贷投放，增加了不良率介于25％～75％分位数行业的信贷投放，而对不良率低于25％分位数行业信贷投放的影响不显著。第（3）列进一步基于前一年行业不良贷款率的分布，按照25％、50％、75％分位数划分为四组，研究发现试点银行削减了不良率高于75％分位数行业的信贷投放，显著增加了不良率介于25％～50％分位数行业的信贷投放，而对不良率低于25％分位数以及不良率介于50％～75％分位数行业的信贷投放的影响不显著。由此表明，面对资本管理高级方法的施行，试点银行风险偏好的变化存在非线性的特征,在调减高风险行业贷款的同时,并未显著增加最安全行业的贷款,而是增加了风险略高行业的贷款。由于风险与收益呈正相关关系,因此试点银行的贷款调配体现了对风险与收益的权衡。

表6-8 资本管理高级方法对行业信贷配置的影响(分组)

变量	$Loan\_ratio_{ibt}$		
	(1)	(2)	(3)
$Treat_b \cdot Post_t \cdot L.NPLs_{it} \geqslant p(50)$	−0.989 0***		
	(0.390 4)		
$Treat_b \cdot Post_t \cdot L.NPLs_{it} < p(50)$	1.179 9***		
	(0.436 2)		
$Treat_b \cdot Post_t \cdot L.NPLs_{it} \geqslant p(75)$		−1.275 2***	−1.347 4***
		(0.482 0)	(0.479 3)
$Treat_b \cdot Post_t \cdot p(25) \leqslant L.NPLs_{it} < p(75)$		0.790 9*	
		(0.406 4)	
$Treat_b \cdot Post_t \cdot p(50) \leqslant L.NPLs_{it} < p(75)$			−0.630 7
			(0.386 1)
$Treat_b \cdot Post_t \cdot p(25) \leqslant L.NPLs_{it} < p(50)$			2.140 9***
			(0.492 8)
$Treat_b \cdot Post_t \cdot L.NPLs_{it} < p(25)$		−0.439 0	−0.414 5
		(0.446 1)	(0.442 9)
$L.NPLs_{it}$	−0.619 8***	−0.539 2***	−0.455 3**
	(0.174 1)	(0.186 3)	(0.185 6)
控制变量	控制	控制	控制
个体效应	控制	控制	控制
时间效应	控制	控制	控制
行业效应	控制	控制	控制
$X \cdot F(t)$	控制	控制	控制
N	1 668	1 669	1 670
R^2	0.806 4	0.805 2	0.808 7

注:*、**、***分别代表10%、5%、1%的显著性水平,括号内为稳健标准误。$X \cdot F(t)$为政策实施前一期银行资产规模与时间趋势(t)三次多项式的交互项。控制变量包括银行规模、流动性水平、资本充足率、资产利润率和不良贷款率,并取一阶滞后。

(四) 稳健性检验

如果试点银行与对照组银行存在不一致的时间趋势，那么前文的估计结果就可能存在偏误。在回归中加入个体线性时间趋势，进行稳健性检验。表 6-9 中，第(1)列被解释变量为银行风险加权资产，第(2)列被解释变量为行业贷款占比。研究发现，在控制银行个体独有时间趋势后，前文实证发现的基本结果仍然存在。

表 6-9　　　　　　　　　　　稳健性检验

变量	$Risk\_asset_{bt}$ (1)	$Loan\_ratio_{ibt}$ (2)	$Loan\_ratio_{ibt}$ (3)
$Treat_b \cdot Post_t$	−0.052 0**	1.032 3*	1.603 9***
	(0.020 9)	(0.541 9)	(0.604 4)
$Treat_b \cdot Post_t \cdot L.NPLs_{it}$		−1.081 0***	−2.029 0***
		(0.404 5)	(0.411 8)
控制变量	控制	控制	控制
个体效应	控制	控制	控制
时间效应	控制	控制	控制
行业效应	控制	控制	控制
$X \cdot F(t)$	控制	控制	控制
个体线性时间趋势	控制	控制	控制
N	219	1 668	950
R^2	0.991 8	0.794 4	0.620 7

注：*、**、*** 分别代表 10%、5%、1% 的显著性水平，括号内为稳健标准误。$X \cdot F(t)$ 为政策实施前一期银行资产规模与时间趋势（t）三次多项式的交互项。控制变量包括银行规模、流动性水平、资本充足率、资产利润率和不良贷款率，并取一阶滞后。

此外，如果同期其他政策对银行信贷配置产生影响，就可能干扰对实证结果的解读。近年来，国家针对高污染、高能耗和产能过剩（"两高一剩"）行业采取了多项治理措施，推动银行业积极调整信贷结构，促进经济发展方式转变和经济结构调整。2012 年，银监会发布《绿色信贷指引》，严控"两高一剩"行业的信贷投放。2015 年 12 月，中央经济工作会议进一步强调去产能、去库存和去杠杆（"三去"）对于经济社会发展的重要性。若试点银行对于"两高一剩""三去"政策的落实力度与对照组银行存在系统性差异，并且在资本管理高级方法试点后执行力度加强，则也可能对本节的实证估计产生影响。基于稳健性的考虑，我们剔除了受政策影响的制造业,采矿业,电力、热力、燃气及水的生产和供应业,房地产业和金融业的样本。表6-9第(3)列汇报了相关的实证结果,前文的实证发现仍然存在,从估计系数来看,抑制高风险行业信贷配置的效应反而更强,由此表明前文的发现并非"两高一剩""三去"政策驱动的结果。

(五) 资本管理高级方法与信贷"脱虚向实"

本节进一步考察资本管理高级方法的实施是促进信贷"脱虚向实"还是加剧信贷"脱实向虚"。参照黄群慧(2018)对实体经济与虚拟经济的划分方法:核心层面实体经济(制造业),一般层面实体经济(包括制造业、农业、建筑业及其他工业),广义层面实体经济(包括一般层面实体经济以及除房地产、金融以外的服务业),虚拟经济(包括金融和房地产)。考虑数据可得性,我们选取了制造业、建筑业作为实体经济的代表,金融业和房地产业作为虚拟经济的代表。从图6-3可以看出,这四个行业不良贷款率的变化有着显著差异:金融业的不良贷款率始终处于较低的水平;房地产业、建筑业的不良贷款率在2008年金融危机后持续下降,但在资本管理高级方法施行后有所升高;制造业的不良贷款率在2011年后持续升高,且在资本管理高级方法实施后远高于金融业和房地产业的不良贷款率水平。

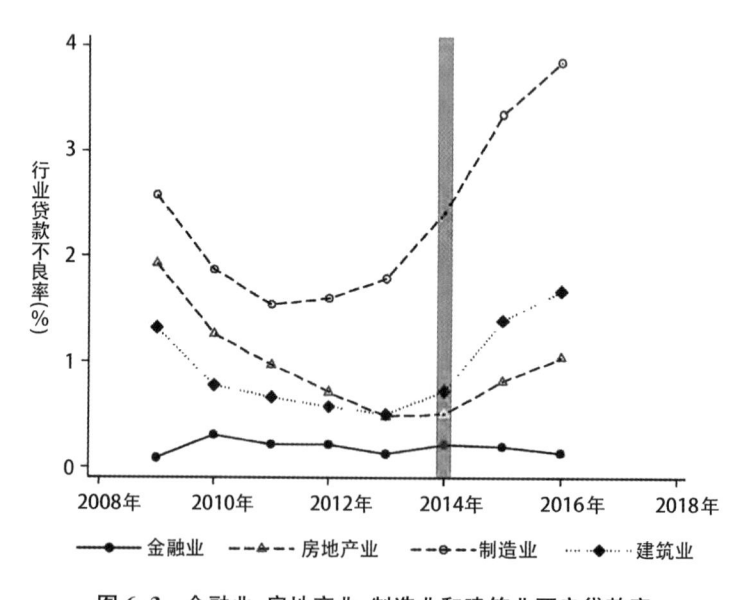

图6-3 金融业、房地产业、制造业和建筑业不良贷款率

表6-10为资本管理高级方法对代表性行业信贷供给影响的检验结果。施行资本管理高级方法后,试点银行显著增加了对金融行业的信贷配置,而显著减少了

对制造业、建筑业、房地产业的信贷配置,信贷投放存在"脱实向虚"的倾向,应当引起监管部门的重视。

表 6-10　　　　　　　　资本管理高级方法与信贷"脱虚向实"

变量	\multicolumn{5}{c}{$Loan\_ratio_{ibt}$}
	(1)	(2)	(3)	(4)	(5)
$Treat_b \cdot Post_t$	−0.042 9	0.229 4	0.287 5	0.073 7	0.667 3*
	(0.379 9)	(0.380 5)	(0.377 8)	(0.383 6)	(0.395 0)
$T \cdot P \cdot$ 金融业	1.514 1***				0.755 3*
	(0.433 9)				(0.445 0)
$T \cdot P \cdot$ 房地产业		−2.235 9***			
		(0.401 8)			
$T \cdot P \cdot$ 制造业			−2.793 0***		
			(0.558 6)		
$T \cdot P \cdot$ 建筑业				−0.606 7**	−1.247 6***
				(0.284 6)	(0.301 8)
控制变量	控制	控制	控制	控制	控制
个体效应	控制	控制	控制	控制	控制
时间效应	控制	控制	控制	控制	控制
行业效应	控制	控制	控制	控制	控制
$X \cdot F(t)$	控制	控制	控制	控制	控制
N	1 668	1 668	1 668	1 668	1 668
R^2	0.803 1	0.804 3	0.805 1	0.803 0	0.807 5

注：*、**、*** 分别代表 10%、5%、1% 的显著性水平,括号内为稳健标准误。$X \cdot F(t)$ 为政策实施前一期银行资产规模与时间趋势(t)三次多项式的交互项。控制变量包括银行规模、流动性水平、资本充足率、资产利润率和不良贷款率,并取一阶滞后。

第四节　小　结

本章介绍了现代中央银行体系下,宏观审慎政策及其监管框架。在第一节中,我们为了介绍宏观审慎政策框架，先简要介绍了宏观审慎政策的现实背景，即2008年金融危机如何给予现代中央银行体系启示，从而引起人们对宏观审慎政策的重视。在此背景下，我们认为宏观审慎的定义是一种维护整个金融系统的稳定性，特别是预防系统性风险和减轻其对经济的潜在影响的金融监管框架。在这个定义下，本节再简要介绍了宏观审慎政策发展的历史沿革以及现状。我们认为，明晰宏观审慎政策框架必须明确宏观审慎的目标与内涵以及具体的政策工具。宏观审慎的目标是金融稳定，即维持资产价格合理波动和守住不发生系统性金融风险的底线。宏观审慎的内涵可以从它与货币政策和微观审慎政策的对比中得出，它是一种关注整个金融体系的、逆周期的、内生的、自上而下的综合监管体系，具有时间维度和结构维度双重特征，这也就对应了时间维度和空间维度的宏观审慎政策工具。其中，时间维度的政策工具主要是为了平抑经济系统的逆周期性，可进一步分为资产类工具、资本类工具和流动性工具；空间维度的政策工具是为了防止风险跨部门传染的工具，可进一步分为事前工具和事后工具。在这一节的最后，我们简要介绍了各个主要经济体承担宏观审慎职责的部门，并认为承担宏观审慎职责是中央银行兼顾金融稳定的内在要求，中央银行具有信息优势、货币政策与宏观审慎政策协调的优势，中央银行应当承担宏观审慎政策的责任。

在第二节中，我们将视角集中到了我国，介绍了宏观审慎政策在我国的实践发展。宏观审慎政策在我国的发展可以划分为五个阶段：早期发展，金融危机后的反思，全面实施宏观审慎政策，治理债务和泡沫问题，"双支柱"调控框架时期。经过这五个阶段，中国的宏观审慎政策逐渐成熟，并形成了一套既符合国际标准又适应国内经济特点的监管体系。最后，本节给出了我国宏观审慎实践的一个具体案例——外汇市场的逆周期因子。逆周期因子以其逆周期性而起到宏观审慎政策的作用。我们可以看到，逆周期因子在平抑汇率市场波动方面具有显著功效。然而由于其削弱了人民币中间价的核心地位，因此其不利于中央银行对汇率市场进行调控。

由于资本监管在宏观审慎监管中扮演着至关重要的角色，因此第三节特别选取我国资本管理高级办法的实施作为研究切入点，探讨资本监管改革的微观效应。本节整理了国内上市银行2010年至2016年分行业的信贷数据，与银监会公布的各行业信贷风险信息进行匹配，利用资本管理高级方法的实施作为自然实验机会，采用双重差分和三重差分的方法，研究了资本计量方法改革对试点银行信用偏好的影响，在此基础上，重点分析试点银行在不同风险的行业中的信贷调配。研究发现，在实施资本管理高级办法后，试点银行的风险加权资产规模显著下降；同时，试点银行在高风险行业中的信贷投放得到有效抑制。依据贷款风险对行业进行分组后发现，试点银行的风险偏好变化呈非线性，虽然高风险行业的信贷投放显著减少，但试点银行并未显著增加风险最低的行业的贷款，而是将贷款调配到了风险稍高的行业中，这体现了试点银行在风险与收益之间的权衡。选取代表性行业进行分析后我们还发现，试点银行显著减少了房地产业、制造业、建筑业的信贷投放，转而增加了对金融行业的贷款，信贷层面"脱实向虚"问题未有明显改善。

监管部门应稳妥推广资本管理高级方法，鼓励商业银行提高客户数据的收集能力以及信息系统对于风险的分析能力，保证内部评级体系的有效性。对于尚不能单独开展内部评级法的中小型银行，可先由几家银行合作构建联合内部评级模型进行试点，合作银行之间共享客户信息，采用联合信贷审查机制来提高信贷审批效率，降低内部评级的成本，提高内部评级的有效性。

内部评级法影响商业银行的信贷配置，放大信贷投放的亲周期性，因此在实施内部评级法的同时，应当采取配套措施以缓解亲周期效应。例如，运用逆周期资本缓冲工具，通过监管部门协调配合，确定合适的逆周期资本计提，经济上行期时多计提资本，经济下行期时释放资本以吸收损失，缓解商业银行风险偏好的亲周期性。

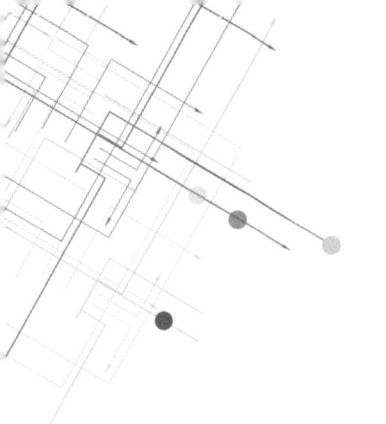

第七章

金融安全网的构建

引言： 在全球化的金融体系中，金融安全网的作用日益凸显。自2008年金融危机以来，世界各国面临前所未有的金融挑战。这场危机不仅对经济发展和社会稳定造成了巨大破坏，而且促使国际社会更加深刻地认识到金融风险的内在特性及其对全球金融体系的影响。金融机构由于其独特的中介性质、地位和作用，加上内在的脆弱性，使得金融风险不可避免。特别是金融危机引发的恐慌情绪，不仅加剧了金融风险的传染性，而且增强了金融风险的破坏力。因此，金融安全成为国际社会普遍关注的重大问题。各国政府和学术界纷纷采取行动，探索如何有效应对这些挑战。在这个过程中，金融安全网作为一种主动的、系统的应对机制，获得了广泛的关注。金融安全网是指一系列设计用来防范和管理金融危机的制度安排，目的在于维护金融体系的稳健运行，并防止个体风险向整个金融系统扩散。

本章将深入探讨金融安全网的概念、构成以及在中国的实践。本章将从金融安全网的定义出发，分析其在全球金融体系中的作用和重要性。本章特别强调金融安全网的三大支柱：最后贷款人理论、存款保险制度和微观审慎监管。本章的第二节将深入探讨最后贷款人理论的具体内容和实施机制。这一理论在金融危机中发挥着至关重要的作用，特别是当金融机构面临暂时性流动性问题时。这一节的内容将分析中央银行如何通过贴现窗口或公开市场操作向金融机构提供紧急贷款，以及这种援助对维持金融市场稳定和预防银行挤兑的重要性。此外，本节还将讨论最后贷款人理论的风险评估和监管机制，以及这些措施如何帮助减轻系统性金融风险。第三节着重介绍存款保险制度的作用和运作机制。作为金融安全网的核心组成部分,存款保险制度旨在保护银行存款人的资金安全,尤其是在金融机构破产或无法偿还存款时。这一节将探讨存款保险制度如何提高公众对银行体系的信心,减少恐慌性提款的发生,并分析这一制度的主要操作流程,包括会员制度的设立、保险费的收取、对会员银行的监管以及在必要时的赔偿干预。通过这些分析,读者能够更全面地理解存款保险制度在维护金融稳定和防范金融危机中的重要性。

第一节 我国金融安全网建设的实践

一、金融安全网的内涵

2008年金融危机对经济和社会造成了严重的破坏,促使人们深入思考如何预防此类危机。金融机构由于其中介性质、地位和作用,以及内在的脆弱性,导致了金融风险不断积累和自我加强。这场危机所引发的金融恐慌进一步加剧了这些风险的传染性和破坏力。危机后,金融安全成为各国和地区重点关注的问题。为应对这些风险,各国政府和学术界都高度重视并积极采取措施,特别是建立一种主动和系统的机制——金融安全网。

金融安全网是金融系统中一系列危机防范和管理制度安排的统称,其目的在于保持金融体系稳健有序运行,防止个体风险向其他金融机构和整个金融体系扩散、蔓延。对于金融安全网内涵的理解多种多样。不少人将金融安全网视为对金融机构的一系列约束,从而在危机期间帮助这些机构规避冲击。也有人认为金融安全网是维持金融稳定的重要机制,其根本目的是保护金融体系不发生系统性金融风险。笔者认为,金融安全网的内涵至少包含以下几点:第一,金融安全网的核心目的是维持金融系统的稳定性和防止系统性风险;第二,金融安全网是各国政府为达成上述目的而设定的制度体系和政策框架;第三,金融安全网的构成要素多种多样,但至少包含最后贷款人职责和存款保险制度两项。

关于金融安全网的构成要素,学术界也没有达成统一观点。部分学者主张,金融安全网应当包含存款保险制度、最后贷款人(Demirgüç-Kunt and Huizinga,2004)。也有学者认为在这两者的基础上,应当再考虑联邦储蓄银行之间的大宗商品结算体系,因为这是维护金融安全的一项重要制度安排(Hoenig,1998)。更加广义的金融安全网则考虑了所有监管当局用于减轻金融风险的工具,包括微观层面的(存款保险制度、政府担保业务、对特定机构的短期流动性支持、金融机构退出机制和审慎监管)和宏观层面的(货币政策和宏观审慎监管)。笔者认为,狭义的金融安全网应当包含两大支柱:存款保险制度和最后贷款人理论。而学术界普遍接受的金融安全网包含三大支柱:存款保险制度、最后贷款人和微观审慎监管。随着对金融稳定要求的进一步提高,金融安全网可以进一步扩充为五大支柱:存款保险制度、最后贷款人、微观审慎监管、行为监管和宏观审慎政策。

以下就广为接受的金融安全网三大支柱进行详细介绍。

二、金融安全网的三大支柱

(一)最后贷款人

最后贷款人指的是,在某些金融机构虽具备偿还能力但遇到暂时性资金流动性困难时,中央银行扮演救急者的角色,通过提供紧急贷款来支持这些机构。这一功能通常通过贴现窗口或公开市场操作实施。为此,中央银行要求金融机构提供高质量的抵押品,并支付高于常规贷款的利率,以减轻潜在的道德风险。这一机制的目的是防止因流动性短缺而引发的广泛金融恐慌,进而维护金融市场的稳定。通过及时提供资金,中央银行有助于平息公众对现金紧张的担忧,避免因恐慌引发的银行挤兑和其他极端行为。

最后贷款人职责的实施以对金融机构偿还能力的评估为起点,确保仅对面临暂时性流动性问题但功能基本健全的机构提供援助。这种援助是在全面考虑潜在风险后,对金融市场整体稳定性的一种投资。在实施这一职责时,最后贷款人不仅提供紧急资金,而且对金融机构实施全方位监管。这包括危机发生前的风险评估、危机期间的现场检查和抵押品评估以确定贷款规模,以及危机后的持续监督以保障中央银行的资产安全和金融市场的整体健康。通过这种全程监管,最后贷款人旨在减小金融市场的系统性风险,确保金融体系的平稳运行。

(二)存款保险制度

最后贷款人为暂时陷入流动性危机的金融机构提供贷款,但受援机构要有合格抵押品并要承担惩罚性利率,这意味着已陷入清偿性危机的银行仍然要付出较大的代价;同时,在能够区分流动性问题和清偿性问题的情况下,最后贷款人只对存在流动性危机的金融机构提供救助。因此,当银行出现问题特别是陷入清偿性危机时,存款人权益会受到威胁。为了保护存款人利益,稳定经济和金融运行,存款保险制度应运而生。

存款保险制度是金融安全网的关键组成部分,其核心目的是保护银行存款人的资金安全,防止银行失败时存款人遭受重大损失。存款保险制度确保当金融机构(如银行)破产或无法偿还存款时,存款人能够获得其存款的部分或全部赔偿。这种保险通常有一个上限,意味着只有在此限额内的存款才能得到保障。存款保险制度有助于维持公众对银行系统的信心,减少因恐慌性提款(银行挤兑)而导致的金融体系不稳定。存款保险通常由政府设立的存款保险机构管理。这些机构通过向银行等金融机构收取保险费用来筹集资金,这些费用最终可能部分由存款人承担。

存款保险制度的主要操作流程可以这样概括:首先,制度是基于会员制的,会员可以被强制加入,也可以自愿加入。只有成为会员的金融机构的存款人才能享受保险保障,这有助于减少逆向选择问题。接着,为了保持存款保险机构的正常运作并覆盖潜在损失,需要向参与的金融机构收取管理费用。这些费用通常以保险费的形式收取,可能根据不同机构的风险程度而有所不同。然后,存款保险机构对其会员进行监管。加入保险体系的银行需要接受定期监管,以确保它们的经营活动不会对存款人和保险机构造成风险。这种监管有助于防止银行的道德风险行为。最后,当存款保险机构通过监控系统发现银行存在风险时,可以采取干预措施。这可能包括向有风险的银行发出警告,要求其改正不当行为。在极端情况下,如果银行的问题非常严重,存款保险机构就可能采取关闭银行的措施,并对存款人进行赔偿。赔偿可以直接由保险机构支付,也可以通过其他银行以现金或存款的形式支付。简言之,存款保险制度通过会员制度的设定、收取保险费、对会员银行的监管以及必要时的赔偿干预,共同保护存款人的利益并维护金融体系的稳定。

(三)微观审慎监管

微观审慎监管是监管部门为防范个体金融风险,通过制定市场准入、资本/净资本、偿付能力、流动性、资产质量、关联交易等审慎监管要求,定期组织现场检查,监测、评估风险,及时进行风险预警、处置,防范风险的链式反应,以维护金融体系稳定。

微观审慎监管作为金融风险防控的关键手段,强调预防性和积极性的监管策略。这种监管方法通常根据巴塞尔协议的标准,由各国政府根据本国实际情况制定相应的金融监管制度和政策,包括严格控制市场准入和确保金融机构资本充足等。

具体来说,微观审慎监管主要包括:(1)市场准入标准的制定,这是审慎监管的起始点,通过设定严格的市场准入条件,如发放执业许可证和明确金融机构的业务范围,从源头上控制金融风险。(2)资本充足率的管理,监管机构通常根据巴塞尔协议设定的最低标准,制定资本充足率相关规定。(3)确保金融机构具备足够资本,这可以帮助它们稳定运营,抵御意外损失,增强存款人的信心。(4)建立信息披露制度。鉴于信息不对称问题,确保金融机构准确、及时、全面地披露信息至关重要,这可以缓解道德风险和逆向选择问题,防止风险的进一步加剧。(5)加强内部风险管理监督,监管当局需要密切监督金融机构的内部风险管理,确保其具备有效的风险控制机制。这对增强整个金融体系抵御风险的能力至关重要。

本章接下来的部分就狭义的金融安全网两大支柱(最后贷款人理论和存款保险制度)进行详细的介绍。

第二节　金融安全网的构建:最后贷款人理论的变革与启示

党的十九大报告强调,要健全金融监管体系,守住不发生系统性金融风险的底线。我国已经建立并正在完善货币与宏观审慎的"双支柱"政策框架,对于防范系统性风险具有重要意义。但是,必须认识到,守住不发生系统性金融风险底线不仅需要防范,而且需要一张健全而明确的金融安全网,最后贷款人救助是其中的关键环节。我国至今尚无明确的最后贷款人救助体系,但是,政府或监管机构承担了完全的隐性担保,行使着兜底式的最后贷款人救助职能。隐蔽而完全的最后贷款人救助从根本上扭曲了市场的定价机制,破坏了资源的配置机制,更强化了金融机构风险承担的激励机制。自2018年以来,国内资本市场持续低迷,企业债务违约,尤其在中美贸易摩擦的强烈冲击下,我国面临的金融风险愈加突出,迫切要求一个合理而有效的最后贷款人救助体系来及时化解危机,为打赢"防范化解重大金融风险"的攻坚战提供制度保障。

最后贷款人理论的核心思想为,中央银行接受良好抵押品,采取高利率,自由贷款给具有清偿能力但面临流动性缺失的机构(Tucker,2014)。传统最后贷款人理论的系统形成源于 Thornton(1802)和 Bagehot(1873)。亨利·桑顿提出了最后贷款人这一完整概念,并刻画了最后贷款人的特征,首次阐明了最后贷款人面临的道德风险问题。沃尔特·巴杰特提出了最后贷款人四个主要的操作原则:事前明确承诺、采取高利率政策、合格借款者与良好抵押品,以及不救助无清偿力的机构。2008 年金融危机为最后贷款人救助实践提供了天然的试验场,也成为最后贷款人理论发展的重要分界点。危机前,最后贷款人理论及其实践一直没有大的突破,局限在与传统救助原则相关的争议(Crockett,1996;Freixas,1999;Goodhart and Huang,2005)。而危机后涌现出大量救助模式及工具创新,学术界一方面致力于解决传统最后贷款人遗留的争议,另一方面研究新出现的救助措施。例如,最后做市商(Mehrling,2012)、自救机制(Gordon and Ringe,2015)等,这些研究在发展最后贷款人理论的同时,开创了现代金融环境下新的危机管理模式。

本部分沿着最后贷款人理论的发展脉络,梳理相关研究进展。首先,梳理了危机前传统最后贷款人理论围绕几个关键性问题的争议及其发展;然后,梳理 2008 年金融危机后最后贷款人理论的新发展,主要是对传统问题的争议以及对新实践的研究;接着,梳理最后贷款人理论在三个方面存在的问题;最后,结合我国的金融体制环境以及文献分析,对我国金融监管实践提出建议。

一、危机前最后贷款人理论争议

最后贷款人理论自形成起就饱受争议,每一次金融危机都让人们反思,最后贷款人应该在金融危机中采取怎样的方式展开救助。随着金融体系及环境的变化,对传统最后贷款人理论的分析与批判从未间断。在 2008 年金融危机前,关于最后贷款人理论的争议及其发展主要体现在,采取惩罚性利率还是优惠利率,救助非流动性机构还是非清偿能力机构,是否救助单个问题机构,采取建设性模糊政策还是事前明确宣告政策等。

(一) 采取惩罚性利率还是优惠利率

最后贷款人对金融机构的救助适用惩罚性利率(高利率)还是优惠利率(低利率)一直是备受争议的问题。有学者认为惩罚性利率可以防范银行的道德风险(Summers,1991;Fischer,1999);而政策实践越来越倾向于采取优惠利率,认为惩罚性利率会增加道德风险并收缩市场的流动性(Crockett,1996;Repullo,2005)。

Bagehot(1873)提出,让借款者在危机时期坚信可以获得救助,但是必须为接受救助付出代价,因而危机救助应当采取"高利率"。这主要考虑到高利率可以鼓励铸币净流入、维持货币存量稳定、抑制预防性现金需求、确保最后贷款人是"最后"的救助主体。除此之外,高利率还可以检验紧急借款机构的稳健状况,因为高于同期市场水平的利率会促使缺乏流动性的银行首先考虑从市场借款,如果能成功地从市场获得流动性,就说明私人贷款者认定这些机构相对稳健,风险可控(Humphrey and Keleher,1984;Fischer,1999;Humphrey,2010)。

然而,在实际救助中,最后贷款人使用的往往是非惩罚性利率(Giannini, 1999)。惩罚性利率可能加剧银行的流动性危机,因为寻求流动性救助的银行往往十分脆弱,甚至濒临崩溃,索要惩罚性利率造成了额外的流动性负担。另外,惩罚性利率给予银行寻求"复活投机"(Gambling for Resurrection)的激励。Repullo(2005)认为,银行对于风险组合的选择随着资本要求的提高而递减,随着惩罚性利率的上升而增加,增加风险承担激励的不是最后贷款人,而是惩罚性利率。Freixas(1999)进一步认为,若进行公开救助,则高利率贷款会向市场发出信号,从而推动挤兑的发生。

(二) 救助非流动性机构还是非清偿能力机构

对于救助非流动性机构还是非清偿能力机构,传统理论受到质疑,主要是因为单个机构的倒闭可能存在强大的负外部性(Prati and Schinasi,1999),并且难以辨别非流动性和非清偿能力(Crockett,1996)。

传统理论认为,最后贷款人应该救助不具有流动性但具有清偿能力的机构,这样既保护了公共资金,又捍卫了市场原则(金融机构的优胜劣汰),为暂时缺乏流动性但具有清偿能力的机构提供了融资来源。但是,这一观点受到了质疑。考虑到风险的传染性,相关机构即使明显缺乏清偿能力,也需要进行救助(Giannini, 1999)。清偿能力冲击与流动性冲击往往很难区分(Corrigan,1989;Goodhart, 1999),从而导致纯粹救助具有清偿能力的机构难以实现。请求救助的非流动性银行本身就已经受到了是否具有清偿能力的质疑(Goodhart,1987)。随着危机的加深,某些原本属于非流动性的机构资产减值或者被抛售,会沦为不具有清偿能力的机构(Hesse et al.,2008)。一些明显无清偿能力的机构在获得救助后得以继续运营,从非清偿问题转变成流动性问题(Campbell and Lastra,2009)。在货币与银行间市场有效的情况下,银行间市场参与者对缺乏流动性的银行的清偿情况非常了解(Rochet and Vives,2004),被判断为具备清偿能力的银行总是可以获得充足的流动性。然而,如果市场非有效,潜在的交易对手方对相关机构的清偿情况存疑,银行就无法获得流动性,并且在危机时期,没有足够的时间去评估借款的银行是否具有清偿能力(Goodhart and Schoenmaker,1995;Campbell and Lastra,2009)。

(三) 是否救助单个问题机构

在宏观层面上,学者们对最后贷款人采取公开市场操作进行危机管理的必要性已经达成共识。然而,在微观层面上,辨别清偿能力与流动性的问题进一步衍生出最后贷款人是否有必要救助单个问题机构的争论。

中央银行应该采取公开市场操作还是贴现窗口贷款给单个问题机构,产生了两种对立观点。

一种观点认为,中央银行应该通过公开市场操作向市场提供流动性,而不应该救助单家问题银行。主要理由是,救助非清偿能力银行会鼓励过度的风险承担,造成未来对非清偿能力银行更大的救助。中央银行通过公开市场操作来提供整体的流动性,银行之间的贷款交给银行自身,起到同行监视作用,私人贷款者能更好地辨别具有清偿能力但是非流动性的机构(Goodfriend and King,1988),公开市场操作足以抵消非预期的流动性紧张(Bordo,1990)。Kaufman(1991)和 Schwartz (1992)认为,在高度发达的银行间市场中,对单个机构的救助是多余的,资信可靠的银行可以通过银行间市场来获取流动性。

另一种观点认为,无论银行是否具有清偿能力,中央银行都必须贷款给单个问题机构(Goodhart,1987;Goodhart and Schoenmaker,1995;Flannery,1996)。Rochet and Vives(2004)在发达且有效的现代银行间市场环境假设下,构建了银行流动性危机模型,银行间市场存在协调失灵,采取事前的清偿能力与流动性监管成本过高,因此,在保证事前监管之外,还需最后贷款人救助单个问题机构。Freixas et al.(2004)认为,最后贷款人的作用取决于宏观经济环境以及银行面临的激励特征,只有在监管无效率、筛选健康的公司成本高昂,以及银行间贷款的市场溢价很高的条件下,最后贷款人救助才是有效的。

(四) 采取建设性模糊政策还是事前明确宣告政策

最后贷款人救助单个机构可能造成市场扭曲,并引发事前过度风险承担。这种道德风险的根源是机构预期会被救助。学者们提出,在事前采用建设性模糊政策,通过模糊事前预期来削弱或者避免道德风险(Freixas,1999;Goodhart and Huang,2005)。也有少数学者持反对意见(Cordella and Yeyati,2003)。

Bagehot(1873)认为,最后贷款人应该在事前明确宣告救助非流动性但有清偿能力的机构,最后贷款人的职责不仅在于在危机时期提供实质流动性,而且包括提前承诺救助以影响预期,消除危机时期的恐慌。Cordella and Yeyati(2003)对最后贷款人救助的道德风险效应和价值效应进行了分析,中央银行事前宣告并承诺在危急情况下救助有清偿能力的机构,潜在提高了银行牌照价值,创造了削弱风险的价值效应,该效应足以抵消政策的道德风险效应,从而得出事前明确宣告政策优于建设性模糊政策。

支持采用建设性模糊政策的学者认为,建设性模糊政策可以使银行难以预判是否会被救助,以便于中央银行在系统性危机发生时介入救助,在正常时期给银行施加压力让其审慎运营(Crockett,1996),以解决中央银行救助的时间不一致问题(Bernanke and Gertler,1990)。Freixas(1999)基于成本-收益框架分析了个体银行危机的最优救助政策,认为在可信承诺条件下,最后贷款人的目标函数由三部分组成,即银行创造的预期盈余(依赖于救助政策)、救助的预期成本和清算的预期成本。研究发现,在无道德风险、银行风险转移和投资者监控的有道德风险三种状态下,采取混合策略是最优的救助政策。Goodhart and Huang(2005)研究发现,中央银行的最后贷款人救助需要权衡传染效应与道德风险效应,这不仅取决于银行规模,而且取决于危机发展的时变变量,从而进一步强化了建设性模糊政策。

二、危机后最后贷款人理论的发展

2008年金融危机掀起了一轮研究最后贷款人理论的浪潮,其中不乏对传统理论的质疑与发展。一方面,学者们继续争论传统救助方式中的利率政策、抵押品政策、建设性模糊政策、救助对象等;另一方面,对于新的救助方式——最后做市商提出了自己的分析(Tucker, 2014)。

(一)"后危机"时代对最后贷款人传统争议的推进

1. 利率政策

2008年金融危机后,学者们从不同角度对惩罚性利率进行了批评,惩罚性利率可能导致更多的"污点"问题(Armantier et al., 2015)。Castiglionesi and Wagner(2012)指出惩罚性利率对银行家努力程度的影响存在两个渠道:其一,惩罚性利率使得银行家努力规避流动性缺失,从而降低事前的道德风险,即传统渠道;其二,当银行面临流动性短缺但具有清偿能力的时候,惩罚性利率降低了银行收益,但是,在非清偿能力的时候,银行本身没有收益,收益不会进一步降低,从而惩罚性利率降低了银行家避免大规模冲击的激励,降低了银行家的努力。当第二种效应超越传统效应时,惩罚性利率的净效应是增加道德风险。Freixas et al.(2011)研究发现,中央银行利率政策可以直接改善金融危机时期银行间贷款市场的流动性状况,金融危机时期必须确保银行间市场利率足够低,以使流动性资产有效配置。欧盟、美国在此次危机救助过程中,为避免危机恶化,逐渐降低贷款利率,通过低利率来稳定和支持整个市场(Ellis,2017)。

2. 抵押品政策

2008年金融危机后,学者们主要建议采取低质量抵押品政策,而传统理论要求最后贷款人只接受高质量抵押品。中央银行政策会影响私人部门的抵押品池和流动性创造。一方面,通过只接受高质量抵押品贷款来保护中央银行免受潜在损失,大量高质量抵押品被中央银行持有,会对融资市场的抵押品池造成不利影响,从而破坏其有效运行;另一方面,接受低质量抵押品贷款虽然会将中央银行暴露在对手方风险中,但是改善了市场的抵押品池,阻止了市场紧缩。权衡以上两种作用机制,Choi et al.(2021)证明了,在抵押品质量信息对称的情况下,高质量抵押品贷款并不会改变福利,而在信息不对称的情况下则会降低福利,并且导致市场崩溃,因为高质量抵押品贷款降低了市场上抵押品的平均质量,破坏了抵押品流动性创造的能力,所以最优的最后贷款人政策应该接受低质量抵押品贷款。Koulischer and Struyven(2014)证明了,在系统性危机时期,中央银行可以在所有高质量抵押品耗尽时,接受低质量抵押品贷款,从而提升社会福利。

3. 建设性模糊政策

在2008年金融危机后,虽然有少数学者在理论上继续支持建设性模糊政策,认为其有利于降低事前道德风险,但是,鉴于建设性模糊政策在2008年金融危机中的政策效果,更多学者对其提出疑问或否定。

很多学者认为,建设性模糊政策在紧急流动性支持上并非建设性(有利),反而损害了最后贷款人的有效性,建设性模糊政策使得中央银行难以量化风险并制定应对措施,从而加速了危机的传导(Nelson,2014)。实践表明,危机前的建设性模糊政策并没有阻止过度的期限及货币错配,危机中的建设性模糊政策基本不可能发挥作用,而采取明确的救助政策可以管理市场预期(Domanski,2014)。理论上,Caballero and Krishnamurthy(2008)认为,奈特氏(Knight)不确定性会导致代理人行为的集体偏差,而如果中央银行可以给出在最坏的情况下提供流动性的可信承诺,则可以消除代理人的过度保守,防止流动性的整体缺失。Vinogradov(2012)认为,如果监管者没有事前宣告救助政策,公众缺乏未来救助的信息,银行家以及存款者就会基于自身的乐观或悲观的态度形成不同的救助信念,这样的信念不对称会导致在高风险的投资环境下投资不足。最优政策应该是将救助建立在公共可见的宏观经济参数上,从而统一公众的信念。Cukierman and Izhakian(2015)指出,政策制定者的行为不确定性可能导致突然的金融崩溃,救助的不确定性增加会提高利率,增加实体和金融部门的违约数量,还可能导致信贷市场的枯竭。救助政策越明确,危机对信贷收缩和投资活动的危害就越小。

支持者如 Shim(2011)在动态模型设定下检验了美国的"及时矫正"政策(PCA),研究发现,最优的"及时矫正"政策是基于银行账面资本进行监管,并采用随机清算,即采用建设性模糊策略。在 Shim(2011)模型中,银行不可进行流动性选择。Eijffinger and Nijskens(2012)同时考虑流动性管理及其对银行流动性救助需求的影响,分析银行与监管者之间的博弈,假定监管者可以给出可信承诺,研究发现,无条件流动性支持会导致过度的道德风险,而"不救助"政策是不可信的,在银行可以进行流动性与资本选择的条件下,采取建设性模糊策略是均衡解。危勇(2008)认为,传染挤兑才是中央银行救助决策的关键因素,运用建设性模糊政策能够减轻最后贷款人救助引发的道德风险。

4. 救助对象的清偿能力

Dobler(2016)总结了非清偿与非流动性难以辨别的三点原因:第一,在危机时期,金融资产按市值计算的价值波动性极大,清偿能力的评估十分困难,在这种环境下,强制出售资产可能让单纯的非流动性问题演变成清偿能力问题;第二,非交易资产(如贷款)和其他抵押品的估值依赖于中央银行的评估能力,这些资产也受到宏观经济或者社会政治冲击的影响;第三,国际清算银行指出,监管者对影响清偿能力的资产的评估存在一定偏见,因为若识别出非清偿能力机构及由此造成的系统性后果,就可能引发监管者的声誉风险。清偿能力是一个不确定的概念,一般是指资产的价值大于债务的价值,但是在现实中,它取决于资产和负债如何估值、估值的人,以及估计的规则,还取决于未来救助政策及其结果,任何借款者的清偿能力都不是确定的、外生的、可知的,而是取决于事件的发展情况,尤其是最后贷款人对危机如何响应(Goodhart,2017)。

5. 单个问题机构的救助

2008 年金融危机后,学术界普遍认为单纯通过公开市场操作提供整体流动性难以缓解危机,因为以往的危机均伴随着银行间市场崩溃(Carlson and Wheelock,2013)。Carlson et al.(2015)认为,是否救助单个问题机构的观点差异主要是对流动性需求的假设不同。银行的流动性紧张有两种完全不同的来源：其一,健康的机构可能面临挤兑或者银行间市场的恶化；其二,无清偿能力机构的债权人撤资。这两种情况决定了最优救助政策。在第一种情况下,最优政策是中央银行贷款；在第二种情况下,最优政策是对非清偿机构的有序清算。而流动性监管可以确保权威部门有时间去评估流动性短缺的特征,从而采取恰当的救助措施。反对救助单个问题机构的观点认为,市场比中央银行掌握更多资产信息(有效市场假说),因此,可以通过公开市场操作来提供流动性,再由市场来分配流动性。Goodhart(2017)认为,这一观点没有考虑危机传染具有动态性：在恐慌时期,最弱的银行被强制关闭,它们的倒闭会恶化危机,市场将继续从"次弱"的机构撤出资金,从而进一步放大危机。为了阻止危机的演进,最后贷款人应该支持每一个符合一定标准的机构。但是,最后贷款人对单个问题机构的救助无法绕开道德风险问题,Goodhart(2017)提出了几个限制道德风险的方法：清算第一个问题机构；与其他银行协同救助,既可以减轻公共负担,也可以获得额外的关于被救助银行的状况和名声的信息；改变激励结构；等等。汤凌霄(2009)对我国现代最后贷款人制度的运作范围和八项基本原则做了详细阐述,并指出最后贷款人制度的职责范围非单个金融机构,而是整个金融系统,在金融危机初期,应限定在有清偿能力的银行,在金融危机期间则应扩展至一切金融机构。刘胜会(2011)认为,在最后贷款人制度中,无论是提供整体流动性还是救助单个机构,都可能造成经济金融系统失衡、损害公平效率以及引起通货膨胀等,因此,流动性供给只能治标,不能治本,它只是一个次优选择。

(二)最后做市商

相对于传统最后贷款人的救助原则,最近十年,最后贷款人最显著的改变在于其关注的焦点从救助个体问题机构转移到为市场提供流动性(Mehrling,2012；Tucker,2014)。2008年金融危机的第一阶段,美联储主要按照最后贷款人的传统观点,通过各种贴现工具进行贷款。但是在雷曼兄弟公司(Lehman Brothers)和美国国际集团(AIG)崩溃后,国内与国际货币市场冻结,美联储通过"扩表"来维持货币批发市场运行。在这个过程中,美联储发挥了新的作用,Mehrling(2012)称之为"最后做市商"。这是在当前市场信贷体系下对最后贷款人理论的必要拓展,在基于银行的信贷体系中,融资流动性与最后贷款人足以确保信贷的持续流动,但是在基于市场的信贷体系中,需要市场流动性以及最后做市商共同作用才能确保信贷的持续流动。在市场严重承压的情况下,买卖双方的匹配作用失灵,无法达成交易,此时,中央银行可以充当最后做市商。最后做市商的作用可以通过两种方式来实现：第一，大规模买卖私人部门证券（Hockett，2015）；第二，在回购市场、抵押品贷款市场和贴现窗口广泛接受私人部门证券（包括非流动性证券）作为抵押品，以活跃市场（Buiter and Sibert，2008），Russell（2017）将其称为"最后购买者"（BOLR）。最后购买者基于三个原则——在"一定的时间窗口内"利用"足够的资金"来购买"估值准确的资产"以阻止抛售。最后购买者可以作为最后贷款人的有效补充，但是最后购买者并非在任何类型的金融恐慌下都能良好运作，当问题资产的信息不透明时，资产难以准确估值，此时，最后购买者的作用受到限制。

三、最后贷款人理论未来的研究方向

在金融危机时期，最后贷款人面对恐慌的市场，往往不惜代价、采取一切方式展开救助。危机过后我们反思，是否应该救助、救助哪家机构，以及如何救助。这些是最后贷款人理论的核心问题。对于不同的救助模式，无论是传统的最后贷款人，还是在2008年金融危机后最后贷款人承担的新职能，都存在诸多问题尚待解决。

（一）传统最后贷款人救助方式遗留的问题

传统最后贷款人面临的一个主要问题是信息不对称，体现在两个层面：金融机构之间的信息不对称，以及中央银行与金融机构之间的信息不对称。前者会加速银行间市场失灵，缺失流动性的机构很难在银行间市场获取资金，从而造成融资流动性与市场流动性的恶性循环（Brunnermeier and Pedersen，2008），在市场失灵状态下，采取公开市场操作提供整体的流动性往往会付出极高的成本。如何降低成本？如何消除金融机构之间的信息不对称？对于后者，一方面，危机发生时，中央银行无法确切知道请求救助的金融机构遭受了何种冲击（是清偿能力冲击还是流动性冲击），救助非清偿能力机构无疑会加剧事前和事中的道德风险，此外，中央银行对金融机构基本面是否了解还会通过不同规模金融机构的异质性预期影响事前的投资决策（Naqvi，2015）；另一方面，金融机构不确定中央银行是否会提供救助，涉及建设性模糊政策与事前明确宣告政策，两种方式的优劣和适应场景也是悬而未决的问题。

（二）最后贷款人作为最后做市商出现的新问题

在2008年金融危机中，最后贷款人承担了最后做市商职能，这一职能介于货币政策与金融稳定政策之间，当突出其缓解系统性风险的作用时，它属于金融稳定政策。流动性侵蚀导致市场失灵,不利于货币政策的有效实施,此时,中央银行作为最后做市商来维护货币及资本市场流动性的措施属于非传统货币政策。危机时期,金融稳定政策与货币政策相互作用,通过金融市场和金融机构影响资产价格和实体经济,如何处理两种政策目标的冲突、如何评估政策效果以及怎样协调两种政策都有待研究。

中央银行作为最后贷款人来救助单个机构,其融资流动性很容易被满足,但是作为最后做市商来救助市场,市场流动性却不会自动得以实现,中央银行如何确定救助的持续时间也是一个有待研究的问题,因为最后做市商不但会影响金融系统的稳定性、货币政策的有效性,而且会影响中央银行自身的财务稳健性。是否有必要引入政府的财政支持,以及如何引入、如何权衡这种措施的救助效益与成本,对于危机管理尤为重要。

(三)危机管理新模式——自救机制

传统的应对问题机构(非清偿处置机制)的危机管理方式有两种:为非流动性银行提供流动性(Bail-out)和让无清偿能力的银行倒闭(Liquidation)。最后贷款人救助容易引发道德风险、破坏市场原则(Dam and Koetter,2012),进一步会影响公共财政和主权债务。在 2008 年金融危机后,欧盟与美国较早地采取了第三种方式,即自救机制(Persaud,2014),以适应新的金融市场环境和弥补传统救助的不足,这是对最后贷款人救助框架的突破。自救机制要求问题机构的债权人放弃部分债务或者同意债务重组,以减少债权人所持有的债权,或是将债权转化为股权,目的是将救助问题机构的成本施加在债权人、债券投资者以及股东身上,避免使用公共资金救助问题机构(Persaud,2014)。实际上,自救机制是使用私人惩罚(Huertas,2013)或者私人保险(Gordon and Ringe,2015)替换了政府的公共救助,迫使银行倒闭的成本内生化。在完美的金融市场中,让银行为自己的行为负责是最优的政策设计,但是,在实际操作中存在诸多问题阻碍自救机制的有效运行。如果监管者过早干涉,银行损失尚未完全揭露,当出现新的损失时,就需要重复自救过程;如果干涉过晚,当施加给债权人的所有损失都已暴露,那么非自救债的债权人也可能因恐慌而逃离。因此,自救机制的触发条件与触发时点的确定需要有一套合理的规则。采取自救机制来重组银行资本结构需要满足一系列先决条件,如快速修复市场信心、精确的损失估计等(Sommer,2014),在系统性危机时期,要满足这些条件非常困难。如何基于我国的金融市场环境设计合理有效的自救机制,也是未来值得研究的方向。

四、最后贷款人理论发展对我国金融监管的启示

沃尔特·巴杰特和亨利·桑顿为传统最后贷款人理论奠定了基础,提出了救助的四项基本原则,以解决金本位制度环境下的银行危机。后续的每一次金融危机都会引起人们对最后贷款人理论的强烈关注与争议,所有争议的中心在于"救助会引发道德风险,而不救助会使危机蔓延"。当前我国的金融环境与监管呈现如下特征:第一,我国的最后贷款人一直承担着隐性的完全担保责任,金融机构已经形成明确的被救助预期,此时,采取建设性模糊策略已然无效。第二,近年来,监管层对金融监管存在的问题进行了深刻反思,成立了金融稳定发展委员会,意在加强监管协调,针对业务的渗透、交叉,功能监管与行为监管得到了重视,但是,行政监管存在滞后性,往往出现"一放就乱,一管就死"的现象。例如,2018年及之前在宽松的监管环境下,银行、券商、信托等各种资管通道业务异常繁荣,积累了大量风险,在监管层强力全面封杀下,各种通道的相关业务戛然而止,但也使市场出现不小的震荡。预期引导的缺乏加剧了市场动荡。第三,随着我国金融市场的发展,金融控股公司的数量激增,尤其是银行理财子公司相继成立,各类金融主体的业务联系也更加紧密,业务产品等呈现边界模糊性和结构复杂性,机构之间存在明显的风险溢出效应。基于对政策根源的认识以及相关文献的分析,我国的最后贷款人机制设计需要兼顾事前、事后的影响。

在危机发生前,明确救助规则、强化自我监管。危机救助作为一种保险,问题银行会对最后贷款人形成救助预期,道德风险几乎不可避免。一些学者试图通过改变事前激励促成自我监管。Hart and Zinglas(2011)提出信用违约互换(CDs)价格阈值控制的方式,改变大而不倒金融机构的事前风险承担行为。Nosal and Ordonez(2016)认为,让第一个问题机构倒闭可以让银行机构面临策略约束,从而形成自我监管。Roe and Troge(2018)认为,单纯的"指令-控制"(Command-and-Control)监管模式只会造成状态转移,银行家风险承担激励来源于不当的公司税结构。因此,针对我国的金融环境与监管现状,并结合当前国际前沿研究,本节认为最优的机制设计需要在事前明确宣告救助规则,将宏观审慎监管与预期引导相结合。具体来说,以业务链条为核心构建系统性风险指数,设定干预阈值,完善惩罚机制;同时,设定危机初期金融机构的关闭政策,打破刚性兑付,从而减小道德风险,激励其在自我监管下规范发展。

在危机过程中,我国最后贷款人需要注意三点改进:第一,当前的金融市场所处的时代与传统理论提出的时代完全不同,金融市场失灵是危机蔓延的重要推动因素,因此,最后贷款人除了承担对单个机构的救助外,更重要的是承担做市商的职责——疏通货币政策的传导机制,活跃市场。第二,中央银行承担救助损失,无疑会加剧事前和事中的道德风险问题。应该让问题机构的债权人、投资人也承担这种损失,从而减弱两类风险承担的激励。第三,鉴于"中央银行不如市场了解问题银行的资产信息"这一疑虑,中央银行应该穿透式监管银行或者其他非银行金融机构的资产信息,减弱中央银行与金融机构之间的信息不对称;同时,在实施救助的过程中,与其他同业机构协同救助。

第三节 金融安全网的构建:存款保险制度的影响

一、存款保险制度的建立与发展

存款保险是避免银行挤兑和保障金融稳定的重要制度,是现代金融安全网的重要组成部分。存款保险制度始于1933年,历次金融危机的经验表明,合理的存款保险制度在维护金融稳定和增强市场信心方面作用显著。但也有研究发现,存款保险可能引发银行道德风险(Demirgüç-Kunt and Huizinga,2004),也会使银行资产负债业务面临更多约束,甚至减弱银行流动性创造的基本职能(Deep and Schaefer,2004)。我国于2015年正式实施存款保险制度。现行存款保险制度能否有效降低银行风险承担?是否对银行资产负债和流动性创造产生影响?探究上述问题对于改进金融监管和存款保险制度具有重要的参考价值。

1993年,《国务院关于金融体制改革的决定》首次提出"构建存款保险基金,保障社会公众利益"的规划,此后,学者们参照发达国家经验,就我国显性存款保险制度进行了广泛讨论。存款保险分为隐性存款保险和显性存款保险,两者的区别在于是否有政府隐性信用担保以及明确的存款保险法规和保险管理机构。早期发达国家存款保险研究的基本假设是,在显性存款保险实施前,政府没有隐性担保的情况,这与我国的情况不相符(郭晔和赵静,2017)。我国长期存在全额隐性存款担保(中国人民银行金融稳定分析小组,2013),无论是国有银行的存款还是非国有银行的存款,都享受政府信用担保。因此,我国存款保险制度的发展实际上是由隐性存款保险转变为显性存款保险的过程,这一制度变革对银行的影响存在不同于早期基于发达国家的研究结论。

流动性创造是商业银行的根本职能之一,银行通过向公众吸收流动性负债并转化为非流动性资产的方式来创造流动性。流动性创造是反映银行金融中介职能的重要指标,对实体经济产出具有显著的促进作用(Berger and Sedunov,2017)。2012—2018年,我国166家不同所有制银行的年均流动性创造水平(流动性创造÷总资产)的变化趋势见图7-1。从中可以看到,在存款保险实施前,非国有银行与国有银行的流动性创造水平差距较为稳定;在存款保险实施后,两者的差距则明显增大。根据Berger and Bouwman(2009)对流动性创造的度量体系,银行风险、资产、负债以及表外等变动都会影响其将流动性负债转化为非流动性资产的过程。在存款保险制度变革中,限额保险、风险调整保费等措施实际上减少了对商业银行的保护程度,银行需要调整经营行为以适应政策变化。那么,存款保险制度变革如何影响银行的风险、资产和负债等变量?通过影响这些变量能否抑制银行流动性创造?本节选取我国166家商业银行2006—2018年的数据,考察了隐性存款保险转变为显性存款保险后,我国商业银行在风险、资产和负债等方面的变化情况,并探究了这些变化是否会对银行流动性创造产生不利影响。

图7-1 我国不同所有制商业银行的流动性创造水平变化趋势

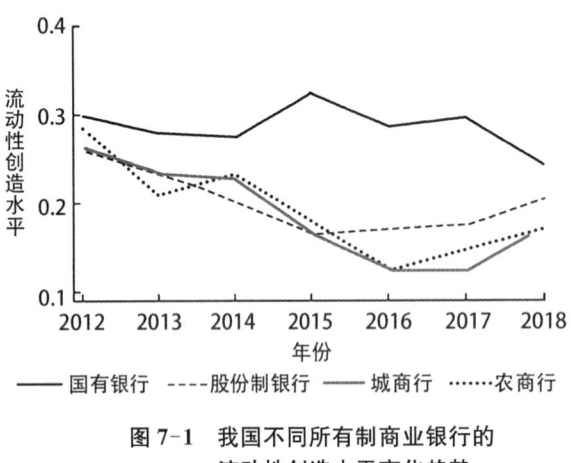

二、文献综述

鉴于我国由隐性存款保险转变为显性存款保险的发展过程,本部分首先介绍隐性存款保险制度与显性存款保险制度比较的文献,然后介绍存款保险制度对银行风险承担等影响的文献。由于存款保险对流动性创造影响的直接研究较少,因此本部分仅对相关文献做简要介绍。

对于存款保险的形式,除了美国等早期实施存款保险的国家外,后期各国存款保险制度并非从无到有的转变,而是从隐性保险向显性保险转变,因此针对不同存款保险形式的比较存在较多讨论。关于隐性存款保险,多数学者认为政府信用担保会削弱市场约束并增加道德风险。Boot et al.(1993)的研究表明,隐性存款保险在保障储户利益方面能够发挥作用,但储户缺少监督动机,这会激励银行承担更多风险。Kane(2000)也认为,隐性保险是对问题银行的变相鼓励,市场约束的扭曲会导致银行道德风险增大。之后较多学者发现,隐性保险转变为限额、部分覆盖的显性保险有助于减小银行风险。Macey and Miller(1995)认为,隐性保险的覆盖范围过于广泛,显性保险则通过限额保险而使未被保险覆盖的储户也有监督动机,市场约束得以发挥作用。Gropp and Vesala(2001)研究欧洲存款保险时发现,隐性保险的道德风险显著高于显性保险,因为限额的显性存款保险实际上减少了对银行的保护,从而促使储户监督银行。Imai(2006)对日本的研究也发现,降低存款保险覆盖率提升了市场约束,而隐性存款保险会抵消市场约束的作用。

国内关于隐性存款保险向显性存款保险转变的讨论相对较少。张玉梅和赵勇(2006)认为我国存在对储户的隐性保护,并通过理论模型证明了隐性保险向显性保险的转变有助于降低道德风险。许友传等(2012)认为隐性存款保险的救助成本高,建议显性存款保险采取风险调整的保费。李敏波(2015)使用存款保险定价模型测算了我国隐性存款保险隐含的基本费率,同样认为显性存款保险应使用差别费率设计。郭晔和赵静(2017)对比中美存款保险后发现,存款保险增加了国内银行的道德风险。纪洋等(2018)经过国际比较则认为,显性存款保险减少了道德风险,有助于问题银行退出市场并减轻政府财政负担。总体而言,国内外多数学者认为显性保险相对于隐性保险在道德风险和市场约束等方面具有更强的监管作用。

存款保险的另一类文献关注其对银行的微观影响。学者们发现存款保险对银行风险、资产流动性等变量会产生影响,主要的研究和争论集中在存款保险与银行风险方面。支持存款保险者认为,存款保险有助于维护储户利益,能有效避免银行流动性短缺所导致的传染性挤兑(Diamond and Dybvig,1983)。后续研究者发现存款保险降低了发生银行危机的概率,对金融稳定具有重要作用(Eichengreen and Arteta,2000;Chernykh and Cole,2011)。反对者则认为,在存款保险覆盖下,储户不再有动机对银行进行监督,市场约束的减弱会诱发银行道德风险(Demirgüç-Kunt and Huizinga,2004)并引发系统性风险(Laeven,2002)。Hovakimian et al.

(2003)使用跨国数据发现,存款保险会加剧银行的风险承担行为,从而引发道德风险。DeLong and Saunders(2011)也发现,在存款保险制度下,银行和信托公司会增加风险承担量。另一些学者则认为,存款保险能否减小银行风险,与其制度设计和国家经济状况有关(Hoggarth et al., 2005;Guo,2012;Ngalawa et al., 2016)。Calomiris(1990)认为,监督与激励机制是保证存款保险有效性的必要条件。Demirgüç-Kunt and Detragiache(2002)发现,存款保险在监管严格和金融发展程度高的国家能够降低道德风险,在监管宽松的国家则相反。除了道德风险外,关于存款保险对银行其他微观变量影响的研究较少。Iyer et al.(2016)曾提及存款保险对银行资产流动性和负债成本的影响,但没有进行深入研究。

关于存款保险与商业银行流动性创造的关系,以往研究较少讨论。Deep and Schaefer(2004)构造了银行流动性创造的简要指标,发现银行加入存款保险会抑制其流动性创造能力。但在他们的研究中,流动性创造指标尚不完善。Berger and Bouwman(2009)根据银行业务构建了完善的流动性创造指标,推动了相关研究的开展。但关于流动性创造的现有研究主要集中在货币政策(邓向荣和张嘉明,2018)、银行资本(孙莎等,2014)和银行竞争(李明辉等,2018)等方面,仅有孙海波和刘忠璐(2019)从存款保险的角度探讨了银行资本与流动性创造的关系。

回顾以往研究可以发现,关于存款保险对银行影响的研究集中在银行风险方面,对银行其他变量影响的关注较少,更缺乏存款保险对银行本质功能即流动性创造的影响的研究。鉴于此,本节选取我国商业银行数据,探索从隐性保险转向显性保险的变革中商业银行微观变量的变动情况,并考察存款保险制度变革是否通过这些变量对流动性创造产生影响,从而为我国存款保险制度的优化和商业银行金融中介作用的发挥提供参考。

三、理论分析与研究假设

在显性存款保险实施前,政府对问题银行采取隐性担保。一方面,根据市场约束理论,政府担保削弱了储户对银行的监督动机,导致市场约束作用减弱,银行的冒险行为不会遭到储户抵制(Boot and Greenbaum,1993);另一方面,隐性保险相当于政府为银行提供"零费率"的存款保险,银行不必为承担风险而支付额外的保费成本,从而变相激励银行投资高风险资产(Gropp and Vesala,2004;Kane,2000)。当隐性保险转变为显性保险时,50万元的保险限额使大额储户对银行风险的敏感性增加,并有动机对银行进行监督,导致市场约束增强。我国《存款保险条例》规定,存款保险实行基准费率与风险差别费率相结合的制度,风险差别费率根据投保机构的经营和风险状况等因素确定,每 6 个月调整一次,对投保机构形成正向激励,强化对投保机构的市场约束,促使其审慎经营。以往研究也表明,显性存款保险采用风险差别费率能够激励银行减少风险承担量(Gómez-Fernández-Aguado et al.,2014;纪洋等,2018),而风险承担量降低会对流动性创造产生抑制作用(邓向荣和张嘉明,2018)。具体而言,出于降低风险的目的,银行可能减少高风险长期贷款。存款保险实施后三年,我国上市银行的企业贷款占总贷款的平均比例比实施前三年下降 6.2%,同期高风险行业如制造业贷款占总贷款的平均比例下降 6.9%,批发零售业贷款占总贷款的比例下降 5.0%。根据 Berger and Bouwman(2009)的流动性创造指标,非流动性资产越少,银行将流动性负债转化为非流动性资产的效率越低,越不利于流动性创造。因此,我们提出以下假设:

假设 1:存款保险的实施会通过降低商业银行的风险承担量而抑制流动性创造。

在我国银行的负债构成中,活期存款与定期存款的规模相当,因而有一半存款的稳定性较差。在隐性保险下,储户相信国家担保而缺少对银行流动性风险的约束。在显性保险下,出于安全性考虑,储户有动机将保险未覆盖的存款从中小银行转移到大型国有银行。因此,在存款保险实施后,中小银行有动机增加长期存款比重以提高负债端稳定性,同时削减长期资产比重以改善当前"存短贷长"的期限错配结构,从而降低流动性风险(IMF,2007)。银行提升资产流动性的主要方式是减少期限较长的资产配置,增加期限较短、流动性较强的资产配置。以本节选取的 166 家商业银行为例,2011—2014 年流动性资产(包括各类交易性金融资产)占总资产的平均比例为 36.12%,2015—2018 年升至 46.61%,增加 10.49 个百分点。从流动性创造角度看,流动性资产的增加不利于流动性负债向非流动性资产转化的过程。因此,我们提出以下假设:

假设 2:存款保险的实施会通过增加商业银行的资产流动性来抑制流动性创造。

显性存款保险对银行负债也会产生影响。以往研究表明,政府信用担保的覆盖面越广,储户对银行的信任程度越高,银行越能以低成本进行融资,加之长期贷款收益较高而短期存款利率较低,银行倾向于扩大资产负债的错配程度以赚取更多利润(Macey and Miller,1995)。实施显性存款保险后,银行不能再依靠政府的隐性担保,在维持负债期限结构稳定的情况下,可能需要花费额外的成本去补偿50万元以上大额储户以避免其转移存款(Iyer et al.,2016)。存款保险的实施会间接增加银行的融资成本。对无法向储户提供足够补偿的银行而言,存款保险会使其负债期限结构发生不利变化,主动负债的能力有所下降。因此,我们提出以下假设:

假设3:存款保险的实施会使银行的融资成本上升从而抑制流动性创造。

显性存款保险同样会影响银行非利息业务。显性存款保险可能导致银行减少长期高风险贷款,花费更高融资成本来吸收存款,进而降低在传统存贷款业务中的收益。在非利息业务中,银行并不直接作为信用活动的一方,因而受存款保险的直接影响较小。为了弥补传统存贷款业务中的收益,银行有动机增加非利息业务比例(Boot and Thakor,1991)。以非利息业务中的银行卡业务和代理业务为例,32家上市银行的银行卡收入占总收入的平均比例从2012年的2.08%升至2018年的6.25%,同期代理业务收入占比则从1.31%升至2.38%。根据Berger and Bouwman(2009)对银行业务流动性的界定,构成非利息收入的佣金和手续费、证券和衍生品交易收入等在流动性创造过程中的作用与资产类科目相近。由于这类非利息科目大多期限偏短,提升非利息业务水平对流动性创造的影响与增加流动性资产的影响类似,因此,我们提出以下假设:

假设4:存款保险的实施会使银行的非利息业务水平上升从而抑制流动性创造。

四、研究设计

(一) 计量模型与估计方法

1. 计量模型

本节借鉴孙海波和刘忠璐(2019)的模型,将我国显性存款保险的实施视为准自然实验,首先通过双重差分模型来考察存款保险制度变革对银行风险承担、资产流动性、融资成本和非利息业务水平的影响。

$$Micro_{it} = \alpha_0 + \alpha_1 D_t \times T_i + \sum_{j=2}^{8} \alpha_j \prod_{jit-1}^{1} + u_i + \varepsilon_{it} \qquad (7\text{-}1)$$

在上式中,被解释变量 $Micro_{it}$ 表示银行的风险承担、资产流动性、融资成本和非利息业务水平; D 为时间虚拟变量, $D=1$ 表示显性存款保险实施后, $D=0$ 表示政策实施前; T 为处理组虚拟变量, $T=1$ 表示非国有商业银行, $T=0$ 表示国有商业银行；$\prod_{jit-1}^{1}$ 为滞后一期的控制变量。我们重点关注回归系数 α_1，即显性存款保险对银行上述变量的影响。

进一步考察风险承担、资产流动性、融资成本和非利息业务水平对银行流动性创造的影响。

$$LC\_TA_{it} = \alpha_0 + \alpha_1 Micro_{it-1} + \sum_{j=2}^{8} \alpha_j \prod_{jit-1}^{1} + v_i + \theta_{it} \quad (7-2)$$

其中，LC_TA_{it} 表示资产规模标准化处理后的商业银行流动性创造。在此基础上，参考范子英和刘甲炎(2015)的方法，模型中包含存款保险实施前后、是否为国有银行以及银行中间变量的三次交乘项，考察显性存款保险是否通过银行风险承担、资产流动性、融资成本和非利息业务水平来抑制流动性创造。

$$LC\_TA_{it} = \alpha_0 + \alpha_1 D_t \times T_i \times Micro_{it-1} + \alpha_2 D_t \times Micro_{it-1} + \alpha_3 T_i \\ \times Micro_{it-1} + \alpha_4 Micro_{it-1} + \sum_{j=5}^{11} \alpha_j \prod_{jit-1}^{3} + w_i + \varphi_{it} \quad (7-3)$$

我们重点关注 7-3 式中的三次交乘项系数，该方法类似于三重差分，主要刻画显性存款保险是否通过银行风险承担等变量产生不利于流动性创造的影响。上述方程中，i 表示银行，t 表示年份，样本期为 2006—2018 年。u_i、v_i 和 w_i 分别表示银行不随时间变化的个体异质性，ε_{it}、θ_{it} 和 φ_{it} 表示扰动项。

2. 流动性创造指标

我们参照 Berger and Bouwman(2009)以及李明辉等(2014b)的方法构建商业银行流动性创造度量指标。构建过程主要分为三步：第一步，根据变现的难易程度、交易成本和到期时间，将银行资产负债表和表外科目划分为流动性、半流动性和非流动性三类。第二步，赋予不同流动性的科目权重，对非流动性资产和流动性负债赋予 0.5 的权重，对非流动性负债和流动性资产赋予 -0.5 的权重，表外业务与资产业务性质类似，因而对流动性和非流动性表外业务分别赋予 -0.5 和 0.5 的权重，对表内表外所有半流动性业务赋予 0 的权重。第三步，根据前两步的流动性划分和权重赋值，通过加权求和的方法来计算商业银行的流动性创造，公式如下：

流动性创造 = 0.5×(非流动性资产+流动性负债+非流动性表外业务)+0×(半流动性资产+半流动性负债+半流动性表外业务)-0.5×(流动性资产+非流动性负债+流动性表外业务)

3. 对照组选取

我们使用双重差分和三重差分方法对实证模型进行检验,这类方法要求对照组与实验组在政策实施前具有相同的趋势,对照组相对于实验组没有受到政策的影响。在显性保险实施前,所有银行都享有政府隐性担保,在银行资产和负债等方面不存在明显的差异。而在显性保险实施后,虽然名义上所有银行都失去政府担保,但是国有银行"太大而不能倒",实际上仍然享有政府担保。以往研究表明,存款保险的影响在不同规模的银行中程度不同(Lé M,2013),储户相信国有银行无论何时都享有政府隐性担保,没有动机进行存款迁移,因而大银行对显性存款保险的反应不明显,但中小银行隐性担保的缺失会导致存款转移和贷款变动(Iyer et al.,2016)。基于显性存款保险对国有银行和非国有银行的非对称影响,我们借鉴郭晔和赵静(2017)的方法,将国有银行作为对照组、非国有银行作为实验组进行考察。

(二) 样本与变量

1. 样本选取

本节使用的商业银行数据来源于 BankFocus 数据库和早期的 BankScope 数据库,样本期为 2006—2018 年。样本中剔除了政策性银行、邮政储蓄银行、网商银行、外资银行以及样本少于三年的银行,我们最终选取了 166 家银行。GDP 增长率等宏观经济数据来源于恒生聚源数据库。为了与 BankFocus 数据库相匹配,所有数据以美元计价。

2. 变量说明

(1) 被解释变量

本节主要的被解释变量为商业银行流动性创造(LC_TA),由 BankFocus 数据库中的资产负债表和表外数据,参照 Berger and Bouwman(2009)的方法计算得到。考虑到银行规模的差异,本节使用银行总资产对流动性创造指标进行标准化处理。

(2) 解释变量与中间变量

风险承担(NPL):这里采用不良贷款率作为银行风险承担的度量指标。不良贷款率是测度银行风险承担的常用指标之一,相对于其他风险指标,银行的不良贷款率越高,流动性错配行为往往越激进(李明辉等,2014b)。

资产流动性(LIQ):这里采用流动性资产与总资产的比值作为银行资产流动性的度量指标。存款保险能够影响银行不同期限的资产配置,从而影响流动性负债转化为非流动性资产的流动性创造过程。

融资成本（FC）：这里使用存款利息支出与平均付息负债之比作为银行融资成本的代理指标。存款是我国商业银行的主要融资渠道，显性存款保险的实施会影响银行在存款市场上的竞争，存款利息的高低能够反映银行的融资能力。

非利息业务水平（NII）：这里使用非利息收入与营运收入之比作为非利息业务水平的代理指标。参照周开国和李琳（2011）的设定，非利息收入占比越大，银行非利息业务水平越高。

（3）控制变量

本节借鉴King（2013）以及李明辉等（2014b）的变量设定，选取银行规模（LnTA）、贷款规模（LnLO）、资本充足率（CAR）、资产回报率（ROA）和管理费用（OVTA）作为银行层面的控制变量。此外，本节使用GDP增速（GGDP）、同业拆借利差（Yield）和监管强度（ABF）（许坤和汪航，2016）来控制宏观经济因素的影响。本节变量定义与描述性统计结果见表7-1。从中可以发现，目前我国商业银行的流动性创造水平差异较大，最大值为0.901，最小值为-0.342，这说明部分银行的流动性创造规模与其资产规模接近。而部分银行的流动性创造水平为负，说明其将流动性囤积在自己手中，没有发挥创造流动性的基本职能。

表7-1　　　　　　　　　　　描述性统计

变量符号	变量定义	样本量	均值	标准差	最小值	最大值	计算方法
LC_TA	流动性创造	919	0.21	0.156	-0.343	0.901	流动性创造÷总资产
FC	融资成本	908	2.352	0.78	0.722	6.764	存款利息支出÷平均付息负债
NPL	风险承担	774	1.552	2.042	0.009	29.722	不良贷款÷贷款总额
LIQ	资产流动性	919	0.428	0.14	0.032	0.949	流动性资产÷总资产
NII	非利息业务水平	919	13.355	12.414	-3.623	76.063	非利息收入÷营运收入
LnTA	资产规模	919	10.685	1.602	3.459	15.212	总资产取对数
CAR	资本充足率	883	12.96	2.399	0.801	40.92	资本金÷风险加权资产
ROA	资产回报率	903	1.004	0.389	-0.580	2.701	税后净利润÷总资产

续表

变量符号	变量定义	样本量	均值	标准差	最小值	最大值	计算方法
OVTA	管理费用	882	0.005	0.002	0.001	0.023	管理费用÷总资产
LnLO	贷款规模	919	9.892	1.701	2.861	15.144	贷款总额取对数
GGDP	GDP增速	919	7.87	1.641	6.622	14.253	GDP指数
Yield	同业拆借利率	919	3.421	0.923	1.043	5.015	同业拆借利率与基准利率之差
ABF	监管强度	883	0.419	0.494	0	1	监管强度虚拟变量

五、实证结果分析

（一）基本回归结果分析

显性存款保险的实施对银行风险承担、资产流动性、融资成本和非利息业务水平的影响结果见表7-2。列(1)显示，显性存款保险降低了银行风险承担量。银行在失去政府隐性担保后有动机减小风险、稳健经营，说明存款保险减小风险的政策目标取得初步成效。列(2)显示，显性保险实施后，银行的资产流动性上升，说明存款保险促使银行调整资产配置，削减期限长、变现成本高的非流动性资产，增加期限短、变现成本低的流动性资产。列(3)表明，显性存款保险增加了银行的融资成本，面对存款转移和竞争加剧的压力，银行需要吸收更多长期存款以保证负债端稳定，同时提高存款利率以吸引储户，从而导致融资成本上升。列(4)显示，显性存款保险促进了银行非利息业务水平的提升。由于显性存款保险降低了银行在利息业务方面的盈利能力，因此银行有动机发展非利息业务，通过多元化经营来维持盈利水平。

表7-2　　　　　　　　显性存款保险对银行微观变量的影响

变量	NPL (1)	LIQ (2)	FC (3)	NII (4)
$D \times T$	−1.339 2*** (0.427 4)	0.096 3*** (0.020 2)	0.428 8*** (0.080 8)	5.055 4*** (1.421 2)
_cons	55.166 6** (25.479 0)	4.352 8*** (0.887 0)	15.072 7*** (5.853 6)	175.295 2 (108.802 5)
控制变量	控制	控制	控制	控制

续表

变量	NPL (1)	LIQ (2)	FC (3)	NII (4)
银行固定效应	控制	控制	控制	控制
年份固定效应	控制	控制	控制	控制
样本量	774	919	908	919
调整R^2	0.276	0.794	0.741	0.622

注：***、** 分别代表1%、5%的显著性水平，括号内是稳健标准误。

银行中间变量对流动性创造的影响结果见表7-3。列(1)显示，银行风险承担量与流动性创造呈正向关系，银行的不良贷款率越高，激进的流动性错配行为越有利于创造流动性(李明辉等，2014b)。列(2)显示，银行资产流动性与流动性创造水平负相关，资产流动性越强，说明银行将流动性负债转化为非流动性资产的能力越弱。列(3)显示，银行融资成本提升不利于流动性创造，融资成本高的银行长期存款占比大，或者需要支付更高的利息来揽储，争取流动性负债的难度大，不利于创造流动性。列(4)显示，银行的非利息业务能力越强，流动性创造水平越低，这可能是因为这类银行开展的传统存贷业务较少，交易收入和佣金等流动性较强的业务占比较高。

表 7-3　　　　　　　　银行中间变量对流动性创造的影响

变量	LC_TA (1)	LC_TA (2)	LC_TA (3)	LC_TA (4)
L.NPL	0.013 6*** (0.003 8)			
L.LIQ		−0.185 1*** (0.056 5)		
L.FC			−0.035 7*** (0.008 4)	
L.NII				−0.001 1*** (0.000 5)
_cons	0.458 5** (0.190 1)	0.630 1*** (0.168 6)	0.587 0** (0.163 5)	0.525 8** (0.158 9)
控制变量	控制	控制	控制	控制
银行固定效应	控制	控制	控制	控制

续表

变量	LC_TA (1)	LC_TA (2)	LC_TA (3)	LC_TA (4)
年份固定效应	控制	控制	控制	控制
样本量	766	919	905	919
调整R^2	0.660	0.659	0.673	0.656

注：***、** 分别代表1%、5%的显著性水平，括号内是稳健标准误。

本节进一步考察显性存款保险的实施是否通过以上银行变量对流动性创造水平产生影响，结果见表7-4。列(1)中三次交乘项的系数显著为负。银行的风险承担水平越高，流动性与期限的错配程度往往越高，从而能够创造越多流动性，但显性存款保险的实施导致银行风险承担量下降，抑制了流动性创造。列(2)中三次交乘项的系数显著为负。存款保险会提升银行的资产流动性，而资产流动性越强，流动性负债转化为非流动性资产的效应越弱，因此显性存款保险通过提高银行的资产流动性会降低流动性创造水平。列(3)中三次交乘项的系数也显著为负。存款保险的实施导致银行面临存款转移的风险，负债端对大额储户的吸引力下降，揽储压力增大，导致融资成本上升，从而对流动性创造产生负向作用。列(4)中三次交乘项的系数同样显著为负，说明存款保险通过提升非利息业务水平会降低银行的流动性创造水平。显性存款保险的实施促使银行开展更多的非利息业务以增加收入，而交易收入和手续费收入等主要非利息业务在性质上类似于流动性资产。因此，存款保险实施后，银行非利息业务水平的提升会对流动性创造产生抑制作用。受篇幅限制，表中没有报告计量模型中的二次交乘项等回归结果。

表7-4　　显性存款保险通过银行中间变量对流动性创造的影响

变量	LC_TA (1)	LC_TA (2)	LC_TA (3)	LC_TA (4)
$D \times T \times L.NPL$	−0.069 9** (0.028 5)			
$D \times T \times L.LIQ$		−0.175 9* (0.094 4)		
$D \times T \times L.FC$			−0.065 4*** (0.023 0)	
$D \times T \times L.NII$				−0.005*** (0.001 7)

续表

变量	LC_TA (1)	LC_TA (2)	LC_TA (3)	LC_TA (4)
_cons	0.490 3** (0.206 4)	0.379 8** (0.158 5)	0.306 2* (0.176 9)	0.325 2** (0.163 1)
控制变量	控制	控制	控制	控制
银行固定效应	控制	控制	控制	控制
年份固定效应	控制	控制	控制	控制
样本量	722	919	901	919
调整R^2	0.653	0.670	0.675	0.663

注：***、**、*分别代表1%、5%、10%的显著性水平，括号内是稳健标准误。

作为金融体系最重要的流动性来源，银行流动性创造对实体经济发展具有重要作用。近年来，我国鼓励民营银行和小型银行发展，希望通过中小银行自身独特优势来支持实体经济和小微企业的发展。但本节实证结果显示，存款保险制度变革阻碍了非国有银行发挥金融中介作用为社会创造流动性的职能，削弱了银行对实体经济的支持作用。

(二) 稳健性检验

如果同时期其他政策对流动性创造产生影响，就可能干扰本节对实证结果的解读。在存款保险实施的同时，我国利率市场化逐步推进，因而存在一个竞争性逻辑，即利率市场化推进所带来的竞争压力可能导致银行通过资产短期化来提高稳定性，从而影响本节结论的稳健性。如果利率市场化对流动性创造产生影响，本节构建的存款保险虚拟变量就可能包含利率市场化的影响成分。此外，我国于2015年放开银行存贷比限制，如果存贷比的放开对流动性创造产生影响，就同样会影响实证结果的稳健性。基于以上考虑，本节将利率市场化指数(LIR)作为竞争性变量加入存款保险对银行资产流动性的回归中，选取银行净息差(NIM)作为利率市场化在银行层面的代理变量，选取银行存贷比(LDR)作为放开存贷比的代理变量。本节参照Cai et al. (2016)的方法，将净息差和存贷比分别与政策实施的虚拟变量(D)构成交乘项纳入双重差分回归中，检验结果见表7-5。从中可以看到，三个回归中，$D \times T$的系数依然显著，而利率市场化对流动性资产的回归系数不显著，这说明利率市场化和存贷比放开对银行资产流动性和流动性创造水平不存在显著影响，从而排除了同时期相关政策对本节主要实证结果的干扰。

表 7-5　　　　　　排除同时期其他政策对流动性创造的影响

变量	LIQ (1)	LC_TA (2)	LC_TA (3)
LIR	1.204 9 (0.857 2)		
$D \times NIM$		−0.005 8 (0.008 8)	
$D \times LDR$			−0.000 6 (0.000 7)
$D \times T$	0.088 4*** (0.020 2)	−0.126 7*** (0.042 1)	−0.124 9*** (0.041 8)
$\_cons$	−6.290 0 (0.190 1)	0.911 5 (0.168 6)	1.368 5 (0.163 5)
控制变量	控制	控制	控制
银行固定效应	控制	控制	控制
年份固定效应	控制	控制	控制
样本量	882	707	692
调整R^2	0.799	0.658	0.659

注：*** 代表1%的显著性水平，括号内是稳健标准误。

如果银行微观变量的变化不是由存款保险的实施造成的，而是随着时间推移由银行其他不可观测的因素导致的，就同样会影响研究结果的稳健性。因此，本节通过构造"虚假"实施年份进行安慰剂检验。参照徐思等(2019)的方法，本节将存款保险实施前后三年的时段分为四个样本区间，分别构造"虚假"的存款保险实施年份虚拟变量，检验了存款保险实施对银行中间变量的影响，结果见表7-6。以列(1)为例，选取2012—2014年的样本，假定存款保险在2013年实施，则时间虚拟变量 D 在2012年取值为0，在2013年和2014年取值为1。列(2)～列(4)的设定方法与此类似。结果表明，将其他年份作为存款保险的实施年份无法得到上文显著的估计结果，说明存款保险对银行中间变量的影响不是由常规性的随机因素所导致的。

表 7-6　　　　　　　　　　　　　　　安慰剂检验

变量	2012—2014 年 (1)	2013—2015 年 (2)	2015—2017 年 (3)	2016—2018 年 (4)
	因变量：FC			
$D \times T$	0.044 7 (0.076 0)	0.120 2 (0.099 6)	0.117 8 (0.104 2)	0.081 0 (0.141 8)
	因变量：NPL			
$D \times T$	−0.068 0 (0.100 7)	−0.295 0 (0.238 9)	0.067 2 (0.159 4)	0.654 0 (0.476 2)
	因变量：LIQ			
$D \times T$	0.002 3 (0.014 2)	0.038 6 (0.029 6)	0.006 2 (0.023 1)	−0.031 4 (0.043 5)
	因变量：NII			
$D \times T$	1.412 2 (1.120 3)	2.845 1 (2.201 6)	0.609 8 (2.468 5)	−0.119 7 (1.773 3)
控制变量	控制	控制	控制	控制
银行固定效应	控制	控制	控制	控制
时间固定效应	控制	控制	控制	控制

注：括号内是稳健标准误。

银行的风险承担有多种度量方法。Bouvatier et al.(2014)认为贷款损失准备金(LLR)反映了银行对未来风险的预期,且受到收入水平的影响,从而能够从风险和收益两个方面来衡量银行的风险承担程度。因此,本节选取贷款损失准备金占贷款的比例作为不良贷款率的替代指标进行了稳健性检验,结果见表 7-7。从中可以看到,使用贷款损失准备金比例代替不良贷款率,存款保险仍然降低了银行风险承担量,并以此对流动性创造产生了抑制作用,说明上文结果稳健。

表 7-7　　　　　　　　银行风险承担替代指标的稳健性检验

变量	LLR (1)	LC_TA (2)	LC_TA (3)
$D \times T$	−0.004 2* (0.002 2)		
LLR		1.446 2*** (0.551 4)	

续表

变量	LLR (1)	LC_TA (2)	LC_TA (3)
$D \times T \times LLR$			−2.608 7* (1.952 4)
$D \times LLR$			0.231 4 (2.542 8)
$T \times LLR$			1.989 1*** (0.566 1)
_cons	0.024 1 (0.104 0)	0.477 3*** (0.158 8)	0.533 5*** (0.182 4)
控制变量	控制	控制	控制
银行固定效应	控制	控制	控制
年份固定效应	控制	控制	控制
样本量	869	869	707
调整R^2	0.448	0.684	0.691

注：***、*分别代表1%、10%的显著性水平，括号内是稳健标准误。

考虑到近年来银行同业存单迅速发展对负债端流动性的影响，本节重新对流动性负债和流动性创造水平进行了稳健性检验，上文的基本实证结果仍然成立。

显性存款保险通过银行微观变量抑制流动性创造，本节进一步探究了这种抑制作用的动态效应。参照Acharya et al.(2018)的方法，本节将双重差分交乘项中的时间虚拟变量替换为各个年份时间虚拟变量（2015年、2016年、2017年和2018年）进行回归，结果见表7-8。从中可以看出，2015年显性存款保险与银行流动性创造负相关，随着政策的持续实施，回归系数从−0.207 0变为−0.103 9，直到2018年相关性不显著。本节认为，银行流动性创造在政策实施初期受到了较强的负向影响，随着时间的推移，银行逐渐适应显性存款保险制度下的经营环境，存款保险对银行流动性创造的抑制作用呈现逐渐减弱的趋势。

表7-8　　　　　　　　　　　动态效应检验

变量	因变量：LC_TA			
	2015年	2016年	2017年	2018年
$D \times T$	−0.207*** (0.054 1)	−0.154*** (0.063 3)	−0.103 9*** (0.039 3)	0.016 3 (0.015 1)

续表

变量	因变量：LC_TA			
	2015年	2016年	2017年	2018年
控制变量	控制	控制	控制	控制
银行固定效应	控制	控制	控制	控制
年份固定效应	控制	控制	控制	控制
样本量	919	919	919	919
调整R^2	0.663	0.658	0.655	0.658

注：***代表1%的显著性水平,括号内是稳健标准误。

第四节 小 结

本章关注现代中央银行体系下的另一重要制度——金融安全网。本章在介绍金融安全网定义和内涵的基础上,着重介绍了金融安全网的两大支柱：最后贷款人和存款保险制度。

第一节给出了金融安全网的定义：金融安全网是金融系统中一系列危机防范和管理制度安排的统称,其目的在于保持金融体系稳健有序运行,防止个体风险向其他金融机构和整个金融体系扩散。广为接受的看法是,金融安全网具有三大支柱：存款保险制度、最后贷款人和微观审慎监管。这三大支柱构成有机整体,一起保护我国的金融安全。

第二节在第一节的基础上,着重介绍了三大支柱之一——最后贷款人。最后贷款人理论的核心思想为,中央银行接受高质量抵押品,采取高利率,自由贷款给具有清偿能力但面临流动性缺失的机构。本节认为,最后贷款人理论存在的争议主要集中在采取何种利率、救助何种机构、以何种方式救助。任何一种模式都有其优劣。最后贷款人理论经过长期的演变,具有一套完整的理论基础,在"后危机"时代,最后贷款人传统争议的推进、最后贷款人作为最后做市商出现的新问题和新的危机管理新模式——自救机制还需着重探索。最后贷款人理论也给予了我国金融监管深刻的启示。在危机发生前要明确救助规则、强化自我监管。在危机过程中要注意以下几点：第一,最后贷款人更重要的是承担做市商的职责,疏通货币政策的传导机制,活跃市场;第二,要注意风险承担的激励,避免诱发道德风险。

第三节着重介绍了金融安全网的另一大支柱——存款保险制度。本节认为,市场经济条件下,存款保险是保护储户权益和构建金融安全网的重要措施。2015年我国正式实施显性存款保险制度,从隐性存款保险转变为显性存款保险。那么,存款保险制度变革如何影响银行风险、资产和负债等,从而影响银行的基本职能——流动性创造?我们使用2006—2018年我国166家商业银行的微观数据,考察了存款保险实施后商业银行上述变量的变化情况,并探究了存款保险制度变革通过上述变量如何影响流动性创造。研究结果显示,存款保险实施导致银行风险承担量降低,资产流动性、融资成本和非利息业务水平均有所上升,而这些变化对银行流动性创造产生了抑制作用,不利于银行中介职能的发挥。从动态效应来看,存款保险制度变革对流动性创造的抑制作用随时间减弱。本节的结论具有重要的启示。对于监管部门,应考虑在存款保险制度中针对银行规模和服务对象加入差异化政策。中国人民银行金融稳定局在解读我国存款保险制度时提出三个主要目标:一是保护储户权益,建立维护金融稳定的长效机制;二是进一步完善金融安全网,增强我国金融业抵御和处置风险的能力;三是创造公平竞争环境,为发展民营银行和中小银行、加大对小微企业的金融支持保驾护航。从本节的结论来看,虽然现行存款保险制度在降低银行风险承担方面取得成效,但银行在资产负债端的调整使流动性创造水平降低,不利于上述政策目标中对中小银行和小微企业的支持。因此,可考虑在现有存款保险制度设计的基础上,对部分银行实施差异化政策,对于民营银行和中小银行,或者小微企业贷款和"三农"业务贷款占比较高的银行,提高现行50万元的保险额度,或在保费核算等方面给予一定比例的优惠,鼓励其发挥流动性创造的职能以支持实体经济发展。对于商业银行特别是中小银行,应增强负债管理能力,保证负债端的稳定增长。现行存款保险导致银行面临更高的融资成本,这将直接影响银行的负债端稳定性和流动性创造水平。因此,中小银行应针对所在地区和客户类型提供更多个性化产品,实现负债结构多元化;同时,提高服务质量,通过增加客户黏性来增强负债端稳定性,避免存款保险导致的大额储户存款转移行为,保证流动性创造功能的资金来源,从而更好地发挥商业银行的金融中介作用。

第八章

货币政策与审慎监管政策的协调研究

引言：当前我国进入高质量发展阶段，经济发展也进入了新时代。在此背景下，一切战略和政策的出发点都必须适应高质量发展的要求。此前，党中央多次强调健全和创新结构性货币政策工具，引导金融机构优化信贷结构，疏通货币政策传导机制。然而，货币政策可能与同时期的金融稳定政策相互作用，甚至产生冲突。基于此，强化货币政策与审慎监管政策的协调研究，统筹考虑各类政策的溢出效应，成为建设现代中央银行制度的内在要求。

在我国，货币市场短期利率向债券利率的传导是中央银行利率调控体系的重要一环，然而鲜有研究探讨货币政策和金融监管对前述传导路径的影响及交互作用。以利率传导环节为代表，两种政策目标是否存在目标冲突、如何评估各自的政策效果，以及怎样协调两种政策都有待研究，这种研究可以为货币政策与审慎监管政策的协调研究带来启示。因此，在第五章的基础上，本章引入了资管新规政策，并结合中期借贷便利担保品扩容政策和债券市场的微观数据，通过实证检验的方式来识别结构性货币政策及审慎监管政策对货币市场短期利率向债券利率传导的影响及其交互作用。

研究发现，资管新规的出台降低了债券利率对货币市场短期利率的敏感性，导致利率传导效率明显下降。与之相对的是中期借贷便利担保品扩容政策的实施提高了目标债券利率对货币市场短期利率的敏感性，从而显著提高了利率传导效率。进一步的检验表明，中期借贷便利担保品扩容政策有利于缓解资管新规带来的负面影响，从而恢复货币政策传导效率。

本章的研究表明,理解和管理结构性货币政策与审慎监管政策之间的相互作用有助于确保货币政策目标的顺利实现。有效的政策协调不仅能提高金融市场的稳定性和效率,而且能促进更广泛的宏观经济目标的实现,这为未来的政策制定提供了重要参考。

第一节 问题的提出

从推进国家治理体系和治理能力现代化出发,党的十九届四中全会提出了建设现代中央银行制度。建设现代中央银行制度需要健全现代货币政策框架,涵盖创新的货币政策工具体系和畅通的货币政策传导机制,健全结构性货币政策工具体系,以深化利率市场化改革为抓手疏通货币政策传导机制(易纲,2021)。疏通中央银行政策利率向市场利率和信贷利率的传导,也被列为完善中央银行政策利率体系引导功能的工作重点(中国人民银行货币政策分析小组,2018)。货币市场短期利率向债券利率的传导是中央银行利率调控体系的重要一环,其效率关系到货币政策的有效性。在完善现代货币政策框架的背景下,对疏通该环节的机制措施进行探究具有重要的理论与现实意义。

建设系统性金融风险防控体系,注重金融监管,也是现代中央银行制度的内涵所在(中国人民银行办公厅课题研究小组,2020)。金融监管通过规制和监督,影响金融机构行为(Borio and Zhu,2012),如风险承担(Angeloni and Faia,2013)、信贷供给(Brei and Gambacorta,2014)、货币市场交易(CFGS,2015;Anbil and Senyuz,2018)等。货币政策也会通过货币市场传导至资本市场,进而作用于实体经济(CFGS,2015)。由此,金融监管和货币政策均与金融机构行为相关,使得中央银行制定货币政策时,需考虑与金融监管的协调,统筹考虑各类政策的溢出效应。

自2008年金融危机以来,一方面,美国、欧盟等主要经济体建立较为系统和成熟的中央银行担保品框架(Chailloux et al.,2008),创新结构性货币政策工具(Nyborg,2017;Van Bekkum et al.,2017),纳入合格担保品范围的证券,其折扣率相应下降。另一方面,各国不断完善宏观审慎监管体系,防范系统性金融风险,如美国颁布《多德-弗兰克华尔街改革与消费者保护法案》,对系统重要性金融机构的交易行为施加限制(Gao et al.,2018)。在中国,中国人民银行创新调节担保品折扣率的结构性工具，如中期借贷便利，并于2018年扩容其担保品。同年4月27日，中国人民银行、中国银保监会、中国证监会与国家外汇管理局联合发布资管新规，规范金融机构资产管理业务，统一监管标准。作为防范化解金融风险的一项重要举措，资管新规限制期限错配、多层嵌套，打破刚性兑付，对金融机构资管业务的资金池、非标、杠杆、通道等进行了约束与规范，以此防范系统性金融风险，引导金融服务实体经济。研究表明，资管新规显著削减了资管行业对债券尤其是信用债的需求，对债券市场产生紧缩效应(Geng and Pan, 2023)。

那么，货币政策与监管政策作为一套组合拳，其各自效果与交互作用究竟如何？本章聚焦货币市场短期利率向债券利率传导这一关键环节，利用债券市场的交易数据，结合中期借贷便利担保品扩容和资管新规政策，采用双重差分模型，深入考察了两者对上述传导环节的影响及其复杂的交互作用。在此基础上，本章尝试为未来的政策决策、优化宏观经济治理体系提供可行建议。

第二节　文献综述、制度背景与理论假说

一、文献综述

本章在利率传导这一环节中考察金融监管与货币政策的交互作用，鉴于第五章对结构性货币政策已有详细介绍，本节从利率传导渠道和金融监管与货币政策交互作用两个方面展开综述。

已有文献将中国的利率传导渠道总结为，中央银行操作政策利率以影响货币市场短期利率，货币市场利率一方面通过影响债券收益率在债券市场实现短期利率向长期利率的传导，另一方面通过影响商业银行的资金成本来实现在信贷市场的传导(马骏和王红林，2014；马骏等，2016；梁斯，2018)。何东和王红林(2011)研究了利率双轨制下，存款基准利率、存款准备金率和公开市场操作对市场利率的影响。孙国峰和段志明(2017)探讨了中期政策利率引导信贷市场利率、货币市场利率、债券市场利率的理论机制。强静等(2018)研究指出，政策基准利率仍是决定市场各期利率的重要变量。战明华和李欢(2018)分析了利率市场化对信贷渠道、利率渠道和资产价格渠道的影响。战明华等(2020)研究发现，数字金融发展对利率

渠道有放大效应,对信贷渠道则有弱化效应,总体而言,数字金融发展提高了货币政策效果。

在金融监管与货币政策交互作用方面,Anbil and Senyuz(2018)发现,欧洲银行为粉饰报表,在季末削减回购交易量,《巴塞尔协议Ⅲ》更高的资本要求加剧了该行为,从而对回购市场产生冲击,美联储通过逆回购工具(RRP)投放流动性使得冲击得以缓和。Agenor et al. (2013)认为信用增强的货币政策规则和逆周期资本监管的政策组合可以促进经济稳定。Tayler and Zilberman(2016)指出逆周期资本监管对货币政策传导的影响取决于宏观经济冲击的来源。Rubio and Carrasco-Gallego(2016)发现资本要求提高会弱化货币政策效果。黄宪等(2012)实证发现,引入银行资本监管后,货币政策效率降低。方意(2016)指出,在最优货币政策环境下,合理地引入宏观审慎政策有利于改善社会福利。彭俞超和何山(2020)表明,资管新规类的影子银行限制政策减弱了宽松货币政策对投资的刺激效果。

综上所述,利率传导渠道的文献较少纳入金融监管进行分析;金融监管和货币政策交互作用的研究,较多关注资本监管、宏观审慎监管,对资管新规类限制政策虽有理论探讨,但实证研究尚不多见。本章尝试从上述方面拓展已有文献并丰富结构性货币政策对利率传导效率影响的研究。

二、制度背景

前文对中期借贷便利担保品扩容政策和资管新规已有详细介绍,本节重点介绍我国的债券市场并说明本章为何选择这一微观数据进行实证研究。

中国的债券交易市场包括交易所债券市场和银行间债券市场两个部分。其中,交易所债券市场的监管机构为证监会,登记、托管和结算业务主要由中国结算公司承担;银行间债券市场的监管机构为中国人民银行,登记、托管和结算业务主要由上海清算所和中央结算公司承担。两个债券交易市场为具有不同交易需求的客户提供服务。其中,银行间债券市场主要满足不频繁但交易量大的需求,交易所债券市场则主要满足频繁但规模较小的交易。在两个市场间流通的债券类型相似,主要有国债、地方政府债、金融债和企业债等,且很多债券可以在两个市场同时上市交易。但由于两个市场特征(监管机构、交易制度,交易特征等)的差异,因此具有相同基本面的债券在不同市场的价格可能有很大不同。虽然证监会等监管机构已于2009—2010年开展了商业银行参与交易所债券市场现券交易的试点工作,但商业银行在交易所的现券交易量较小,交易所债券市场与银行间债券市场不同的交易机制(T+0 和 T+1)也限制了当日套利的交易量(Chen et al.,2018;Fang et al.,2020)。因此,两个交易市场之间长期存在种种限制,形成了我国债券市场分割且难以套利的特点(Chen et al.,2018;Fang et al.,2020)。

此次扩大中期借贷便利担保品范围政策适用于银行间债券市场,而非交易所债券市场,且所有在银行间债券市场流通的符合要求的债券都能作为担保品,加上银行间和交易所债券市场分割难以套利的特点,为本章识别因果关系提供了准自然实验场景。

三、理论假说

与第五章一致,同样基于 Ashcraft et al. (2010)推导出保证金(折扣率)约束下的资本资产定价模型:

$$E_t(r_{t+1}^j) - r^f = \lambda_t \beta_t^j + m_t^j \psi_t x \qquad (8-1)$$

从第五章的分析中可以得出,折扣率与证券的期望收益率成正比,折扣率越高,投资者对证券的回报率要求越高。另外,折扣率的变化会影响模型中代理投资者资本的影子成本,两者同向变动。在低资本影子成本状态下,证券收益率对应当前的无风险利率。

结合我国 2018 年宽松的货币政策背景以及资管新规的要求,一方面,利率的持续走低使得折扣率-期望收益率曲线变得陡峭,另一方面,影子银行规模大幅萎缩(彭俞超和何山,2020),金融机构为资产提供融资的渠道收窄,从而抬高资本影子成本(Ashcraft et al.,2010),导致证券收益率沿着变动后的曲线上升,无风险利率降低带来的影响被部分抵消,显著影响了无风险利率下行的传导效率。因此,本章提出以下假说:

假说 1:资管新规政策的出台会减弱宽货币政策下债券市场的利率传导效率。

中期借贷便利担保品扩容后,被纳入担保范围的债券的折扣率明显降低。在无风险利率走低的背景下,此类债券的利率因折扣率降低而与无风险利率同步变动,其利率传导效率得以提升。基于此,本章提出以下假说:

假说 2:中期借贷便利担保品扩容政策的实施会定向提高宽货币政策下新纳入债券的利率传导效率。

综合以上假说,在宽货币政策环境下,资管新规政策会降低利率传导效率,而中期借贷便利担保品扩容政策可以起到反向调节作用。在监管政策收紧后,若配合使用结构性货币政策工具,就可以缓和监管收紧带来的冲击。据此,本章进一步提出以下假说:

假说3:中期借贷便利担保品扩容政策有助于定向缓和资管新规政策导致的债券市场利率传导不畅。

第三节　研　究　设　计

一、样本选择与数据处理

本章研究的数据为2018年银行间债券交易市场与交易所债券交易市场的债券日度交易数据、债券基本信息数据,1天、7天、14天、21天、1个月、3个月期限的存款类机构质押式回购利率数据(DR)和1天、7天、14天、1个月、3个月期限的上海银行间同业拆借利率。其中,日度交易数据、基本信息、存款类机构质押式回购利率和上海银行间同业拆借利率来源于Wind债券数据库,并利用CSMAR的交易所债券市场数据对数据进行了补充,包括债券日度交易数据、信用评级数据等。

本章研究所使用的债券样本包括公司债、金融债、企业债和中期票据。参考王永钦和吴娴(2019)、Schwert(2017)的做法,本章按照以下标准对样本进行了筛选:(1)剔除当日未发生交易的样本;(2)剔除到期收益率缺失的样本;(3)由于债券濒临到期日时到期收益率会发生剧烈波动,因此剔除距离到期日小于1年的样本;(4)为避免新上市债券的溢价及价格波动影响,剔除2017年6月1日上市后的样本;(5)剔除只在2018年6月1日前发生交易或只在2018年6月1日后发生交易的债券;(6)剔除信用等级为AA级别以下的样本;(7)为避免极端样本的影响,对样本进行左右各1%的缩尾处理。

二、模型设定与变量说明

为检验研究假说,本章采用双重差分模型来识别中期借贷便利担保品扩容政策对货币市场短期利率向债券利率传导的效率的影响,同时将资管新规作为系统性的流动性冲击进行控制,以识别监管政策对利率传导效率的影响及其与货币政策的交互作用,其模型设定如下:

$$\Delta Ytm_{it} = \alpha_0 + \beta_1 NRpolicy_t \times \Delta Rate_t + \gamma_2 MLFpolicy_{it} \times \Delta Rate_t \\ + \lambda_3 \Delta Rate_t + \theta_4 MLFpolicy_{it} + X_{it} + \mu_i + \xi_t + \varepsilon_{it} \quad (8-2)$$

其中,i 表示债券,t 表示交易日期。ΔYtm_{it} 为债券到期收益率,$Rate_t$ 为货币市场短期利率,本章选取 1 天、7 天、14 天的存款类机构质押式回购利率(DR001、DR007、DR014)和上海银行间同业拆借利率(SHIBOR001、SHIBOR007、SHIBOR014)作为货币市场短期利率的代表。参考 Albagli et al.(2019)的做法,采用 ΔYtm_{it} 衡量债券到期收益率的变化,其计算方法为债券当日到期收益率减去债券上一交易日到期收益率;同样,本章用 $\Delta Rate_t$ 衡量货币市场短期利率的变化,其计算方法为债券交易当日的货币市场短期利率减去债券上一交易日的货币市场短期利率。参考 Geng and Pan(2023)的做法,资管新规政策时间的虚拟变量 $NRpolicy$ 在 2018 年第二季度及以后取值为 1,否则为 0;$NRpolicy_t \times \Delta Rate_t$ 是 $NRpolicy_t$ 与 $\Delta Rate_t$ 的交互项。$Treat_i$ 为是否为处理组,若债券为银行间市场受到中期借贷便利担保品扩容政策冲击的 AA 及 AA+级别的债券,则为 1,若债券为交易所市场的 AA 及 AA+级别的债券,则为 0。$Post_t$ 在 2018 年 6 月 1 日后取值为 1,否则为 0。$MLFpolicy_{it}$ 为中期借贷便利担保品扩容政策的虚拟变量,其等于 $Treat_i \times Post_t$。$MLFpolicy_{it} \times \Delta Rate_t$ 是 $MLFpolicy_{it}$ 与 $\Delta Rate_t$ 的交互项。X_{it} 为控制变量,包括剩余年限 $Yeartomatu_{it}$ 和计息天数 Acc_idt_{it}。μ_i 为不随时间变化的债券的固定效应,其捕捉了债券的一系列特征,如票面利率、发行金额、偿还时间、是否有特殊条款(如担保措施、可赎回条款、可回售条款)等。ξ_t 为周度的时间固定效应,$NRpolicy_t$ 被其吸收。① ε_{it} 为残差项。

在上述回归中,β_1 反映了资管新规对货币市场短期利率向债券利率传导的影响。若 β_1 显著为负,则假说 1 成立。γ_2 捕捉了传导效率在中期借贷便利担保品扩容后相比资管新规后、中期借贷便利担保品扩容前的差异。若 γ_2 显著为正,则假说 2 成立。$\beta_1 + \gamma_2$ 则衡量了资管新规政策与中期借贷便利担保品扩容政策的联合效应。若 $\beta_1 + \gamma_2 > \beta_1$,则假说 3 成立。

---

① 由于核心变量 $NRpolicy_t \times \Delta Rate_t$ 和 $\Delta Rate_t$ 都只在时间层面有变化而在个体层面没有变化,若控制日度时间固定效应,则它们都会被时间固定效应所吸收,因此本章对时间固定效应进行周层级的控制。

中央银行于2020年8月31日发布了《参与国际基准利率改革和健全中国基准利率体系》白皮书,存款类机构质押式回购利率和上海银行间同业拆借利率都被视为中国当前基准利率体系的一部分。作为我国货币市场基准利率的代表之一,自2007年1月推出以来,经过十余年悉心培育,目前短端上海银行间同业拆借利率能较好地反映货币市场松紧程度,与实际成交利率密切联动。但是上海银行间同业拆借利率也存在一定的缺陷:一是上海银行间同业拆借利率为报价利率,与实际成交利率存在差异;二是银行同业拆借市场规模占比要远小于回购市场①,市场支撑不够,不能全面反映市场信息,应用范围也较有限。在白皮书中,存款类机构质押式回购利率被提出作为基准利率的未来重点培育对象,原因如下:(1)与传统的上海银行间同业拆借利率相比,存款类机构质押式回购利率为实际成交利率。自2008年金融危机以来,国际上出现多起报价操纵案,引发了对上海银行间同业拆借利率和伦敦银行间同业拆借利率类报价利率公信力的质疑(Duffie and Stein,2015;中国人民银行货币政策分析小组,2020)。世界各国开始进行基准利率改革,用实际成交利率来重新构建基准利率,如美国的有担保隔夜融资利率(SOFR)、英国的英镑隔夜平均指数(SONIA)、欧元区的欧元短期利率(STR)和日本的日元无担保隔夜拆借利率(TONA)等,均为实际成交利率。中国中央银行的选择则是存款类金融机构间质押式回购利率。(2)与同样为实际利率的金融机构间的债券回购利率(Repo)相比,存款类机构质押式回购利率在交易机构与抵押品质量方面更为严格。金融机构间债券回购利率交易的参与机构包括存款类金融机构和非存款类金融机构,而存款类机构质押式回购利率交易的参与机构仅包含存款类金融机构。在抵押品方面,金融机构间债券回购利率交易对抵押品的质量无特殊规定,而存款类机构质押式回购利率交易要求抵押品必须为利率债。因此,与金融机构间债券回购利率相比,存款类机构质押式回购利率减小了交易参与者的信用风险和抵押品质量对利率定价的扰动,能够更准确地反映市场利率水平。

在此模型中,本章选取了1天、7天和14天的存款类机构质押式回购利率和上海银行间同业拆借利率作为货币市场短期利率的代表。为了结果的稳健,在后续的稳健性检验中,本章将3个月及以下期限的存款类机构质押式回购利率、上海银

---

① 2020年上半年银行间市场债券回购累计成交471.2万亿元,日均成交3.9万亿元,同比增长18.9%;同业拆借累计成交78.4万亿元,日均成交6 483亿元,同比减少5.2%。

行间同业拆借利率和金融机构间债券回购利率作为货币市场短期利率的代表进行了验证。

三、描述性统计

各变量描述性统计如表8-1所示。$NRpolicy_t$均值为0.735,表明受到资管新规冲击的债券交易占比为73.5%,未受到资管新规冲击的债券交易占比为26.5%。$Treat_i$均值为0.370,表明受到中期借贷便利担保品扩容政策冲击的债券样本(银行间市场的AA和AA+级别债券)占比为37%,未受到中期借贷便利担保品扩容政策冲击的债券样本(交易所市场的AA和AA+级别债券)占比为63%。相应地,$MLFpolicy_{it}$均值为0.200,表明受到中期借贷便利担保品扩容政策冲击的债券交易占比为20%,未受到中期借贷便利担保品扩容政策冲击的债券交易占比为80%。Ytm_{it}的样本量为58 223个,由于进行了差分,ΔYtm_{it}的样本量变为55 219。$\Delta Rate_t$均值均为负,表明样本期内我国货币市场利率中枢均处于下行态势。

表8-1 描述性统计

变量名称	观测值	均值	标准差	最小值	中位数	最大值
ΔYtm	55 219	−0.011 7	0.705	−15.733	−0.000 408	14.484
Ytm	58 223	7.022 9	2.426	3.534	6.458	21.540
$\Delta DR001$	55 219	−0.015 5	0.226	−1.419	−0.012 3	1.222
$DR001$	58 223	2.458	0.247	1.337	2.518	2.917
$\Delta DR007$	55 219	−0.009 22	0.120	−0.857	−0.008 00	0.651
$DR007$	58 223	2.713	0.146	2.248	2.694	3.105
$\Delta DR014$	55 219	−0.044 2	0.504	−2.804	−0.008 90	2.620
$DR014$	58 223	3.271	0.696	2.143	3.215	4.989
$\Delta SHIBOR001$	55 219	−0.015 1	0.213	−1.320	−0.010 0	1.214
$SHIBOR001$	58 223	2.478	0.234	1.422	2.545	2.921
$\Delta SHIBOR007$	55 219	−0.009 49	0.071 4	−0.572	−0.003 00	0.385
$SHIBOR007$	58 223	2.740	0.115	2.345	2.745	2.978
$\Delta SHIBOR014$	55 219	−0.053 1	0.214	−1.428	−0.003 00	0.780
$SHIBOR014$	58 223	3.303	0.527	2.453	3.656	3.948

续表

变量名称	观测值	均值	标准差	最小值	中位数	最大值
$Treat$	58 223	0.370	0.483	0	0	1
$Post$	58 223	0.554	0.497	0	1	1
$NRpolicy$	58 223	0.735	0.441	0	1	1
$MLFpolicy$	58 223	0.200	0.400	0	0	1
$Yeartomatu$	58 223	2.806	1.266	1	2.600	17.866
Acc_idt	58 106	192.224	104.578	0	198	365

第四节 实证结果分析

一、基准结果

表8-2汇报了基准回归的结果,模型中控制了债券类型×市场×周固定效应、债券类型×评级×周固定效应。市场类型为上海证券交易所、深圳证券交易所和银行间市场,债券类型为公司债、金融债、企业债和中期票据,债券评级为AA和AA+。债券类型×市场×周固定效应不仅捕捉了债券固定效应和时间固定效应,而且捕捉了不同交易市场的市场特征对相应市场上相同类型债券到期收益率的变化的影响。债券类型×评级×周固定效应不仅捕捉了债券固定效应、时间固定效应,而且捕捉了周宏观层面经济的波动对相同类型、相同评级的债券到期收益率变化的影响。

表 8-2　基准结果

变量	ΔYtm (1)	ΔYtm (2)	ΔYtm (3)	ΔYtm (4)	ΔYtm (5)	ΔYtm (6)
利率分类与期限	DR001	DR007	DR014	SHIBOR001	SHIBOR007	SHIBOR014
$NRpolicy \times \Delta Rate$	−0.0909 (0.0603)	−0.236*** (0.0782)	−0.0782*** (0.0213)	−0.0667 (0.0688)	−0.817*** (0.184)	−0.622*** (0.161)
$MLFpolicy \times \Delta Rate$	0.0495 (0.0387)	0.393*** (0.0900)	0.165*** (0.0276)	0.0620 (0.0411)	0.867*** (0.158)	0.604*** (0.0727)

续表

变量	ΔYtm (1)	ΔYtm (2)	ΔYtm (3)	ΔYtm (4)	ΔYtm (5)	ΔYtm (6)
利率分类与期限	DR001	DR007	DR014	SHIBOR001	SHIBOR007	SHIBOR014
$\Delta Rate$	0.023 9 (0.049 2)	0.006 92 (0.056 0)	0.013 2 (0.017 2)	0.015 4 (0.057 2)	0.319** (0.137)	0.193 (0.149)
$MLFpolicy$	−0.039 1 (0.051 5)	−0.063 8 (0.051 7)	−0.019 2 (0.052 2)	−0.039 8 (0.051 5)	−0.068 5 (0.052 1)	−0.019 3 (0.052 1)
$Constant$	−4.885** (2.338)	−4.015 2* (2.334)	−4.212* (2.341)	−4.716** (2.339)	−4.230* (2.330)	−3.805 (2.353)
$NRpolicy \times \Delta Rate + MLFpolicy \times \Delta Rate$	−0.041 5 (0.055 2)	0.157* (0.091 7)	0.086 6*** (0.029 6)	−0.004 63 (0.062 9)	0.049 8 (0.176)	−0.018 1 (0.153)
N	54 997	54 997	54 997	54 997	54 997	54 997
R^2	0.055 3	0.055 8	0.056 8	0.055 2	0.056 3	0.059 8

注：***、**、*分别代表1%、5%、10%的显著性水平,括号中的参数为债券层面的聚类标准误。控制变量、个体固定效应、债券类型×评级×周固定效应、债券类型×市场×周固定效应等结果限于篇幅而省略。

表8-2的第(1)列和第(4)列是以隔夜利率$DR001$、$SHIBOR001$为解释变量的结果,$NRpolicy_t \times \Delta Rate_t$系数符号符合预期,但统计不显著,其余各列则均在1%水平上显著为负,支持假说1,即资管新规政策的出台会降低宽货币政策下债券市场的利率传导效率。$MLFpolicy_{it} \times \Delta Rate_t$系数符号在第(1)列和第(4)列均与预期一致,但并不显著异于0,其余各列则均在1%水平上显著为正,支持假说2,即中期借贷便利担保品扩容政策的实施会定向提高宽货币政策下新纳入债券的利率传导效率。$\beta_1 + \gamma_2$联合系数检验结果显示,以$DR007$、$DR014$为解释变量的结果显著为正,其余各列的系数在数值上也均大于对应$NRpolicy_t \times \Delta Rate_t$的估计系数,与假说3的预期相符,即中期借贷便利担保品扩容政策有助于定向缓和资管新规政策导致的债券市场利率传导不畅。

以隔夜利率$DR001$、$SHIBOR001$为解释变量的结果不显著,可能的原因是短期利率中蕴含了高频流动性冲击,而流动性冲击从短端向长端的传导是迅速衰减的(强静等,2018;林木材和牛霖琳,2020)。隔夜利率存在较为剧烈的波动,在未控制高频流动性冲击的情况下,隔夜利率的噪声较大,难以有效识别和估计货币政策的冲击与影响。后文内生性检验部分,基于月度平均的做法过滤高频流动性冲击,经过处理后的隔夜利率能更好地反映货币政策变化及利率走势,使得估计结果更可靠。一次项 $\Delta Rate_t$ 仅在第(5)列显著为正,可能的原因是模型控制的固定效应在时间维度上为周度,吸收了货币市场短期利率主要的跨时变化。

以上回归结果表明,货币市场短期利率向债券利率的传导效率并不稳定,可能受到监管政策和货币政策的共同影响。因此,金融监管和货币政策的协调是政策制定者需要考虑的一个重要因素。

二、内生性

本章利用双重差分模型,可以解决一部分内生性问题,但仍有潜在的内生性问题值得重视。首先,资管新规政策变量的本质是时间虚拟变量,其并没有对照组来加以对比;其次,货币市场利率和债券收益率都会受到宏观经济因素的影响,虽然债券类型×市场×周固定效应和债券类型×评级×周固定效应可以捕捉周宏观层面经济的波动对债券到期收益率变化的影响,但货币市场短期利率因为宏观经济因素而变动的部分仍然存在。因此本章参考 Dell'Ariccia et al.(2017)的做法,利用货币市场短期利率的泰勒残差将货币市场短期利率的外生部分剥离出来,以进一步解决内生性问题。

初始时间选取为2015年1月,对2018年 $t(t=1,\cdots,12)$ 月的货币市场短期利率,基于初始时间到 $t-1$ 月的货币市场短期利率观测值进行泰勒规则的回归,即以货币市场短期利率为因变量,实际GDP增速与潜在GDP增速的缺口、通货膨胀率与3.5%的偏离值为自变量进行回归。[①] 然后,将初始时间到 $t-1$ 月泰勒回归的残差作为 t 月货币市场短期利率的替代,代入基准回归中进行回归。由于泰勒回归使用月度数据,因此本章所用货币市场短期利率月度数据以每月平均值表示,其泰勒回归残差记为 $Rate\_res_t$,其波动记为 $\Delta Rate\_res_t$。

表8-3展示了将货币市场短期利率替换为货币市场短期利率的泰勒残差的回归结果。可以看到,除 $SHIBOR001$ 的结果外,交互项 $NRpolicy_t \times \Delta Rate\_res_t$ 的系数显著为负;交互项 $MLFpolicy_t \times \Delta Rate\_res_t$ 的系数都在1%显著性水平上为

---

① 泰勒回归中所使用的宏观经济数据为查涛教授在亚特兰大联邦储备银行网站提供的数据,该数据已进行了季节调整,网址参见 https://www.frbatlanta.org/cqer/research/china-macroeconomy?panel=2。参考 Chen et al.(2016),中国通货膨胀目标值设定为 3.5%。潜在 GDP 的计算方法为对真实 GDP 进行 HP 滤波法分解,得到周期项和趋势项,周期项即产出缺口,趋势项即潜在 GDP。

正;$\beta_1+\gamma_2$ 的系数也均大于 β_1。[①]

表 8-3　　　　　　　　　　　　内生性检验

变量	ΔYtm (1)	ΔYtm (2)	ΔYtm (3)	ΔYtm (4)	ΔYtm (5)	ΔYtm (6)
利率分类与期限	DR001	DR007	DR014	SHIBOR001	SHIBOR007	SHIBOR014
$NRpolicy \times \Delta Rate\_res$	−0.666*** (0.122)	−0.489*** (0.106)	−0.292*** (0.085 1)	−0.296 (0.202)	−0.879*** (0.241)	−0.292*** (0.110)
$MLFpolicy \times \Delta Rate\_res$	0.431*** (0.118)	0.518*** (0.146)	0.268*** (0.045 2)	0.668*** (0.142)	1.873*** (0.271)	0.539*** (0.069 6)
$\Delta Rate\_res$	0.056 2 (0.071 3)	0.050 8 (0.046 1)	0.074 3 (0.075 4)	−0.281 (0.173)	−0.074 2 (0.120)	−0.075 3 (0.093 9)
$MLFpolicy$	−0.025 2 (0.051 9)	−0.015 5 (0.051 7)	−0.014 1 (0.051 9)	−0.024 5 (0.051 4)	−0.036 6 (0.051 9)	−0.011 6 (0.051 8)
$Constant$	−3.434 (2.336)	−3.758 (2.363)	−3.635 (2.348)	−4.454* (2.336)	−4.048 9* (2.335)	−3.791 (2.341)
$NRpolicy \times \Delta Rate\_res + MLFpolicy \times \Delta Rate\_res$	−0.235** (0.103)	0.029 7 (0.123)	−0.024 1 (0.081 0)	0.371* (0.190)	0.993*** (0.210)	0.248** (0.101)
N	54 997	54 997	54 997	54 997	54 997	54 997
R^2	0.057 2	0.055 9	0.057 2	0.056 4	0.057 6	0.058 7

注:***、**、*分别代表1%、5%、10%的显著性水平,括号中的参数为债券层面的聚类标准误。控制变量、个体固定效应、债券类型×评级×周固定效应、债券类型×市场×周固定效应等结果限于篇幅而省略。

三、稳健性检验

首先,参考 Chen et al.(2018)的做法,本章进一步筛选出跨市场交易的样本进行回归(跨市场债券比例为46.7%,未跨市场债券比例为53.3%),即中期借贷便利

[①] 由于 $\Delta Rate\_res_t$ 是月度数据,而基准回归是日度数据,因此在计算时,若样本交易时间在同一个月, $\Delta Rate\_res_t$ 就会变为0,且0的数目众多。为了避免这些 $\Delta Rate\_res_t$ 为0的样本的影响,本章剔除了 $\Delta Rate\_res_t$ 为0的样本进行回归。回归样本由54 997个缩减为15 274个,结果不变。限于篇幅,未在正文中汇报,读者若有需要,则可向作者索取。

担保品扩容政策的处理组为银行间市场受到政策冲击的 AA 和 AA+级别且跨市场交易的债券,控制组为交易所市场未受到政策冲击的 AA 和 AA+级别且跨市场交易的债券。这些跨市场交易债券的基本面信息完全一致,可以剔除债券基本面不同带来的差异,如此具有更好的可比性。

以更长期限的存款类机构质押式回购利率、上海银行间同业拆借利率、银行间债券回购利率作为货币市场短期利率进行回归。表 8-4 展示了稳健性检验的结果,其中,第(1)列为跨市场交易债券的回归结果,其余各列为较长期限 DR、$SHIBOR$、$Repo$ 的实证结果,结论与基准回归保持一致。[①]

表 8-4　　　　　　　　　　　　　稳健性检验

变量	ΔYtm (1)	ΔYtm (2)	ΔYtm (3)	ΔYtm (4)	ΔYtm (5)	ΔYtm (6)	ΔYtm (7)
利率分类与期限	DR007	DR1m	DR3m	SHIBOR1m	SHIBOR3m	R1m	R3m
$NRpolicy \times \Delta Rate$	−0.237* (0.130)	−0.0535** (0.0249)	−0.00534** (0.00257)	−0.169** (0.0681)	−0.328* (0.193)	−0.0406* (0.0223)	−0.0387*** (0.0112)
$MLFpolicy \times \Delta Rate$	0.285** (0.144)	0.171*** (0.0322)	0.00103 (0.00504)	0.432*** (0.0609)	0.368*** (0.0562)	0.142*** (0.0237)	0.134*** (0.0174)
$\Delta Rate$	0.0796 (0.0838)	−0.000411 (0.0141)	0.000960 (0.00160)	−0.0396 (0.0485)	0.150 (0.184)	0.0321* (0.0185)	0.00399 (0.00416)
$MLFpolicy$	−0.149 (0.111)	−0.0510 (0.0867)	−0.0440 (0.0512)	−0.0235 (0.0512)	−0.0447 (0.0509)	−0.0809 (0.0515)	−0.0559 (0.0512)
$Constant$	−3.434 (3.502)	−4.673* (2.706)	−5.131** (2.324)	−4.174* (2.348)	−4.256* (2.350)	−4.0513* (2.335)	−4.635** (2.338)
$NRpolicy \times \Delta Rate + MLFpolicy \times \Delta Rate$	0.0480 (0.144)	0.118*** (0.0286)	−0.00431 (0.00494)	0.263*** (0.0610)	0.0400 (0.188)	0.101*** (0.0275)	0.0954*** (0.0148)
N	25 677	46 385	54 997	54 997	54 997	54 997	54 997
R^2	0.0587	0.0713	0.0552	0.0588	0.0581	0.0584	0.0565

注:***、**、*分别代表1%、5%、10%的显著性水平,括号中的参数为债券层面的聚类标准误。控制变量、个体固定效应、债券类型×评级×周固定效应、债券类型×市场×周固定效应等结果限于篇幅而省略。

[①] 其余各期限存款类机构质押式回购利率和债券回购利率回归结果限于篇幅而未在正文中汇报,读者若有需要,则可向作者索取。

四、平行趋势检验

本章基于双重差分模型研究中期借贷便利担保品扩容政策的效果。双重差分估计有效的前提是平行趋势假设成立。由于中央银行明确提出将存款类机构质押式回购利率系列培育为货币市场基准利率,且市场普遍比较关注 $DR007$,因此以下选取 $DR007$ 作为货币市场短期利率的代表进行回归,构建如下回归模型进行事前趋势检验:

$$\Delta Ytm_{it} = \alpha_0 + \beta_1 NRpolicy_t \times \Delta DR007_t + \sum_{k=-5, k \neq -1}^{6} \gamma_k Post_t^k \times Treat_i \times \Delta DR007_t$$
$$+ \lambda_3 \Delta DR007_t + \theta_4 MLFpolicy_{it} + X_{it} + \mu_i + \xi_t + \varepsilon_{it} \quad (8\text{-}3)$$

其中,$Post_t^k$ 为月度时间虚拟变量,若样本时间点为 2018 年第 $k+6$ 月,则 $Post_t^k$ 为 1,否则为 0。若 $k=-5$,则 $Post_t^{-5}$ 在 2018 年 1 月为 1,其余时间为 0;若 $k=0$,则 $Post_t^0$ 在 2018 年 6 月为 1,其余时间为 0,并依此类推。同时,将中期借贷便利担保品扩容政策实施的前一个月,即 2018 年 5 月当作对照组。若平行趋势假定检验通过,则在中期借贷便利担保品扩容政策前,γ_k 应不显著异于 0。平行趋势假定检验的结果如图 8-1 所示,在遭受中期借贷便利担保品扩容政策冲击前,γ_k 不显著异于 0,在遭受中期借贷便利担保品扩容政策冲击后,γ_k 显著为正,因此平行趋势检验通过。

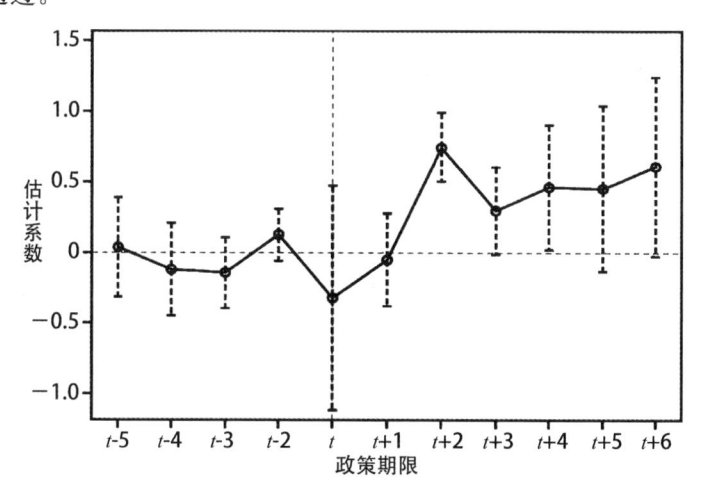

注:圆圈为估计系数,虚线的上下封口为 95% 置信区间。

图 8-1 平行趋势假定检验

第五节 异质性分析

一、债券类型

本章按照债券种类进行异质性分析,以探究资管新规和中期借贷便利担保品扩容政策对不同类型债券的效果。企业债券是实体经济的重要融资渠道,其收益率的波动影响企业融资成本,进而影响投资和产出。相比金融债,企业债券的风险更大,收益率波动也更大。从前述分析可以看出,结构性货币政策和金融监管会显著影响债券市场。为了探究结构性货币政策和金融监管对实体企业的影响,本章按照金融债与企业债券(包括公司债、企业债和中期票据)进行了划分,以进行分样本回归。

表8-5的第(1)列和第(2)列为按照债券类型分样本的回归结果。第(1)列以企业债为样本,交互项$NRpolicy_t \times \Delta DR007_t$的系数在1%显著性水平上为负,交互项$MLFpolicy_{it} \times \Delta DR007_t$的系数在1%的显著性水平上为正。第(2)列以金融债为样本,交互项$NRpolicy_t \times \Delta DR007_t$的系数为正但不显著,交互项$MLFpolicy_{it} \times \Delta DR007_t$的系数为正,也不显著。由此可见,资管新规和中期借贷便利担保品扩容政策的作用主要体现在企业债样本中,对金融债则没有显著作用。企业债是实体经济的重要融资渠道,其收益率的波动影响企业融资成本,从而影响投资和产出。资管新规带来的冲击,抬高了企业融资成本,对投资和产出产生下行压力,而中期借贷便利担保品扩容政策的实施有助于对冲上述不利影响。

表8-5 债券类型

变量	企业债 (1) ΔYtm	金融债 (2) ΔYtm	3年及以下 (3) ΔYtm	3~5年 (4) ΔYtm	5年以上 (5) ΔYtm
$NRpolicy \times \Delta DR007$	−0.246*** (0.079 1)	0.550 (0.338)	−0.336*** (0.105)	−0.073 4 (0.117)	0.118 (0.154)
$MLFpolicy \times \Delta DR007$	0.396*** (0.090 3)	0.422 (0.310)	0.617*** (0.117)	0.166 (0.154)	−0.401 (0.259)

续表

变量	企业债 (1) ΔYtm	金融债 (2) ΔYtm	3年及以下 (3) ΔYtm	3～5年 (4) ΔYtm	5年以上 (5) ΔYtm
$\Delta DR007$	0.007 40 (0.056 3)	−0.339 (0.273)	0.036 2 (0.073 9)	−0.044 9 (0.091 7)	−0.039 9 (0.132)
$MLFpolicy$	−0.068 5 (0.076 1)	−0.164 (0.111)	−0.075 2 (0.061 7)	−0.155 (0.178)	0.292 (0.198)
$Constant$	−3.779 (2.327)	−47.399 (43.912)	−1.597 (2.253)	−7.832 (5.851)	−40.700* (23.122)
N	54 166	820	37 678	14 122	3 110
R^2	0.052 0	0.164	0.054 0	0.085 4	0.183

注：***、**、*分别代表1%、5%、10%的显著性水平,括号中的参数为债券层面的聚类标准误。控制变量、个体固定效应、债券类型×评级×周固定效应、债券类型×市场×周固定效应等结果限于篇幅而省略。

二、债券到期期限

本章进一步分析了资管新规和中期借贷便利担保品扩容政策对不同到期期限债券的影响。表8-5第(3)～(5)列展示了不同债券期限的回归结果：3年及以下期限债券交互项$NRpolicy_t \times \Delta DR007_t$的系数在1%的显著性水平上为负,交互项$MLFpolicy_{it} \times \Delta DR007_t$的系数在1%的显著性水平上为正;而3～5年期限和5年以上期限债券交互项$NRpolicy_t \times \Delta DR007_t$和$MLFpolicy_{it} \times \Delta DR007_t$的系数均不显著。由此可见,资管新规和中期借贷便利担保品扩容政策对货币市场短期利率向债券利率的传导效率的影响主要作用于期限较短的债券,即资管新规和中期借贷便利担保品扩容政策对传导效率的作用随着债券到期期限的延长而衰减。这与如下研究发现相符：短期利率的变动主要受资金流动性驱动,长期利率的变动主要受风险溢价的影响(强静等,2018)。

第六节 结论与政策建议

本章利用资管新规政策、中期借贷便利担保品扩容政策和债券市场微观数据,采用双重差分模型识别了调节折扣率的结构性货币政策和金融监管对货币市场短期利率向债券利率的传导的影响及交互作用。研究发现,资管新规出台后,货币市场短期利率向债券利率的传导效率显著下降,中期借贷便利担保品扩容则对目标债券起到反向调节作用,助力其传导效率的恢复。经过一系列内生性检验和稳健性检验,该结论仍然成立。

由此可见,货币市场短期利率向债券利率的传导效率并不稳定,容易受金融监管和货币政策的影响,政策制定者需要重视两类政策的协调。此外,调节折扣率的结构性货币政策工具可以定向调节目标债券对货币市场短期利率的敏感性,有助于提升货币政策的有效性,缓和金融监管冲击,从而发挥政策合力。

在中国经济与金融形势较为复杂、利率市场化和资本市场改革仍待进一步深化的背景下,本章的研究表明,中央银行应该继续全面完善担保品制度并创新政策,还要注重与监管政策的协调。

首先,严格把控风险,避免扩大担保品范围导致的中央银行资产质量恶化、资产负债表风险累积,以及结构性货币政策变成量化宽松性质的"大水漫灌"。加强金融市场体系的顶层设计,完善金融市场基础设施,培养合格的交易对手,形成完善的国债收益率曲线和利率期限结构,以进一步提高货币市场短期利率向债券利率的传导效率。继续发展债券市场,提高企业发债便利度,丰富债券市场投资品种,以增强债券市场的价格发现功能和利率传导功能。

其次,可适当扩大合格担保品的规模,如国债及地方政府债券等。该类债券的安全性较强,适度扩大此类债券的发行量可以增加合格担保品供给,缓解金融市场担保品不足的问题。中央银行还可以适当下调经济重点领域与薄弱环节相关债券的折扣率,从而更好地疏通货币政策传导渠道。

最后,在监管政策收紧,对货币政策传导形成阻碍时,中央银行可以有针对性地扩大受冲击领域的担保品范围,以提高货币政策的利率传导效率。目前,我国银行业仍以大型银行为主导,大型银行的担保品数量通常较为充裕,更容易获得以担保品为基础的政策工具释放的流动性。由此逐渐形成了大型银行从中央银行借入基础货币,再通过银行间市场贷给中小银行的二元结构。这一特点拉长了货币政策传导的过程,也让银行业产生了结构性失衡。适当扩大担保品范围,增强中小银行的融资能力,有利于促进银行业的良性竞争。

综上所述,本章的研究为中央银行货币政策工具的选择提供了借鉴。扩大特定政策领域的担保品范围,不仅可以针对性地为市场注入流动性,而且可以提高货币市场短期利率向债券利率的传导效率,既体现调控手段的精准性和主动性,也体现调控手段的前瞻性和有效性;通过与监管政策的配合,还能有效弥补监管政策收紧带来的效率损失,这为决策制定者提供了决策思考的新视角。

第九章

监管套利、信息透明度与银行的"影子"

引言： 自 2008 年金融危机爆发以来，影子银行迅速发展，逐渐成为人们关注的焦点。顾名思义，影子银行具有与银行类似的功能，却游离于银行的监管体系外，未受到与银行相同的监管。在我国，随着利率市场化初步完成，商业银行存贷款利差缩小，银行间竞争压力增大，为了提高利润，商业银行将表内业务转移至表外来规避监管，这样的监管套利活动逐渐催生了影子银行业务。在银行监管套利、金融创新、监管放松等因素的共同推动下，中国的影子银行体系日益壮大。

由于影子银行业务处于规范化市场结构外，较少受到严格的监管，其资产信息披露不全、流程烦琐复杂，且金融杠杆较高，因此影子银行的发展为金融体系安全性、现代中央银行制度建设和金融监管带来了一系列风险隐患和挑战。一方面，影子银行业务受到商业银行的流动性支持和隐性担保，两者业务紧密联系、相互交织，使得影子银行的风险极易传染给金融体系；另一方面，影子银行业务信息披露不完整、信息不对称问题显著，同时其通过监管套利削弱了巴塞尔协议等微观审慎监管的效果。在此背景下，如何提高监管的全面性、时变性和针对性，减少监管空白，缩小监管缝隙，从而推动宏观审慎监管与微观审慎监管相协调，使影子银行去掉"影子"，至关重要。

基于此，本章从监管套利和信息透明度的视角入手，通过构建理财产品供给-需求模型来分析监管套利以及信息透明度在银行理财产品价格形成机制中的作用，并使用 2006—2016 年理财产品的数据对理论模型进行实证检验。研究发现，监管套利是商业银行大力扩张表外理财业务的动因之一,银行透明度和理财产品透明度的提高能够缓解监管压力导致的影子银行过度承担风险的行为,但不一定会抑制银行表外理财业务的发展。本章根据实证结果提出了相关政策建议与解决方案。

第一节　监管困境下银行的"影子"

整顿混业经营、补金融监管短板是2017年金融监管的重要目标。长期处于监管缺位状态的影子银行系统是此次金融监管补短板的重中之重。中国的影子银行产生于2011—2013年信贷大幅紧缩的背景下,一方面是为了规避"定向式"的行政管制,另一方面是为了逃避金融监管。这样的影子银行模式根植于中国商业银行系统,通过理财产品提供流动性,将资金注入无法从商业银行体系或正规直接融资体系获得融资支持的实体。因此,要想解决中国的影子银行乱象,核心就是加强对理财产品的监管。但让监管层始料未及的是,2017年对银行理财产品的监管收紧后,国有银行、股份制银行、城市商业银行等各类银行纷纷赎回委外资金,并波及券商、资管和基金,导致专户不计成本地抛售债券,引发了2017年4月整个金融市场的动荡。这使监管层不得不思考一个问题:如何才能既加强对银行理财产品的监管,又避免监管快速收紧导致的市场动荡?

2017年3月,时任银监会主席郭树清提出治理银行理财产品问题应当从提高资管产品的透明度入手,通过缩短金融产品链条的方式,使所谓的"影子银行"去掉"影子",减少一些隐藏于其他形式的资金,逐步让理财产品公开透明。[①] 2018年4月27日的资管新规及9月28日的理财新规对理财产品信息披露的要求便沿用了这一思路。

基于此,本章以国内银行理财产品为切入点,从监管套利的角度研究中国商业银行参与影子银行体系的问题,重点探讨提高透明度、降低理财产品风险的机理,并进行实证检验。

---

① 新华社.国新办就银行业支持供给侧结构性改革有关情况举行发布会[EB/OL].(2017-3-2)[2019-04-05]. http://www.xinhuanet.com/talking/20170302z/index.htm.

第二节　监管套利、信息不对称与影子银行

一、国内外影子银行的界定

金融稳定委员会将影子银行宽泛地定义为"在常规银行系统之外从事信用中介功能的实体或者活动"(FSB,2011),其主要特征是存在于监管体系之外的与商业银行相对应的金融机构和信用中介(颜永嘉,2014)。这类影子银行持有证券化资产、担保债务凭证(CDO)等复杂衍生金融工具,将资产打包、分层、出表,具有信用转换、期限转化和流动性转化的职能(Pozsar and Singh,2011),在美国和欧洲最为发达(FSB,2013)。

中国的影子银行体系出现较晚,但发展速度极快。与欧美影子银行一样,中国的影子银行也呈现以类信贷业务为主、与银行业务密切相关等信用中介特征,但由于缺乏实质性的证券化过程和发达的衍生品市场,中国的影子银行仍不是真正意义上的影子银行(李波和伍戈,2011),具有与传统银行业务相互替代、相互依附的特征(袁增霆,2011)。大量政府智库报告和学者研究发现,中国影子银行的资金主要来源于传统商业银行,而银行理财产品是中国影子银行体系中最主要的组成部分,是为了规避信贷管制而产生的(李波和伍戈,2011;王浡力和李建军,2013),值得高度关注。

不难看出,欧美影子银行更侧重于金融创新,其核心是"证券化";而中国的影子银行是监管趋严背景下政策套利的产物,其资金来源于传统商业银行,以理财产品为最主要的组成部分。

二、监管套利与影子银行

学界普遍认为影子银行产生的重要原因是监管套利(Pozsar and Singh,2011;Schwarcz,2011)。这主要是由于监管者和金融机构之间存在信息不对称,监管者无法时刻监测银行的行为,再加上监管制度的制定具有时滞性,使得在一段时间内监管套利行为无法避免。与此同时,对非银行金融机构监管的滞后也使得此类机

构介入影子银行体系。Plantin(2015)认为紧缩的资本要求可能引起影子银行业务的激增,从而导致正规银行和影子银行的整体风险更大。

中国影子银行的诞生与2009年的"四万亿"刺激计划有着直接的联系(Chen et al.,2016),最初以城投债和地方融资平台等形式出现在公众视野中(Hachem and Song,2016)。但是,中国影子银行之所以能够飞速发展,主要还是因为中国对于金融业的监管不断趋严。中国的影子银行是一种典型的政策套利的产物(Song,2016)。祝继高等(2016)发现商业银行向影子银行体系融出资金的一个重要动机就是规避信贷发放能力受监管限制而对业绩造成的负面影响。郭晔和赵静(2017)发现银行面临的存贷比和资本充足率监管约束越大,银行通过影子银行应对竞争的行为越激进。万晓莉等(2016)则认为中国影子银行监管套利模式的演变是与监管措施不断博弈的结果,但根本动因体现为监管资本套利、存贷比套利以及信贷额度和投向套利。甚至有部分机构为了应付银行季末的各项考核,利用理财产品让存款集中到期,从而引发流动性风险(Cai et al.,2016)。

三、信息不对称与影子银行

大部分学者认为信息不对称是引起影子银行风险增加的重要原因(Schwarcz,2011;Baily et al.,2008;Gennaioli et al.,2013;Reiss,2012)。Adrian and Ashcraft(2012)指出,资产证券化在市场中产生的最重要的摩擦便是投资者与发行人之间关于产品的信息不对称,缺乏政府背书的流动性和信贷导致影子银行存在天然的脆弱性。Wagner(2017)通过构建理论模型发现,商业银行的管理者会利用金融衍生品来规避监管,并且金融衍生品的使用会降低商业银行的透明度。

在中国,信息不对称导致风险增加的现象更加严重。理财资金配置中有相当一部分的基础资产呈现低透明度、低流动性、高风险性的特征,尤其是非标资产投资和对接资本市场投资,其具体资金投向和真实风险水平难以评估(廖岷和郭晓夏,2017)。李建军和薛莹(2014)认为信托公司是主要的风险源,银行是系统性风险最主要的承担者,观测期内影子银行系统性风险整体呈现增大趋势,而减小影子银行风险的解决办法之一就是加强影子银行的信息披露。

综上所述,中国影子银行是以商业银行理财产品为主体,是监管趋严背景下监管套利的产物,自身的高度不透明性使其在监管体系外积累了大量风险。然而,囿于数据的可获得性,目前国内学者对于影子银行的研究主要集中于规模的估算(王浮力和李建军,2013;吕健,2014;孙国峰和贾君怡,2015),对于中国影子银行的实证研究也多以委托贷款、信托为主,对理财产品层面的实证研究相对较少。

第三节 监管套利、信息不对称对银行理财产品的影响机制

本节通过构建理财产品的供给-需求模型,试图回答不断趋严的金融监管会对银行理财产品产生怎样的影响,以及提高信息透明度能否切实减小银行理财产品风险、遏制银行监管套利。理论模型的基本思想如下:银行为理财产品的供给端,受监管和规模约束,其目标是最大化银行的表内外总净财富,最终做出有关理财产品利率与供给量的决策;投资者为理财产品的需求端,根据信息披露程度和观测到的收益率来推断产品的真实风险,其目标是最大化自身的净收益,最终做出有关理财产品收益率与购买量的决策。供给端和需求端共同决定出清的均衡利率和数量。

一、理财产品供给端模型建立

2008年金融危机爆发后,中国银监会顺应《巴塞尔协议Ⅲ》,确立以资本充足率、流动性水平、存贷比指标等多种要求为一体的监管体系。虽然这些监管措施在一定程度上抑制了银行从事高风险投资的可能性,但也导致了银行惜贷的行为,客观上减少了银行的可贷资金。在这样的背景下,本节基于MontiKlein框架,构建理财产品供给端模型。在中国,银行的业务主要包括表内传统业务和表外理财产品业务两大块,假设银行的效用函数为常数绝对风险厌恶(CARA)形式,即 $U(\widetilde{W}) = -e^{-\gamma\widetilde{W}}$。

$$\widetilde{W} = \tilde{r}_L L - r_D D + (\beta \tilde{r}_{wmp} + \tilde{r}_\varepsilon)A$$

其中,$\widetilde{W}$ 为银行净财富;L 为传统贷款业务;D 为存款;A 为理财产品的标的资产,也为发行的理财产品规模;$\tilde{r}_L$ 为贷款利率,$\tilde{r}_L \sim N(r_L, \sigma_L^2)$;$r_D$ 为存款利率;$\tilde{r}_{wmp}$ 是理财产品投资标的的收益率,本节假定理财融资全部投向表外资产标的;$\tilde{r}_\varepsilon$ 服从正态分布且与 $\tilde{r}_{wmp}$ 相互独立,$\tilde{r}_\varepsilon \sim N(\bar{r}_\varepsilon, \sigma_\varepsilon^2)$ 代表了银行因为理财信

息不透明而获得的监管套利收益;β 反映了银行的议价能力,即银行能从理财产品投资收益中抽取的比例,β 越大,银行的议价能力越强,从中抽取的收益越多。在中国,国有大型银行的议价能力要强于中小银行,因此 β 也可以作为衡量银行异质性的代理变量。

银行的目标是最大化效用函数：

$$\max_{L,D,A,Q} -\exp\left\{-\gamma[r_L L - r_D D + (\beta\bar{r}_{wmp} + \bar{r}_\varepsilon)A] + \frac{\gamma^2}{2}\mathrm{Var}(\widetilde{W})\right\} \quad (9\text{-}1)$$

假定 α 为受到监管后银行的惜贷程度,银行的监管压力越大,α 越小,银行惜贷行为越严重,因此有约束1：

$$L \leqslant \alpha D$$

市场上的可投资标的有限,银行的表内外业务总量一定,即银行规模不能无限扩张,假设 T 为可投资项目总规模,则有约束2：

$$A + L \leqslant T$$

由于 $r_L > r_D$,因此约束1收紧,即 $L = \alpha D$,表内所有可用资金都会投放到各类资产业务中,直到没有项目可以投资为止。最大化问题9-1式简化如下：

$$\max_{L,A} -\exp\left\{-\gamma\left[\left(r_L - \frac{r_D}{\alpha}\right)L + (\beta\bar{r}_{wmp} + \bar{r}_\varepsilon)A\right] + \frac{\gamma^2}{2}Var(\widetilde{W})\right\} \quad (9\text{-}2)$$

st.

$$A + L \leqslant T \quad (9\text{-}3)$$

从9-2式可以看到,每单位表内资金的成本 $\dfrac{r_D}{\alpha}$ 随着监管的上升(α 下降)而上升,因为资金的成本不仅包括存款利率,而且包括比例为 $1-\alpha$ 的资金由于受监管而无法进行风险投资。同时,银行能够获取的收益与银行的议价能力息息相关,β 越大,银行从理财产品中获得的收益就越大,效用就越高。对于相同的资产组合,银行的效用随着风险厌恶程度的上升而下降。资产的风险 $\mathrm{Var}(\widetilde{W})$ 越大,其效用越低。

令 $\mathrm{Var}(\widetilde{W}) = qL^2 + p\beta^2 A^2 + sA\beta L$。其中,$q = \sigma_L^2$,$p = \sigma_{wmp}^2 + \dfrac{1}{\beta^2}\sigma_\varepsilon^2$。

令 $s=2\mathrm{cov}\left[\tilde{r}_L, \tilde{r}_{wmp}+\frac{1}{\beta}\tilde{r}_\varepsilon\right]$ 为表外表内的联合风险,求解方程可得理财产品的供给函数如下:

$$supply = A^* = \frac{T\left(q-\frac{s\beta}{2}\right)\gamma - \left(r_L - \frac{r_D}{\alpha}\right) + \beta\bar{r}_{wmp} + \bar{r}_\varepsilon}{(\beta^2 p + q - s\beta)\gamma} \tag{9-4}$$

根据 9-4 式对 A^* 分别求 $\bar{r}_{wmp}$、γ、α 和 $\beta\bar{r}_{wmp}$ 的偏导,可以得到:

$$\frac{\partial A}{\partial \bar{r}_{wmp}} = \frac{\beta}{(\beta^2 p + q - s\beta)\gamma} \tag{9-5}$$

$$\frac{\partial A}{\partial \gamma} = \frac{r_L - \frac{r_D}{\alpha} - \beta\bar{r}_{wmp}}{(\beta^2 p + q - s\beta)\gamma^2} \tag{9-6}$$

$$\frac{\partial A}{\partial \alpha} = \frac{-\frac{r_D}{\alpha^2}}{(\beta^2 p + q - s\beta)\gamma} \tag{9-7}$$

$$\frac{\partial A}{\partial \bar{r}_\varepsilon} = -\frac{1}{(\beta^2 p + q - s\beta)\gamma} \tag{9-8}$$

由于方差矩阵是正定矩阵,因此 $\beta^2 p + q - s\beta > 0$,进而 $\frac{\partial A}{\partial \bar{r}_{wmp}} > 0$,即理财产品平均投资回报越高,银行越有动机发行理财产品。由于表外的期望利润率略高于表内贷款业务,因此 9-6 式的分子大于 0,$\frac{\partial A}{\partial \gamma} < 0$,即银行的风险厌恶程度越高,表外扩张冲动越低。同理 $\frac{\partial A}{\partial \alpha} < 0$ 也成立,即表内监管趋严,表外理财产品规模更大。从 9-8 式中我们发现 $\frac{\partial A}{\partial \bar{r}_\varepsilon} > 0$,说明对于银行而言,若能通过理财产品的信息不透明获取更多收益,商业银行就更有动力发行理财产品。

二、理财产品需求端模型建立

借鉴 Stein(1989)、Scharfstein and Stein(1990)、Hermalin and Weisbach(2007)的信号模型,假设投资者与银行之间存在信息不对称,只有银行资产管理部

门清楚理财产品的真实投资收益情况 $\tilde{r}_A$；同时，投资者需要与银行一起对理财产品资金的投资收益进行分成，投资者获取 $1-\beta$ 部分的投资收益。因此，投资者能观测到的收益率由理财收益分成和噪声 $\tilde{\epsilon}$ 组成：

$$\widetilde{X} = (1-\beta)\tilde{r}_{wmp} + \tilde{\epsilon} \tag{9-9}$$

假设资产收益率和噪声均服从正态分布且相互独立，$\tilde{\epsilon} \sim N(0, \epsilon^2)$。噪声的波动率 ϵ^2 越高，信息不透明度越高，投资者可观测收益率的不准确性相对越高，对产品的信任度越低。根据正态分布的性质，$\widetilde{X} \sim N[(1-\beta) \times \bar{r}_{wmp}, (1-\beta)^2 \sigma_{wmp}^2]$，投资者观测到 $\widetilde{X}$ 时会推断真实收益率期望 $E[\tilde{r}_{wmp} \mid \widetilde{X}]$ 和方差 $\mathrm{Var}[\tilde{r}_{wmp} \mid \widetilde{X}]$。根据贝叶斯更新法则(Bayesian Updating Rule)，投资者更新信念后可以得到：

$$E[(1-\beta)\tilde{r}_{wmp} \mid \widetilde{X}] = \frac{\epsilon^2(1-\beta)\bar{r}_{wmp} + (1-\beta)^2 \sigma_{wmp}^2 \widetilde{X}}{(1-\beta)^2 \sigma_{wmp}^2 + \epsilon^2}$$

$$\mathrm{Var}[(1-\beta)\tilde{r}_{wmp} \mid \widetilde{X}] = \frac{(1-\beta)^2 \sigma_{wmp}^2 \epsilon^2}{(1-\beta)^2 \sigma_{wmp}^2 + \epsilon^2}$$

假设投资者关于理财产品的期望效用函数为期望-方差形式，$U = E[\tilde{r}_{wmp} \mid \widetilde{X}] - \rho_i \mathrm{Var}[\tilde{r}_{wmp} \mid \widetilde{X}]$，由于投资者总是对强安全性和高流动性资产具有无弹性且较大的需求(Krishnamurthy and Vissing-Jorgensen, 2012)，因此本节假定投资者对于存款的需求是无限的，完全由银行的供给决定。所以，风险厌恶的成本为 $\rho_i \mathrm{Var}[(1-\beta)\tilde{r}_{wmp} \mid \widetilde{X}]$。假定投资者的风险厌恶程度 ρ_i 具有异质性且均匀分布，$\rho_i \sim U[0,1]$。ρ_i 越小，风险厌恶越小，风险带来的负效用越少。资产具有可替代性，假设只有当理财产品的净收益超过特定水平，即决定理财产品总需求量的边际投资者的净收益当且仅当满足 $E[(1-\beta)\tilde{r}_{wmp} \mid \widetilde{X}] - \rho_i \mathrm{Var}[(1-\beta)\tilde{r}_{wmp} \mid \widetilde{X}] = R_f$ 时，投资者才会购买该理财产品。该边际投资者的风险厌恶程度如下：

$$\rho_i^* = \frac{E[(1-\beta)\tilde{r}_{wmp} \mid \widetilde{X}] - R_f}{\mathrm{Var}[(1-\beta)\tilde{r}_{wmp} \mid \widetilde{X}]} \tag{9-10}$$

也就是说，给定 $E(\tilde{r}_{wmp} \mid \widetilde{X})$，只有风险厌恶 ρ_i 低于 ρ_i^* 的投资者才会购买理财产品。假定投资者拥有可投资金量 M，则理财产品的总需求如下：

$$\begin{aligned} Demand &= \rho_i^* M \\ &= \left[\frac{1}{(1-\beta)\sigma^2}\bar{r}_{wmp} + \frac{1}{\epsilon^2}\widetilde{X} - \frac{(1-\beta)^2 \sigma^2 + \epsilon^2}{(1-\beta)^2 \sigma^2 \epsilon^2} R_f\right] M \end{aligned} \tag{9-11}$$

对于 9-11 式求 $\bar{r}_{wmp}$、ϵ^2 的偏导可得：

$$\frac{\partial Demand^*}{\partial \bar{r}_{wmp}} = \frac{M}{(1-\beta)\sigma^2} \qquad (9\text{-}12)$$

$$\frac{\partial Demand^*}{\partial \epsilon^2} = -\frac{\widetilde{X} - R_f}{\epsilon^4}M \qquad (9\text{-}13)$$

$$\frac{\partial Demand^*}{\partial (1-\beta)} = \frac{M}{\sigma^2}\left[\frac{2R_f}{(1-\beta)^3} - \frac{\bar{r}_{wmp}}{(1-\beta)^2}\right] \qquad (9\text{-}14)$$

$\dfrac{\partial Demand^*}{\partial \bar{r}_{wmp}} > 0$ 恒成立，表明投资者从理财产品最终获取的收益率越高，投资者对理财产品的需求越高。在非危机的一般情况下，9-13 式中银行给出的信号 $\widetilde{X}$ 要高于无风险收益率 R_f，否则没人愿意购买，所以 $\dfrac{\partial Demand^*}{\partial \epsilon^2} < 0$ 恒成立。这说明，不透明度越高，投资者对理财产品的需求越低。9-14 式中，$R_f < \bar{r}_{wmp}$ 恒成立，因此 $\dfrac{\partial Demand^*}{\partial (1-\beta)} = \dfrac{M}{\sigma^2}\left[\dfrac{2R_f}{(1-\beta)^3} - \dfrac{\bar{r}_{wmp}}{(1-\beta)^2}\right] > \dfrac{M\bar{r}_{wmp}}{\sigma^2(1-\beta)^2}\left[\dfrac{2}{(1-\beta)} - 1\right] > 0$ 恒成立。这说明投资者的议价能力越强，获取的投资收益比例越高，对理财产品的需求越强。

三、均衡分析

在市场出清的条件下，会得到市场上最终确立的对于理财产品平均收益率以及理财产品规模的均衡解。联立 9-4 式和 9-11 式可以求得 $\hat{r}_{wmp}$ 和 $\hat{A}$。

$$\hat{r}_{wmp} = \frac{\left[T\left(p - \frac{s\beta}{2}\right)\gamma - \left(r_L - \frac{r_D}{\alpha}\right) + \bar{r}_e\right](1-\beta)\sigma^2 + \left[\frac{(1-\beta)^2\sigma^2 + \epsilon^2}{(1-\beta)\epsilon^2}R_f - \frac{(1-\beta)\sigma^2}{\epsilon^2}\widetilde{X}\right](\beta^2 p + q - s\beta)\gamma M}{(\beta^2 p + q - s\beta)\gamma M - (1-\beta)\beta\sigma^2}$$

$$(9\text{-}15)$$

$$\hat{A} = \frac{\left\{\left[T\left(p - \frac{s\beta}{2}\right)\gamma - \left(r_L - \frac{r_D}{\alpha}\right) + \bar{r}_e\right](1-\beta) - \frac{(1-\beta)^2\sigma^2 + \epsilon^2}{(1-\beta)\epsilon^2}R_f + \frac{(1-\beta)\sigma^2}{\epsilon^2}\widetilde{X}\right\}M}{(\beta^2 p + q - s\beta)\gamma M - (1-\beta)\beta\sigma^2}$$

$$(9\text{-}16)$$

由 9-15 式和 9-16 式可得，$\hat{r}_{wmp}$ 是 α 的减函数、ϵ^2 的增函数；A 是关于 α 和 ϵ^2 的减函数、$\bar{r}_e$ 的增函数。

从 9-15 式和 9-16 式可知，监管压力变大（α 下降）会导致更大的理财产品发行规模和更高的产品标的资产收益率，因为监管压力增加的时候，银行不得不更多地通过开展表外业务来抵补受监管约束而未能被发放的贷款资产所造成的损失。除此之外，监管压力越大，表内贷款的成本 $\left(\dfrac{r_D}{\alpha}\right)$ 越高，为弥补损失，表外理财产品的利率将越高，所要承担的超额风险也越大。

信息不透明度（ϵ^2）对于商业银行理财产品规模和风险的影响则需要分开讨论。

一方面，不透明度对理财产品规模的影响极其有限，从 9-16 式中可以发现，分子大括号内的前半部分远大于后半部分，而不透明度仅出现在后半部分，所以 ϵ^2 对于商业银行理财产品均衡规模的影响可以忽略不计。

另一方面，不透明度对于理财产品风险的影响十分显著。首先，ϵ^2 越高，投资者对理财产品质量的评估越不准确，边际投资者的风险厌恶程度会下降，投资者对理财产品的需求会下降；同时，投资者需要更高的回报率来弥补不确定性造成的效用损失，所以理财产品的风险会上升。其次，银行透明度越低，银行越容易通过各类资管计划（包括券商、基金、信托、保险、期货等）、违规转让等方式实现不良资产非洁净出表或虚假出表，人为调节监管指标，进而银行对理财产品的供给会增加。最后，透明度越低，银行相对于投资者越具有项目私有信息的优势，其资产表的收益率可以更高，对应的理财产品的利率及风险也会上升。

各参数对均衡数量和利率的影响机制总结如表 9-1 所示。

表 9-1　　　　　　　　　　　　　　模型的机制

变量		作用机制	$\hat{r}_{wmp}$	$\hat{A}$
监管力度↑		① 表内资产的机会成本变高 ② 资产的表外溢出效应更高	↑	↑
透明度↑	供给端↓	① 更不容易人为调节监管指标，监管套利的动机下降 ② 资金流向披露更清晰，私有信息优势带来的收益减少	↓	↓
	需求端↓	① 投资者评价越准确，要求的风险补偿越低 ② 边际投资者的风险厌恶程度上升，需求总量增加	↓	↑

基于此，本节提出了如下可供检验的假设：

（1）监管套利假说。银行受到的监管压力越大，越有扩张表外理财产品业务进行监管套利的动机，且其表外理财产品业务的风险越大。具体来说，存贷比监管压力越大，流动性监管压力越大，资本监管压力越大，银行越有动机从事高风险影子银行活动。

（2）信息不对称假说。信息不对称程度的提高不一定会增加理财产品的均衡规模，但是会导致银行出于监管套利的动机而采取过度影子银行风险承担的行为。

第四节　研究设计与实证分析

一、数据与变量

基于商业银行表外理财产品业务的视角，本节利用中国理财网搜集了 2006—2016 年中国境内所有理财产品数据，共计 427 213 条。数据包含理财产品的名称、发行单位、风险、收益率、发行日期、计息日期、时间长度、规模、币种等基本信息。银行层面数据主要来源于国泰安 CSMAR 数据库。经过匹配后，筛选出信息较为完全的表外理财产品样本 24 410 个。宏观经济层面数据包括国家房地产景气指数、季度 GDP 增长指数和货币投放量 M1，这些数据来源于中经网数据库和国家统计局。

二、模型设定

本节使用固定效应面板回归解决不可观测的银行个体特征可能带来的内生性问题，同时控制了时间效应。根据假设，本节设立以下四组回归模型：

$$IssueNumber_{i,t} = \alpha_0 + \alpha_1 Pressure_{i,t} + \alpha_2 Control_{i,t} + \epsilon_{i,t}$$

$$ShadowRisk_{i,j,t} = \beta_0 + \beta_1 Pressure_{i,t} + \beta_2 Regulation_{i,t} \times Pressure_{i,t}$$
$$+ \beta_3 Regulation_{i,t} + \beta_4 Control_{i,t} + \epsilon_{i,j,t}$$

$$IssueNumber_{i,t} = \gamma_0 + \gamma_1 Pressure_{i,t} + \gamma_2 Pressure_{i,t} \times Opaque_{i,t}$$
$$+ \gamma_4 Opaque_{i,t} + \gamma_4 Control_{i,t} + \epsilon_{i,t}$$

$$ShadowRisk_{i,j,t} = \theta_0 + \theta_1 Pressure_{i,t} + \theta_2 Pressure_{i,t} \times Opaque_{i,t}$$
$$+ \theta_3 Opaque_{i,t} + \theta_4 Control_{i,t} + \epsilon_{i,j,t}$$

其中，$IssueNumber_{i,t}$ 为银行 i 在时间 t 发行的理财产品总数量，代表表外扩张冲动。$ShadowRisk_{i,j,t}$ 为银行 i 在时间 t 发行的第 j 个理财产品调整后的风险加成，用以衡量影子银行风险承担行为。$Pressure_{i,t}$ 为包含银行存贷比指标、资本充足率指标、核心一级资本充足率指标和流动性监管指标的列向量。$Regulation_{i,t}$ 是对角线为以上监管指标要求发生变化日期的哑变量的对角矩阵。$Opaque_{i,t}$ 为银行 i 在时间 t 的不透明度。$Control_{i,t}$ 为包含控制变量的列向量。具体含义如下：

(一) 被解释变量

1. 表外理财产品扩张冲动 ($IssueNumber_{i,t}$)

本节采用银行每个季度发行的理财产品数量相对于资产的值来衡量影子银行扩张的代理变量。考虑到以月度为单位波动过大，而以年度为单位样本量过少，最终选择每季度发行的理财产品数量。除以银行资产是为了消除银行规模对于理财产品发行数量的影响。

2. 影子银行风险承担 ($ShadowRisk_{i,j,t}$)

影子银行风险承担是指调整后的理财产品风险加成。商业银行在发行理财产品时一般会披露银行的预期收益率、最低认购金额、计划管理期限等指标。本节认为该回归方程的残差可以捕捉不能被定价因素解释的超额预期收益率，即该理财产品的风险。

(二) 解释变量

1. 监管压力指标 ($Pressure_{i,t}$)

监管压力指标包含银行存贷比指标(LTDR)、资本监管指标[资本充足率(CAR)、核心一级资本充足率(Tier1_CAR)]和流动性监管指标(NSFR)。存贷比指标越高，说明其越接近75%的存贷比监管要求警戒线，其贷款发放上限压力越大，存贷比监管压力越大；资本充足率和核心一级资本充足率指标越低，说明其资本缓冲越少，资本监管压力越大；流动性监管指标为《巴塞尔协议Ⅲ》提出的商业银行长期监管指标。流动性监管指标越低，说明其流动性错配程度越高，流动性监管压力越大。

2. 监管要求变化 ($Regulation_{i,t}$)

当银监会对监管要求的严厉程度进行调整时，本节预期银行出于监管套利的

动机采取过度影子银行风险承担的行为会被削弱或加强。对应三大监管项目,本节根据其监管力度的调整时间设置三个哑变量:

(1) 存贷比监管哑变量($LTDR\ dummy$)。2009年1月10日,银监会对部分信贷监管政策进行了调整,对资本充足率和拨备覆盖率良好的中小银行,允许有条件适当突破存贷比。因此,本节将2009年1月10日后的中小银行样本取1,其余取0,并预期存贷比监管要求的放松将降低监管压力对影子银行风险承担的边际贡献。

(2) 资本监管哑变量($CAR\ dummy$)。2012年1月1日中国版《巴塞尔协议Ⅲ》的监管标准开始执行,对于商业银行的资本监管提出了更高的要求,资本监管压力变大。因此,本节将2012年1月1日后的样本取1,其余取0,并预期资本监管力度的加大将激励银行从事风险更大的理财产品投资活动。

(3) 流动性监管哑变量($NSFR\ dummy$)。2011年4月27日,银监会颁布了《中国银监会关于中国银行业实施新监管标准的指导意见》,引入了流动性监管指标。因此,本节将2011年4月27日后的样本取1,其余取0,并预期流动性监管实施后,银行监管套利的动机更强,理财产品投资风险更大。

3. 不透明度指标($Opaque_{i,t}$)

本节采用两种不透明度指标,即财务不透明指标和产品不透明指标。

(1) 财务不透明指标($Opaque\_bank$)。本节参考 Bushman and Williams(2015)、Jiang et al.(2016)和 Flannery et al.(2013),利用具体操作方法,为控制了年度固定效应的全行业不良贷款拨备因素的稳健标准差回归取残差绝对值,以衡量与正常拨备的偏离程度,使用的因素包括不良贷款率、资本利润率和银行资产对数。财务不透明指标越高,透明度越低。

(2) 产品不透明指标($Opaque\_off$)。考虑到各家银行理财产品信息的披露程度并不相同,显然,披露了更多信息的理财产品的透明度更高,因此本节利用每家银行一年内理财产品披露信息的平均缺漏程度作为表外理财产品透明度的代理变量。具体来说,本节观察理财产品的合作类型、预期年收益率下限、预计最高年收益率、收益获取方式、保本比率、保证收益、业务模式、投资对象、是否结构性、是否可质押、提前赎回权和流动性这12项理财产品关键信息的披露情况,然后统计每家银行每年披露的所有理财产品的各个指标缺失的数量,记为 $Opaque\_off_{i,t}$——该指标越高,说明缺漏的指标数量越多,透明度越低。

4. 控制变量($Control_{i,t}$)

控制变量包含银行层面、宏观层面的变量。其中,银行层面的变量包括资产规模的对数、不良贷款率、成本收入比例（业务及管理费用÷营业收入），分别用以控制规模效应、银行风险和经营效率。宏观层面变量包括 GDP 季度环比增长率、国房景气指数和货币供应量 M1，分别用以控制经济形势、房地产热度和货币宽松程度对理财产品数量及风险的影响。

各变量定义如表 9-2 所示。

表 9-2　　　　　　　　　　　　　变量定义

指标	变量名	变量描述
\multicolumn{3}{c}{被解释变量}		
表外理财产品扩张冲动	$IssueNumber_{i,t}$	银行每个季度发行的理财产品数量相对于资产的值
影子银行风险承担	$ShadowRisk_{i,j,t}$	调整后的理财产品风险加成
\multicolumn{3}{c}{解释变量}		
监管压力指标 ($Pressure_{i,t}$)	$LTDR$	银行存贷比指标，预期符号为"＋"
	CAR	资本充足率指标，预期符号为"－"
	$Tier1\_CAR$	核心一级资本充足率指标，预期符号为"－"
	$NSFR$	流动性监管指标，预期符号为"－"
监管要求变化 ($Regulation_{i,t}$)	$LTDR\ dummy$	存贷比监管哑变量，将 2009 年 1 月 10 日后的中小银行样本取 1，其余取 0
	$CAR\ dummy$	资本监管哑变量，将 2012 年 1 月 1 日后的样本取 1，其余取 0
	$NSFR\ dummy$	流动性监管哑变量，将 2011 年 4 月 27 日后的样本取 1，其余取 0
透明度指标 ($Opaque_{i,t}$)	$Opaque\_bank$	银行的不良贷款拨备偏离正常水平的程度（绝对值），反映银行表内的透明度
	$Opaque\_off$	银行理财产品信息披露的缺漏程度，反映银行表外的透明度
\multicolumn{3}{c}{控制变量}		
银行层面	$lnasset$	资产规模的对数
	NPL_Ratio	不良贷款率
	$Efficiency$	成本收入比例（业务及管理费用÷营业收入）
宏观层面	$rgdp\_q$	宏观层面
	$estate\_index$	月度国房景气指数
	$M1$	货币供应量

三、描述性统计

在存贷比指标方面,全样本均值为63.56%,符合75%的存贷比要求。在资本充足率指标方面(包括资本充足率和核心一级资本充足率),样本的资本充足率表现非常好,其中资本充足率均值为12.72%,核心一级资本充足率则高达10.51%。如此高的资本充足率主要是因为中国银行业在20世纪90年代曾经历严重的呆坏账,导致我们对于银行资本充足率非常重视,并要求严格控制不良贷款。流动性监管指标($NSFR$)样本均值为1.174。不良贷款率(npl_ratio)相对较低,与中国银行业较为严格的不良贷款控制有关。对于透明度而言,$Efficiency$反映成本收入比例,均值为33.45%。在透明度指标方面,银行透明度的均值为0.004,并且最大值与均值十分接近,说明银行透明度较高,且差距不大;但是,银行表外透明度指标均值为3.373,最小值为1,最大值为8,说明银行自愿进行披露时,各银行之间的披露意愿差距较大。在对银行分类别观察后发现,无论是银行自身透明度还是表外透明度,最高的都是国有控股大型商业银行,最低的是农商银行,这与国有银行的系统重要性强、受到的关注度高、信息披露更完整、监管更加频繁有关,与直觉相符合。

各变量的描述性统计如表9-3所示。

表9-3　　描述性统计

变量	观测值	均值	标准差	最小值	最大值
$ShadowRisk$(%)	24 110	−0.006	0.592	−5.172	8.491
$IssueNumber$(笔数/资产)	1 813	127.600	251.000	1.000	3 227.000
$LTDR$(%)	215	63.560	8.809	34.400	76.420
$NSFR$(倍)	235	1.174	0.226	0.005	2.206
CAR(%)	235	12.720	1.707	8.840	18.840
$Tier1\_CAR$(%)	232	10.510	1.890	6.560	18.170
$Opaque\_bank$(元)	136	0.004	0.005	0.000	0.051
$Opaque\_off$(个)	126	3.373	1.424	1	8
$lnasset$(元)	235	22 800	45 600	121	222 000
npl_ratio(%)	235	1.182	0.564	0.110	4.780

续表

变量	观测值	均值	标准差	最小值	最大值
$Efficiency(\%)$	235	33.450	6.921	18.460	68.320
$M1$(万元)	80	283 316	62 731	126 258	400 953
$estate\ index$	80	98.39	4.238	92.43	106.6
$rgdp\_q(\%)$	29	109	2.326	106.8	115

四、实证结果分析

（一）监管套利与理财产品的扩张和风险

1. 监管套利与理财产品扩张

表 9-4 的因变量选用银行表外理财产品的季度发行指数作为理财产品扩张冲动的代理变量。从第（1）、（5）、（6）列的回归系数可知，银行表内业务的存贷比指标系数显著为正。这一结果表明，存贷比指标越高，其可继续发放的贷款越少，受 75% 的存贷比监管要求的压力就越大，银行扩大其表外理财产品业务规模的动机也就越大。从第（2）列的结果可以看出，流动性监管指标系数显著为负，第（5）、（6）列中流动性监管指标虽然不显著，但依然为负。这表明流动性监管指标越低，其表内稳定的资金来源相对越少，流动性错配程度越高，流动性监管压力越大，那么银行通过理财产品滚动融资、构建资金池的方式为中长期项目融资的动机越强。从第（3）~（6）列的回归系数可知，银行资本充足率、核心一级资本充足率系数显著为负。这主要是由于银行资本充足率、核心一级资本充足率指标越低，其缓冲资本越少，银行与其想办法降低风险加权资产总量，不如绕道通过影子银行进行投资来释放指标空间。

表 9-4　　　　　　　　　　监管套利与影子银行扩张

被解释变量：影子银行扩张冲动（$IssueNumber_{i,t}$）							
变量	(1)	(2)	(3)	(4)	(5)	(6)	
LTDR	0.016*** (2.93)				0.013** 2.26	0.011* 1.93	
NSFR		−0.353** (−2.52)			−0.163 (−1.10)	−0.119 (−0.79)	

续表

变量	(1)	(2)	(3)	(4)	(5)	(6)
CAR			−0.050*** (−4.99)		−0.039** (−3.77)	
$Tierl\_CAR$				−0.046*** (−4.54)		−0.036*** (−3.38)
$\ln asset$	0.276* (1.85)	0.092 (0.72)	−0.142 (−1.06)	−0.188 (−1.36)	0.076 (0.49)	0.023 (0.14)
npl_ratio	−0.098* (−1.79)	−0.065 (−1.31)	−0.067 (−1.36)	−0.05 (−1.01)	−0.093* (−1.69)	−0.079 (−1.44)
$rgdp\_q$	0.001 (0.04)	0.004 (0.11)	0.004 (0.11)	0.005 (0.11)	0.001 (0.03)	0.003 (0.07)
$M1$	0.000*** (5.65)	0.000*** (5.62)	0.000*** (5.71)	0.000*** (5.84)	0.000*** (5.73)	0.000*** (5.81)
$estate\_index$	−0.009 (−0.40)	−0.009 (−0.41)	−0.01 (−0.45)	−0.01 (−0.48)	−0.009 (−0.44)	−0.011 (−0.50)
$Efficiency$	−0.652*** (−5.67)	−0.056* (−1.94)	−0.049* (−1.70)	−0.049* (−1.70)	−0.562*** (−4.81)	−0.551*** (−4.66)
常数项	−32.127*** (−6.52)	−26.836*** (−6.05)	−20.698*** (−4.53)	−19.703*** (−4.19)	−26.259*** (−5.11)	−25.039*** (−4.78)
个体效应	是	是	是	是	是	是
年度效应	是	是	是	是	是	是
调整 R^2	0.335	0.302	0.309	0.306	0.341	0.336
统计量	1 637	1 746	1 760	1 739	1 633	1 616

注：***、**、*分别代表1%、5%、10%的显著性水平。

表9-4的结果验证了本章的监管套利假说：银行的监管压力越大，就越有扩张表外理财产品业务进行监管套利的动机。

2. 监管套利与理财产品风险承担

影子银行中暗藏的风险除了其庞大的规模，价格方面的异常收益率也值得关注，而越高的超额收益率往往意味着银行越大的风险承担。从表9-5第(1)~(6)列回归的存贷比、流动性监管、资本充足率和核心一级资本充足率的系数可知，监管套利不仅会导致表外理财产品业务的迅速扩张，而且会提高产品的超额收益率，加剧银行的风险承担。

表 9-5　　监管套利、监管压力和影子银行风险承担

变量	(1)	(2)	(3)	(4)	(5)	(6)
被解释变量：影子银行风险承担（$ShadowRisk_{i,j,t}$）							
$LTDR$	0.006*** (2.63)				0.010*** (3.79)	0.010*** (3.94)
$LTDR\_x$	−0.001 (−0.43)				−0.006* (−1.86)	−0.007** (−2.06)
$NSFR$		−1.053** (−2.01)			−0.608 (−1.16)	−0.781 (−1.47)
$NSFR\_x$		1.465*** (2.8)			1.114** (2.12)	1.255** (2.37)
$NSFR\ dummy$		−0.672 (−1.18)			−0.359 (−0.63)	−0.501 (−0.87)
CAR			−0.048*** (−2.91)		−0.036** (−2.12)	
CAR_x			−0.015 (−0.95)		−0.024 (−1.49)	
$Tier1\ dummy$			0.496** (2.37)	0.605*** (3.58)	0.588*** (2.73)	0.669*** (3.83)
$Tier1\_CAR$				0.008 (0.47)		0.026 (1.54)
$Tier1\_x$				−0.030* (−1.89)		−0.039** (−2.37)
$lnasset$	0.985*** (15.17)	0.742*** (13.62)	0.448*** (7.04)	0.671*** (9.76)	0.594*** (8.15)	0.834*** (10.39)
npl_ratio	0.229*** (10.62)	0.221*** (10.84)	0.215*** (10.48)	0.231*** (11.01)	0.172*** (7.94)	0.182*** (8.27)
$rgdp\_q$	0.157*** (7.68)	0.211*** (10.58)	0.163*** (8.01)	0.166*** (8.18)	0.163*** (7.64)	0.165*** (7.70)
$M1$	−0.000*** (−15.20)	−0.000*** (−16.06)	−0.000*** (−16.03)	−0.000*** (−15.92)	−0.000*** (−15.82)	−0.000*** (−15.65)
$estate\_index$	−0.051*** (−10.78)	−0.051*** (−11.04)	−0.053*** (−11.48)	−0.052*** (−11.31)	−0.049*** (−10.52)	−0.049*** (−10.32)
$Efficiency$	0.007*** (4.01)	0.012*** (6.05)	0.006 (1.53)	0.009*** (3.15)	0.009*** (3.35)	0.010*** (4.83)
常数项	−38.251*** (−13.67)	−36.729*** (−14.34)	−23.515*** (−8.43)	−30.656*** (−10.67)	−27.792*** (−9.02)	−35.030*** (−10.95)

续表

变量	(1)	(2)	(3)	(4)	(5)	(6)
个体效应	是	是	是	是	是	是
年度效应	是	是	是	是	是	是
调整 R^2	0.023	0.035	0.031	0.027	0.039	0.035
统计量	22 800	24 110	24 110	24 099	22 800	22 798

注：***、**、*分别代表1%、5%、10%的显著性水平。

表9-5的第(5)列和第(6)列回归结果显示，存贷比指标与政策的交乘项($LTDR\_x$)系数显著为负，第(1)列中该系数虽然不显著，但依旧为负。这说明，2009年1月10日银监会放松了对中小银行的存贷比外部监管要求，减小了这些银行的监管压力，进而降低了监管套利动机对银行风险承担的边际贡献，从而进一步验证了监管套利假说。

表9-5的第(2)、(5)、(6)列回归中流动性监管与流动性监管哑变量交乘项($NSFR\_x$)的系数为正，与预期相反，这可能是因为2011年4月27日发布的《中国银监会关于中国银行业实施新监管标准的指导意见》并没有受到业界的重视，从而削弱了监管套利动机对银行表外风险承担的边际效应。

核心一级资本充足率与资本监管哑变量的交乘项系数($Tier1\_x$)显著为负，而资本充足率与资本监管哑变量交乘项(CAR_x)不显著。这可能是因为相较于《巴塞尔协议Ⅱ》，《巴塞尔协议Ⅲ》和中国版巴塞尔协议的重点主要放在对核心一级资本充足率的调整和实施上，总资本充足率最低要求仍然维持在8%不变。所以，当核心一级资本充足率要求提高时，银行资本监管压力变大，从而开辟表外业务以规避监管，开出更高的预期收益率以吸引投资者投资的动机越强。为了实现预期收益率的承诺，银行不得不匹配风险更高的项目以回收资金，从而增加了银行的风险承担量。此结果验证了监管套利假说。

以上回归系数显示，银行监管压力越大，商业银行的表外理财产品业务风险越大。外部监管要求变严或放松，银行的监管套利动机将上升或下降，银行的表外风险承担也随之增大或减小，从而验证了本章的监管套利假说。

(二) 信息透明度、监管套利与理财产品的扩张及风险

1. 银行财务透明度、监管套利与理财产品的扩张及风险

从前述理论机制可知，信息透明度下降对均衡产品规模的影响取决于供给端和需求端两种效应的相对大小，但对风险承担的影响一定为正。

从表 9-6 面板 A 中的财务不透明指标系数可知,当银行财务透明度下降(Opaque_bank 变高)时,银行扩张理财产品规模的动机并不稳定。当加入所有变量时,第(5)列和第(6)列的回归系数甚至不再显著。但表 9-6 的面板 B 中财务不透明指标系数显著为正,说明当银行财务透明度下降时,投资者对理财产品安全性的质疑将推高边际投资者的预期收益率,最终加剧理财产品的风险承担量。所以,这一结果验证了信息不对称假说。

表 9-6　　　　　　　表内透明度、监管套利与影子银行扩张及风险

面板 A：被解释变量——影子银行扩张($IssueNumber_{i,t}$)						
变量	(1)	(2)	(3)	(4)	(5)	(6)
$Opaque\_bank$	−126.526* (−1.82)	192.863** (2.56)	69.914* (1.81)	21.34 (0.77)	5.606 (0.03)	13.486 (0.08)
$LTDR$	0.004 (0.44)				−0.001 (−0.06)	0.002 (0.15)
$LTDR\_Opaque\_bank$	2.165* (1.87)				2 (1.27)	1.519 (0.97)
$NSFR$		0.085 (0.21)			−0.206 (−0.41)	−0.119 (−0.24)
$NSFR\_Opaque\_bank$		−164.835** (−2.51)			−46.93 (−0.56)	−68.103 (−0.82)
CAR			−0.021 (−1.04)		0 (0.02)	
CAR_Opaque_bank			−5.454* (−1.70)		−5.920* (−1.76)	
$Tier1\_CAR$				−0.035* (−1.82)		−0.016 (−0.73)
$Tier1\_Opaque\_bank$				−1.74 (−0.62)		−2.682 (−0.92)
常数项	−35.928*** (−3.95)	−42.865*** (−5.64)	−33.888*** (−4.39)	−34.154*** (−4.40)	−33.218*** (−3.59)	−33.440*** (−3.62)
调整 R^2	0.312	0.241	0.235	0.234	0.316	0.315
统计量	(865)	(945)	(945)	(941)	(865)	(861)

续表

| 面板 B：被解释变量——影子银行风险承担（$ShadowRisk_{i,j,t}$） |||||||
变量	(1)	(2)	(3)	(4)	(5)	(6)
$Opaque\_bank$	181.045*** (10.12)	−139.489*** (−6.08)	13.903 (0.84)	29.298** (2.43)	332.214*** (5.09)	340.699*** (5.02)
$LTDR$	0.006* (1.68)				−0.007* (−1.83)	−0.002 (−0.40)
$LTDR\_Opaque\_bank$	−3.041*** (−10.15)				−3.873*** (−8.10)	−3.778*** (−7.50)
$NSFR$		0.145 (1.2)			0.968*** (4.51)	1.084*** (4.77)
$NSFR\_Opaque\_bank$		121.584 (6.04)			−17.283 (−0.41)	−82.574** (−1.97)
CAR			−0.061*** (−7.01)		−0.104*** (−9.27)	
CAR_Opaque_bank			−1.226 (−0.87)		−7.350*** (−4.06)	
$Tier1\_CAR$				−0.056*** (−6.28)		−0.078*** (−7.10)
$Tier1\_Opaque\_bank$				−3.303** (−2.54)		−2.856* (−1.68)
常数项	−40.014*** (−9.54)	−37.653*** (−10.75)	−37.40*** (−10.17)	−34.809*** (−9.11)	−11.275** (−2.19)	−19.131** (−3.45)
调整 R^2	0.074	0.078	0.075	0.075	0.089	0.084
统计量	13 619	14 834	14 834	14 834	13 619	13 619
控制变量	是	是	是	是	是	是
个体效应	是	是	是	是	是	是
年度效应	是	是	是	是	是	是

注：***、**、*分别代表1%、5%、10%的显著性水平。

表9-6的实证结果支持了本章的监管套利假说和信息不对称假说。反过来说，银行财务透明度能够缓解监管压力导致的过度风险承担行为，但是对于表外业务的总量并无显著影响。这主要是由于更高的透明度意味着资金流向更清晰，其进行监管套利的空间更小，风险承担行为因此受到了限制，所以提高透明度是降低影子银行体系风险的重要监管手段。

2. 银行产品透明度、监管套利与理财产品扩张及风险

与表 9-6 的结果相似,从表 9-7 面板 A 依旧可以看到,产品不透明指标的系数不稳定,在第(3)~(6)列回归中甚至不再显著,而面板 B 的产品不透明指标系数除第(1)列以外,均显著为正。这说明,银行产品透明度越低,产品的风险承担越大。产品不透明指标的系数再次验证了信息不对称假说。表 9-7 面板 A 只有核心一级资本充足率的回归系数与前述一致,因此只能部分地说明监管套利假说。

表 9-7　表外透明度、监管套利与影子银行扩张及风险

面板 A：被解释变量——影子银行扩张冲动($IssueNumber_{i,t}$)						
变量	(1)	(2)	(3)	(4)	(5)	(6)
$Opaque\_off$	−0.792*** (−4.17)	0.299** (2.3)	0.04 (0.31)	−0.051 (−0.48)	−0.238 (−0.73)	−0.371 (−1.14)
$LTDR$	−0.022* (−1.95)				−0.01 (−0.79)	−0.009 (−0.69)
$LTDR\_Opaque\_off$	0.012*** (3.94)				0.008** (2.31)	0.007* (1.89)
$NSFR$		0.741* (1.74)			0.703 (1.46)	0.621 (1.29)
$NSFR\_Opaque\_off$		−0.298*** (−2.75)			−0.228* (−1.87)	−0.199 (−1.62)
CAR			−0.026 (−0.75)		−0.025 (−0.71)	
CAR_Opaque_off			−0.007 (−0.74)		−0.003 (−0.33)	
$Tier1\_CAR$				−0.05 (−1.51)		−0.075** (−2.19)
$Tier1\_Opaque\_off$				0.001 (0.1)		0.012 (1.25)
常数项	−30.378***	−28.331***	−21.163***	−19.191***	−27.987***	−24.685***
	(−6.17)	(−6.32)	(−4.48)	(−3.98)	(−5.16)	(−4.48)
调整 R^2	0.345	0.328	0.331	0.32	0.353	0.34
统计量	1 930	2 096	2 092	2 063	1 926	1 905

续表

面板 B: 被解释变量——影子银行风险承担($ShadowRisk_{i,j,t}$)						
变量	(1)	(2)	(3)	(4)	(5)	(6)
$Opaque\_off$	−0.200*** (−3.28)	0.503*** (11.54)	0.123*** (3.52)	0.108*** (3.11)	1.246*** (12.38)	1.139*** (11.79)
$LTDR$	−0.010*** (−3.26)				−0.004 (−1.25)	−0.006** (−2.11)
$LTDR\_Opaque\_off$	0.003*** (2.77)				0 (0.01)	0.001 (0.81)
$NSFR$		2.007*** (15.14)			2.743*** (18.4)	2.602*** (17.61)
$NSFR\_Opaque\_off$		−0.463*** (−12.22)			−0.665*** (−15.62)	−0.615*** (−14.56)
CAR			0.011 (1.42)		0.094*** (9.8)	
CAR_Opaque_off			−0.011*** (−4.12)		−0.040*** (−11.90)	
$Tier1\_CAR$				0.013 (1.58)		0.125*** (11.41)
$Tier1\_Opaque\_off$				−0.012*** (−3.79)		−0.051*** (−12.44)
常数项	0.752*** (3.76)	−2.192*** (−14.58)	−0.097 (−0.97)	−0.077 (−0.87)	−3.975*** (−12.77)	−3.678*** (−12.19)
调整 R^2	0.003	0.008	0.002	0.002	0.018	0.018
统计量	24 177	26 177	26 177	26 094	24 177	24 163
控制变量	是	是	是	是	是	是
个体效应	是	是	是	是	是	是
年度效应	是	是	是	是	是	是

注：***、**、*分别代表1%、5%、10%的显著性水平。

当我们加入监管指标与产品透明度的交乘项来关注透明度对监管套利边际效应的影响时，一方面，面板 A 的结果显示，存贷比交乘项系数为正，流动性监管交乘项系数为负，其余交乘项系数不显著，这说明，透明度的降低会增强银行出于存贷比监管和流动性监管套利的理财产品规模扩张冲动，但是无法减弱出于资本监管套利的扩张冲动。另一方面，与面板 B 结果相似，存贷比与产品透明度的交乘项显著为正,资本充足率、核心一级资本充足率、流动性监管指标与产品透明度的交乘项保持显著负相关关系,这说明产品透明度的下降会扩大存贷比监管、资本充足率监管、流动性监管套利对理财产品风险承担的影响的边际效应。

综上所述,若提高银行财务和理财产品的透明度,银行出于各类监管套利动机导致的过度风险承担行为就会被削弱,故监管套利假说和信息不对称假说得到验证。

此外,经稳健性检验可以发现:(1)计算影子银行风险时,将因变量预期管理期和理财产品募集资金下限分别替换为实际管理期和认购最低金额以增强影子银行风险度量的稳健性。(2)使用偏最小二乘法进行回归以增强计量方法的稳健性。(3)使用偏最小二乘法时除了控制年度和银行,还进一步控制了银行所有制属性,剔除不同性质的银行之间存在的异质性差别。(4)添加了生产者物价指数和利率市场化节点两个宏观控制变量。虽然样本缺失导致样本量下降为 4 790 个,但结果与前述结果差异不大。

第五节　结论与政策建议

自 2008 年金融危机以来,影子银行迅速发展,逐渐成为人们关注的焦点。以理财产品为重要组成部分,中国的影子银行系统长期游离于监管体系之外,其规模的扩张与收缩对全社会的信用及风险的扰动不容忽视,也给中央银行宏观调控带来新的挑战。

基于此,本章分别构建关于理财产品的供给和需求理论模型,刻画了监管套利以及信息透明度在银行理财产品价格形成机制中扮演的角色,得到了透明度能够缓解理财产品风险承担行为,但不一定会抑制理财产品业务发展的理论结果。本章对这一结果进行了实证检验,结果表明,商业银行为规避监管,有扩张表外理财产品业务进行监管套利的动机,并且这种监管套利行为使得其表外理财产品业务风险加大。当监管要求发生或严或松的变化时,银行的表外风险承担行为也会发生相应变化。所以本章的结论为,资管新规信息披露要求提供了理论和现实依据,证明提高透明度是中国理财产品监管的重要手段。据此,本章提出以下两点建议:

一是重点关注监管达标压力较大的商业银行。从实证结果来看,监管压力越大的银行,其扩张表外理财业务的动机越大,这类银行的理财产品风险也越大。因此,监管层要做到事前干预,预防此类银行出于规避监管的动机进行不良资产非洁净出表或虚假出表,通过调整贷款分类、重组贷款、虚假盘活等做法来掩盖贷款不良率、人为调节监管指标的现象。

二是提高理财产品业务的信息透明度,建立更为明确的信息披露制度。本章的研究表明,信息不对称会导致风险不易被发现,系统性风险积聚较快。信息披露能有效降低风险,释放危险因素,同时提高商业银行参与影子银行业务的门槛。因此,监管层应大力建设商业银行的信息公开披露制度,明确资金流向和用途,限制银行监管套利的空间,这样不仅有利于监管层了解商业银行的真实监管达标程度,而且有利于投资者识别项目风险,从而预防流动性冲击带来的金融危机。

第十章

数字金融发展给中央银行制度带来的挑战

引言：当前，伴随着大数据、云计算、人工智能等数字科技、信息技术的快速发展，传统金融的局限性催生了金融新业态——数字金融，并逐渐成为推动经济发展的重要驱动力。以移动支付、网络融资平台、银行数字化转型以及数字货币为代表的数字金融新业态，不仅重构了金融行业的服务模式，在供给侧提升了金融资源配置效率，在需求端更好地实现了公平性，而且深刻改变了宏观经济与金融的内在结构，影响了货币政策工具的运行环境等，对建设现代中央银行制度的方方面面产生了影响。

首先，作为国家重要的基础设施之一，支付体系是货币政策有效传导的前提和基础，也是实施宏观审慎管理和防范化解系统性金融风险的重要抓手。数字金融的发展可能给支付体系带来深刻影响，从而影响中央银行实施金融宏观调控，因此探究数字金融发展如何影响支付体系变革的必要性和重要性不言而喻。其次，有效的货币政策传导机制是现代中央银行制度的根基，也是推动经济高质量发展的内在需要。然而，在数字金融的时代背景下，货币政策传导渠道是否依然畅通、有效成为一个亟待研究的现实问题。此外，随着大数据、云计算、人工智能等关键技术的突破，科技行业拉开了与金融行业深层次融合的序幕。数字金融的快速发展不仅加大了系统性金融风险，而且给市场带来了特殊的新型金融风险，对金融监管提出了新要求，因此，监管创新成为一项十分紧迫的任务。

为了深入理解和剖析数字金融发展可能带来的挑战，本章梳理了数字金融的内涵与特征,并分别从提供支付体系核心部分、维护货币稳定以及促进金融稳定即中央银行的三大职能入手,探究数字金融发展对支付体系变革、货币政策有效性、金融监管与新型金融风险三个方面的影响,提出了未来亟待研究的问题和方向,为数字金融发展背景下的现代中央银行制度研究提供借鉴。

第一节　数字金融的内涵及特征

一、数字金融的内涵及在我国的发展

目前,国内外学者关于数字金融使用的概念包括在线替代金融、互联网金融、金融科技等,其认为数字金融已经逐渐成为金融业的一种技术支持(Funk and Hirschman,2014),同时产生了很多新兴的金融产品(Hu and Zheng,2016),是一种新兴的信息技术贯穿于金融领域的新形势(陈胤默等,2021)。黄益平等(2018)认为数字金融是以互联网平台为载体,利用互联网信息技术去实现金融业务的线上操作,它开启了金融业务的全新服务模式,并且其范围遍布投融资以及支付等领域,既突出了其科技属性,又突出了其金融服务属性,涉及的内容更加广泛。钱海章等(2020)指出数字金融的落脚点在金融之上,主要是以数字技术、科技手段为载体,其根本目的是服务于经济可持续发展,克服传统金融的局限性,改善或解决传统金融模式下面临的难题,如中小企业面临的融资约束问题、银企之间信息不对称问题等。万佳彧等(2020)认为数字金融的本质是通过科技发展推动金融产品或服务的创新,即将数字技术广泛运用于金融领域,进而优化传统的业务或者服务场景。

如今,我国经济已由高速增长阶段转向高质量发展阶段,经济发展方式呈现深刻的变革,金融资源在高质量发展中的作用越发明显。然而,传统的金融服务已经难以适应经济发展的新格局,尤其是在改善中小企业融资约束等方面的问题越发明显。在此背景下,数字金融应运而生,其通过充分运用大数据、区块链及人工智能等现代化的数字技术,为社会提供了更加普惠和多元的金融产品及服务。

国家互联网信息办公室发布的《数字中国发展报告(2022年)》显示,数字经济成为稳增长、促转型的重要引擎。2022年我国数字经济规模达50.2万亿元,总量

稳居世界第二位,同比名义增长10.3%,占国内生产总值比重提升至41.5%。在互联网蓬勃发展的大潮中,金融要为经济社会发展提供高质量服务。作为数字经济高质量发展的重要动能,数字金融承担着助力变革、深化服务、支持数字经济与实体经济融合发展的使命任务,这是金融在社会、经济、科技发展潮流下的大趋势。近年来,我国在数字金融领域的发展取得明显成效。以数字人民币为例,目前,数字人民币试点范围已扩大至17个省份的26个地区,覆盖应用场景越发丰富,交易金额加速上升。中国金融学会理事会会长易纲此前透露,截至2023年3月,试点地区数字人民币钱包总余额为86.7亿元,累计交易金额8 918.6亿元,交易笔数达7.5亿笔。

随着我国"一带一路"建设的不断推进,中国移动支付业务的迅猛发展不仅有效联通了国内外经济贸易和资金往来,更大幅提升了人民币的国际影响力。当前,中国数字金融的发展水平如移动支付、数字信贷等领域已经处于全世界领先地位,这也吸引了国内外学者对数字金融的广泛关注。

二、数字金融的特征

数字金融是金融与科技深度融合形成的新型金融业务模式,其具有低成本、高效率,提升资金配置效率,促进资金均衡配置等特征。

(一)低成本、高效率

与传统金融不同,数字金融的诞生依托大数据、云计算等数字技术,通过金融与数字技术的融合大幅度降低了传统金融的服务成本。一方面,传统金融机构在扩大业务范围和设立分支机构时,无可避免地面临固定成本上升的问题。尤其对于低人口密度的偏远地区而言,增设服务点所带来的收入增长往往无法弥补支出成本,这使得传统金融服务的供给受到限制。然而,数字金融借助独特的数字化技术替代了相当大比例的地域网点和人力投入,同时显著降低了为新用户提供服务的边际成本,从整体上减少了传统金融机构的开支。此外,由于市场中存在信息不对称现象,金融行业对风险控制的要求较高等,传统金融机构所提供的产品和服务面临推广宣传效率低和交易流程烦琐等问题,这也在一定程度上导致了金融业务成本过高的情况。数字金融的诞生能够显著加速金融业数字化转型的进程,有效改善传统金融模式下存在的一些问题,如通过大数据技术对用户数据进行多维度分析,准确识别用户需求并进行精准营销,大大缩短了金融服务供求双方的搜索和匹配时间,降低了金融机构开拓新客户的成本,从而提高了金融服务的效率。

（二）提升资金配置效率

金融资源的配置效率影响着实体经济的运行效率和经济增长质量。传统金融"嫌贫爱富"的天然属性会对长尾客户产生金融排斥,而数字金融具有科技性、政策性等鲜明特征,能够整合企业的信息流、现金流等,进行定量的风险分析和风险定价,从而缓解信贷市场的失灵问题。同时,数字金融利用数字技术来增强信息的溢出效应,降低了金融服务的准入门槛,使得被传统金融机构排除在外的市场主体能够更加便捷地获取金融服务,提升普惠金融的覆盖率,为更大范围市场主体的生产经营活动注入金融活血,如通过技术手段监测资金流向,监督资金与物流、交易流是否匹配,有助于银行等金融机构实时监测资金的真实用途,进而缓解中小企业、创业企业、个体户、居民等面临的融资约束问题,解决其对小微企业"不敢贷、不愿贷"的难题。

（三）促进资金均衡配置

长期以来,我国区域间、城乡间、企业间的金融资源配置存在异质性,金融资源的不平衡分布会加速经济发展的"马太效应"。数字普惠金融的发展打破了传统金融的时空壁垒,有助于扩张地区金融服务边界,从而加快生产要素的流通,在一定程度上能够弥合区域间、群体间的数字鸿沟,促进资金的公平分配和经济的包容性增长。此外,以大数据等新兴技术为基础,数字与金融的融合能够高效且准确地匹配要素供给与产业需求,从而优化产业经济结构,使其释放出沉淀的土地、劳动力、技术等经济要素,并引导其流入高效率部门,改善已有资本错配情况,如移动互联支付等方式能够基于真实有效的信息进行跨主体、跨区域、跨时期的资金配置,引导金融机构将东部地区富裕的金融资源配置到中西部地区急需资金支持的项目中去,减少区域间金融服务的可得性差距,从而有助于构建全国统一的金融大市场,促进不同区域、不同企业协调发展。

第二节　数字金融发展与支付体系变革

在现代支付体系中,中央银行创造基础货币,商业银行创造存款货币,就体现了公私合作安排。随着技术与金融的深度融合,支付领域的公私合作在新的条件下可能有新的表现形式,支付工具将日益丰富,现有支付体系将发生变化。基于此,本节选取了数字金融领域极具代表性的两类金融产品,分别从数字资产和数字人民币两个维度分析数字金融发展对支付体系的影响,为中央银行有效应对数字金融发展带来的挑战,不断完善宏观调控职能提供参考。

一、数字资产对支付体系的影响

在数字金融发展的进程中,金融科技的创新正在重构金融基础设施,如互联网实现数据的海量汇聚和高效归集,大数据、云计算实现数据的深度挖掘和价值发现,人工智能助力数据产权的资产化和市场定价;同时,随着区块链的运用,各类技术的结合共同推动了分布式、去中介、可认证、可信任、低成本的数字资产市场的形成。

数字资产通常分为实体资产的数字化和数据产权的资产化两大类。相比传统金融模式,技术与金融的融合赋予数字资产市场降成本、去中介的双重效应,在一定程度上可能对现有支付体系产生影响,推动支付体系革新。第一,通过数字资产进行交易可能弱化中介机构的作用。随着科技的快速发展,以计算机技术为基础衍生出的智能定价、智能撮合机制将逐渐被应用到数字资产领域,数字资产市场理论上有可能创新交易机制,创立更加公平、对等、点对点的直接交易机制,从而淡化交易中介的作用甚至完全取代中介机构。第二,在数字资产市场进行交易的成本可能大幅降低,从而吸引更多消费者以数字资产形式进行交易。通过运用数字技术来构建更加安全、有保障的交易机制,数字资产的信用机制将愈加可靠,极大地节约传统金融模式下的信用成本,从而降低数字化金融资产的风险定价。随着其使用权共享范围的扩大,理论上数字资产面临的边界交易成本将越来越低,甚至趋于零。如果市场成本低于金融机构的内部成本和其他交易方式所需的成本,那么以商业银行为代表的金融机构的相关业务就可能被市场所淘汰。

二、数字人民币对支付体系的影响

移动支付业务的快速发展不仅为社会公众提供了便捷高效的零售支付服务,而且培育了公众使用数字支付手段代替现金交易的习惯。自 2009 年比特币问世以来,私营部门推出了各类加密货币,据得得智库 CoinMarketCap 数据统计,截至

2023年1月1日,全球加密货币市场共有加密货币22 163种,总市值共计约7 986.88亿美元。然而,缺乏价格支撑、交易效率低下等问题限制了加密货币发挥货币的交易职能,且由于其大多被用于投机交易,因此存在威胁金融安全和社会稳定的潜在风险。

在此背景下,各主要经济体的中央银行开始陆续考虑或推进数字货币的研发。中国人民银行于2014年成立法定数字货币研究小组,开始对发行框架、关键技术、发行流通环境及相关国际经验等进行专项研究;2016年成立数字货币研究所,完成法定数字货币第一代原型系统的搭建;2017年末,经国务院批准,开始组织商业机构共同开展法定数字货币研发试验,目前已在部分地区开展试点测试。

中央银行发布的《中国数字人民币的研发进展白皮书》明确指出,数字人民币是中国人民银行发行的数字形式的法定货币,由指定运营机构参与运营,以广义账户体系为基础,支持银行账户的松耦合功能,与实物人民币等价,具有以下特性:一是兼具账户和价值特征,采用可变面额设计,以加密币串形式实现价值转移;二是不计付利息;三是低成本,与实物人民币管理方式一致,中国人民银行不向指定运营机构收取兑换流通服务费用,指定运营机构也不向个人客户收取数字人民币的兑出、兑回服务费;四是支付即结算,从结算最终性的角度看,数字人民币与银行账户松耦合,基于数字人民币钱包进行资金转移,可实现支付即结算。此外,数字人民币还兼具匿名性、安全性和可编程性特征。

作为中国数字经济时代的"新基建",数字人民币的规模化将推动中国货币与支付体系的重塑。第一,由于数字人民币具备货币的价值尺度、交易媒介、价值贮藏等基本功能,与实物人民币一样是法定货币,同时以国家信用为支撑,具有法偿性,因此相比其他支付手段,数字人民币能够满足公众对数字形态现金的需求,是更加适应时代要求、安全普惠的支付媒介。国际经验表明,支付手段多样化是成熟经济体的基本特征和内在需要,数字人民币的研发将为公众提供一种新的通用支付方式,从而提高支付工具的多样性,丰富国内支付体系。第二,目前数字人民币主要定位于现金类支付凭证(M0),将与实物人民币长期并存,主要用于满足国内零售支付需求,其与实物人民币并行发行,中央银行会对两者共同统计、协同分析、统筹管理。数字人民币的使用不仅充分发挥了数字金融提高金融服务可获得性的特点,能够满足公众日常支付需要,而且凭借"支持离线交易,支付即结算""国家法定货币,安全等级最高""支持可控匿名,保护个人隐私"等属性进一步推动了数字金融快速发展,提高了中国货币及支付体系的运行效率和安全性。第三,数字人民币的推广将简化现在主流的四方清算模式,迭代更新银行传统"存贷汇"业务中的"汇"板块。数字人民币的支付业务在一定程度上会弱化清算机构的功能,发卡行与收单机构的责任也会发生变化,对商业银行、第三方支付机构、清算机构产生影响,推动支付格局重构。

通过梳理可见,数字金融的发展将推动支付体系革新,进而可能对货币政策框架产生影响,这也对创新货币政策工具的发展路径提出了更新的要求,因此在数字金融时代,面对新风险、新挑战,中央银行需要瞄准数字支付的新场景,不断探索建设前瞻性的新型支付体系,构建稳健的支付格局,在安全的基础上实现业务创新。

第三节 数字金融与货币政策有效性

货币政策作为重要的宏观经济调控手段之一,其有效性对于一国经济的平稳发展具有重大意义,因此历来备受关注。当前,中国经济已经由高速增长阶段转向高质量发展阶段,货币政策操作也处于从以数量型调节为主向以价格型调节为主转变的关键时期。

然而,随着数字金融转型步伐的加快,金融新业态和新模式层出不穷,加大了货币政策的操作难度和执行难度。在数字金融的推动下,货币政策的实施能否有效发挥预期宏观调控功能成为一个亟待被检验的问题。本节通过梳理相关文献,总结数字金融发展对货币政策有效性的总体影响,并分析其对货币政策的信贷、利率传导机制产生的影响,这有助于我们把握新兴金融模式的一般规律,具有理论价值和现实意义。

一、数字金融发展对货币政策有效性的总体影响

数字金融对货币政策有效性的影响随着其发展程度的加深而增添了更多复杂性。数字金融发展初期主要体现为互联网技术与传统金融市场融合发展,催生了互联网金融等新型机构(Shahrokhi,2008)。商业银行也抓住数字化转型的机遇,创新金融产品和服务,增强服务能力(刘澜飚等,2016)。数字金融在赋能金融市场趋于完善高效的同时,使得货币政策经由金融中介传导至实体经济的链条发生了

变化。

当前,学者们就数字金融对货币政策有效性的影响方向尚未达成共识。部分学者认为,数字金融的快速发展在一定程度上会降低货币政策的有效性(Castells,2017)。数字金融的发展将对货币需求产生负面影响,改变货币政策格局,降低银行存款比例(Funk and Hirschman,2014)。在金融创新活动中,对数字金融缺乏有效监管,导致货币政策受到负面影响,货币政策的不确定性增加(Ali et al.,2014;Plassaras,2013)。从中央银行对货币数量的控制力来看,随着移动支付、数字货币等的普及,数字金融的发展改变了货币需求的形式,数字货币很可能取代中央银行的货币,并进一步影响 M1 货币存量,而 M2 和 M3 货币存量受影响较小,因为中央银行货币在这些总量中所占比例很小。特别是天秤币(Libra)或中国数字人民币等全球数字货币将挑战现有的金融和货币政策,对货币政策传导效果产生不利影响。同时,移动支付的推广改变了居民货币需求函数的稳定性,从而影响消费需求(Mishra and Montiel,2013;易行健和周利,2018;刘生福,2019;许月丽等,2020),给货币供需均衡的操作实践增加了难度,可能削弱现行货币政策传导的有效性。数字金融催生区块链金融和数字货币,使得中央银行可以直接作用于货币供给,但在政策制定和协调上存在一定争议(Bordo and Levin,2017)。

此外,还有一些学者认为数字金融发展会对货币政策的有效性产生积极影响(Snellman et al.,2001;Rahman,2018)。随着金融市场的改善,人们将积极参与金融市场并应对金融形势的改变,对于货币政策也会做进一步深层次的完善,以增强其传导能力。从商业银行视角来看,一方面,数字金融的发展能够改善金融市场环境并推动利率市场化,通过减少金融市场的信息不对称来减少金融摩擦,增强了银行贷款供给和贷款利率对市场利率的敏感性,使得"政策利率→市场利率→投资"这一货币政策传导链条更加高效,从而有助于提升以利率为主要调控手段的价格型货币政策的有效性(宋清华等,2022)。另一方面,数字金融推动了互联网金融服务的发展,使得传统商业银行与互联网银行之间的竞争加剧,迫使传统商业银行推动自身的数字化转型,参与并推进利率市场化进程,而利率市场化程度的提升也有助于增强货币政策的利率传导渠道的作用效果。因此,数字金融的发展将在一定程度上增强货币政策的有效性。Woodford(2001)认为,即使数字货币完全取代了本地货币,货币政策也仍然有效。Meaning et al.(2018)认为,通过数字货币交易,货币政策可以在价格和数量方面更好地运作,这也加强了政策工具的有效性。如今,世界各地的中央银行正在探索甚至试点中央银行数字货币,这些货币有望实现广泛的新功能,包括政府直接向公民支付、无摩擦消费者支付和货币转移系统,以及一系列新的金融工具和货币政策杠杆。基于许多中央银行在考虑发行数字货币的现实,Keister and Sanches(2023)构建了一个关于数字货币与中央银行现金共存的模型,认为数字货币增强了货币政策的灵活性和社会福利效应。

二、数字金融发展对货币政策信贷传导机制的影响

根据Bernanke and Blinder(1988)的信贷理论,银行信贷传导渠道强调银行贷款对实体经济的刺激作用。依据信贷理论,银行贷款渠道的有效运作存在两个基本前提:其一,对于资金供给方的银行而言,中央银行利用存款准备金率等政策工具可以控制银行贷款规模,但商业银行无法通过资产负债结构的变化来冲抵货币政策的影响;其二,对于资金需求方的企业而言,获取银行贷款和其他融资渠道具有不可替代性,即企业融资必须高度依赖银行信贷资源。

随着大数据、云计算等信息技术的快速迭代,数字金融的发展已然势不可挡,不断冲击信贷传导渠道的基本前提,对货币政策的信贷传导机制产生影响。

第一,数字金融的发展丰富了信贷融资渠道,但可能降低了信贷传导机制的有效性。数字技术与传统金融的结合使得数字金融天然具有普惠性,能够降低获得金融服务的门槛。当前,以互联网支付、小额信贷、数字保险、电子信用、网络众筹、有价证券和互联网理财等为代表的数字金融新业态使得市场上的金融产品和金融服务不断完善,极大地增添了金融业务体系的多样性,有助于客户实现资产配置多元化。然而,一方面,数字金融刚刚兴起,还没有被完全纳入我国的金融监管体系,中央银行的法定存款准备金政策也难以对相关业务的发展造成约束。当市场上涌现各式各样的理财业务时,投资者们可能将原本存放于商业银行的资金投入互联网金融平台,社会上大量零散资金被吸收,大量商业银行的存款资金随之流失,信贷业务被影响,使得银行在金融体系中的重要地位受到威胁,从而干扰信贷渠道原本的有效性。另一方面,数字金融的发展降低了人们对外部融资的依赖程度,也让商业银行信贷资产与其他资产、法定准备要求负债和无法定准备要求负债之间的不完全替代弹性弱化。在社会总信贷水平不变的情况下,银行资产负债业务增加了分流渠道,银行信贷总额减少,中央银行难以运用法定存款准备金去调控商业银行的资产负债规模,也无法约束和调整银行的资产负债结构。因此,货币当局对银行信贷资金的调控难度不断增加,从而对货币政策传导的有效性产生负面影响。

第二，数字金融的发展弱化了银行的中介功能，催生出影子银行业务，从而在一定程度上降低了信贷传导渠道的有效性。 以大数据、区块链、物联网、云计算及人工智能等现代化的数字技术为基础，数字金融的发展改变了传统金融模式对物理网点的依赖，通过数字技术和移动终端即可完成各种非现金交易，进一步拓展了金融服务的覆盖范围和服务边界，以支付宝、京东金融、网络众筹、数字货币等多种新型金融模式为代表的网络借贷服务由此诞生。数字金融"去中介化"的功能在一定程度上拓宽了企业的融资渠道，压缩了银行发放贷款的特权，削弱了商业银行的中介地位。因此，在贷款需求不断减少的情况下，商业银行不得不寻求转型升级，改变传统的盈利方式，从而催生出各类影子银行业务。

以往在市场投资过热的情况下，中央银行可以通过实行紧缩性货币政策来进行逆周期调节，以减少银行可供贷款的总量，使得企业难以获得替代性融资，从而收缩其投资经营活动，而由数字金融催生的影子银行业务打破了传统银行业的"二八定律"和"长尾效应"，让企业在紧缩性货币政策下依然能够缓解融资约束和流动性约束，货币政策传导的有效性受到干扰。同时，随着以银行理财产品、民间借贷、非银行金融机构等为主要形式的影子银行逐步产生与发展，金融监管难度、金融体系不确定性大大增加，缺乏监管的借贷服务容易将资金引向落后产能领域，不利于信贷渠道发挥作用。特别是数字金融的数字化程度提高、覆盖范围扩大、使用深度加深等会进一步加剧风险的传播，使中央银行对信贷业务的调控能力减弱，从而降低货币政策传导的有效性。

三、数字金融发展对货币政策利率传导机制的影响

作为商品市场和货币市场之间的重要联系指标，利率在我国实行宏观经济调节中起到了关键作用。利率传导渠道指的是中央银行通过利率水平和结构调整来影响金融市场上资金的供求，从而引导社会的投资和消费活动，最终实现调控宏观经济的目标。

自21世纪以来，伴随着互联网革命向金融领域逐渐渗透，信息技术手段与传统金融业态的高度融合催生了新一代金融创新模式——数字金融。当前，我国数字金融的发展取得了长足进步，但其对货币政策利率传导机制的影响变得愈加复杂，可能产生不同方向的影响。

一方面，数字金融的发展有助于强化货币政策利率传导机制。 数字金融的发

展有助于降低金融摩擦程度,缓解由信息不对称导致的金融加速器效应,从而强化货币政策在价格渠道的原始冲击,使得市场对利率变化的反应更加灵敏。在此情况下,信息不完全、银行资本供方垄断等市场失灵现象趋于改善,市场实际利率在金融产品同质化竞争程度明显加强的趋势下更加接近真实水平,实体企业也可以更方便地依据利率变动进行决策。因此,数字金融对利率传导机制具有正向的促进作用;同时,科学技术的快速迭代在一定程度上加剧了金融业的竞争,使得微观企业对利率的反应弹性增强,这也能够提高利率传导机制的有效性。

另一方面,数字金融的发展增加了利率传导机制的不确定性,可能对货币政策有效性产生负面影响。随着第三方支付的诞生,数字金融的发展模糊了货币外延的界限,降低了货币供给的可控性和可预测性,使得中央银行对货币数量的测度和调控能力都有所减弱。第三方支付的广泛应用不仅改变了消费者的支付习惯,而且增加了金融市场流动性需求的不确定性,因此,一旦中央银行无法合理调控货币供需水平,利率传导机制的有效性就会受到影响。当经济过热时,中央银行通过实施紧缩性货币政策来减少货币供给,从而减少市场上的投资行为,以缓解经济过热带来的诸多不利影响。然而,在第三方支付盛行的情况下,实体企业有更加多元化、全方位的融资方式,能够绕过传统金融贷款渠道,通过融资成本相对较低的网络融资渠道来获取资金支持以维持投资活动,导致中央银行对货币的把控能力有所减弱。我国货币政策的利率传导渠道作用的不确定性增加,随着支付手段及工具的不断创新,货币政策的有效性在一定程度上将受到负面冲击。

有关数字金融对货币政策传导影响的既有研究大多将落脚点放在经济增长、物价水平等宏观经济视角,在渠道分析中也多聚焦于信贷传导渠道和利率传导渠道,而较少关注数字金融通过汇率渠道、预期渠道对货币政策有效性产生的影响,这也将成为该领域未来研究的一个难点。伴随着数字金融的快速发展,电子货币、虚拟资产的诞生也为货币政策传导提供了新的渠道,如何推动货币政策改革以适应数字金融发展也是新时代交予我们的重要任务之一。

第四节　数字金融、金融监管与新型金融风险防控

党的十八大以来的十年是中国金融监管体系取得历史性成就的十年。在以习近平同志为核心的党中央的坚强领导下,金融监管部门以习近平新时代中国特色

社会主义思想为指导,全面贯彻新发展理念,推动金融监管改革进一步深化并取得重大进展,监管的透明度和法治化水平日益提升。

然而,随着大数据、云计算、人工智能等关键技术的突破,科技行业拉开了与金融行业深层次融合的序幕。在扩大金融服务边界、提高金融交易效率、增加金融产品种类、降低金融交易成本、减少金融交易信息不对称的同时,数字金融的快速发展带来的诸多挑战也不容忽视,其不仅给市场带来了特殊的新型金融风险,而且对金融监管提出了新要求。

第一,数字金融的发展加大了监管难度,金融监管体系亟待进一步完善。科技手段的运用是一把双刃剑,科技与金融的融合发展提升了金融服务效率,也加大了网络安全和信息安全防控的难度,金融业务呈现的去中心化、去中介化等特点,使监管任务日益繁重,金融系统的网络化、数字化和智能化使安全风险比传统方式更加复杂,金融产品的多样化可能游离于监管体系之外。相比金融机构,金融监管部门对科技的投入严重不足,对科技手段的运用也相对滞后。因此,监管机构亟须健全有效的金融科技风险防控体系,并运用大数据、云计算、人工智能等来增强数字监管能力和金融风险防控能力。

第二,数字金融推动监管机制变革,尤其对大型金融科技公司的监管亟待加强。当前,数字金融行业已经呈现混业经营模式,一些大型互联网企业如蚂蚁金服等不断拓宽业务范围,通过参股、兼并、收购等方式,获得了银行、支付、基金、保险、股票等多种金融牌照或类金融牌照,即使一些小型平台也同时管理很多交叉业务。然而,一方面,由于数字金融出现时间晚、发展速度快,行业内缺少现成的行为规范,现在的分业监管框架还缺乏有效的监管政策协调机制,难以精准监管和全面覆盖数字金融的行业发展,因此很容易出现监管漏洞。另一方面,依托可观的企业规模和广泛的用户群体,大型金融科技公司极易形成寡头垄断,干扰公平竞争的市场秩序。当头部公司掌握了海量消费者数据时,它们主导行业的话语权,垄断信息链条,形成"赢者通吃"局面,其不当经营行为会破坏市场均衡,损害消费者利益,带来较大的负外部性,一旦发生数据泄露或遭受网络攻击,就容易引发系统性金融风险,甚至对国家安全造成威胁。

第三,金融科技的技术标准和安全规范尚需完善。金融的数字化需要监管的数字化和标准化。金融科技与业务加速融合,金融标准化是推动金融科技守正创新、防范化解风险的关键。2020年,陆续有十多项金融数据安全政策、规范面世,如《商业银行应用程序接口安全管理规范》《中国银保监会办公厅关于开展监管数据质量专项数据治理工作的通知》《网上银行系统信息安全通用规范》《金融分布式账本技术安全规范》《个人金融信息保护技术规范》等。2020年11月2日,中国人民银行正式发布《金融科技创新应用测试规范》《金融科技创新安全通用规范》《金融科技创新风险监控规范》三项金融行业标准。然而,随着科技公司为更好满足客户多元化需求,依托场景、数据等方面的优势,不断向金融领域渗透,机构、账户、数据和基础设施等方面的关联性逐渐增强,金融与科技的边界变得越来越模糊。金融科技标准化工作还需与时俱进,不断完善,解决行业标准化意识整体有待提高、标准供给和落地不足、标准化专业机构和人才队伍建设滞后等问题。

数字金融的可持续发展,亟待把金融科技标准实施与加强金融科技监管相结合,通过标准、测评和认证三个环节的工作来规范金融科技创新应用,从事前、事中、事后不同阶段研判风险情景,识别和监督各类违法违规行为并加以管控,提高监管的及时性和有效性。

第四,数字金融的发展突破了传统金融业态,但也可能引发监管真空、监管套利等问题。随着科学技术水平的不断提高,越来越多的数字金融机构利用各类技术手段收集用户数据,声称将使用大数据分析等方法为进行金融决策服务,如利用大数据技术分析客户偏好、习惯和需求,从而提供定制化的金融产品。然而,一方面,如何保护用户个人隐私不受侵害,如何规范企业合理平衡数据隐私保护与数据价值挖掘,如何防止技术被滥用于侵犯个人隐私、企业安全等,仍需进一步探索;另一方面,由于数据具有易复制、易篡改等特点,因此一些企业可能突破行业、地域经营的限制,汇集大量用户数据,甚至以非正常的方式收集数据,并利用平台效应和数据优势,变相从事借贷、资管、征信、助贷等金融服务,从而引发监管套利问题。如果个别企业掌握了市场上的大部分数据,拥有了绝对的控制权,则还可能带来数据垄断风险、数字鸿沟问题等,形成"信息孤岛",最终诱发系统性金融风险。同时,由于安全技术并未跟上科技快速发展的步伐,新技术无法得到严密测试和风险评估,仍属于监管空白领域,因此金融监管本身在技术上的缺陷可能导致安全问题的扩大。

第五,金融监管要做到与时俱进,在平衡金融创新与金融稳定的同时,随时应对数字金融背景下的新型金融风险。随着科技与金融的融合,数字经济潮流势不可挡,"金融全球化"和"金融自由化"已经成为当今社会出现频率极高的词汇。金融机构之间,包括银行、保险、证券以及多元金融机构,不断通过股权投资、关联业务等行为扩大自身规模和抗风险能力,使得单个金融机构的风险得以分散,也使得金融市场之间的联系越来越紧密。在此过程中,数字金融的快速发展显著增强了金融体系的关联性和顺周期性,金融机构、科技企业和金融市场基础设施间的关联度不断增强,全球经济体之间的联系日渐紧密,金融风险跨市场、跨行业、跨区域传导更为容易、快捷,全球金融市场新格局催生了新型金融风险形态。

新型金融风险是一种由局部微观个体或某一市场崩溃或特殊事件所引发,借助全球金融和科技网络迅速传播,从而导致全球金融市场共振加剧的新型危机。具体表现为,主要国家货币政策、汇率政策的外溢效应明显增大,国际金融市场之间的联动明显增强,尤其是外汇市场、股票市场和大宗商品市场之间的联动导致金融恐慌指数急剧飙升,这种共振效应的增强使得新型金融风险的传播性更大、破坏性更强,导致在经济基本面未发生任何变化的经济体或市场上会发生难以预料的震荡甚至诱发金融危机。这也给包括中国在内的各国中央银行的政策应对及制度框架建设带来了新的挑战,现行监管政策只有及时做出调整,才能更好地支持数字金融的健康发展,同时防范新型金融风险,确保金融稳定。

第五节　延　展　讨　论

金融是市场经济的核心,而现代中央银行制度是有效管理货币金融的基础性保障,是中央银行为实现币值稳定、充分就业、金融稳定、国际收支平衡等任务而设计和实施的现代货币政策框架、金融基础设施服务体系、系统性金融风险防控体系和国际金融协调合作治理机制的总和。在全面建成小康社会向全面建设社会主义现代化国家的新发展阶段,金融在资源配置中的作用会更加明晰。建立健全现代中央银行制度能够更好地优化金融体系在储蓄投资转换和市场经济功能发挥中的作用,是推进国家治理体系和治理能力现代化的重大任务。

当前,在国际环境发生深刻变化,不稳定、不确定、不安全因素明显增多的大背景下,如何建立健全多维度的现代中央银行制度,仍有诸多问题亟待关注和研究。

从中央银行的货币政策职能来看,数字货币、加密货币快速迭代,货币的创造方式已经从基于信用关系转变为基于通证的价值形式,中央银行的货币需求随着数字货币、网络借贷的大量使用而减少。因此,如何依托丰富的科技手段,使得中央银行更好地进行货币发行与政策调控,将成为重大课题。

从中央银行的监管实践来看，当前的全球金融市场新格局催生了新型金融风险形态，中央银行采取仅依靠微观审慎的政策已难以应对。"双支柱"调控框架能否有效改善传统金融监管模式，挖掘数字技术在降低金融监管成本、增强风险管控能力等方面蕴含的巨大潜能？在风险冲击下，货币政策及宏观审慎政策何时以及如何有效地介入和干预？在数字化时代，现有政策框架有哪些需要改进的地方？从理论和现实层面回答上述问题，不仅对健全现代中央银行制度框架具有重要意义，而且已成为现阶段中央银行的重要任务。

从政策协调与合作视角来看，随着全球经济联系的日趋紧密，金融风险跨市场、跨行业传导更为容易、快捷，为了更好地维护金融体系安全，加强中央银行在政策上的国际协调与合作势在必行。然而，由于国际协调与合作的主体较多，各个主体所处位置不同，合作的意愿也有差别，因此在货币政策协调和金融基础设施方面仍然缺乏有效的合作机制。鉴于此，如何构建多维度的现代中央银行协调制度，建立货币与金融监管的统一标准，采取国际监管一致行动，达成国际监管共识，以应对经济格局变化以及新型金融风险的冲击，也是完善现代中央银行制度体系的重要内容。

第六节　小　结

金融与科技的深度融合在丰富金融服务、创新金融产品、降低业务成本等方面取得了良好的成效，但也改变了金融系统运行机理，对支付体系、货币政策管控、金融监管等产生较大影响，为现代中央银行制度的建设带来机遇和挑战。基于此，本章首先系统梳理了数字金融的内涵与特征，然后从代表性的数字资产及数字人民币两个维度分别剖析其对支付体系的影响，认为数字金融的发展显著促进了支付工具多样化，但其"去中介"属性弱化了中介机构的功能，推动了支付格局重构，给中央银行的支付基础设施、清算结算模式优化升级带来挑战。在货币政策有效性方面，本章从信贷渠道及利率渠道两个维度探讨了数字金融对货币政策传导机制的影响，认为其为货币政策传导带来了更多的不确定性，使中央银行实施货币政策进行宏观调控更加困难。因此，如何推动货币政策改革，以更好地适应数字金融发展将成为未来研究的重中之重。在金融监管方面，本章总结了科技与金融行业深层次融合给金融监管提出的新要求,包括对大型金融科技公司的监管亟待加强、金融科技的技术标准和安全规范尚需完善、新型金融风险形态需要防范等,因此,现行监管政策需要及时做出调整,以更好地支持数字金融的健康发展,维护金融稳定。最后,本章提出了若干中国数字金融发展中有待研究的问题,从理论和实践层面回答这些问题将有助于更好地建设现代中央银行制度,从而服务经济高质量发展。

第十一章

案例分析：硅谷银行事件给中央银行制度研究带来的启示

引言：2023年3月10日，拥有40年历史的美国硅谷银行宣布破产，成为自2008年金融危机以来美国最大的银行破产事件，引发全球金融市场震荡。硅谷银行破产事件是在美联储持续加息的宏观背景下、存款保险制度广泛覆盖的制度安排下发生的一次银行挤兑危机，不论是从商业银行经营管理、微观市场主体行为、风险传导特征，还是从宏观政策和金融监管等方面，硅谷银行破产事件都是非常经典的研究案例。硅谷银行破产事件爆发后，宏观调控和金融体系风险问题再次受到各国政策层和学术界的高度关注，这一危机事件为我们研究现代中央银行及其监管制度提供了丰富的素材。充分认识这一经典风险案例背后的理论逻辑，反思理论认知与实践之间的偏差，从中吸取经验教训，不仅能够为防范化解风险提供有价值的参考，而且能为中央银行宏观调控与监管实践提供重要指引。

本章对硅谷银行破产事件的制度背景、发展演变、救助政策等一系列因素进行梳理和分析，在此基础上从学理性视角对硅谷银行破产的内在根源进行解释，厘清风险背后的深层次逻辑，力求从特殊性中提炼出一般性，从理论和实践的角度探讨对新发展阶段中央银行宏观调控和监管改革等多方面的重要启示，并提出一系列值得进一步关注和研究的重要问题。

第一节 硅谷银行破产事件概述

一、投贷联动业务模式下资产负债结构的脆弱性

硅谷银行是一家创新型银行，开创了投贷联动模式，具体业务模式如图 11-1 所示。第一种是向投资于科创企业的私募股权和风险投资（PE/VC）提供"过桥贷款"，低风险地支持科创企业发展。第二种是硅谷银行面对有私募股权和风险投资的科创企业直接发放高息贷款，并将可能获得的认股权证在企业上市或并购时行使。在第二种业务模式的基础上，第三种是另设专门的子公司从事私人银行、股权投资和投行业务，如提供上市前基金投资（Pre-IPO）等为科创企业提供全生命周期金融服务。如此形成银行-私募股权和风险投资-企业的业务网络，硅谷银行实现与科创企业、私募股权和风险投资间的长期利益绑定。因此，相比传统银行，硅谷银行更像是服务于科创企业和风险投资公司的综合性金融服务公司。

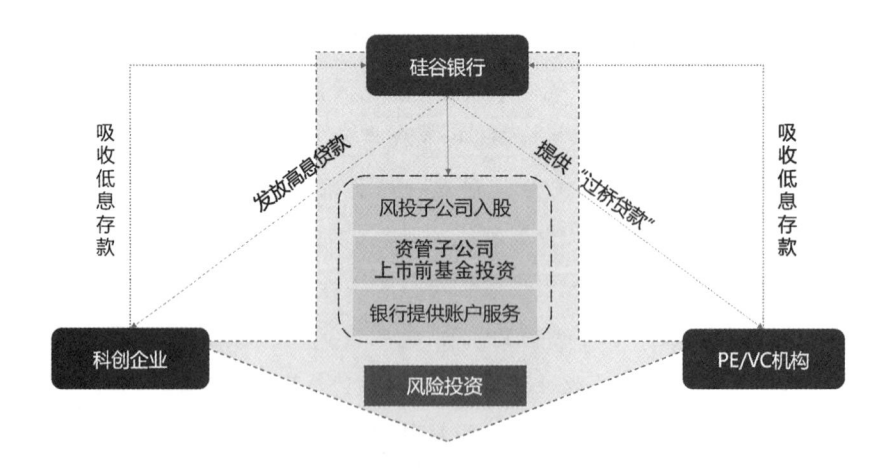

图 11-1 硅谷银行业务模式

硅谷银行的负债端以来自科创公司和风投机构的不计息活期存款为主要来源，其规模变化趋势与科技行业发展相匹配，稳定性差（如图 11-2 所示）。受美联储量化宽松政策的影响，科创行业发展迅速，硅谷银行客户存款在 2019—2021 年

从 617 亿美元爆发式增长到 1 892 亿美元。自 2022 年以来，美国进入加息周期，科技行业低迷，硅谷银行存款流失，无息存款占比下降，由 2021 年的 67％下降至 47％，吸收存款成本上升，不受存款保险保护的存款占比高达 95％，发生危机时极易加剧银行挤兑风险。

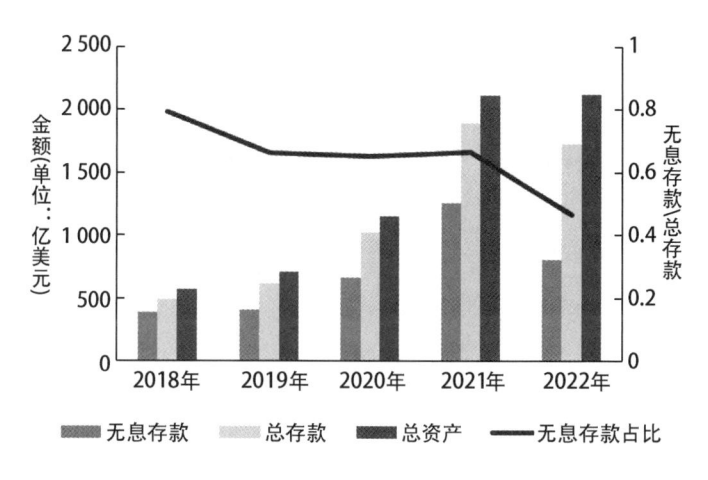

图 11-2　硅谷银行 2018—2022 年负债端变化

数据来源：硅谷银行年报。

资产端的核心是借贷融资业务。硅谷银行具有成熟的贷款管理体系，符合传统商业银行经营特征，且投贷联动业务模式有效减小了贷款风险，不良贷款率处于低位。硅谷银行贷款总额保持稳定增长，在资产中占比却从 2019 年的 47％下降到 2022 年的 35％（如图 11-3 所示）。这是因为贷款需求不足以全部覆盖在低利率环境中吸收的大量客户存款，为了赚取息差，资产配置重心转向长久期的持有至到期证券（HTM）和可供出售债券（AFS），以美国国债、政府支持机构债券和抵押贷款支持证券为主。同时期现金和现金等价物持有量较少，仅有 138 亿美元，没有预留充足的流动性。若始终处于低利率环境或持有债券至到期，则硅谷银行的资产收益稳定、信用风险较低。但进入美联储加息周期后，硅谷银行负债端存款流失，吸收存款成本上升，资产端前期配置的长久期证券投资的公允价值下降，资产负债结构扭曲，存在严重期限错配问题，暴露出其内在的脆弱性。

硅谷银行往期盈利指标表现出色，却难以揭露债券浮亏。2022 年末硅谷银行净利润约为 16 亿美元，名列美国第二十位，上榜《福布斯》杂志的"2023 美国百大银行"。但是在加息周期中，硅谷银行资产端在低利率时代配置的国债、抵押贷款支持证券等发生巨额亏损。而美国对持有至到期证券以摊余成本法估值，价值变动

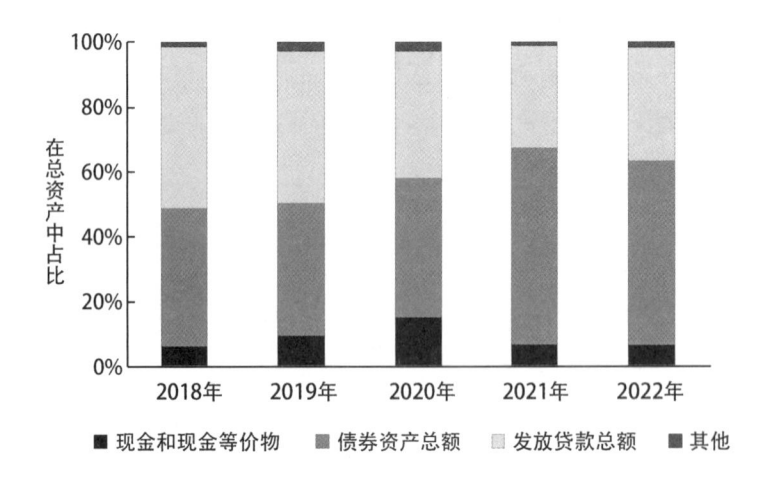

图 11.3 硅谷银行 2018—2022 年资产端变化

数据来源：硅谷银行年报。

不直接反映在当期损益中，可供出售债券以公允价值计量且其未实现损益计入其他综合收益项(AOCI)的会计处理方式使得这部分亏损得以隐藏。事实上，综合考虑持有至到期证券、可供出售债券的浮亏，硅谷银行已于 2022 年底技术性破产，未实现损失超过其所拥有的资本权益。因此，硅谷银行破产的风险隐患早已埋下，只是随着美联储不断加息而逐渐暴露，最后演变成破产危机。

二、美国监管框架未实现金融监管全覆盖

在特色化的业务模式下，硅谷银行的风险与传统银行有区别：第一，硅谷银行的客户多为科创企业和风投机构，在保证存贷款客户黏性的同时，无法有效分散客户集中度带来的风险。一旦科技行业下行，科创企业融资困难，大量提取存款就会造成硅谷银行存款流失。第二，利率风险。利率上升导致硅谷银行资产端的债券公允价值下降，资产缩水，在负债端表现为计息存款比例增加，吸收存款成本上升，资产和负债两端同频恶化盈利状况。第三，流动性风险。硅谷银行错配的资产负债结构隐含大量流动性风险，并且流动性资产占比低，流动性储备不足。

硅谷银行的资产负债结构比较简单，现行监管框架不能及时防范和化解风险。为集中监管资源，降低中小银行合规成本，鼓励中小银行发展，2018 年出台了《经济增长、监管放松与消费者保护法案》(简称《法案》)。《法案》将需要接受严格监管的标准从总资产 500 亿美元提高到 2 500 亿美元，第三、四、五类银行面临的监管要求

有所放松。如图 11-4 所示，2021 年随着规模超过 1 000 亿美元，硅谷银行列入了加权短期批发性融资额小于 500 亿美元的第四类银行，资本监管、流动性监管和监督检查要求相较第五类银行严格，但较《法案》出台前所受监管宽松。具体如下。

银行类别	分类标准	资本监管要求	监督检查要求	流动性监管要求
第一类银行	系统重要性银行	遵循G-SIBs附加资本要求和TLAC相关要求，逆周期资本缓冲要求，AOCI必须计入资本	每年自行开展资本压力测试	$LCR \geqslant 100\%$ $NSFR \geqslant 100\%$
第二类银行	总资产大于7 000亿美元或跨境业务大于等于750亿美元	逆周期资本缓冲要求，AOCI必须计入资本	每年进行监管资本压力测试	$LCR \geqslant 100\%$ $NSFR \geqslant 100\%$
第三类银行	总资产不少于2 500亿美元，加权短期批发性融资等大于750亿美元	逆周期资本缓冲要求，允许将AOCI从资本中去除	两年一次自行开展资本压力测试，每年进行监管资本压力测试	加权短期批发性融资额≥750亿美元：$LCR \geqslant 100\%$，$NSFR \geqslant 100\%$；反之，$LCR \geqslant 85\%$，$NSFR \geqslant 85\%$
第四类银行	总资产为1 000亿~2 500亿美元	无逆周期资本缓冲要求，允许将AOCI从资本中去除	两年一次自行开展资本压力测试	加权短期批发性融资额≥500亿美元：$LCR \geqslant 70\%$，$NSFR \geqslant 70\%$；反之无要求
第五类银行	总资产为500亿~1 000亿美元	无逆周期资本缓冲要求，允许将AOCI从资本中去除	无	无要求

美国现阶段银行差异化监管安排

图 11-4　美国现阶段银行差异化监管安排

在资本监管方面，《法案》允许硅谷银行将其他综合收益项目从资本中扣除，放松了对银行总体风险水平的监管要求。硅谷银行可供出售债券和持有至到期证券浮亏不影响核心一级资本净额。若将两项浮亏全部纳入计算，2022 年的核心一级资本充足率就从 12.05% 降至 −2.94%，远低于银行业 4.5% 的最低资本要求。易知，宽松的监管政策隐藏了硅谷银行的资产问题，无法及时发现资本充足率虚高的本质，忽视了潜在风险。

在流动性监管方面，硅谷银行受约束较少，流动性覆盖率和净稳定资金比率对硅谷银行无硬性规定，放松了对银行长短期流动性风险的监管要求。其中，流动性覆盖率监管是为了确保在所设定的压力场景下，无变现障碍的合格优质流动性(HQLA)可弥补未来 30 天的资金偿付，以保证流动性充足；净稳定资金比率监管从长期减少追逐利润的期限错配。

在监督检查方面，硅谷银行无自行进行资本压力测试的要求，两年一次的美联储监管压力测试场景设置减少、频率降低。而且由于硅谷银行于 2021 年转入第四类银行的过渡期和双年度的压力测试安排，直到 2024 年后硅谷银行才需接受监管压力测试。

此外,自硅谷银行2021年被列入第四类银行以来,监管部门多次向银行强调流动性风险、利率风险的管理问题,却并不强力督促硅谷银行对此加以改善。直至存款挤兑发生,银行脆弱性完全暴露,资本充足率等监管指标才揭露硅谷银行深陷流动性危机。这说明了现有监管框架对非传统银行的快速增长和脆弱性特征的适应性较差,对危机预警存在滞后性。

三、硅谷银行"光速"破产与监管体系迅速处置

由于资产负债错配严重,流动性不足,硅谷银行的经营早有隐患;再加上现有监管框架对硅谷银行风险隐患的重视程度不够,难以揭示硅谷银行的现实困境,因此,硅谷银行在向外公布新融资计划后的48小时内"光速"破产(如图11-5所示)。

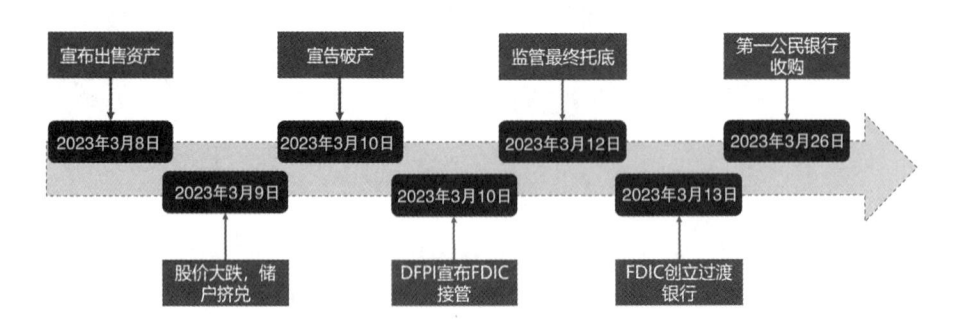

图11-5 硅谷银行破产及处置时间轴

2023年3月8日,硅谷银行发布2023年一季度季中更新,宣布低价出售可供出售债券,筹集短期借款和再融资,同时计划出售普通股和优先股,将巨大浮亏部分变现,以换取充足流动性。由此,穆迪下调了硅谷银行的长期本币银行存款和发行人评级。在互联网媒体的广泛传播下,市场质疑其流动性情况,形成恐慌情绪。次日,硅谷银行股价大跌超60%,有超过400亿美元的转账请求,资本状况堪忧,流动性耗尽。3月10日,监管机构宣布硅谷银行因"流动性不足与资不抵债"而进入破产流程。

监管部门动作迅速,有效制止风险传染。2023年3月10日,市场持续动荡,为了遏制恐慌情绪蔓延,美国政府部门介入。美国加州金融保护和创新部(DFPI)任命美国联邦存款保险公司为破产管理人。3月11日,联邦存款保险公司对未受保

存款部分偿付的初期方案未能稳定市场情绪，通用资本（General Catalyst）等 125 家风投公司联合呼吁降低硅谷银行破产的影响。3 月 12 日，美国财政部、美联储、联邦存款保险公司以"系统性风险例外"，赶在周一开盘前宣布从 3 月 13 日开始，未受保存款也全额支付，监管为硅谷银行托底。美联储同步推出暂时由财政部兜底的银行定期融资计划（BTFP），为银行提供最长一年期按面值计价的紧急抵押贷款，以保证银行体系的流动性，增强公众对金融体系的信心。同日，联邦存款保险公司紧急建立硅谷过桥银行（Silicon Valley Bridge Bank）为硅谷银行的"过渡银行"，转移硅谷银行的所有受保护存款、资产和合格金融合同等至过渡银行。在未被收购前，其由联邦存款保险公司运营。3 月 13 日，硅谷银行恢复营业并开展业务，新的和现有存款都将受到保护。3 月 17 日，硅谷银行在纽约申请破产保护。3 月 26 日，联邦存款保险公司宣布与第一公民银行（First Citizens）达成收购协议。声明表示，第一公民银行收购约 1 100 亿美元硅谷银行资产，包括 720 亿美元贷款，承担 936 亿美元负债，并接收硅谷银行的所有存款和贷款（如图 11-6 所示）。

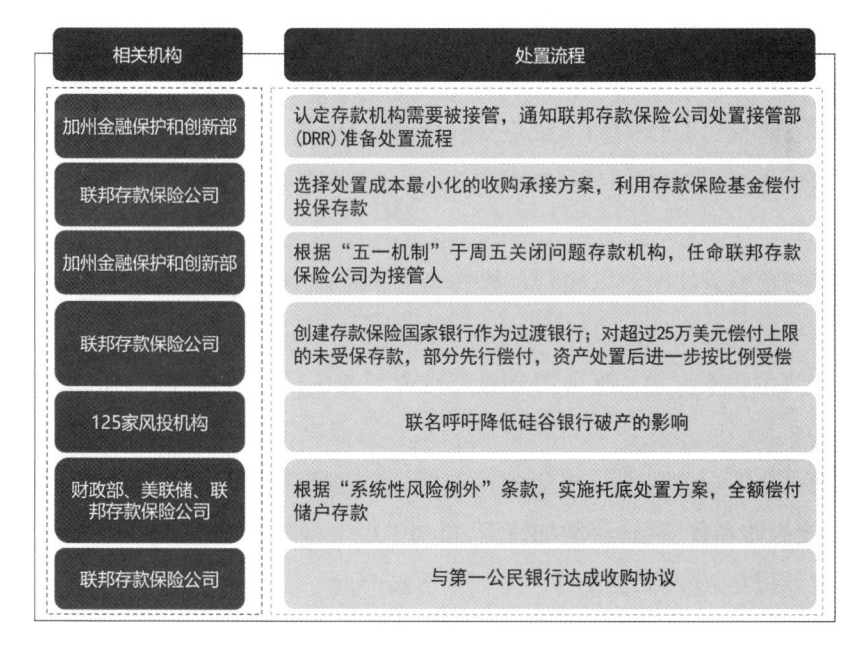

相关机构	处置流程
加州金融保护和创新部	认定存款机构需要被接管，通知联邦存款保险公司处置接管部（DRR）准备处置流程
联邦存款保险公司	选择处置成本最小化的收购承接方案，利用存款保险基金偿付投保存款
加州金融保护和创新部	根据"五一机制"于周五关闭问题存款机构，任命联邦存款保险公司为接管人
联邦存款保险公司	创建存款保险国家银行作为过渡银行；对超过25万美元偿付上限的未受保存款，部分先行偿付，资产处置后进一步按比例受偿
125家风投机构	联名呼吁降低硅谷银行破产的影响
财政部、美联储、联邦存款保险公司	根据"系统性风险例外"条款，实施托底处置方案，全额偿付储户存款
联邦存款保险公司	与第一公民银行达成收购协议

图 11-6　硅谷银行破产清算流程

硅谷银行破产之快体现了危机的突发性。流动性风险暴露后，社交媒体的快速传播能力和数字银行的高效便捷放大了银行的脆弱性，加速了风险向危机的转化。但是，监管机构的快速介入限制了风险蔓延，全额偿付储户存款的处置方案最大限度地降低了对科技行业的负向冲击。因此,现行监管框架事前监管、事后处置的有效性大不相同。监管尽管未能在事前防范化解风险,但在事后处置中有效避免了风险外溢,防止引发金融危机。

四、硅谷银行危机成因的海内外观点汇总比较

（一）成因分析

监管部门将硅谷银行破产定性为"流动性不足与资不抵债"。关于硅谷银行是如何从有风险隐患走向流动性风险暴露,最后因存款挤兑而破产的糟糕境地,海内外专家、学者从银行管理决策、监管政策、货币政策以及存款挤兑四种视角进行了探讨。

一是硅谷银行决策非审慎。硅谷银行的投资策略单一,资产和负债两端的利率风险同向,一旦利率上升,存款成本增加和债券浮亏就成为挤压银行利润空间的双重压力。此外,硅谷银行风险管理不善:一方面,利率风险对冲规模小,风险敞口大;另一方面,在利率上涨之初,没有及时调整资产配置,浮亏巨大。风险管理监督缺失导致管理层对银行的利率风险、流动性风险认知不足。缺少合适的首席风险官的 8 个月与美国进入加息周期时间重合,硅谷银行错过了重视并化解利率风险的最佳时机。

二是事前监管缺位。以银行规模作为分类标准"抓大放小",现行监管框架放松对中小银行的安全性要求,错估硅谷银行风险隐患的严重程度。

三是货币政策收紧。持续加息通过对资产和负债的双重冲击,压缩硅谷银行自救空间。

四是大规模存款挤兑。出售资产和股票的举动暴露了硅谷银行的流动性风险,在社交媒体和数字银行[①]的加持下,再加上无保存款占比极高,硅谷银行爆发了大规模存款挤兑,最终因流动性不足而宣告破产。

（二）风险传染

硅谷银行是美国银行倒闭史中规模第二大的银行,其风险传染能力、波及范围不免令人担忧。主流观点有三种(如图 11-7 所示)。

---

① 联邦金融机构考试委员会(FFIEC)定义数字银行是"通过电子互动通信渠道直接向客户自动提供新的和传统的银行产品和服务"。

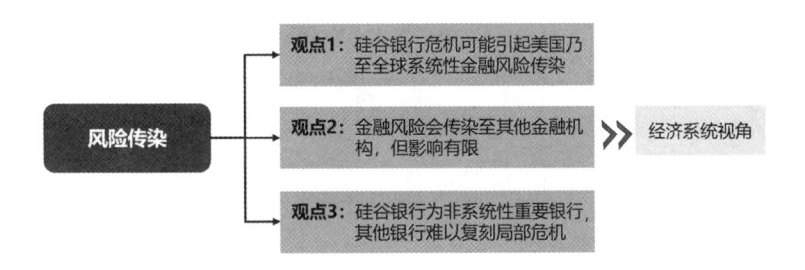

第十一章 │ 案例分析：硅谷银行事件给中央银行制度研究带来的启示

```
                  ┌─ 观点1: 硅谷银行危机可能引起美国乃
                  │        至全球系统性金融风险传染
                  │
   ┌───────┐      ├─ 观点2: 金融风险会传染至其他金融机    ▶▶ 经济系统视角
   │ 风险传染 ├──────┤        构，但影响有限
   └───────┘      │
                  └─ 观点3: 硅谷银行为非系统性重要银行，
                           其他银行难以复刻局部危机
```

图 11-7　海内外观点梳理：风险传染

一是认为硅谷银行危机可能引起美国乃至全球系统性金融风险传染，牵连甚广。金融危机可以通过资产负债联结和金融网络快速传染全球。硅谷银行与全球多地初创企业有业务往来，易将风险通过资产负债联结传染至当地经济金融，引发金融危机。美国货币政策持续紧缩可能使具有类似资产负债结构的非传统型银行接连暴雷，演变成系统性金融风险并通过金融网络传播。最后，对中小银行稳健经营的怀疑、对监管的不信任，使市场恐慌情绪难以平复，并通过互联网媒体快速蔓延，或引起金融风险大范围传染。

二是认为金融风险会传染至其他金融机构，但影响有限。《巴塞尔协议Ⅲ》提出增强资本监管、流动性监管，大多数银行具有充足的资本，抵御流动性风险的能力较强。而且，美国正在计划对中小银行展开全面审查并组织专门的创新活动监管，将有效遏制风险传染范围，增强市场信心。此外，硅谷银行破产对科创企业和风投机构发展有负面影响，但美联储出台银行定期融资计划、联邦存款保险公司迅速接管硅谷银行并全面保障储户存款提取，部分阻断了风险传染至其他行业的路径。

三是认为硅谷银行破产是局部危机。从业务往来分析，硅谷银行是非系统重要性银行，业务集中在初创企业和风投机构，与其他银行的交易较少，对初创企业影响较大，危机具有行业特征。从危机起因分析，硅谷银行破产危机具有个性化特点，是多重错误决策叠加和宏观政策共同作用的结果，其他银行难以复刻。

（三）监管评价

硅谷银行破产体现了金融脆弱性。公共利益理论认为政府应实施强有力的金融监管，削弱金融机构的脆弱性和风险传染性，限制金融体系的负外部性，以维持金融稳定。那么，本次事件是否代表美国金融监管有待完善？主要观点有以下几种（如图 11-8 所示）。

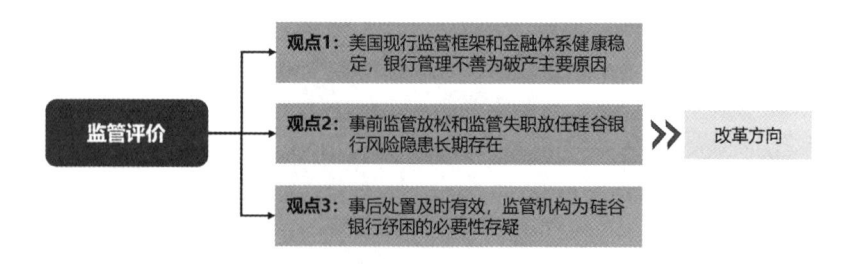

图 11-8　海内外观点梳理：监管评价

一是强调美国现行监管框架和金融体系健康稳定,硅谷银行事件是银行管理不善和货币政策作用的结果。但持有这种观点的人较少。

二是指出事前监管放松和监管失职放任了硅谷银行风险隐患长期存在。《法案》对硅谷银行监管的放松隐藏了本可以在《多德-弗兰克华尔街改革与消费者保护法案》框架下发现的流动性问题,导致监管具有滞后性。而在注意到硅谷银行风险管理不善时,现行监管框架并未意识到严重性,没有采取实际行动来督促银行解决问题,降低银行流动性风险。事件发生后,美国监管部门表示,将重新权衡中小银行的监管问题,考虑收紧对中小银行的监管。

三是认为现行监管框架的事后处置及时有效,但监管机构为硅谷银行纾困的必要性存疑。硅谷银行作为第四类银行而受监管托底,向市场传递一定的"刚兑"信号,可能引发金融机构道德风险问题。但也有专家认为硅谷银行破产事件的影响力体现了系统性特征,按照"系统性风险例外"加以处置合理合规。

通过对硅谷银行破产事件及相关观点的梳理可以发现,社会各界人士对该事件的成因和影响进行了广泛讨论,形成了多样化的观点。就硅谷银行的破产原因来看,许多评论将其归咎于其资产负债期限错配、流动性风险管理不善等,然而从经典的金融理论来看,硅谷银行的行为决策存在其理论合理性,以往观点对危机成因的分析并不充分,因此有必要从学理视角对风险事件背后的逻辑进行深入考察。

第二节　硅谷银行破产成因的学理性分析

一、硅谷银行资产负债行为与经典银行理论

根据前面的梳理可知,硅谷银行的主要业务模式是为初创公司及其私募股权

和风险投资机构的投融资活动提供贷款支持,当公司客户获得融资或私募股权和风险投资实现退出后,资金沉淀于硅谷银行从而形成存款,这些存款一般以活期存款为主。2020年下半年,美联储为了应对"新冠"疫情冲击,大幅降息至零利率并启动非常规的量化宽松计划。

宽裕的流动性让科创行业十分繁荣,科创企业获得大量投资。硅谷银行得益于宽松的流动性,存款规模在一年多的时间里从760亿美元上升至1 900亿美元。该银行的存款余额(含有息和无息存款)从2019年的617亿元增长至2021年末的1 892亿元,增长约200%,2021年存款业务占比甚至达到90%,其中无息存款占比在2021年为67%。总结业绩,硅谷银行的负债端优势十分显著,非计息活期存款占比高,负债成本极低。与此同时,硅谷银行将吸收的大量存款资金用于在资产端配置大量长期债券、抵押贷款支持证券,这些资产信用质量良好,但收益率低,且80%的剩余期限在10年以上。在降息周期下,硅谷银行可以稳定获取资产与负债之间的期限利差。资产总额从2019年末的710亿美元增长至2021年末的2 115亿美元,增长198%。

经典的风险转移理论(Hellmann et al., 2000;Dell'Ariccia et al., 2014)认为,利率上升时,银行需要对其存款付出更高的成本,在有限责任下,这会加重银行的委托-代理问题,即银行为了应对净息差收窄同时有效覆盖负债端的风险,倾向于在资产端寻求高风险、高收益的项目,以提高风险承担水平;反之,当经济体长期处于低利率环境时,由于其负债端的成本极低,因此银行无须在其资产端承担过多风险,通过配置收益率低的债券资产即可获取资产与负债之间的稳定利差。

结合上述理论预测,货币政策宽松时,硅谷银行将吸收的大量存款资金用于在资产端配置信用质量良好的长期债券、抵押贷款支持证券是符合逻辑的。当货币政策收紧、市场短期利率上行时,过度依赖无保险型低息(甚至无息)存款的负债结构就会暴露其内在脆弱性——存款机会成本大大提高,现有存款出现大量流失。事实上,风险转移理论也揭示了在利率较高的环境下,银行应当在资产端采取积极主动策略以覆盖负债端风险。遗憾的是,硅谷银行并没有做出相应的资产端调整。

二、硅谷银行破产事件的学理归因

(一)货币政策的存款传导渠道

随着美联储货币政策立场的转变,持续加息导致银行体系准备金规模下降,中小银行在负债端需要持续加息揽存,银行所提供的定期存单利率不断上升。自2023年以来,美国银行体系的存款加速流出。截至2023年1—2月,美国商业银行体系存款下降1 610亿美元,而2022年全年存款才下降2 640亿美元。由于全市场流动性的收紧,初创企业融资困难,现金消耗速度加快,叠加低息存款吸引力降低,硅谷银行的负债端出现持续的存款流失,2022年硅谷银行高占比的活期无息存款由1 260亿美元骤降至810亿美元,净流出高达450亿美元。

在经典的新凯恩斯模型中,短期利率的变化只会影响长期利率。Drechsler et al.(2017)提出了货币政策的存款传导渠道,在该渠道中,短期利率本身就很重要,因为它会影响流动资产的供应以及银行融资的成本和构成。这也解释了为什么美联储会逐步调整利率,而不是一蹴而就(Stein and Sunderam,2018),也为货币政策如何影响经济中流动资产的供应提供了解释。

存款渠道的核心内容是,当联邦基金利率上升时,银行扩大了存款利差,存款流出了银行体系。由于银行严重依赖存款融资,因此这些资金外流导致放贷收缩。其逻辑在于,联邦基金利率等于持有现金的成本,而联邦基金利率和存款利率之间的差额(存款利差)等于持有存款的成本。当美联储提高联邦基金利率时,持有现金变得更加昂贵,这使得银行可以在不损失现金存款的情况下提高存款利差。家庭的反应自然是减少存款持有量,存款流出银行体系并流入债券资产。

美国银行体系在货币政策收紧时面临的存款流出印证了货币政策的存款传导渠道。硅谷银行几乎不对公众提供储蓄服务,主要吸收的是对公大客户的活期无息存款,存款渠道也预测流动性最强的存款类型受利率上升的影响更大:活期无息存款客户在加息时持有存款的成本更高,这些客户对利率变动更敏感,利率上升时期的理性选择自然是转向其他流动性资产(如货币基金市场)。也就是说,存款渠道为硅谷银行在高利率环境下面临的巨额、持续的存款流失提供了理论逻辑和学理解释。

(二)银行间市场的流动性囤积

为了弥补高额的存款流失,硅谷银行被迫选择增加短期同业借款135亿美元以维持自身的长期性资产。结合银行间市场的理论,银行间同业拆借会受到货币政策利率波动的影响,货币政策利率上升时,为保留自身流动性,银行间同业拆借决策会趋于保守。例如,流动性压力大的银行因潜在资产损失所产生的违约风险较高,银行间交易对手则会因其清偿状况不确定等因素而大大提高银行持有流动性的机会成本(Acharya et al.,2011;Heider et al.,2015),此时交易对手要么囤积流动性以自保,要么提高利率来补偿潜在风险。

结合理论不难发现,在短期利率持续上行的过程中,透明、公开的银行间交易市场可能早已揭示硅谷银行的流动性风险,这部分同业借款因其高成本的特性进一步恶化了硅谷银行的负债结构。借入短期资金在利率下行时可行,但在持续加息的背景下(利率曲线严重倒挂),硅谷银行用高成本短期借款来维持长期低收益的证券投资明显是不经济的。事实也证明,硅谷银行难以再通过拆借高昂的同业借款以维持资产负债流动性平衡,迫于负债压力,硅谷银行选择在短期内大幅抛售流动性资产,从而出现更大程度的投资亏损。

可以看到,银行间市场本身也存在内在脆弱性问题,在流动性危机发生时,交易对手的理性选择(囤积流动性或提高借款成本)导致银行间市场的运作效率可能并不高,甚至不足以弥补极端情况下银行的流动性短缺问题,从而加剧了硅谷银行在融资渠道收窄时的负债困境。

(三)银行信息披露与资产透明度

硅谷银行走向破产的导火索是其 2023 年 3 月 8 日发布的一季度中期战略报告,该报告指出其已出售了手头绝大部分可供出售金融资产以换取流动性来支付存款提款,此次出售涉及价值 210 亿美元的债券,造成 18 亿美元实际亏损。硅谷银行还将通过出售普通股和优先股等股权融资方式募集 22.5 亿美元资金。

上市公司公告是信息披露的典型表现,先前诸多研究表明,更多信息披露可以通过减少信息不对称和约束管理不当行为,对公司产生有利影响。近期研究也强调了信息披露会为公司带来更高昂的成本(Agarwal et al., 2018),如向竞争对手展示更多信息、影响股票价格表现等诸多方面。硅谷银行发布公告虽是信息披露公开透明的表现,但也如前沿理论所预测,在市场和投资者对公告信息普遍出现负面解读并对该银行损益前景形成悲观预期时,股价的应声下跌进一步破坏了存款人的信心。

现有银行理论认为,没有保险的存款人对银行健康状况十分敏感。随着银行透明度的提高,无担保储户的敏感度也提高,因此资产越透明的银行越有可能面临更大的无保险型存款外流(Dang et al., 2017; Chen et al., 2022)。虽然硅谷银行所持有的抵押贷款支持证券有稳定利息、有公开市场报价、资产透明性高,但是,一旦买入作为持有至到期资产,因其收益率相对固定,所以在短期利率不断上行时,收益率低于无风险利率的资产就是相对负收益。无担保的储户可以通过解读这一透明的资产端信息,发现硅谷银行债券投资浮亏严重,从而选择撤出存款。负向信息披露和抵押贷款支持证券透明度的协同联动,无疑放大了硅谷银行内在脆弱性

(四) 存款保险制度安排缺失

硅谷银行2022年年报披露,其负债端超过1 700亿美元的存款中有超过1 500亿美元的存款不受储蓄保险保护。这是由硅谷银行的业务模式决定的:硅谷银行几乎不对公众提供储蓄服务,其储户主要是对公大客户(科创企业和风投机构等)。这些不受存款保险保护的存款人对于银行的风险非常敏感,当发现银行存在流动性风险时,相比有存款保险覆盖的储户,他们会更有动力要求撤出资金以维护自身资金的安全。

金融学领域经典的Diamond and Dybvig(1983)的银行挤兑和流动性模型从理论上解释了在信息不对称或突发事件下,存款人极有可能改变存款意愿,从而引发行业的非理性挤兑现象。该模型的核心贡献在于提出了存款保险制度对于维护银行系统稳定的重要性,存款保险制度安排使得储户参与挤兑的效用很低,通过影响储户预期来最终提高储户整体福利。结合理论讨论可以发现,硅谷银行公告的资本金补充计划虽旨在改善流动性,但其18亿美元的实际亏损引起市场信心丧失、恐慌不断蔓延,存款保险制度的缺失使得无保险储户纷纷提款,直接导致银行资产负债表急速恶化,最终使其不得不因流动性不足而走向破产(如图11-9所示)。

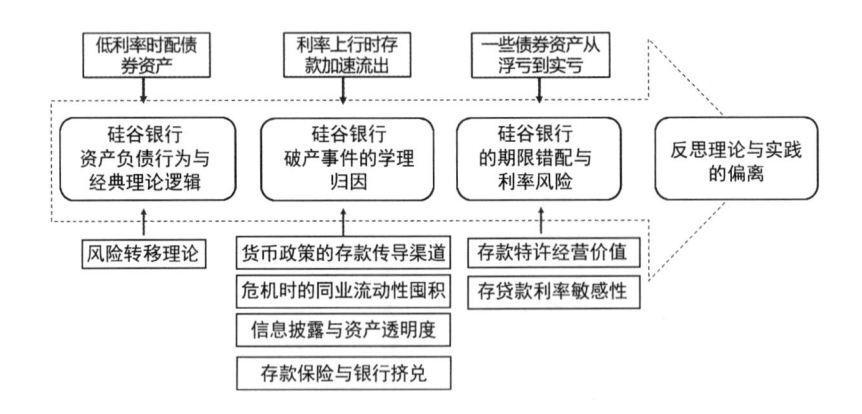

图11-9 硅谷银行破产成因的分析路径

三、银行期限错配与利率风险:反思理论与实践的偏离

现有分析普遍认为,硅谷银行破产是资产负债期限严重错配导致利率风险上

升,再由利率风险引发流动性危机的典型案例。具体来说,科创行业繁荣带动硅谷银行存款规模在短期内大幅扩张,与此同时,硅谷银行在资产端配置了大量债券及住房抵押支持证券产品(约50%),虽然这些债券资产的信用风险不大,但期限较长、收益率较低(约1.6%)。硅谷银行的债券资产大比例暴露在市场利率风险中,一旦短期利率大幅上升,这些长期债券资产就会出现价格暴跌,从而导致银行资产负债表出现账面价值巨额浮亏。业内研究普遍认同:硅谷银行应当在日常经营中加强利率风险评估,利用利率掉期等衍生金融产品来加强利率风险管理。

值得注意的是,学术界的重要前沿研究(Drechsler et al.,2021)对银行期限错配给予了风险管理的解释,而不是风险承担。该研究的核心观点是,银行的基本经营模式(借短贷长)存在重要的协同作用,尽管存在较严重的期限错配,但并不显著承担利率风险,研究发现,主要是银行的存款特许经营价值驱动了这一结果。[1] 首先,拥有存款专营权使银行在零售存款方面拥有巨大的市场势力(Drechsler et al.,2017),使它们能够以既低又不受市场利率影响的利率吸收存款。即使是在短期利率上升时期,强大的市场力量也能使银行保持较低的存款利率。其次,银行为获得存款特许经营权,会产生很高的运营成本(包括设立分支机构、市场营销等),但这些成本随时间的推移变化不大,且对利率变化不敏感。此时,尽管银行吸收的是短期存款,但通过存款特许经营融资类似于通过长期固定利率债务融资,期限转换实际上降低了银行所承担的利率风险。[2]

经对比发现,关于银行期限错配是否会导致利率风险上升,学术研究的前沿成果与硅谷银行的现实状况并不匹配。对此,本章认为理论与实践存在偏离的原因主要在于:

第一,硅谷银行基于其具有特色的经营模式,存款主要来自对利率敏感的企业客户,利率上升时,他们会要求银行提供更高的存款利率。但理论研究假设银行吸收的存款对利率不敏感,可见硅谷银行的存款结构并不符合这一假设。

---

[1] 特许经营价值是指银行拥有金融特许营业牌照的价格,较高的特许经营价值将增加银行由于破产而失去特许经营权的成本。

[2] Drechsler et al.(2021)的研究发现,以美国银行体系为例,零售(核心)存款通常会占银行负债的70%以上,存款端的低敏感性会延展到银行的整体利息支出。存款的特许经营价值使得中央银行在资产负债面临巨大存续期不匹配的同时,利息收入和利息支出对利率敏感性能做到近乎完美匹配。这种敏感性的完美匹配,即使在利率大幅波动的情况下也能产生稳定的净息差和总资产收益率,因此银行可以通过期限转换来降低利率风险。

第二，硅谷银行持有大量长期债券资产，具有很强的利率敏感性。但理论研究更多从银行的基本功能出发，关注银行在资产端配置的长期固定利率的贷款资产。由于贷款产生的利息收入已经通过合同长期锁定，因此利息收入对短期利率的敏感性较弱。可见，硅谷银行的资产结构也不符合理论假设。

第三，硅谷银行本身也不具有强大的零售市场力量。由于其资金主要贷给私募股权和风险投资企业、高科技企业及企业员工，也从这些企业和员工处获得存款，因此硅谷银行的存款客户主要是企业客户，零售客户存款占比仅为 2.5%。特殊的存款客户基础使硅谷银行并不具备存款议价权，一旦短期利率上升（存款机会成本上升），这些利率敏感的机构客户就会转向货币基金等其他市场。可见，硅谷银行的市场势力不符合理论假设。

总的来看，前沿研究虽未能揭示硅谷银行因其个性化期限错配导致的利率风险暴露，但研究本身具有重要学术贡献，它为银行业的基本问题"当银行体系资产负债的期限错配具有天然脆弱性时，为什么银行还能长期稳定经营"提供了一个新的答案。研究结果强调了吸存放贷具有重要的协同作用，吸收存款是银行提供长期信贷的天然对冲手段。即使是在短期利率波动很大的环境中，存款专营权也仅允许银行提供长期固定利率贷款，而不承担利率风险。理论研究进一步强调了期限转换对金融稳定的贡献，而不是将其视为金融风险和不稳定的来源。最后回顾硅谷银行破产事件，硅谷银行创新型的经营模式仍然存在稳固的行业优势，前沿理论启发同行业其他中小银行注重零售存款客户基础、培育地方存款市场势力，而硅谷银行破产则启发前沿理论关注无保险型存款对银行体系稳定性的影响，并且关注非传统模式下的银行期限错配与利率风险问题。[①]

第三节　硅谷银行破产事件的后续影响

尽管美国监管当局采取了及时得当的监管和救助政策，在很大程度上遏制了

[①] 德雷克斯勒（Drechsler）等人在2023年的论文中提及，受区域性银行危机的启发，他们全新构建了利率对银行流动性风险影响的模型，其中具体研究了银行应该持有哪些资产来防止挤兑，并展示了如何通过一个随利率上升的最优资本要求来解决无保险型存款的风险暴露问题。

恐慌的快速蔓延，但是硅谷银行破产事件仍不可避免地对美国的实体经济、金融体系以及未来宏观政策走向造成了一定的冲击。

一、对美国科技企业发展造成阶段性冲击

硅谷银行的原有业务及客户受到波及，部分科技创新项目可能陷入不确定中。硅谷银行是支持美国科技创新的重要金融平台，而收购硅谷银行的第一银行在并购前的主要贷款类型为传统零售贷款、商业贷款及房地产贷款等，是一家服务于中小企业和个人财务管理的传统银行，从业务领域及企业文化角度都可能与硅谷银行存在不小的差距。由于并购整合过程面临一系列挑战，因此硅谷银行被收购后将不可避免地产生一定的市场真空，已有的合作伙伴关系可能受到波及。例如，硅谷银行有超过 2 600 家金融科技公司客户。除了银行融资业务，硅谷银行也是客户的金融科技平台，如作为客户的商业支付和在线支付的重要网关。并购发生后，第一公民银行是否有能力整合硅谷银行 IT 基础设施的兼容性存在着不确定性，这些金融科技公司可能需要重新寻找和评估银行伙伴，这会对其后续业务的开展造成一定的负面影响。除此之外，硅谷银行参与合作开发的金融科技创新项目也面临着不确定性。例如，硅谷银行与摩登财库（Modern Treasury）合作开发的全球自动清算系统在危机事件发生时仍处于早期开发阶段，硅谷银行的破产及后续整合过程可能使得该项目的开发陷入不确定。

此外，创新企业融资难度提升，整个科技初创行业遭受一定程度的负面冲击。根据 Bernanke(1983)，银行的一项核心职能即甄选合格的借款人，向其发放贷款并监督。一旦银行破产，这种甄选和监督技能就无法发挥作用，借款人的金融交易成本上升，难以获得信贷，投资和消费下降，总需求减少，从而加剧产业和经济衰退。初创企业由于抵押品少、资金需求量大、融资能力弱，因此获得银行贷款的难度更大。硅谷银行在美国科创企业投融资领域的市场份额超过 50%，是硅谷创投圈里的金融核心，危机爆发后，创新企业融资市场受到冲击，信贷环境随之收紧；除此之外，这轮银行业危机可能使监管机构对美国中小银行的商业模式进行调整，或者施加更加严格的监管，监管的加强也会抬升科创企业在融资方面的难度与成本。融资门槛的进一步提升可能给未来科创企业的成长空间带来负面影响（如图 11-10 所示）。

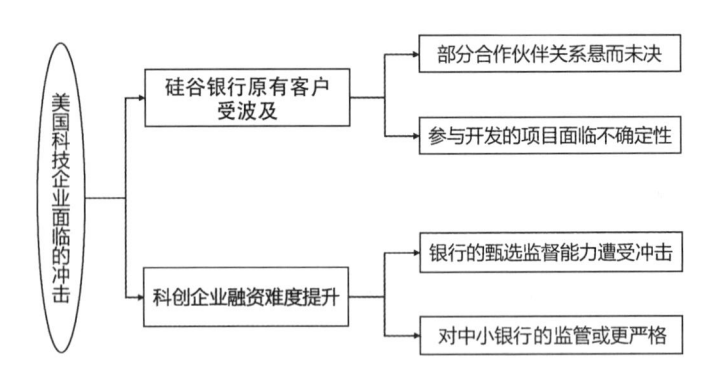

图 11-10　美国科技企业面临的阶段性冲击

二、美国中小银行或面临更大风险

美国中小银行存款大规模流出,负债端压力加大。硅谷银行破产事件严重影响了存款人对美国中小银行的信任,事件发生后,市场上出现大规模资产转移现象。一方面,由于美国中小银行流动性弱于大银行,利率上升浮亏比例较高,资本实力和监管水平较弱,储户出于避险需求倾向于将存款分散化以提高受保障比例,因此,在危机发生后的一段时间内,储户和投资者迅速将存款和资产从中小银行转移至大银行。另一方面,美联储持续加息进一步加剧了银行负债端脆弱性,由于存款利率存在较强的黏性,因此在利率上升周期中,存款利率上升幅度一般低于市场利率,资金的逐利性导致大量银行存款转移至货币市场基金等产品(如图 11-11 所示)。从银行负债端看,2023 年 3 月美国中小银行存款累计流失 1 971 亿美元,后续随着危机的逐渐缓和,存款规模虽有所回升,但是距离危机事件爆发前的存款水平仍然存在一定差距。

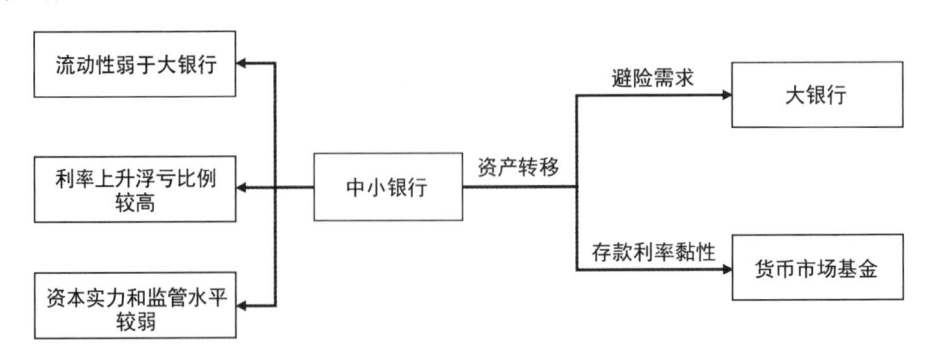

图 11-11　中小银行面临存款流出压力

存款的持续流出或将产生一系列深层次的影响。首先,存款的流出可能使中小银行被迫加入存款竞争,从而进一步削弱其盈利能力。其次,存款流出加大了银行准备金水平的下行压力,尽管银行可以通过同业借款来满足流动性需求,但如果利率保持较高水平,货币基金对存款形成缓慢的"挤兑",银行面临的流动性风险就会增大。此外,持续的资金压力会对银行的放贷意愿产生连锁影响,导致信贷紧缩,并进一步对实体经济造成负面冲击,特别是贡献大部分就业的中小企业将受到明显的负面影响(如图11-12所示)。因此,政策部门需要密切关注和研判中小银行面临的潜在风险及其可能的经济影响。

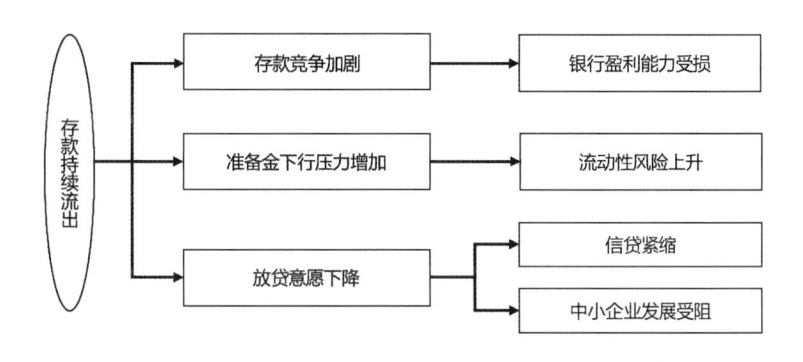

图 11-12 存款流出的深层次影响

三、将深刻影响美国金融监管体系的走向

美国金融监管将再次进入收紧周期。从美国银行史来看,爆雷救助事件的发生往往伴随着强化监管。此轮银行业危机反映出美国对中小银行监管的漏洞。硅谷银行破产事件发生前,一些规模较小的美国地区性商业银行非常依赖借短贷长的盈利模式,为规避监管制约,这些银行花了大笔资金游说美国政府放松监管,对包括硅谷银行在内的中小银行的资本要求、流动性监管要求均有所放松,硅谷银行本身恰恰就是当年游说华盛顿,使其逃脱监管压力测试的机构。监管的放松埋下了这场危机的种子。在硅谷银行破产的听证会上,美联储负责监管的副主席迈克尔·巴尔(Michael Barr)就曾表示,有必要对资产超过1 000亿美元的银行强化资本和流动性标准等要求,并且通过多种情景加强对银行的压力测试。因此,本次危机事件的发生完全有可能推动美国监管机构加强对中型银行的监管。

此外,非常规救助方案或将影响未来的金融监管改革。针对硅谷银行等机构的破产，美联储采取了非常规的救助措施，对相关银行实施存款全部保障，这是对非系统重要性银行的例外救助。这一救助方案引起国际社会的争议。尽管美国财政部表示，本次救助将不会由纳税人买单，但扩大存款保险的覆盖范围本身就面临着道德风险等方面的质疑。此外，美联储设置的银行定期融资计划工具也让风险管理不足的银行规避了抛售资产的风险，助长了未来政府兜底的预期。短期的危机救助行动是否会以长期的金融系统不稳定作为代价，将成为各国监管机构进一步关注和反思的问题。这一事件也反映出以往监管机构风险处置框架和金融安全网的局限性，或将影响未来美国和全球的金融监管改革。

四、对美联储货币政策立场的影响有限

从事件后续发展来看，硅谷银行危机并未显著改变美联储的货币政策立场，在危机发生的背景下，美联储于2023年3月23日宣布继续加息25个基点。那么，美联储为何在银行业暴雷的情况下依然坚持逆势加息呢？

实际上，美联储的货币政策规则可分为两类：第一类是相机抉择的货币政策，第二类是基于（准）规则的货币政策。相机抉择具备应付意外冲击的灵活性，但缺乏预期管理，不利于币值稳定和政策声誉；而规则能够向社会公众提供稳定的政策预期，提高货币政策的可信度。随着联邦基金利率不断升高，美联储货币政策越来越呈现相机抉择的特征。我们可以从历史经验和美联储货币政策操作的逻辑来解释本轮银行业危机下美联储坚持加息的原因。

纵观美国历史上三次银行倒闭高峰——20世纪30年代的"大萧条"、20世纪80—90年代的"储贷危机"、2008年的金融危机，与硅谷银行危机最具有可比性的是"储贷危机"。"储贷危机"也是源起于高通货膨胀背景下美联储的激进加息（如图11-13所示）。一方面，储贷机构负债成本大幅上升；另一方面，资产端持有大量长期住房抵押贷款，资产和负债收益率的倒挂使得储贷机构的商业模式难以持续，大量机构随之倒闭或被接管。尽管面临经济衰退的压力，但是美联储并未因此放弃加息，联邦利率从1980年至1982年维持了3年超过10%的高位，甚至一度接近20%，通货膨胀率最终在1983年被压到了3%的水平。美联储的持续加息操作其实为30年后的经济奠定了非常健康的基础。硅谷银行危机也发生在通货膨胀尚未完全治理完毕的环境下，结合历史操作来看，美联储抑制通货膨胀的决心短期内不会改变。

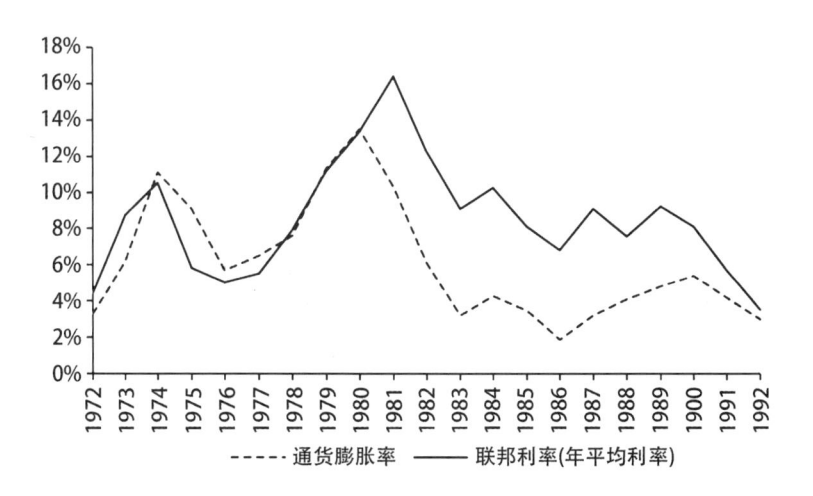

第十一章 | 案例分析：硅谷银行事件给中央银行制度研究带来的启示　301

图 11-13 "储贷危机"前后美国通货膨胀率和联邦利率的变化

数据来源：美联储。

只有当可能引发系统性风险时，美联储才需要相机抉择来调整货币政策立场。2008年金融危机后，欧美的监管体系是用货币政策和宏观审慎政策"双腿走路"（如图11-14所示）。Bernanke(2020)指出，美联储货币政策的首要目标是应对通货膨胀，也可能在维持金融稳定上起到一定的作用，但前提是满足以下两点：一是宏观审慎已有的力度不足以防范金融危机，二是改变货币政策所带来的好处大于通货膨胀带来的坏处。只有满足这两点，美联储才会考虑改变政策方向。考虑到危机事件发生后美国银行业风险整体可控，降低通货膨胀的成本远低于通货膨胀失控的成本，因此美联储货币政策就此转向的概率不大。

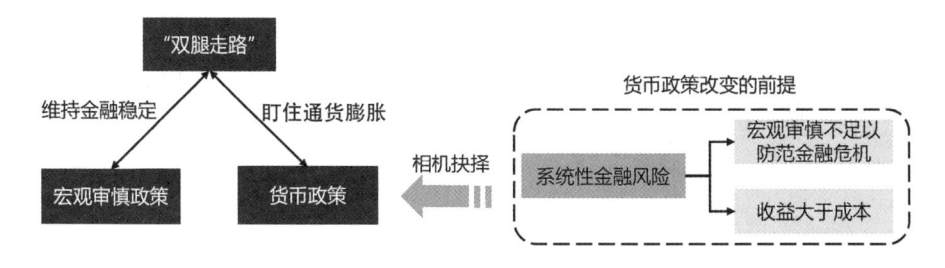

图 11-14 美联储货币和监管体系规则

第四节　对现代中央银行制度研究的启示

虽然硅谷银行并非系统重要性银行,目前来看其市场传染性也相对有限,但硅谷银行破产事件的发生、处置及后续影响,对于新发展阶段中央银行宏观政策执行和金融监管体制改革,以及相关领域的学术研究具有重要的启发性。通过前文的分析可以发现,硅谷银行暴雷不仅反映了金融体系的脆弱性,而且暴露了以往政策层及学术界对经济金融风险认识的不足。面对复杂而严峻的宏观环境,中央银行及监管部门需要适应新的经济金融发展过程和风险特征,从不同维度加强和深化相关研究,从而提升宏观调控和监管水平。本章从硅谷银行案例出发,提炼出如下值得进一步关注和研究的重要问题:

一、探究数字时代的新型风险传导特征

数字时代的宏观经济调控面临更加严峻的挑战。硅谷银行事件所表现出的危机的突发性表明,数字时代的风险传导特征发生了变化,局部微观个体或某一特殊事件可以借助全球金融和科技网络迅速传播,导致风险的传播性和破坏性更强。数字化冲击使得金融风险的形态、路径和安全边界发生重大变化,是否会产生系统性风险已经不能仅从单家银行的规模或其与同业的关联程度来判断。这种变化要求我们从新的视角重新审视风险冲击,用新的思路和方法构建有效的中央银行制度框架。

目前,我们对金融机构新型风险传导特征的理解仍然不足。一些重要的研究问题包括:在数字经济时代,金融风险正以何种形态孕育、汇集和呈现?数字化冲击对货币政策、监管政策产生怎样的影响?政策部门应如何识别和防范这种新型金融风险?针对这些问题的深入研究对于有效遏制风险扩散、防止金融危机的发生具有重要意义。

二、稳固金融监管的风险防范功能定位

金融监管的主要职责是防范风险,而非配合发展。金融监管关注的是金融机构的安全、合规运营以及金融体系的稳定性,宏观经济或行业发展不应是监管政策

的直接目标。这次的硅谷银行破产事件是一个典型的案例。硅谷银行危机爆发的一个重要原因在于上一轮宽货币与松监管政策的叠加影响。危机发生前,一些规模较小的美国地区性商业银行为了自身发展,花了大笔资金游说美国政府放松监管,硅谷银行就是其中之一。这一过程告诉我们,保持金融监管与宏观调控政策目标的相对独立性,坚持金融监管防范风险的基本原则对于长期的经济和金融稳定至关重要。这也与我国近期金融监管体制改革的做法不谋而合,即剥离地方金融监管机构的金融发展职能,落实"监管姓'监'"的基本理念。

那么,金融稳定与宏观经济目标之间如何做好平衡?美联储在本次风险事件的政策应对中"双腿走路"的做法值得参考。在本轮银行业危机中,美联储的金融稳定和货币政策两套工具各司其职,货币政策专注于应对通货膨胀,金融稳定工具则用来应对局部的金融风险。而为了保证审慎政策与货币政策决策机制之间相互独立又协调配合的关系,就需要在明确监管理念的基础上不断丰富与完善审慎政策工具箱。美联储在国际金融危机后调整了其准备金框架,丰富了政策工具体系,这使得其可以在本次危机中使用金融稳定工具(如银行定期融资计划、贴现窗口等),在向需要的银行注入流动性的同时,很好地控制联邦利率,确保不影响货币政策操作。

我国的审慎政策与货币政策调控框架面临着一系列新的理论挑战与政策实践问题。受国内外复杂因素交织的影响,近几年中国经济下行压力加大,与此同时,金融领域也处于风险易发频发期,这对宏观调控和监管政策框架提出了更高的要求。然而,这方面的学术研究仍然很不充分。例如,我国的审慎政策工具与货币政策之间的相互关系如何,是互补、冲突还是相互独立?监管政策和货币政策如何在实现金融稳定与维持经济增长之间做好平衡?危机发生时,货币政策及审慎监管政策何时以及如何有效地介入和干预?如何丰富审慎监管政策工具箱,以实现金融监管与宏观调控政策的相对独立?从理论和现实层面回答上述问题,是政府和学术界面临的重要研究任务。

三、重视压力测试类宏观审慎工具的使用

监管机构应重视开展银行业监管压力测试。压力测试通过检测银行业和单家银行抵御不利宏观经济冲击的弹性,识别金融系统的脆弱性以预防危机,因而被视为重要的宏观审慎政策工具。严格实施压力测试有助于更早发现银行资产和负债管理的弱点,使得银行风险的处置更主动、更具有前瞻性。在硅谷银行破产事件

中,压力测试并未发挥其风险预警的作用。在事件发生前的2021年,硅谷银行被列入美国银行业监管的第四类银行,仅需以两年一次的频率开展监管压力测试,导致其风险未被及时发现,最终酿成危机。此外,压力测试的情景设置也存在一定的局限性,如并未及时考虑利率大幅上升的影响。我们应当汲取经验教训,完善银行业的监管压力测试,及时发现和应对潜在风险,并将应对方案落到实处。

目前,针对我国监管压力测试的理论和实证研究较为匮乏。近年来,压力测试已经成为我国银行业审慎监管的重要组成部分,然而关于监管压力测试的理论研究仍然较为匮乏,几乎没有实证方面的证据。中央银行压力测试的政策效果如何,压力测试情景设计是否合理,压力测试结果如何披露以及如何改进压力测试的模型方法和制度规则等都是迫切需要解决的重要研究问题。

四、审视微观审慎监管指标的科学性和灵敏性

现行风险监测指标未能有效防御金融风险的传染。从本轮欧美银行业危机中可以看到,硅谷银行在加息周期下的资产结构和流动性不足问题并不能被相关的资本和流动性监管指标反映出来,这说明现行微观审慎监管指标体系存在一定的盲区,如本次危机中银行过高的行业风险就被监管指标忽视。因此,有必要重新审视巴塞尔框架下流动性覆盖率、净稳定资金比率、资本充足水平等监管指标的审慎性和对不同类型银行的适用性。

需要有效评估我国金融监管指标的政策效果,进一步提升微观审慎监管效能。监管指标的合规并不代表银行真正满足了风险管理要求。一方面,监管指标的覆盖范围可能存在盲区;另一方面,商业银行通过调整其资产负债行为来应对监管指标要求,可能产生一些意想不到的结果,甚至使监管效果大打折扣。那么,在我国的金融结构和制度背景下,流动性覆盖率、净稳定资金比率等流动性或资本监管指标是否实现了相应的政策效果?不同类型的商业银行针对监管指标要求会如何调整其资产负债行为?银行资产负债行为的调整又会产生怎样的经济后果?这些也是值得进一步思考和研究的问题。

五、强化宏观与微观审慎监管的协调配合

重新审视当前的审慎监管框架,提升对金融机构的监管穿透性。硅谷银行破

产事件说明,银行职能部门的设置是否合理、风险管理能力是否合格、制度执行是否有效等内容,单纯的宏观审慎监管如压力测试、指标监管等难以完全反映,需要配合微观审慎监管的日常监督检查才能及时发现问题和风险并提出相应的改进要求。例如,Kok et al. (2022)发现,与欧盟范围内的压力测试相关的更严格、更具侵入性的监督审查有助于加强银行的风险管理实践并降低银行风险,反映了微观审慎监管在宏观审慎政策中的重要作用。因此,监管部门需要加强对金融系统的整体风险评估,同时针对银行特别是中小银行的资产负债和风险控制情况等进行常规化、动态化监管,以防范类似情况的发生。

关于我国宏观审慎和微观审慎监管的一致性分析框架研究,目前仍处于起步阶段。金融机构个体的微观风险行为与宏观金融稳定性之间具有复杂的关系且能够相互影响。由于现实中的监管部门不同但监管对象和政策工具高度重叠,因此在经济下行、银行高度集中且业务同质化水平较高的情形下,两者有可能出现政策冲突。那么,当前我国的审慎监管体系存在哪些问题?如何兼顾和协调机构与系统稳定?审慎监管框架如何影响实体经济?厘清这种复杂关系对监管体制改革以及宏观审慎和微观审慎政策的协调具有重要意义,是有关金融风险学术研究的重要议题。

六、树立强力有效的危机自救机制

历史经验表明,出现危机时的快速反应和有效处置是保障金融稳定的基本原则。美国金融监管当局应对硅谷银行破产危机的做法在抑制市场恐慌方面是有效的,其在风险传染前就迅速出台非常规的救助方案,对硅谷银行所有储户实施全额存款保障,有效阻止了危机的快速扩散。尽管美国针对硅谷银行实施全额存款保障的做法有其特殊性,即这是出于其资产质量较高、持有到期不会产生重大损失、对存款全部保障不会造成货币严重超发,以及当时形势非常紧迫等原因采取的救助措施,但是这种做法仍可能面临存在道德风险等方面的批评。为了尽可能控制道德风险的范围和程度,监管机构罢免了银行所有高管,并放弃对硅谷银行股东和部分无担保债权人权益的保护。美国财长珍妮特·L. 耶伦(Janet L. Yellen)也明确表态,不会动用美国纳税人的钱去救助硅谷银行。这种做法其实类似于大多数发达国家近年来引入的自救处置机制,即由股东和债权人承担一定的银行损失来减少纳税人的风险。美国监管部门应对本次危机的经验值得我们借鉴和思考。

如何既能有效救助困境机构,又能减轻政府财政负担,加强对金融机构的市场约束,是危机发生后政府和学术界的重要研究议题。Beck(2011)提出,一个有效的银行处置框架应该平衡实施市场纪律的好处以及干预可能对信贷供应和实体经济产生的潜在成本。随着金融危机的发生和经济形势的恶化,近年来外部援助和自救被越来越多的经济学家提到。外部援助往往被解释为政府援助,一般是指外部投资人如政府救助陷入困境的银行,主要是利用纳税人的税款向银行注入资金,帮助银行偿付债务。而在自救的框架内,股东和债权人承担困境银行的修复成本,避免对纳税人和公共资金的使用。外部援助这种干预措施一直备受争议,它往往伴随着重大的政府损失、政治摩擦和分配问题。也有较多文献研究发现,政府救助对于银行风险承担会产生不利影响。为了应对这些普遍存在的问题,大多数发达国家开始引入自救的处置机制。近年来,我国也通过相应的政策法规逐步明确了金融机构出现重大风险时"自救为本"的原则。那么,在我国的制度背景下,政府救助和金融机构自救的作用路径存在怎样的差异?作为国际金融监管变革中的创新性举措之一,这一处置机制能否在我国发挥作用?现行救助框架在应对新型风险时有哪些需要改进的地方?如何落实分层监管理念和创新救助政策工具,有效提升对中小银行的救助效率?这些问题都有待从理论和实证方面进行探讨。

第五节 小 结

本章通过梳理和分析硅谷银行破产事件这一经典风险案例,反思理论认知与实践的偏离,剖析风险事件背后的深层次逻辑,在此基础上总结一般规律,探究该危机事件为现代中央银行制度研究带来的诸多启示,并提出一系列需要进一步关注和研究的重要议题。

通过对案例背景和脉络的梳理发现,硅谷银行破产事件暴露出投贷联动模式下资产负债结构的脆弱性、金融机构风险决策的非审慎性以及现行监管框架未实现金融监管全覆盖等美国银行业的内在脆弱性。在此基础上,本章从经典的金融理论出发,解释硅谷银行行为决策背后的理论逻辑,并经分析指出:

根据风险转移理论,低利率时配置低收益资产符合银行投资逻辑,这为硅谷银行在货币政策宽松时大量投资于信用风险等级高、流动性强的债券资产提供了理论解释。其问题在于,当进入加息周期后,银行应采取更加积极主动的投资策略来覆盖负债端风险,而硅谷银行没有及时做出相应的资产端调整,最终导致银行账面产生巨额浮亏。

资产负债期限错配是银行经营模式的基本特征。已有研究指出,"借短贷长"是银行的基本经营模式,由于存款特许经营价值的存在,尽管银行存在较严重的期限错配,但并不显著承担利率风险,因此,简单地认为期限错配导致硅谷银行破产的证据并不充分。其深层次原因在于,硅谷银行的实践与理论认知之间存在一定的偏离,如存款利率敏感性的偏离、资产配置类型的偏离和零售市场势力的偏离等,上述"个性化"特征才是硅谷银行利率风险暴露的真正原因。

多因素引致的存款"挤兑"是硅谷银行破产的根本原因。货币政策的存款传导渠道从理论上解释了高利率环境下硅谷银行存款持续流出的重要原因。虽然硅谷银行可以通过发行短债或同业拆借来弥补存款流失,但是结合银行间市场理论,当流动性压力较大或对手方清偿状况不确定时,银行间会倾向于囤积流动性或提高拆借成本,硅谷银行用高成本短期借款来维持长期低收益的证券投资明显是不经济的,迫于负债压力,其选择在短期内大幅抛售流动性资产,从而出现了更严重的投资亏损。不当的信息公开化操作最终酿成了"挤兑"风潮。根据信息披露理论,在市场和投资者对银行损益前景形成悲观预期时,信息披露可能给公司带来高昂的成本。在应对流动性风险时,硅谷银行没有采取与监管部门妥善沟通或寻求流动性帮助等"私下方式",而选择了信息公开化,从而造成恐慌情绪蔓延,在社交媒体和数字银行的加持下,加速了"挤兑"破产进程。

对硅谷银行破产事件理论逻辑的分析,为今后的宏观调控和监管机构改革带来诸多启示。基于对该经典案例的剖析,本章指出,应从以下方面加强对现代中央银行相关领域的实践探索与理论研究:一要探究数字时代的新型风险传导特征,从新的视角重新审视风险冲击,用新的思路和方法构建有效的中央银行制度框架;二要稳固金融监管的风险防范功能定位,保持金融监管与宏观调控政策目标的相对独立性,探究如何在金融稳定与宏观经济目标之间做好平衡等;三要加强对压力测试类宏观审慎工具的实践和理论研究,增强风险预警和处置能力;四要重新审视微观审慎监管指标的科学性和灵敏性以及对不同类型银行的适用性;五要强化宏观审慎与微观审慎监管的协调配合,构建宏观审慎监管与微观审慎监管的一致性分析框架;六要加强对中国情景下金融机构危机自救机制的探索。

参考文献

[1] 巴曙松,刘孝红,牛播坤.转型时期中国金融体系中的地方治理与银行改革的互动研究[J].金融研究,2005(5)：25-37.

[2] 巴曙松,邢毓静,朱元清.金融危机中的巴塞尔新资本协议：挑战与改进[M].北京：中国金融出版社,2010.

[3] 才国伟,吴华强,徐信忠.政策不确定性对公司投融资行为的影响研究[J].金融研究,2018(3)：89-104.

[4] 蔡竞,董艳.银行业竞争与企业创新——来自中国工业企业的经验证据[J].金融研究,2016(11)：96-111.

[5] 陈建华,唐立波.浅析我国银行内部评级体系的建立[J].金融研究,2002(9)：88-93.

[6] 陈彦斌,陈小亮,陈伟泽.利率管制与总需求结构失衡[J].经济研究,2014,49(2)：18-31.

[7] 陈胤默,王喆,张明.数字金融研究国际比较与展望[J].经济社会体制比较,2021(1)：180-190.

[8] 戴金平,金永军,刘斌.资本监管、银行信贷与货币政策非对称效应[J].经济学(季刊),2008(2)：481-508.

[9] 邓向荣,张嘉明.货币政策、银行风险承担与银行流动性创造[J].世界经济,2018(4)：28-52.

[10] 范子英,刘甲炎.为买房而储蓄——兼论房产税改革的收入分配效应[J].管理世界,2015(5)：18-27.

[11] 范子英,王倩.转移支付的公共池效应、补贴与僵尸企业[J].世界经济,2019,42(7)：120-144.

[12] 方芳,蔡卫星.银行业竞争与企业成长：来自工业企业的经验证据[J].管理世界,2016(7)：63-75.

[13] 方明月,张雨潇,聂辉华.中小民营企业成为僵尸企业之谜[J].学术月刊,2018,50(3):75-86.

[14] 方意,赵胜民,谢晓闻.货币政策的银行风险承担分析——兼论货币政策与宏观审慎政策协调问题[J].管理世界,2012(11):9-19.

[15] 方意.宏观审慎政策有效性研究[J].世界经济,2016,39(8):25-49.

[16] 苟文均,袁鹰,漆鑫.债务杠杆与系统性风险传染机制——基于CCA模型的分析[J].金融研究,2016(3):74-91.

[17] 郭路,刘霞辉,孙瑾.中国货币政策和利率市场化研究——区分经济结构的均衡分析[J].经济研究,2015,50(3):18-31.

[18] 郭晔,赵静.存款竞争、影子银行与银行系统风险——基于中国上市银行微观数据的实证研究[J].金融研究,2017(6):81-94.

[19] 郭晔,房芳.新型货币政策担保品框架的绿色效应[J].金融研究,2021(1):91-110.

[20] 郭晔,赵静.存款保险制度、银行异质性与银行个体风险[J].经济研究,2017(12):134-148.

[21] 郭豫媚,戴赜,彭俞超.中国货币政策利率传导效率研究:2008—2017[J].金融研究,2018(12):37-54.

[22] 何德旭,苗文龙.现代中央银行政策:理论、挑战与重构[J].经济纵横,2022(1):91-101.

[23] 何东,王红林.利率双轨制与中国货币政策实施[J].金融研究,2011(12):1-18.

[24] 何平,刘泽豪,方志玮.影子银行、流动性与社会融资规模[J].经济学(季刊),2018,17(1):45-72.

[25] 黄隽,汤珂.商业银行竞争、效率及其关系研究——以韩国、中国台湾和中国大陆为例[J].中国社会科学,2008(1):69-86+206.

[26] 黄群慧.改革开放40年经济高速增长的成就与转向高质量发展的战略举措[J].经济论坛,2018(7):12-15.

[27] 黄少卿,陈彦.中国僵尸企业的分布特征与分类处置[J].中国工业经济,2017(3):24-43.

[28] 黄薇,张海洋,李海.财政专户存款、地方金融机构贷款行为及其经营效率[J].金融研究,2016(10):79-94.

[29] 黄宪,王露璐,马理,代军勋.货币政策操作需要考虑银行资本监管吗[J].金融研

究,2012(4):17-31.

[30] 黄益平,常健,杨灵修.中国的影子银行会成为另一个次债?[J].国际经济评论,2012(2):42-51+5.

[31] 黄益平,黄卓.中国的数字金融发展:现在与未来[J].经济学(季刊),2018,17(4):1489-1502.

[32] 黄益平,陶坤玉.中国的数字金融革命:发展、影响与监管启示[J].国际经济评论,2019(6):24-35+5.

[33] 纪洋,边文龙,黄益平.隐性存保、显性存保与金融危机:国际经验与中国实践[J].经济研究,2018,53(8):20-35.

[34] 纪洋,谭语嫣,黄益平.金融双轨制与利率市场化[J].经济研究,2016,51(6):45-57.

[35] 纪洋,王旭,谭语嫣,黄益平.经济政策不确定性、政府隐性担保与企业杠杆率分化[J].经济学(季刊),2018,17(2):449-470.

[36] 贾正晞,杜纲,李娟.基于内部模型的商业银行市场风险经济资本分配方法研究[J].管理工程学报,2015(3):231-238.

[37] 姜再勇,钟正生.我国货币政策利率传导渠道的体制转换特征——利率市场化改革进程中的考察[J].数量经济技术经济研究,2010,27(4):62-77.

[38] 蒋灵多,陆毅,陈勇兵.市场机制是否有利于僵尸企业处置:以外资管制放松为例[J].世界经济,2018,41(9):121-145.

[39] 蒋灵多,陆毅.市场竞争加剧是否助推国有企业加杠杆[J].中国工业经济,2018(11):155-173.

[40] 李波,伍戈.影子银行的信用创造功能及其对货币政策的挑战[J].金融研究,2011(12):77-84.

[41] 李波.构建货币政策和宏观审慎政策双支柱调控框架[M].北京:中国金融出版社,2018.

[42] 李建军,薛莹.中国影子银行部门系统性风险的形成、影响与应对[J].数量经济技术经济研究,2014,31(8):117-130.

[43] 李建军,韩珣.非金融企业影子银行化与经营风险[J].经济研究,2019,54(8):21-35.

[44] 李敏波.基于隐性担保的存款保险费率测算——以中国16家上市商业银行为例[J].金融研究,2015(4):162-175.

[45] 李明辉,黄叶苨,刘莉亚.市场竞争、银行市场势力与流动性创造效率——来自中国银行业的证据[J].财经研究,2018,44(2):103-114.

[46] 李明辉,刘莉亚,孙莎.发展非利息业务对银行有益吗?——基于中国银行业的实证分析[J].国际金融研究,2014a(11):11-22.

[47] 李明辉,孙莎,刘莉亚.货币政策对商业银行流动性创造的影响——来自中国银行业的经验证据[J].财贸经济,2014b(10):50-60.

[48] 李涛,刘明宇.资本充足率、银行信贷与货币政策传导——基于中国25家银行面板数据的分析[J].国际金融研究,2012(11):14-22.

[49] 李霄阳,瞿强.中国僵尸企业:识别与分类[J].国际金融研究,2017(8):3-13.

[50] 李旭超,鲁建坤,金祥荣.僵尸企业与税负扭曲[J].管理世界,2018,34(4):127-139.

[51] 梁琪,涂晓枫.银行影子的发展及其运作模式探析[J].金融论坛,2017,22(4):3-12.

[52] 梁斯.利率市场化背景下的货币政策利率传导机制研究[J].金融监管研究,2018(7):82-92.

[53] 廖国民,刘巍.银行体制、破产成本与政府担保——国有银行不良资产形成的一个分析框架[J].管理世界,2005(3):7-14+171.

[54] 廖岷,郭晓夏.我国商业银行异化创新业务风险分析及监管建议[J].国际金融研究,2017(4):66-75.

[55] 林琳,曹勇,肖寒.中国式影子银行下的金融系统脆弱性[J].经济学(季刊),2016,15(3):1113-1136.

[56] 林木材,牛霖琳.基于高频收益率曲线的中国货币政策传导分析[J].经济研究,2020,55(2):101-116.

[57] 林木西,刘理欧.影子银行对传统银行影响的实证分析——基于商业银行体制内影子银行系统视角[J].沈阳师范大学学报(自然科学版),2020,38(4):304-308.

[58] 林毅夫,李永军.中小金融机构发展与中小企业融资[J].经济研究,2001(1):10-18+53-93.

[59] 林毅夫,刘明兴,章奇.政策性负担与企业的预算软约束:来自中国的实证研究[J].管理世界,2004(8):81-89+127-156.

[60] 林毅夫,刘培林.自生能力和国企改革[J].经济研究,2001(9):60-70.

[61] 林毅夫,孙希芳,姜烨.经济发展中的最优金融结构理论初探[J].经济研究,2009,

44(8)：4-17.

[62] 刘澜飚,齐炎龙,张靖佳.互联网金融对货币政策有效性的影响——基于微观银行学框架的经济学分析[J].财贸经济,2016,37(1)：61-73.

[63] 刘莉亚,刘冲,陈垠帆,周峰,李明辉.僵尸企业与货币政策降杠杆[J].经济研究,2019,54(9)：73-89.

[64] 刘明康,黄嘉,陆军.银行利率决定与内部资金转移定价——来自中国利率市场化改革的经验[J].经济研究,2018,53(6)：4-20.

[65] 刘瑞明.金融压抑、所有制歧视与增长拖累——国有企业效率损失再考察[J].经济学(季刊),2011,10(2)：603-618.

[66] 刘生福.数字化支付时代的货币政策传导：理论推演与经验证据[J].当代经济科学,2019,41(2)：1-12.

[67] 刘胜会.流动性供给、最后贷款人与金融系统稳定：一个次优选择[J].财经科学,2011(9)：7-15.

[68] 刘伟,黄桂田.银行业的集中、竞争与绩效[J].经济研究,2003(11)：14-21+91.

[69] 刘轶,刘银,周嘉伟.资本监管、风险偏好与银行信贷行业选择——基于资本异质性视角[J].金融监管研究,2013(11)：1-20.

[70] 卢峰,姚洋.金融压抑下的法治、金融发展和经济增长[J].中国社会科学,2004(1)：42-55+206.

[71] 吕健.影子银行推动地方政府债务增长了吗[J].财贸经济,2014(8)：38-48.

[72] 罗猛,罗平.论银行市场风险的资本计提——兼评内部模型法的适用性[J].国际金融研究,2008(10)：28-36.

[73] 罗猛,綦相,邵长毅.操作风险高级计量法及其验证：国际经验与启示[J].国际金融研究,2009(5)：54-60.

[74] 罗伟,吕越.金融市场分割、信贷失衡与中国制造业出口——基于效率和融资能力双重异质性视角的研究[J].经济研究,2015,50(10)：49-63+133.

[75] 马君潞,郭牧炫,李泽广.银行竞争、代理成本与借款期限结构——来自中国上市公司的经验证据[J].金融研究,2013(4)：71-84.

[76] 马骏,施康,王红林,王立升.利率传导机制的动态研究[J].金融研究,2016(1)：31-49.

[77] 马骏,王红林.政策利率传导机制的理论模型[J].金融研究,2014(12)：1-22.

[78] 缪延亮.信心的博弈：现代中央银行与宏观经济[M].北京：中信出版集团,2023.

[79] 聂辉华,江艇,杨汝岱.中国工业企业数据库的使用现状和潜在问题[J].世界经济,2012,35(5)：142-158.

[80] 聂辉华,江艇,张雨潇,方明月.我国僵尸企业的现状、原因与对策[J].宏观经济管理,2016(9)：63-68+88.

[81] 彭红枫,李鹤然,罗宁欣."逆周期因子"提高了人民币汇率中间价的市场基准地位吗？——基于时变溢出指数的实证研究[J].国际金融研究,2020(1)：65-75.

[82] 彭俞超,方意.结构性货币政策、产业结构升级与经济稳定[J].经济研究,2016,51(7)：29-42+86.

[83] 彭俞超,何山.资管新规、影子银行与经济高质量发展[J].世界经济,2020,43(1)：47-69.

[84] 朴书庆.数字金融发展对我国货币政策传导机制的影响研究[D].长春：吉林大学,2023.

[85] 钱海章,陶云清,曹松威,等.中国数字金融发展与经济增长的理论与实证[J].数量经济技术经济研究,2020,37(6)：26-46.

[86] 钱小安.金融开放条件下利率市场化的动力、约束与步骤[J].世界经济,2003(3)：57-61.

[87] 钱雪松,杜立,马文涛.中国货币政策利率传导有效性研究：中介效应和体制内外差异[J].管理世界,2015(11)：11-28+187.

[88] 强静,侯鑫,范龙振.基准利率、预期通胀率和市场利率期限结构的形成机制[J].经济研究,2018,53(4)：92-107.

[89] 裘翔,周强龙.影子银行与货币政策传导[J].经济研究,2014,49(5)：91-105.

[90] 饶静,万良勇.政府补助、异质性与僵尸企业形成——基于A股上市公司的经验证据[J].会计研究,2018(3)：3-11.

[91] 饶品贵,姜国华.货币政策对银行信贷与商业信用互动关系影响研究[J].经济研究,2013,48(1)：68-82+150.

[92] 申广军.比较优势与僵尸企业：基于新结构经济学视角的研究[J].管理世界,2016(12)：13-24+187.

[93] 沈沛龙,任若恩.现代信用风险管理模型和方法的比较研究[J].经济科学,2002(3)：32-41.

[94] 史焕平,刘鑫.数字金融与货币政策有效性：基于银行风险承担渠道视角[J].南方金融,2023(6)：3-17.

[95] 宋鹭,刘元春."新常态"下中国货币政策框架转型与重构[M].北京:中国社会科学出版社,2020.

[96] 宋清华,李博华,吕泰亨.数字货币发展与现代中央银行制度建设[J].区域金融研究,2022(1):5-18.

[97] 宋晓玲.数字普惠金融缩小城乡收入差距的实证检验[J].财经科学,2017(6):14-25.

[98] 隋聪,邢天才.基于非完全利率市场化的中国银行业贷款定价研究[J].国际金融研究,2013(12):82-93.

[99] 孙国峰,贾君怡.中国影子银行界定及其规模测算——基于信用货币创造的视角[J].中国社会科学,2015(11):92-110+207.

[100] 孙国峰,段志明.中期政策利率传导机制研究——基于商业银行两部门决策模型的分析[J].经济学(季刊),2017,16(1):349-370.

[101] 孙海波,刘忠璐.后危机时期银行高质量资本与流动性创造关系研究——基于显性存款保险制度的讨论[J].国际金融研究,2019(1):67-75.

[102] 孙莎,李明辉,刘莉亚.商业银行流动性创造与资本充足率关系研究——来自中国银行业的经验证据[J].财经研究,2014,40(7):65-76+144.

[103] 孙铮,刘凤委,李增泉.市场化程度、政府干预与企业债务期限结构——来自我国上市公司的经验证据[J].经济研究,2005(5):52-63.

[104] 谭劲松,简宇寅,陈颖.政府干预与不良贷款——以某国有商业银行1988—2005年的数据为例[J].管理世界,2012(7):29-43+187.

[105] 谭语嫣,谭之博,黄益平,胡永泰.僵尸企业的投资挤出效应:基于中国工业企业的证据[J].经济研究,2017,52(5):175-188.

[106] 汤凌霄.构建我国现代最后贷款人制度的目标、范围与原则[J].财政研究,2009(10):54-56

[107] 万佳彧,周勤,肖义.数字金融、融资约束与企业创新[J].经济评论,2020(1):71-83.

[108] 万晓莉,郑棣,郑建华,等.中国影子银行监管套利演变路径及动因研究[J].经济学家,2016(8):38-45.

[109] 汪莉,陈诗一.利率政策、影子银行与我国商业银行风险研究[J].经济学(季刊),2019,18(1):1-22.

[110] 汪勇,马新彬,周俊仰.货币政策与异质性企业杠杆率——基于纵向产业结构的

视角[J].金融研究,2018(5):47-64.

[111] 王浡力,李建军.中国影子银行的规模、风险评估与监管对策[J].中央财经大学学报,2013(5):20-5.

[112] 王达.论美国影子银行体系的发展、运作、影响及监管[J].国际金融研究,2012(1):35-43.

[113] 王红建,杨筝,阮刚铭,等.放松利率管制、过度负债与债务期限结构[J].金融研究,2018(2):100-117.

[114] 王珏,骆力前,郭琦.地方政府干预是否损害信贷配置效率?[J].金融研究,2015(4):99-114.

[115] 王万珺,刘小玄.为什么僵尸企业能够长期生存[J].中国工业经济,2018(10):61-79.

[116] 王文甫,明娟,岳超云.企业规模、地方政府干预与产能过剩[J].管理世界,2014(10):17-36+46.

[117] 王永进,冯笑.行政审批制度改革与企业创新[J].中国工业经济,2018(2):24-32.

[118] 王永钦,李蔚,戴芸.僵尸企业如何影响了企业创新?——来自中国工业企业的证据[J].经济研究,2018,53(11):99-114.

[119] 王永钦,吴娴.中国创新型货币政策如何发挥作用:抵押品渠道[J].经济研究,2019,54(12):86-101.

[120] 王治国.政府干预与地方政府债券发行中的"利率倒挂"[J].管理世界,2018,34(11):25-35.

[121] 危勇.基于道德风险视角的最后贷款人救助政策研究[D].广州:暨南大学,2008.

[122] 吴博,刘堃,胡丹.操作风险高级计量法国际监管规则的进展和启示[J].国际金融研究,2012(5):41-48.

[123] 谢平.中国经济转轨中的利率市场化问题[J].财贸经济,1995(8):4-9.

[124] 谢千里,罗斯基,张轶凡.中国工业生产率的增长与收敛[J].经济学(季刊),2008,7(3):18.

[125] 谢绚丽,沈艳,张皓星,等.数字金融能促进创业吗?——来自中国的证据[J].经济学(季刊),2018,17(4):1557-1580.

[126] 徐思,何晓怡,钟凯."一带一路"倡议与中国企业融资约束[J].中国工业经济,2019(7):155-173.

[127] 徐业坤,马光源.地方官员变更与企业产能过剩[J].经济研究,2019,54(5):129-145.

[128] 许健.利率自由化的约束及其实践[J].金融研究,2003(8):53-59.

[129] 许坤,汪航.逆周期资本缓冲、监管压力与宏观审慎管理有效性[J].投资研究,2016(6):45-55.

[130] 许友传,刘庆富,陈可桢.中国政府对上市银行的隐性救助概率和救助成本[J].金融研究,2012(10):60-74.

[131] 许月丽,李帅,刘志媛.数字金融影响了货币需求函数的稳定性吗?[J].南开经济研究,2020(5):130-149.

[132] 颜永嘉.影子银行体系的微观机理和宏观效应——一个文献综述[J].国际金融研究,2014(7):46-53.

[133] 杨凯生,刘瑞霞,冯乾.巴塞尔Ⅲ最终方案的影响及应对[J].金融研究,2018(2):30-44.

[134] 杨兰.数字金融对货币政策传导效应的影响研究[D].昆明:云南财经大学,2022.

[135] 杨汝岱.中国制造业企业全要素生产率研究[J].经济研究,2015,50(2):61-74.

[136] 易纲,赵先信.中国的银行竞争:机构扩张、工具创新与产权改革[J].经济研究,2001(8):25-32.

[137] 易纲.中国的利率体系与利率市场化改革[J].金融研究,2021(9):1-11.

[138] 易纲.建设现代中央银行制度[J].时代金融,2021(1):4-5.

[139] 易行健,周利.数字普惠金融发展是否显著影响了居民消费——来自中国家庭的微观证据[J].金融研究,2018(11):47-67.

[140] 余明桂,潘红波.政治关系、制度环境与民营企业银行贷款[J].管理世界,2008(8):9-21+39+187.

[141] 喻坤,李治国,张晓蓉,徐剑刚.企业投资效率之谜:融资约束假说与货币政策冲击[J].经济研究,2014,49(5):106-120.

[142] 袁增霆.中外影子银行体系的本质与监管[J].中国金融,2011(1):81-82.

[143] 战明华,李欢.金融市场化进程是否改变了中国货币政策不同传导渠道的相对效应?[J].金融研究,2018(5):20-36.

[144] 战明华,汤颜菲,李帅.数字金融发展、渠道效应差异和货币政策传导效果[J].经济研究,2020,55(6):22-38.

[145] 张晓慧,等.多重约束下的货币政策传导机制[M].北京:中国金融出版社,2020.

[146] 张一林,蒲明.债务展期与结构性去杠杆[J].经济研究,2018,53(7):32-46.

[147] 张玉梅,赵勇.隐性存款保险向显性存款保险转变对银行道德风险的影响[J].南方经济,2006(5):104-111.

[148] 章彰.审视内部评级体系:风险权重、风险偏好与银行业务策略[J].国际金融研究,2011(6):76-80.

[149] 中国人民银行办公厅课题研究小组.建设现代中央银行制度[J].中国金融,2020(8):20-24.

[150] 中国人民银行货币政策分析小组.有序推进贷款市场报价利率改革[R].中国货币政策执行报告,2020.

[151] 中国人民银行货币政策分析小组.中国货币政策执行报告——2018年第四季度[R].中国货币政策执行报告,2018.

[152] 中国人民银行金融稳定分析小组.中国金融稳定报告(2013)[M].北京:中国金融出版社,2013.

[153] 钟宁桦,刘志阔,何嘉鑫,苏楚林.我国企业债务的结构性问题[J].经济研究,2016,51(7):102-117.

[154] 周开国,李琳.中国商业银行收入结构多元化对银行风险的影响[J].国际金融研究,2011(5):57-66.

[155] 周楷唐,麻志明,吴联生.高管学术经历与公司债务融资成本[J].经济研究,2017,52(7):169-183.

[156] 周小川.新世纪以来中国货币政策的主要特点[J].中国金融,2013(2):9-14.

[157] 朱孟楠,侯哲.中国商业银行资金错配问题研究——基于"钱荒"背景下的思考[J].国际金融研究,2014(4):62-69.

[158] 祝继高,胡诗阳,陆正飞.商业银行从事影子银行业务的影响因素与经济后果——基于影子银行体系资金融出方的实证研究[J].金融研究,2016(1):66-82.

[159] Acharya V V, Berger A N, Roman R A. Lending implications of U. S. bank stress tests: costs or benefits? [J]. Journal of Financial Intermediation, 2018(34):58-90.

[160] Acharya V V, Eisert T, Eufinger C, Hirsch C W. Whatever it takes: the real effects of unconventional monetary policy[J]. Review of Financial Studies, 2019, 32(9):3366-3411.

[161] Acharya V V, Gale D, Yorulmazer T. Rollover risk and market freezes[J]. The Journal of Finance, 2011, 66(4): 1177-1209.

[162] Adrian T, Ashcraft A B. Shadow Banking: A Review of the Literature[R]. Federal Reserve Bank of New York Staff Reports, 2012.

[163] Agarwal S, Lucca D, Seru A, and Trebbi F. Inconsistent regulators: evidence from banking[J]. Quarterly Journal of Economics, 2015, 129(2): 889-938.

[164] Agarwal V, Vashishtha R, Venkatachalam M. Mutual fund transparency and corporate myopia[J]. The Review of Financial Studies, 2018, 31(5): 1966-2003.

[165] Agenor R P, Alper K, Silva L P D. Capital regulation, monetary policy, and financial stability[J]. International Journal of Central Banking, 2013(9): 193-238.

[166] Albagli E, Ceballos L, Claro S, Romero D. Channels of US monetary policy spillovers to international bond markets[J]. Journal of Financial Economics, 2019, 134(2): 447-473.

[167] Ali R, Barrdear J, Clews R, et al. The economics of digital currencies[J]. Bank of England Quarterly Bulletin, 2014: Q3.

[168] Allen F, Gale D. Competition and financial stability[J]. Journal of Money, Credit and Banking, 2004, 36(3): 453-480.

[169] Allen M, Setser B, Keller C, Rosenberg C B, Roubini N. A Balance Sheet Approach to Financial Crisis[R]. International Monetary Fund, 2002, No. 02/210.

[170] Allen, Linda, and Anthony Saunders. A Survey of Cyclical Effects in Credit Risk Measurement Models[R]. NYU Working Paper, 2002.

[171] Anbil S, Senyuz Z. The Regulatory and Monetary Policy Nexus in the Repo Market[R]. FEDS Working Paper, 2018, No. 2018-2027.

[172] Andrews D, Petroulakis F. Breaking the Shackles: Zombie Firms, Weak Banks and Depressed Restructuring in Europe[R]. ECB Working Paper, 2019, No. 2240.

[173] Angeloni I, Faia E. Capital regulation and monetary policy with fragile banks[J]. Journal of Monetary Economics, 2013, 60(3): 311-324.

[174] Araújo A, Schommer S, Woodford M. Conventional and unconventional monetary policy with endogenous collateral constraints[J]. American Economic Journal: Macroeconomics, 2015, 7(1): 1-43.

[175] Arellano M, Bond S. Some tests of specification for panel data: Monte Carlo evidence and an application to employment equations[J]. The Review of Economic Studies, 1991, 58(2): 277-297.

[176] Armantier O, Ghysels E, Sarkar A, Shrader J. Discount window stigma during the 2007—2008 financial crisis [J]. Journal of Financial Economics, 2015, 118(2): 317-335.

[177] Arroyo J M, Colomer I, Garcia Baena R, Gonzalez-Mosquera L. Comparing Risk Weighted Assets: the Importance of Supervisory Validation Processes[R]. Banco de Espana, Estabilidad Financiaria Working Paper, 2012. No. 22.

[178] Ashcraft A, Garleanu N B, Pedersen L H. Two monetary tools: interest rates and haircuts[J]. NBER Macroeconomics Annual, 2010, 25(1): 143-180.

[179] Bagehot W. Lombard Street: A Description of the Money Market. Scribner[M]. Florida: Armstrong and Company, 1873.

[180] Baily M N, Elmendorf D W, Litan R E. The Great Credit Squeeze: How It Happened, How to Prevent Another [M]. Washington, DC: Brookings Institution, 2008.

[181] Barajas A, Steiner R, Salazar N. The impact of liberalization and foreign investment in Colombia's financial sector[J]. Journal of Development Economics, 2000, 63(1): 157-196.

[182] Baumeister C, Benati L. Unconventional Monetary Policy and the Great Recession[R]. ECB Working Paper Series, 2010, No. 1258.

[183] Beck, T. Bank resolution: a conceptual framework[J]. Financial Regulation at the Crossroads: Implications for Supervision, Institutional Design and Trade, 2011(12): 53-84.

[184] Behn M, Haselmann R, Vig V. The limits of model-based regulation[J]. Social Science Electronic Publishing, 2014, 113(14): 829-839.

[185] Behn M, Haselmann R, Wachtel P. Procyclical capital regulation and lending[J]. The Journal of Finance, 2016, 71(2): 919-956.

[186] Benetton M, Fantino D. Competition and the Pass-through of Unconventional Monetary Policy: Evidence from TLTROs[R]. Economic Working Papers, 2018, No. 1187.

[187] Berg T, Tobias, and Koziol P. An analysis of the consistency of banks' internal ratings[J]. Journal of Banking & Finance, 2017(78): 27-41.

[188] Berger A N, Black L K. Bank size, lending technologies, and small business finance[J]. Journal of Banking & Finance, 2011, 35(3): 724-735.

[189] Berger A N, Bouwman C H S. Bank liquidity creation[J]. The Review of Financial Studies, 2009, 22(9): 3779-3837.

[190] Berger A N, Bouwman C H S. Bank liquidity creation[J]. The Review of Financial Studies, 2009, 22(9): 3779-3837.

[191] Berger A N, Hannan T H. The price-concentration relationship in banking[J]. The Review of Economics and Statistics, 1989, 71(2): 291-299.

[192] Berger A N, Klapper L F, Turk-Ariss R. Bank competition and financial stability [J]. Journal of Financial Services Research, 2009, 35(2): 99-118.

[193] Berger A N, Miller N H, Petersen M A, et al. Does function follow organizational form? Evidence from the lending practices of large and small banks [J]. Journal of Financial economics, 2005, 76(2): 237-269.

[194] Berger A N, Sedunov J. Bank liquidity creation and real economic output[J]. Journal of Banking and Finance, 2017(81): 1-19.

[195] Berger A N, Udell G F. Relationship lending and lines of credit in small firm finance[J]. Journal of business, 1995, 68(3): 351-381.

[196] Bernanke B S, Blinder A S. Credit, money, and aggregate demand[J]. American Economic Review, 1988, 78(2): 435-439.

[197] Bernanke B S, Gertler M, Gilchrist S. The financial accelerator in a quantitative business cycle framework[J]. Handbook of Macroeconomics, 1999(1): 1341-1393.

[198] Bernanke B S, Gertler M. Inside the black box: the credit channel of monetary policy transmission[J]. The Journal of Economic Perspectives, 1995, 9(4): 27-48.

[199] Bernanke B S. Non-monetary Effects of the Financial Crisis in the Popagation of

the Great Depression[R]. National Bureau of Economic Research, 1983.

[200] Bernanke B S. The new tools of monetary policy[J]. American Economic Review, 2020, 110(4): 943-983.

[201] Bernanke B, Gertler M. Financial fragility and economic performance[J]. The Quarterly Journal of Economics, 1990, 105(1): 87-114.

[202] Bikker J A, Haaf K. Competition, concentration and their relationship: an empirical analysis of the banking industry[J]. Journal of Banking & Finance, 2002, 26(11): 2191-2214.

[203] Bikker J A, Shaffer S, Spierdijk L. Assessing competition with the Panzar-Rosse model: the role of scale, costs, and equilibrium[J]. Review of Economics and Statistics, 2012, 94(4): 1025-1044.

[204] Black S E, Strahan P E. Entrepreneurship and bank credit availability[J]. The Journal of Finance, 2002, 57(6): 2807-2833.

[205] Blattner L, Farinha L, Rebelo F. When Losses Turn into Loans: the Cost of Undercapitalized Banks[R]. ECB Working Paper, 2019, No. 2228.

[206] Boot A W A, Greenbaum S I, Thakor A V. Reputation and discretion in financial contracting[J]. The American Economic Review, 1993, 83(5): 1165-1183.

[207] Boot A W A, Thakor A V. Can relationship banking survive competition? [J]. The Journal of Finance, 2000, 55(2): 679-713.

[208] Boot A W A, Thakor A V. Off-balance sheet liabilities, deposit insurance and capital regulation[J]. Journal of Banking and Finance, 1991, 15(4-5): 825-846.

[209] Bordo M D, Levin A T. Central Bank Digital Currency and the Future of Monetary Policy[R]. National Bureau of Economic Research, 2017.

[210] Bordo M D. The lender of last resort: alternative views and historical experience [R]. Federal Reserve Bank of Richmond Economic Review, 1990(3).

[211] Borio C, Furfine C, and Lowe P. Procyclicality of the Financial System and Financial Stability: Issues and Policy Options[R]. BIS papers, 2001(March).

[212] Borio C, Zhu H. Capital regulation, risk-taking and monetary policy: a missing link in the transmission mechanism? [J]. Journal of Financial Stability, 2012, 8(4): 236-251.

[213] Bouvatier V, Lepetit L, Strobel F. Bank income smoothing, ownership

concentration and the regulatory environment[J]. Journal of Banking and Finance, 2014(41): 253-270.

[214] Boyd J H, De Nicolo G. The theory of bank risk taking and competition revisited [J]. The Journal of Finance, 2005, 60(3): 1329-1343.

[215] Brandt L, Van Biesebroeck J, Zhang Y. Challenges of working with the Chinese NBS firm-level data[J]. China Economic Review, 2014(30): 339-352.

[216] Brandt L, Van Biesebroeck J, Zhang Y. Creative accounting or creative destruction? Firm-level productivity growth in Chinese manufacturing[J]. Journal of Development Economics, 2012, 97(2): 339-351.

[217] Brei M, Gambacorta L. The Leverage Ratio Over the Cycle[R]. BIS Working Papers, 2014, No. 471.

[218] Brissimis S N, Delis M D. Bank Heterogeneity and Monetary Policy Transmission [R]. ECB Working Paper, 2010, No. 1233.

[219] Bruche M, Llobet G. Preventing zombie lending[J]. The Review of Financial Studies, 2014, 27(3): 923-956.

[220] Brunnermeier M K, Pedersen L H. Market liquidity and funding liquidity[J]. The Review of Financial Studies, 2008, 22(6): 2201-2238.

[221] Bryant J. A model of reserves, bank runs, and deposit insurance[J]. Journal of banking & finance, 1980, 4(4): 335-344.

[222] Buiter W, Sibert A. The central bank as the market-maker of last resort: from lender of last resort to market-maker of last resort[J]. The First Global Financial Crisis of the 21st Century, 2008: 171-178.

[223] Bushman R M, Williams C D. Delayed expected loss recognition and the risk profile of banks[J]. Journal of Accounting Research, 2015, 53(3): 511-553.

[224] Caballero R J, Hoshi T, Kashyap A K. Zombie lending and depressed restructuring in Japan[J]. The American Economic Review, 2008, 98(5): 1943-1977.

[225] Caballero R J, Krishnamurthy A. Collective risk management in a flight to quality episode[J]. The Journal of Finance, 2008, 63(5): 2195-2230.

[226] Cai X Q, Lu Y, Wu M Q, et al. Does environmental regulation drive away inbound foreign direct investment? Evidence from a quasi-natural experiment in

China[J]. Journal of Development Economics, 2016(123): 73-85.

[227] Calderon C, Schaeck K. The effects of government interventions in the financial sector on banking competition and the evolution of zombie banks[J]. Journal of Financial and Quantitative Analysis, 2016, 51(4): 1391-1436.

[228] Calomiris C W. Is deposit insurance necessary? A historical perspective[J]. The Journal of Economic History, 1990, 50(2): 283-95.

[229] Campbell A, Lastra R. Revisiting the lender of last resort [J]. Banking and Finance Law Review, 2009, 24(3): 453.

[230] Carey M. Consistency if Internal versus External Credit Ratings and Insurance and Bank Regulatory Capital Requirements[R]. Federal Reserve Board Working Paper, 2001.

[231] Carlson M A, Duygan-Bump B, Nelson W. Why do We Need Both Liquidity Regulations and a Lender of Last Resort? A Perspective from Federal Reserve Lending During the 2007—2009 US Financial Crisis[R]. BIS Working Paper, 2015, No. 493.

[232] Carlson M A. and Wheelock D C. The Lender of Last Resort: Lessons from the Fed's First 100 Years[R]. Frb of St. Louis Working Paper, 2013, No. 2012-056B.

[233] Castells M. Another Economy is Possible: Culture and Economy in a Time of Crisis[M]. Hoboken : John Wiley & Sons, 2017.

[234] Castiglionesi F, Wagner W. Turning bagehot on his head: lending at penalty rates when banks can become insolvent[J]. Journal of Money, Credit and Banking, 2012, 44(1): 201-219.

[235] Cecchetti S G, Mohanty M S, Zampolli F. The real effects of debt[J]. Social Science Electronic Publishing, 2011, 68(3): 145-196.

[236] Chailloux A, Gray S T, Mccaughrin R. Central Bank Collateral Frameworks: Principles and Policies[R]. IMF Working Papers, 2008, No. 222.

[237] Chen H, Chen Z, He Z, Liu J, Xie R. Pledgeability and Asset Prices: Evidence from the Chinese Corporate Bond Markets[R]. Booth School, University of Chicago, Working Paper, 2018, No. 82.

[238] Chen K, Higgins P, Waggoner D F, Zha T. Impacts of Monetary Stimulus on

Credit Allocation and the Macroeconomy: Evidence from China[R]. National Bureau of Economic Research, 2016, No. w22650.

[239] Chen K, Ren J, Zha T. What We Learn from China's Rising Shadow Banking: Exploring the Nexus of Monetary Tightening and Banks' Role in Entrusted Lending[R]. National Bureau of Economic Research, 2016.

[240] Chen Q, Goldstein I, Huang Z, et al. Bank transparency and deposit flows[J]. Journal of Financial Economics, 2022, 146(2): 475-501.

[241] Chernykh L, Cole R A. Does deposit insurance improve financial intermediation? Evidence from the Russian experiment[J]. Journal of Banking and Finance, 2011, 35(2): 388-402.

[242] Chiuri M, G Ferri, and G Majnoni. The macroeconomic impact of bank capital requirements in emerging economies: pase evidence to assess the future[J]. Journal of Banking & Finance, 2002, 26(5): 881-904.

[243] Choi D B, Santos, Joao A. C, Yorulmazer T. A theory of collateral for the lender of last resort[J]. Review of Finance, 2021, 25(4): 973-996.

[244] Cole R A, Goldberg L G, White L J. Cookie cutter vs. character: the micro structure of small business lending by large and small banks[J]. Journal of Financial and Quantitative Analysis, 2004, 39(2): 227-251.

[245] Committee on the Global Financial System and Markets Committee. Regulatory Change and Monetary Policy[R]. CFGS Papers, 2015.

[246] Conley T G. GMM estimation with cross sectional dependence[J]. Journal of Econometrics, 1999, 92(1): 1-45.

[247] Cordella T, Yeyati E L. Bank bailouts: moral hazard vs. value effect[J]. Journal of Financial Intermediation, 2003, 12(4): 300-330.

[248] Coricelli F, Driffield N, Pal S, Roland I. When does leverage hurt productivity growth? A firm-level analysis[J]. Journal of International Money and Finance, 2012, 31(6): 1674-1694.

[249] Corrigan E G. A Perspective on recent financial disruptions[J]. Federal Reserve Bank of New York Quarterly Review, 1989(14): 8-15.

[250] Crockett A. The theory and practice of financial stability[J]. De Economist, 1996, 144(4): 531-568.

[251] Cucinelli D, Di Battista M L, Marchese M, and Nieri L. Credit risk in european banks: the bright side of the internal ratings based approach[J]. Journal of Banking & Finance, 2018(93): 213-229.

[252] Cukierman A, Izhakian Y. Bailout uncertainty in a micro founded general equilibrium model of the financial system[J]. Journal of Banking and Finance, 2015(52): 160-179.

[253] Dam L, Koetter M. Bank bailouts and moral hazard: evidence from Germany[J]. The Review of Financial Studies, 2012, 25(8): 2343-2380.

[254] Dang T V, Gorton G, Holmström B, et al. Banks as secret keepers[J]. American Economic Review, 2017, 107(4): 1005-1029.

[255] De Young R, Gron A, Torna G, et al. Risk overhang and loan portfolio decisions: small business loan supply before and during the financial crisis[J]. The Journal of Finance, 2015, 70(6): 2451-2488.

[256] Deep A, Schaefer G K. Are Banks Liquidity Transformers?[R]. KSG Working Paper, 2004, No. RWP04-022.

[257] Dell'Ariccia G, Laeven L, Suarez G A. Bank leverage and monetary policy's risk-taking channel: evidence from the United States[J]. Journal of Finance, 2017, 72(2): 613-654.

[258] Dell'Ariccia G, Laeven L, Marquez R. Real interest rates, leverage, and bank risk-taking[J]. Journal of Economic Theory, 2014(149): 65-99.

[259] DeLong G, Saunders A. Did the introduction of fixed-rate federal deposit insurance increase long-term bank risktaking?[J]. Journal of Financial Stability, 2011, 7(1): 19-25.

[260] Demirgüç-Kunt A, Huizinga H. Market discipline and deposit insurance[J]. Journal of Monetary Economics, 2004, 51(2): 375-399.

[261] Demirgüç-Kunt A, Detragiache E. Does deposit insurance increase banking system stability? An empirical investigation[J]. Journal of Monetary Economics, 2002, 49(7): 1373-1406.

[262] Diamond D W, Dybvig P H. Bank runs, deposit insurance, and liquidity[J]. Journal of Political Economy, 1983, 91(3): 401-419.

[263] Diamond D W, Rajan R G. Liquidity risk, liquidity creation, and financial

fragility: a theory of banking[J]. Journal of Political Economy, 2001, 109(2): 287-327.

[264] Dinç I S. Politicians and banks: political influences on government-owned banks in emerging markets[J]. Journal of Financial Economics, 2005, 77(2): 453-479.

[265] Dobler M. The Lender of Last Resort Function after the Global Financial Crisis [R]. International Monetary Fund, 2016.

[266] Domanski D, Moessner R, Nelson W R. Central Banks as Lenders of Last Resort: Experiences during the 2007—10 Crisis and Lessons for the Future[R]. Bis Paper, 2014.

[267] Drechsler I, Savov A, Schnabl P. Banking on deposits: maturity transformation without interest rate risk[J]. The Journal of Finance, 2021, 76(3): 1091-1143.

[268] Drechsler I, Savov A, Schnabl P. The deposits channel of monetary policy[J]. The Quarterly Journal of Economics, 2017, 132(4): 1819-1876.

[269] Duca J V, Whitesell W C. Credit cards and money demand: a cross-sectional study[J]. Journal of Money, Credit and Banking, 1995, 27(2): 604-623.

[270] Duffie D, Stein J C. Reforming LIBOR and other financial market benchmarks [J]. Journal of Economic Perspectives, 2015, 29(2): 191-212.

[271] Eichengreen B, Arteta C. Banking Crises in Emerging Markets: Presumptions and Evidence[R]. Center for International and Development Economics Research Working Paper, 2000, No. 115.

[272] Eijffinger S C W, Nijskens R. A dynamic analysis of bank bailouts and constructive ambiguity[J]. Journal of Banking & Finance, 2011, 35(8): 1639-1651.

[273] Ellis C. Crisis Liquidity Provision in the US and Euro Area-Evolving the Role of Lender of Last Resort[R]. Concept Paper for Harvard Law School Symposium on International Financial Systems, 2017.

[274] Fang H, Wang Y, Wu X. The Collateral Channel of Monetary Policy: Evidence from China[R]. National Bureau of Economic Research, 2020, No. w26792.

[275] Fischer S. On the need for an international lender of last resort[J]. Journal of Economic Perspectives, 1999, 13(4): 85-104.

[276] Flannery M J, Kwan S H, Nimalendran M. The 2007—2009 financial crisis and

bank opaqueness[J]. Journal of Financial Intermediation, 2013, 22(1): 55-84.

[277] Flannery M J. Financial crises, payment system problems, and discount window lending[J]. Journal of Money, Credit and Banking, 1996, 28(4): 804-824.

[278] Freixas X, Giannini C, Hoggarth G, Soussa F. Lender of last resort: a review of the literature[J]. Financial Stability Review, 1999(7): 151-167.

[279] Freixas X, Martin A, Skeie D. Bank liquidity, interbank markets, and monetary policy[J]. The Review of Financial Studies, 2011, 24(8): 2656-2692.

[280] Freixas X, Parigi B M. Lender of Last Resort and Bank Closure Policy: A Post-Crisis Perspective[M]. 2 ed. New York: Oxford University Press, 2014.

[281] Freixas X, Rochet J C. Microeconomics of Banking[M]. Cambridge, MA : MIT Press, 2008.

[282] Freixas X, Rochet J, Parigi B M. The lender of last resort: a twenty-first century approach[J]. Journal of the European Economic Association, 2004, 2(6): 1085-1115.

[283] Freixas X. Optimal Bail Out Policy, Conditionality and Constructive Ambiguity [R]. CEPR Discussion Papers, 1999.

[284] FSB, Global Shadow Banking Monitoring Report[R]. Financial Stability Board, 2013(5).

[285] FSB, Shadow Banking: Scoping the Issues[R]. Financial Stability Board, April, 2011.

[286] Fukuda S, Nakamura J. Why did 'zombie' firms recover in Japan? [J]. World Economy, 2011, 34(7): 1124-1137.

[287] Funk R J, Hirschman D. Derivatives and deregulation: financial innovation and the demise of glass-steagall[J]. Administrative Science Quarterly, 2014, 59(4): 669-704.

[288] Furfine, C. Bank portfolio allocation: the impact of capital requirements, regulatory monitoring, and economic conditions[J]. Journal of Financial Services Research, 2001(1): 33-56.

[289] Gao H, Ru H, Townsend R, Yang X. Rise of Bank Competition: Evidence from Banking Deregulation in China[R]. NBER Working Paper, 2019, No. 25795.

[290] Gao Y, Liao S, Wang X. Capital markets' assessment of the economic impact of

the Dodd-Frank Act on systemically important financial firms[J]. Journal of Banking & Finance, 2018(86): 204-223.

[291] Geng Z, Pan J. The SOE premium and government support in China's credit market[J]. Journal of Finance, 2023, early veiw.

[292] Gennaioli N, Shleifer A, Vishny R W. A model of shadow banking[J]. The Journal of Finance, 2013, 68(4): 1331-1363.

[293] Gertler M, Gilchrist S, Natalucci F M. External constraints on monetary policy and the financial accelerator[J]. Journal of Money, Credit and Banking, 2007, 39(2-3): 295-330.

[294] Giannini C. Enemy of None but a Common Friend of All? An International Perspective on the Lender-of-Last-Resort Function[R]. International Monetary Fund, 1999.

[295] Giroud X, Mueller H M. Firm Leverage and Regional Business Cycles[R]. National Bureau of Economic Research, 2018.

[296] Goodfriend M, King R G. Financial deregulation, monetary policy, and central banking[J]. Economic Review, 1988, 74(5): 3-22.

[297] Goodhart C, Huang H. The lender of last resort [J]. Journal of Banking and Finance, 2005, 29(5): 1059-1082.

[298] Goodhart C, Schoenmaker D. Should the Functions of Monetary Policy and Banking Supervision Be Separated? [R]. Oxford Economic Papers, 1995.

[299] Goodhart C. Balancing lender of last resort assistance with avoidance of moral hazard[J]. Monetary Policy, Financial Crises, And the Macro Economy, 2017(spring): 19-26.

[300] Goodhart C. Myths about the lender of last resort[J]. International Finance, 1999, 2(3): 339-360.

[301] Goodhart C. Why Do Banks Need a Central Bank? [R]. Oxford Economic Papers, 1987.

[302] Gordon J N, Ringe W G. Bank resolution in the European banking union: a transatlantic perspective on what it would take[J]. Columbia Law Review, 2015(115): 1297.

[303] Gouveia A F, Osterhold C. Fear the Walking Dead: Zombie Firms, Spillovers

and Exit Barriers[R]. OECD Productivity Working Papers, 2018.

[304] Gropp R, Vesala J M. Deposit insurance, moral hazard and market monitoring [J]. Review of Finance, 2004, 8(4): 571-602.

[305] Gropp R, Vesala J M. Deposit Insurance and Moral Hazard: Does the Counterfactual Matter? [R]. Working Paper Series 47, 2001.

[306] Guo T Y. The Effect of Deposit Insurance on Financial Systemic Risk[D]. Washington: Georgetown University, 2012.

[307] Gómez-Fernández-Aguado P, Partal-Ureña A, Trujillo-Ponce A. Moving toward risk-based deposit insurance premiums in the European Union: the case of Spain [J]. Applied Economics, 2014, 46(13): 1547-1564.

[308] Hachem K C, Song Z. Liquidity Regulation and Unintended Financial Transformation in China[M]. National Bureau of Economic Research, 2016.

[309] Harris M, and Raviv A, How to get banks to take less risk and disclose bad news [J]. Journal of Financial Intermediation, 2014, 23(4): 437-470.

[310] Hart O, Zingales L. A new capital regulation for large financial institutions[J]. American Law and Economics Review, 2011, 13(2): 453-490.

[311] Heider F, Hoerova M, Holthausen C. Liquidity hoarding and interbank market rates: the role of counterparty risk[J]. Journal of Financial Economics, 2015, 118(2): 336-354.

[312] Hellmann T F, Murdock K C, Stiglitz J E. Liberalization, moral hazard in banking, and prudential regulation: are capital requirements enough? [J]. American Economic Review, 2000, 91(1): 147-165.

[313] Hermalin B, Weisbach M S. Transparency and Corporate Governance[R]. NBER Working Paper, 2007: 12875.

[314] Hesse H, Frank N, González-Hermosillo M B. Transmission of Liquidity Shocks: Evidence from the 2007 Subprime Crisis[R]. International Monetary Fund, 2008.

[315] Hockett R. Recursive collective action problems: the structure of procyclicality in financial and monetary markets, macro economies and formally similar contexts [J]. Journal of Financial Perspectives, 2015, 3(2): 113-128.

[316] Hoenig T. Financial modernization: Implications for the safety net[J]. Mercer

Law Review, 1998, 49(3): 787-792.

[317] Hoggarth G, Jackson P, Nier E. Banking crises and the design of safety nets[J]. Journal of Banking and Finance, 2005, 29(1): 143-159.

[318] Hoshi T, Kashyap A K. Japan's financial crisis and economic stagnation[J]. The Journal of Economic Perspectives, 2004, 18(1): 3-26.

[319] Hoshi T, Kashyap A K. Will the U. S. bank recapitalization succeed? Eight lessons from Japan[J]. Journal of Financial Economics, 2010, 97(3): 398-417.

[320] Hovakimian A, Kane E J, Laeven L. How country and safety-net characteristics affect bank risk-shifting[J]. Journal of Financial Services Research, 2003, 23(3): 177-204.

[321] Hsiang S M. Temperatures and cyclones strongly associated with economic production in the caribbean and central America[J]. Proceedings of the National Academy of Sciences, 2010, 107(35): 15367-15372.

[322] Hu B, Zheng L. Development of China's Financial Supervision and Regulation[M]. New York: Palgrave Macmillian, 2016.

[323] Huertas T F. The case for bail-ins[C]. In: kenadjian, P. S. , ed. , The Bank Recovery and Resolution Directive. Berlin/Boston: De Gruyter, 2013: 167-189.

[324] Humphrey D B, Pulley L B, Vesala J M. Cash, paper, and electronic payments: a cross-country analysis[J]. Journal of Money, Credit and Banking, 1996, 28(4): 914-939.

[325] Humphrey T M, Keleher R E. The lender of last resort: a historical perspective[J]. Cato Journal, 1984(4): 275.

[326] Humphrey T M. Lender of last resort: what it is, when it came, and why the fed is not it[J]. Cato Journal, 2010(30): 333-364.

[327] Imai K. A panel study of zombie SMEs in Japan: identification, borrowing and investment behavior[J]. Journal of the Japanese and International Economies, 2016(39): 91-107.

[328] Imai M. Market discipline and deposit insurance reform in Japan[J]. Journal of Banking and Finance, 2006, 30(12): 3433-3452.

[329] International Monetary Fund. Current Developments in Monetary and Financial Law(Vol. 5)[M]. Washington, D. C. : International Monetary Fund, 2007.

[330] Iyer R, Jensen T L, Johannesen N, et al. The Run for Safety: Financial Fragility and Deposit Insurance[R]. EPRU Working Paper Series, 2016, No. 2016-02.

[331] Jacques K T. Capital shocks, bank asset allocation, and the revised basel accord [J]. Review of Financial Economics, 2008, 17(2): 0-91.

[332] Jaskowski M. Should zombie lending always be prevented? [J]. International Review of Economics and Finance, 2015(40): 191-203.

[333] Jiang L, Levine R, Lin C. Competition and bank liquidity creation[J]. Journal of Financial and Quantitative Analysis, 2019, 54(2): 513-538.

[334] Jiang L, Levine R, Lin C. Competition and bank opacity[J]. The Review of Financial Studies, 2016, 29(7): 1911-1942.

[335] John K, Saunders A, Senbet L W. A theory of bank regulation and management compensation[J]. The Review of Financial Studies, 2000, 13(1): 95-125.

[336] Journal of Banking & Finance, 2011, 35(8): 1639-1651.

[337] Journal of Banking & Finance, 2017(78): 27-41.

[338] Juurikkala T, Karas A, Solanko L. The role of banks in monetary policy transmission: empirical evidence from Russia [J]. Review of International Economics, 2011, 19(1): 109-121.

[339] Kane E J. Designing Financial Safety Nets to Fit Country Circumstances[M]. Washington, D. C.: The World Bank, 2000.

[340] Kashyap A K, Rajan R, Stein J C. Banks as liquidity providers: an explanation for the coexistence of lending and deposit-taking[J]. The Journal of Finance, 2002, 57(1): 33-73.

[341] Kashyap, Anil, and Stein J. Cyclical implications of the Basel II Capital Standards, economic perspectives[J]. Federal Reserve Bank of Chicago, 2004 (28): 18-31.

[342] Kaufman G G. Lender of last resort: a contemporary perspective[J]. Journal of Financial Services Research, 1991, 5(2): 95-110.

[343] Keister T, Sanches D. Should central banks issue digital currency? [J]. The Review of Economic Studies, 2023, 90(1): 404-431.

[344] Kerr W R, Nanda R. Democratizing entry: banking deregulations, financing constraints, and entrepreneurship[J]. Journal of Financial Economics, 2009, 94

(1): 124-149.

[345] King M R. The Basel Ⅲ net stable funding ratio and bank net interest margins [J]. Journal of Banking and Finance, 2013, 37(11): 4144-4156.

[346] Kok C, Müller C, Ongena S, et al. The disciplining effect of supervisory scrutiny in the EU-wide stress test[J]. Journal of Financial Intermediation, 2022: 101015.

[347] Koulischer F, Struyven D. Central bank liquidity provision and collateral quality [J]. Journal of Banking and Finance, 2014(49): 113-130.

[348] Krishnamurthy A, Vissing-Jorgensen A. The aggregate demand for treasury debt [J]. Journal of Political, 2012, 120(2): 233-267.

[349] Kwon H U, Narita F, Narita M. Resource reallocation and zombie lending in Japan in the 1990s[J]. Review of Economic Dynamics, 2015, 18(4): 709-732.

[350] Laeven L. Bank risk and deposit insurance[J]. The World Bank Economic Review, 2002, 16(1): 109-137.

[351] Laidler D. Two views of the lender of last resort: thornton and bagehot[J]. Cahiers Deconomie Politique/Papers in Political Economy, 2003(2): 61-78.

[352] Lenza M, Pill H, Reichlin L. Monetary policy in exceptional times[J]. Economic Policy, 2010, 25(62): 295-339.

[353] Liebig T, Porath D, Beatrice W D M, and Wedow M. Basel II and Bank Lending to Emerging Markets: Micro Evidence from German Banks[R]. C. E. P. R. Discussion Papers, 2005.

[354] Lé M. Deposit Insurance Adoption and Bank Risk-Taking: The role of Leverage [R]. PSE Working Paper, 2013, No. 2013-2041.

[355] Macey J R, Miller G P. Deposit insurance, the implicit regulatory contract, and the mismatch in the term structure of banks' assets and liabilities[J]. Journal des Economistes et des Etudes Humaines, 1995, 6(4): 1.

[356] Machauer A, and Weber M. Bank behavior based on internal credit ratings of borrowers[J]. Journal of Banking and Finance, 1998(22): 1355-1383.

[357] Mariathasan M, and Merrouche O. The manipulation of basel risk — weights[J]. Journal of Financial Intermediation, 2014, 23(3): 300-321.

[358] Maudos J, De Guevara J F. The cost of market power in banking: social welfare

loss vs. cost inefficiency[J]. Journal of Banking & Finance, 2007, 31(7): 2103-2125.

[359] McAndrews J, Sarkar A, Wang Z. The effect of the term auction facility on the London Inter-Bank offered rate[J]. Journal of Banking & Finance, 2017(83): 135-152.

[360] McGowan M A, Andrews D, Millot V. Insolvency Regimes, Zombie Firms and Capital Reallocation[R]. OECD Economics Department Working Papers, 2017, No. 1399.

[361] Meaning J, Dyson B, Barker J, et al. Broadening Narrow Money: Monetary Policy with a Central Bank Digital Currency[R]. Bank of England Staff Working Paper, 2018, No. 724.

[362] Mehrling P. Three principles for market-based credit regulation [J]. American Economic Review, 2012, 102(3): 107-112.

[363] Meza D D, Webb D C. Too much investment: a problem of asymmetric information[J]. Quarterly Journal of Economics, 1987, 102(2): 281-292.

[364] Minesso M F, Mehl A, Stracca L. Central bank digital currency in an open economy[J]. Journal of Monetary Economics, 2022(127): 54-68.

[365] Mishkin F S. The Channels of Monetary Transmission: Lessons for Monetary Policy[R]. Cambridge, MA: National Bureau of Economic Research, 1996.

[366] Mishra P, Montiel P. How effective is monetary transmission in low-income countries? A survey of the empirical evidence[J]. Economic Systems, 2013, 37(2): 187-216.

[367] Monteiro J, Rocha R. Drug battles and school achievement: evidence from Rio de Janeiro's Favelas[J]. Review of Economics and Statistics, 2017, 99(2): 213-228.

[368] Montes, Carlos Pérez, C. T. Artigas, María Elizabeth Cristófoli, and Nadia Lavín San Segundo. The impact of the IRB approach on the risk weights of European Banks[J]. Journal of Financial Stability, 2016: S1572308916301632.

[369] Mulder M C B, and Monfort B. Using Credit Ratings for Capital Requirements on Lending to Emerging Market Economies: Possible Impact of a New Basel Accord [R]. IMF Working Paper, 2000.

[370] Naqvi H. Banking crises and the lender of last resort: how crucial is the role of

information[J]. Journal of Banking and Finance, 2015(54): 20-29.

[371] Nelson W R. Lessons from Lender of Last Resort Actions during the Crisis: The Federal Reserve Experience[R]. BIS Paper, 2014.

[372] Nersisyan Y, Wray L R. The global financial crisis and the shift to shadow banking[J]. European Journal of Economics and Economic Policies, 2010, 7(2): 377-400.

[373] Ngalawa H, Tchana Tchana F, Viegi N. Banking instability and deposit insurance: the role of moral hazard[J]. Journal of Applied Economics, 2016, 19(2): 323-350.

[374] Nosal J B, Ordonez G. Uncertainty as commitment[J]. Journal of Monetary Economics, 2016(80): 124-140.

[375] Nunn N. Relationship-specificity, incomplete contracts, and the pattern of trade [J]. Quarterly Journal of Economics, 2017, 122(2): 569-600.

[376] Nyborg K G. Collateral Frameworks: The Open Secret of Central Banks[M]. London: Cambridge University Press, 2017.

[377] Panzar J C, Rosse J N. Testing for 'monopoly' equilibrium[J]. The Journal of Industrial Economics, 1987, 35(4): 443-456.

[378] Paravisini D. Local bank financial constraints and firm access to external finance [J]. The Journal of Finance, 2008, 63(5): 2161-2193.

[379] Peek J, Rosengren E S. Unnatural selection: perverse incentives and the misallocation of credit in Japan[J]. The American Economic Review, 2005, 95(4): 1144-1166.

[380] Persaud A. Why Bail-In Securities are Fool's Gold[R]. Peterson Institute for International Economics Policy Brief, 2014, PB14-23.

[381] Petersen M A, Rajan R G. The benefits of lending relationships: evidence from small business data[J]. The Journal of Finance, 1994, 49(1): 3-37.

[382] Petersen M A, Rajan R G. The effect of credit market competition on lending relationships[J]. The Quarterly Journal of Economics, 1995, 110(2): 407-443.

[383] Peura S, and Jokivuolle E. Simulation based stress tests of banks'regulatory capital adequacy[J]. Journal of Banking & Finance, 2004, 28(8): 1801-1824.

[384] Plantin G. Shadow banking and bank capital regulation[J]. The Review of

Financial Studies, 2015, 28(1): 146-175.

[385] Plassaras N A. Regulating digital currencies: bringing Bitcoin within the reach of IMF[J]. Chi. J. Int'l L. , 2013(14): 377.

[386] Pozsar M Z, Singh M M. The Nonbank-Bank Nexus and the Shadow Banking System[R]. International Monetary Fund, 2011.

[387] Prati A, Schinasi G J. Financial Stability in European Economic and Monetary Union[R]. International Finance Section, Department of Economics, Princeton University, 1999, Jan.

[388] Rahman A J. Deflationary policy under digital and fiat currency competition[J]. Research in Economics, 2018, 72(2): 171-180.

[389] Rajan R G. Insiders and outsiders: the choice between informed and arm's-length debt[J]. The Journal of Finance, 1992, 47(4): 1367-1400.

[390] Reiss D. Consumer protection out of the shadows of shadow banking: the role of the consumer financial protection bureau[J]. Brook. J. Corp. Fin. & Com. L. , 2012(7): 131.

[391] Repullo R, and Suarez J. Loan pricing under Basel capital requirement [J]. Journal of Financial Intermediation, 2004, 13(4): 496-521.

[392] Repullo R. Liquidity, risk taking, and the lender of last resort[J]. International Journal of Central Banking, 2005, 1(2):47-80.

[393] Rice T, Strahan P E. Does credit competition affect small-firm finance? [J]. The Journal of Finance, 2010, 65(3): 861-889.

[394] Richardson S. Over-investment of free cash flow[J]. Review of Accounting Studies, 2006, 11(2-3): 159-189.

[395] Rime B. Capital requirements and bank behavior: empirical evidence for Switzerland[J]. Journal of Banking and Finance, 2001,25(4): 789-805.

[396] Rochet J C, Vives X. Coordination failures and the lender of last resort: was bagehot right after all? [J]. Journal of the European Economic Association, 2004, 2(6): 1116-1147.

[397] Roe M J, Troge M. Containing systemic risk by taxing banks properly[J]. Yale J. On Reg. , 2018(35): 181.

[398] Rogoff K. Three Challenges Facing Modern Macroeconomics[C]. American

Economic Association, Ten Years and Beyond: Economists Answer NSF's Call for Long-Term Research Agendas, 2010.

[399] Rubio M, Carrasco-Gallego J A. The new financial regulation in Basel Ⅲ and monetary policy: a macroprudential approach[J]. Journal of Financial Stability, 2016(26): 294-305.

[400] Russell D. Disproving the Theoretical Scope of Buyer of Last Resort[M]. Social Science Electronic Publishing, 2017.

[401] Scharfstein D S, Stein J C. Herd behavior and investment[J]. The American Economic Review, 1990: 465-479.

[402] Schivardi F, Sette E, Tabellini G. Credit Misallocation During the European Financial Crisis[R]. Working Paper, 2017, No. 1139.

[403] Schularick M, Taylor A M. Credit booms gone bust: monetary policy, leverage cycles, and financial crises, 1870—2008[J]. American Economic Review, 2012, 102(2): 1029-1061.

[404] Schwarcz S L. Regulating shadow banking: inaugural address for the inaugural symposium of the review of banking & financial law[J]. Rev. Banking & Fin. L., 2011(31): 619.

[405] Schwartz A J. The misuse of the fed's discount window[J]. Federal Reserve Bank of St. Louis Review, 1992, 74(5): 58-69.

[406] Schwert M. Municipal bond liquidity and default risk[J]. Journal of Finance, 2017, 72(4): 1683-1722.

[407] Shahrokhi M E. Finance: status, innovations, resources and future challenges [J]. Managerial Finance, 2008, 34(6): 365-398.

[408] Shim I. Dynamic prudential regulation: is prompt corrective action optimal? [J]. Journal of Money, Credit and Banking, 2011, 43(8): 1625-1661.

[409] Shu C, Ng B. Monetary Stance and Policy Objectives in China: A Narrative Approach[R]. HKMA China Economic Issues, 2010, No. 1/10.

[410] Snellman J S, Vesala J M, Humphrey D B. Substitution of noncash payment instruments for cash in Europe[J]. Journal of Financial Services Research, 2001 (19): 131-145.

[411] Sommer J H. Why bail-in? And how! [J]. Economic Policy Review, 2014, 20

(2): 207-228.

[412] Stein J C, Sunderam A. The fed, the bond market, and gradualism in monetary policy[J]. The Journal of Finance, 2018, 73(3): 1015-1060.

[413] Stein J C. Efficient capital markets, inefficient firms: a model of myopic corporate behavior[J]. The Quarterly Journal of Economics, 1989, 104(4): 655-669.

[414] Storz M, Koetter M, Setzer R, Westphal A. Do We Want These Two to Tango? On Zombie Firms and Stressed Banks in Europe[R]. Discussion Papers, 2017.

[415] Summers L. Planning for the Next Financial Crisis[C]. The Risk of Economic Crisis, Chicago: University of Chicago Press, 1991: 135-158.

[416] Sun R. Does monetary policy matter in China? A narrative approach[J]. China Economic Review, 2013(26): 56-74.

[417] Tanaka T. A Lost Decade Revisited: Zombie Firms and Inefficient Labor Allocation[D]. Osaka : Osaka University, 2006.

[418] Tayler W J, Zilberman R. Macroprudential regulation, credit spreads and the role of monetary policy[J]. Journal of Financial Stability, 2016(26): 144-158.

[419] Thornton H. An Enquiry into the Nature and Effects of the Paper Credit of Great Britain[M]. London: Hatchard, 1802.

[420] Tucker P. The Lender of Last Resort and Modern Central Banking: Principles and Reconstruction[R]. Bis Papers Chapters, 2014.

[421] Van Bekkum S, Gabarro M, Irani R M. Does a larger menu increase appetite? Collateral eligibility and credit supply[J]. Review of Financial Studies, 2017, 31(3): 943-979.

[422] Verona F, Martins M M F, Drumond I. Monetary Policy Shocks in a DSGE Model with a Shadow Banking System. CEF[R]. UP Working Paper, 2011.

[423] Vinogradov D. Destructive effects of constructive ambiguity in risky times[J]. Journal of International Money and Finance, 2012, 31(6): 1459-1481.

[424] Wagner W. Financial development and the opacity of banks[J]. Economics Letters, 2007, 97(1): 6-10.

[425] Wasiaturrahma D, Wahyuningtyas Y T, Ajija S R. Non cash payment and demand for real money in Indonesia[J]. Journal of Economics, Business, and

Accountancy, Ventura(JEBAV), 2019, 22(1): 1-8.

[426] Windmeijer F. A finite sample correction for the variance of linear efficient two-step GMM estimators[J]. Journal of Econometrics, 2005, 126(1): 25-51.

[427] Wong C Y, Eng Y K. P2P finance and the effectiveness of monetary controls[J]. The Manchester School, 2020, 88(4): 617-639.

[428] Woodford M. The Taylor rule and optimal monetary policy[J]. American Economic Review, 2001, 91(2): 232-237.

后　记

笔者长期聚焦国家和地方的金融现实重大问题,致力于中国特色宏观金融理论与政策的创新和发展。近年来,笔者立足于中国金融业与国际金融市场接轨的前沿领域,在货币政策、金融监管及风险管理等基础理论和应用领域形成了一系列研究成果和独特思考,本书就是笔者多年来针对中央银行制度的研究心得和学术论文的汇总与提炼。

党的二十大报告提出"建设现代中央银行制度",为做好中央银行工作指明了方向。现代中央银行制度建设已经成为我国当前和今后一个时期金融改革的重点任务和重要内容。然而,目前关于中国式现代中央银行制度的理论和实践研究仍然较为缺乏,何为现代中央银行以及如何推进我国的现代中央银行制度建设是亟须政策层及学者们深入研究和解决的关键问题。作为宏观金融理论与政策的研究者,我们更应积极观察和思考中国经济金融问题与制度特征,深化相关领域的理论研究,为推进我国的现代中央银行制度建设贡献智慧。这样的思考促使我们将本书主题聚焦于现代中央银行制度研究,试图将相关学术研究进一步学理化、体系化,希望为现代中央银行制度研究提供一个可供参考的框架。本书所述观点谨代表笔者个人的学术观点,若有不当之处,敬请读者和同行们指正与反馈。

现代中央银行制度的内涵丰富,本书尽管篇幅不短,但仍未穷尽所有与现代中央银行制度有关的研究主题。近年来,经济金融环境的变化衍生出许多需要持续追踪和深入研究的新问题。例如,如何通过财政与金融协同来拓宽宏观金融调控空间？如何健全金融基础设施体系建设,从而更好地服务现代中央银行制度？中央银行如何更好地应对气候变化这一全球性挑战？中央银行如何通过有效管理金融市场预期来提升宏观调控政策的有效性？等等。这些都是需要研究者深入探讨的重要课题。现代中央银行制度的研究博大精深,并伴随着现代经济金融环境的变化而不断发展,这需要我们保持求知和探索的热情,不断修正和提高对理论与实践问题的认知,为建构中国式现代化自主知识体系提供更加丰富的内容。

刘莉亚　刘冲　李明辉

2024 年 12 月